Ronald Kelm

Arbeitszeit- und Dienstplangestaltung in der Pflege

3., überarbeitete Auflage

Verlag W. Kohlhammer

Dieses Werk einschließlich aller seiner Teile ist urheberrechtlich geschützt. Jede Verwendung außerhalb der engen Grenzen des Urheberrechts ist ohne Zustimmung des Verlags unzulässig und strafbar. Das gilt insbesondere für Vervielfältigungen, Übersetzungen, Mikroverfilmungen und für die Einspeicherung und Verarbeitung in elektronischen Systemen.

Die Wiedergabe von Warenbezeichnungen, Handelsnamen und sonstigen Kennzeichen in diesem Buch berechtigt nicht zu der Annahme, dass diese von jedermann frei benutzt werden dürfen. Vielmehr kann es sich auch dann um eingetragene Warenzeichen oder sonstige gesetzlich geschützte Kennzeichen handeln, wenn sie nicht eigens als solche gekennzeichnet sind.

3. Auflage 2008

Alle Rechte vorbehalten
© 2003/2008 W. Kohlhammer GmbH Stuttgart
Umschlag: Gestaltungskonzept Peter Horlacher
Gesamtherstellung:
W. Kohlhammer Druckerei GmbH + Co. Stuttgart
Printed in Germany

ISBN 978-3-17-019741-1

Geleitwort

Kaum ein Thema erregt die Gemüter der Beschäftigten in Krankenhäusern und Heimen so sehr, wie die Gestaltung der Arbeitszeit. Im Spannungsfeld zwischen den Interessen der Arbeitnehmerinnen und Arbeitnehmer an planbarer Arbeits- und Freizeit und dem Interesse des Arbeitgebers an möglichst hoher Verfügbarkeit des Personals werden häufig arbeitszeitschutzrechtliche und tarifliche Grenzen überschritten. Dies geschieht oft unbewusst.

Das Erfordernis der Organisation der Arbeit rund um die Uhr mit knappem Personal einerseits und die fatalen Konsequenzen einer Verletzung von Mindeststandards bei der Patientenversorgung andererseits verlangen von den Planenden ein hohes Maß an Kreativität und Rechtskundigkeit.

Kenntnisse der Tarifvorschriften und der gesetzlichen Vorschriften sind eine unabdingbare Voraussetzung für eine Gestaltung der Dienstpläne und der Arbeitszeit, die sowohl die Belange der Einrichtung als auch die Interessen der Beschäftigten berücksichtigt.

Roland Kelm hat bereits in der erfolgreichen 1. Auflage der „Arbeitszeit- und Dienstplangestaltung in der Pflege" gemeinsam mit seinen Mitautorinnen und -autoren praxisgerechte Hinweise gegeben, die trotz der gewerkschaftlichen Orientierung des Autors immer ausgewogen waren. Der 3. Auflage wünsche ich einen ebensolchen Erfolg.

Juni 2007 Wolfgang Schelter
Bereichsleiter Tarifkoordination Gesundheitswesen
ver.di – Vereinte Dienstleistungsgewerkschaft e. V.
Bundesverwaltung

Für meinen Mitarbeiter
Daniel Dias-Antunes

Vorwort zur 3. Auflage

Flexibilität, Schnelligkeit und Qualität sind heute die zentralen Anforderungen an ein leistungsfähiges Unternehmen. Das vorliegende Buch über flexible Arbeitszeiten und Dienstplangestaltung ist gekennzeichnet durch die Bemühungen, wirtschaftliche Interessen des Unternehmens und die persönlichen Bedürfnisse des Mitarbeiters zum Nutzen und Vorteil aller Beteiligten in einem Arbeitszeitmodell zu integrieren. Arbeitszeitmodelle zu entwickeln ist die Aufgabe von Führungskräften.

Die Entscheidung des Europäischen Gerichtshofs zum Bereitschaftsdienst vom 3. Oktober 2000 und die Übergangsregelung im Arbeitszeitgesetz bis zum 31. Dezember 2006 zwingen die Krankenhäuser, ihre Bereitschaftsdienste neu zu organisieren.

Durch die Änderungen im Tarifvertrag (TVöD und Marburger Bund) sind die Bereitschaftsdienststunden deutlich teurer geworden (bis zu 49 % Arbeitsleistung ergibt eine Vergütung von 90 % in der Stufe III). Der Unterschied zur Vollarbeit beträgt nur 10 %!

Die Arbeitszeitregelungen im TVöD wurden völlig neu strukturiert.

Es gilt Arbeitszeitmodelle zu entwickeln, die den gesetzlichen und tariflichen Anforderungen entsprechen und auch wirtschaftlich vertretbar sind. Diese Chance kann genutzt werden.

Die OP-Organisation im Krankenhaus ist mit erheblichem Ressourcenverbrauch verbunden, die Kosten pro Zeiteinheit sind sehr hoch. Eine effiziente Arbeitsorganisation im Funktionsbereich OP und Anästhesie hat hohe Priorität für jedes Krankenhaus.

Zu beobachten sind aber auch erhebliche Widerstände bei allen Beteiligten, sich mit der Realität auseinandersetzen. Oft sind auch pathologische Verhaltensweisen in der Pflege zu beobachten. Das Festhalten an alten Gewohnheiten wird aggressiv vorgetragen. Immer wieder werden die Interessen der Patienten als Argument genannt, obwohl die eigenen gemeint sind.

Ich möchte mit diesen Buch Anregungen geben, sich intensiver mit der Problematik auseinanderzusetzen. Optimale Lösungen können nur gemeinsam entwickelt werden und nicht in einen Buch als Vorlage zum Überstülpen geliefert werden.

Ich bedanke mich bei Frau Petra Ehling, Pflegerische Bereichsleitung Operationsdienst im Universitätsklinikum Schleswig Holstein, Campus Kiel, für ihre Anregungen.

Hamburg, im Sommer 2007   Ronald Kelm

Inhaltsverzeichnis

Geleitwort 5
Vorwort zur 3. Auflage 7

1	**Geschichte der Arbeitszeitgestaltung in der Pflege** ..	13
1.1	Gretchenfrage der Krankenpflege: Beruf oder Berufung? .	14
1.2	Gesunde Kinder für das preußische Heer!	16
1.3	Das Arbeiterschutzgesetz von 1891	17
1.4	Und die Krankenpflege?	18
1.5	Das Elend der Krankenpflege vor dem Reichstag	19
1.6	Weimar: Die Chance auf den 8-Stunden-Tag in der Krankenpflege wird vertan	22
1.7	Die KrAZO überdauert den Faschismus und den Krieg ..	25
1.8	Die Gewerkschaften gestalten die Arbeitszeit	27
1.9	Das Arbeitszeitgesetz von 1994 geht den Krankenhäusern zu weit	30
1.10	Zurück zur Gretchenfrage	32
1.11	Literatur	33
2	**Rechtliche Grundlagen**	34
2.1	Haftungsrecht	34
2.1.1	Allgemeine Regeln der zivilrechtlichen Haftung	35
2.1.1.1	Verschuldensprinzip	35
2.1.1.2	Beweissituation	36
2.1.2	Vertragliche Haftung	37
2.1.3	Deliktische Ansprüche	38
2.1.4	Sonderprobleme der Haftung des Pflegedienstes	39
2.1.4.1	Vorbemerkung	39
2.1.4.2	Zulässigkeit der Delegation ärztlicher Tätigkeiten auf den Pflegedienst	39
2.1.4.3	Delegation innerhalb des Pflegedienstes	39
2.1.4.4	Injektionen, Infusionen und Blutentnahmen	40
2.1.4.5	Können sich MitarbeiterInnen des Pflegedienstes gegen die ungewolte Übernahme ärztlicher Aufgaben wehren? .	41
2.1.5	Überlastungsanzeigen	42
2.1.5.1	Einführung	42
2.1.5.2	Rechtslage/Haftung für Dekubiti	43
2.1.6	Auswirkungen von sog. Schutzgesetzen auf die Haftung .	45
2.1.7	Haftung des Pflegedienstes für sonstige organisatorische Unzulänglichkeiten	46
2.1.8	Fazit	47
2.2	Direktionsrecht	49

2.3	Arbeitsvertrag	52
2.3.1	Fürsorgepflicht des Arbeitgebers	53
2.3.2	Treuepflicht des Arbeitnehmers	54
2.4	Dienstvereinbarung	54
2.5	Betriebsvereinbarungen	56
2.6	Tarifvertrag	57
2.7	Rechtsverordnungen	59
2.8	Gesetze	59
2.9	Grundgesetz	60
2.10	Europäisches Arbeitsrecht	61

3	**Die tariflichen und gesetzlichen Vorschriften zur Arbeitszeit**	63
3.1	Allgemeines	63
3.2	Tarifliche regelmäßige durchschnittliche wöchentliche Arbeitszeit	68
3.3	Gesetzliche Regelungen zur Arbeitszeit	71
3.4	Gesetzliche Höchstarbeitszeit	72
3.5	Ruhepausen	73
3.5.1	Jugendarbeitsschutzgesetz	74
3.5.2	Mutterschutzgesetz	74
3.6	Beginn und Ende der Arbeitszeit	75
3.7	Ruhezeiten	75
3.8	Sonntagsarbeit	77
3.9	Feiertagsarbeit	79
3.10	Nachtarbeit, Nachtzeit und Nachtarbeitnehmer	84
3.10.1	Die Nachtarbeit im Arbeitszeitgesetz	85
3.10.2	Nachtarbeitnehmer	86
3.11	Überstunden	87
3.11.1	Überstunden in der betrieblichen Praxis	87
3.11.2	Überstunden bei Teilzeitbeschäftigten	90
3.11.3	Anordnung von Überstunden	91
3.12	Bereitschaftszeiten	92
3.13	Bereitschaftsdienst	93
3.14	Rufbereitschaft	97
3.15	Arbeitszeitkonten	99
3.16	Arbeitszeitversäumnis	102
3.17	Arbeitsunfähigkeit	105
3.18	Schicht- und Wechselschichtarbeit	106
3.19	Literatur	108

4	**Anforderungen an den Dienstplan**	109
4.1	Dienstplanformular	110
4.2	Berechnung der Sollarbeitszeiten	111
4.3	Arbeitsschritte zum Dienstplan	120
4.4	Längerfristige Planungen	128
4.5	Verantwortung für den Dienstplan	129

4.6	Verfahren bei Personalausfall	129
4.7	Änderung des laufenden Dienstplans	135
4.8	Dienstplananalyse	135
4.9	Ausfallstatistik	138
4.10	Ausfall	138
4.10.1	Ausfallquote	139
4.10.2	Ausfallfaktor	139
4.10.3	Korrigierter Ausfallfaktor	139
4.10.4	Nettoarbeitszeit	140
4.11	Arbeitsplatzmethode	140
4.12	Arbeitsaufgaben	142
4.13	Zusammenfassende Informationen	143
4.14	Arbeitswissenschaftliche Empfehlungen zur Gestaltung von Schichtarbeit	158
4.15	Literatur	159
5	**Erholungsurlaub**	**160**
5.1	Urlaubsanspruch	160
5.1.1	Berechnung des Urlaubsanspruchs	161
5.1.2	Urlaubsliste	163
5.1.3	Urlaubsplan	163
5.1.4	Verbot der Erwerbstätigkeit im Urlaub	169
5.1.5	Mitteilung der Urlaubsanschrift	170
5.1.6	Krankheit im Urlaub	170
5.1.7	Urlaubsanspruch bei Maßnahmen der medizinischen Vorsorge oder Rehabilitation	171
5.1.8	Übertragung des Erholungsurlaubs	171
5.1.9	Urlaubsanspruch und Kündigung	175
5.2	Zusatzurlaub für Wechselschichtarbeit, Schichtarbeit und Nachtarbeit	175
5.2.1	Zusatzurlaub für Teilzeitbeschäftigte	178
5.2.2	Verteilung der wöchentlichen Arbeitszeit auf weniger als fünf Tage	179
5.2.3	Weitere Ansprüche auf Zusatzurlaub	180
5.2.4	Höchstgrenzen für den Zusatzurlaub	181
5.3	Sonderurlaub	181
6	**Der Dienstplan und die Arbeitsorganisation**	**183**
6.1	Einführung eines patientenorientierten Pflegesystems	183
6.2	Maßnahmen zur Veränderung der Pflegeorganisation	184
6.3	Inhaltliche Dimension der Arbeitstätigkeit	184
6.4	Leitfragen zur Arbeitsablaufanalyse	185
6.5	Begriffsdefinition „Bereichspflege"	197
6.6	Arbeitsschritte zur Einführung der Bereichspflege	198
6.7	Pflegedokumentationssystem	199
6.8	Dienstübergabe	201
6.9	Maßnahmen zur Sicherung der Pflegequalität	202

6.10	Einsatz von Stationssekretärinnen im täglichen Stationsablauf	204
6.11	Literatur	206

7 Arbeitszeitflexibilisierung und Arbeitszeitmodelle .. 207

7.1	Arbeitszeitforderungen der ver.di	208
7.2	Rechtliche Grundlagen flexibler Arbeitszeitgestaltung ...	209
7.3	Zeitorientierung und Ergebnisorientierung	210
7.4	Arbeitszeitflexibilisierung	210
7.5	Abgrenzung von Überstunden bzw. Mehrarbeit bei flexibler Arbeitszeit	213
7.6	Schicht- und Dienstplangestaltung im Krankenhaus	213
7.7	Arbeitszeitmodelle	214
7.7.1	Individuelle Arbeitszeitmodelle	214
7.7.2	Kollektive Arbeitszeitmodelle	216
7.7.3	Arbeitszeitmodelle zur Umsetzung des Arbeitszeitgesetzes	222
7.7.3.1	4-Stunden-Pausenspringer im Nachtdienst	224
7.7.3.2	Einführung eines pausenfreien 6-Stunden-Nachtdienstes .	225
7.7.3.3	Stationsübergreifender Nachtdienst	226
7.7.3.4	Flexibilität durch ein „Stand-by-Modell"	227
7.7.3.5	Durchlaufende Regeldienstpläne zur Vereinfachung der Personaleinsatzplanung	231
7.8	Methodisches Vorgehen zur Flexibilisierung der betrieblichen Arbeitszeit	235
7.9	Aufgaben der Geschäftsleitung	238
7.10	Mitbestimmung des Betriebs- bzw. Personalrats	238
7.11	Einbeziehung der Mitarbeiter	239
7.12	Beispiel für einen möglichen Ablauf eines Arbeitszeitneugestaltungsprozesses	239
7.13	Changemanagement	239
7.14	Literatur	247

Anhang 248
Betriebsvereinbarung 248
Dienstvereinbarung 253

Literaturverzeichnis 257
Stichwortverzeichnis 259

1 Geschichte der Arbeitszeitgestaltung in der Pflege

Brigitte Gerloff

> „Das Leben kann nur in der Schau
> nach rückwärts verstanden,
> aber nur in der Schau
> nach vorwärts gelebt werden."
> Sören Kierkegaard

Wer die aktuellen Auseinandersetzungen über die Arbeitszeit in Krankenhäusern und Pflegeeinrichtungen verstehen will, kommt nicht umhin, sich mit den historischen Hypotheken auseinanderzusetzen, die dieses Konfliktfeld beeinflussen. Die genaue Abgrenzung der Arbeitszeit von der übrigen, zur freien Verfügung stehenden Lebenszeit bereitet in Bezug auf die Krankenpflege offenbar noch heute große Probleme. So wollten z. B. die Arbeitgebervertreter bei den Tarifverhandlungen zur Arbeitszeit 1995 die 12-Stunden-Schicht ermöglicht haben, um den Patientinnen und Patienten den Wechsel der Bezugsperson zu ersparen. Mit dem gleichen Einwand lehnten die Krankenhausträger in der Weimarer Republik den Achtstundentag in der Pflege ab. Die immer noch weit verbreitete Unsitte, Krankenschwestern und -pfleger ungeniert aus der Freizeit in den „Dienst" zu holen, als ob sie immer noch direkt neben dem Krankensaal wohnten, zeugt von der gleichen Respektlosigkeit gegenüber ihrem Freizeitbedürfnis. Die hartnäckige Beständigkeit der Argumente scheint zu ignorieren, dass sich die Zeiten geändert haben und heute andere Anforderungen an die Pflegekräfte gestellt werden als in den Geburtsstunden des Berufes.

Viele Probleme der heute tätigen Pflegenden beruhen auf der Entwicklung der Krankenpflege aus christlich geprägtem Dienst am Nächsten zu einer personenbezogenen Dienstleistung. Ihre Geschichte ist erst zu einem kleinen Teil erforscht. Um so mehr Aufmerksamkeit verdienen die bereits bekannten Anstrengungen unserer Vorkämpferinnen und Vorkämpfer für die Etablierung des Berufes zu vernünftigen Bedingungen. Was dabei „vernünftig" heißt, wird in diesem Buch vor allem in Bezug auf die Arbeitszeit behandelt. Einige Meilensteine der Arbeitszeitgesetzgebung, von denen Krankenhäuser und Pflegeeinrichtungen bis heute ganz oder teilweise ausgenommen sind, werden hier durch die Brille einer engagierten Pflegekraft von heute betrachtet.

1.1 Gretchenfrage der Krankenpflege: Beruf oder Berufung?

Christlicher Hintergrund

Bis in das 20. Jahrhundert hinein wurde die Pflege Kranker gar nicht als Beruf ausgeübt. Sie wurde als Bestandteil der christlichen Nächstenliebe praktiziert, und an ihre Ausübung wurden keinerlei Bedingungen geknüpft.

17. Jahrhundert

Christlich geprägte Lebensgemeinschaften bereiteten ihre Mitglieder durch eigene (unterschiedliche) Lehrgänge auf die Tätigkeit vor. Die deutschen Orden und Mutterhäuser nahmen sich dabei die „**Barmherzigen Schwestern**" – 1643 von Vincent de Paul und Louise le Gras gegründet – zum Vorbild. Gegenstand der Lehrgänge war die Vermittlung von Grundkenntnissen im Lesen, Schreiben und Rechnen und vor allem die Förderung religiöser Tugenden. Während dies bis dahin zusammen mit allgemeinen hauswirtschaftlichen Kenntnissen als ausreichend angesehen wurde, um die Krankenpflege auszuüben, erhielten die „Barmherzigen Schwestern" auch eine fachliche Unterweisung. Sie erlernten Grundregeln praktischer pflegerischer Tätigkeit unter der ausdrücklichen Maßgabe, den Anordnungen der Ärzte stets Folge zu leisten. Die Oberin le Gras schloss bereits 1639 den ersten Gestellungsvertrag mit dem Hospital von Angers ab. Einige Schwestern wurden der Leitung des Hospitals unterstellt, wohnten dort und wurden beköstigt, blieben aber unter der disziplinarischen Regie ihres Ordens, der sie auch versetzen konnte.

Die Tätigkeit der Schwestern bestand im gemeinsamen Leben, dem Gebet und der dem Herrgott gewidmeten Tätigkeit im Hospital. Von einer abgrenzbaren Arbeitszeit konnte keine Rede sein, statt einer Entlohnung gab es ein Taschengeld und die Aussicht, im Alter nicht unversorgt zu sein.

Merke: Die Aussicht auf Altersversorgung war seinerzeit ein starkes Argument für das Mutterhaus – erst recht aus der Sicht einer Frau, die ledig war und das auch bleiben wollte.

18. Jahrhundert

Die wissenschaftliche Entwicklung der Medizin im 18. Jahrhundert, die Zunahme der Hospitäler und ihre Entwicklung zu Krankenhäusern für die wachsenden Städte, Kriege und Epidemien schufen einen größeren Bedarf an Pflegekräften, als die christlichen Orden befriedigen konnten. Diesem **frühen „Pflegenotstand"** begegneten die Träger durch die Beschäftigung von Lohnwärterinnen und Lohnwärtern, die den Ansprüchen der Mediziner aber wegen mangelhafter Bildung nicht gerecht werden konnten. Vom aufklärerischen Geist beseelt, machten sich einzelne Ärzte an die Beseitigung dieses Bildungsnotstandes, den sie als das Grundübel des Pflegenotstandes ansahen. Die mildeste Form bestand im Aushang zahlreicher „Instruktionen für das Wartpersonal" (deren Einhaltung kaum kontrolliert werden konnte):

Instruktionen für die Krankenwärter und Krankenwärterinnen

- „Ohne dringliche Ursache dürfen sie sich nicht von ihrem Posten entfernen, und in diesem Fall müssen sie dem Nebenwärter anzeigen, wo sie zu finden sind. Nie dürfen sie ohne Erlaubnis des Arztes und ...

ohne den Oberkrankenwärter davon in Kenntnis gesetzt zu haben, auf längere oder kürzere Zeit ausgehen und müssen des Abends spätestens um 8½ Uhr wieder zu Hause sein.
- Jeden Kranken müssen sie sanft und freundlich behandeln, seine Schwächen und Launen mit möglichster Geduld ertragen, sich nicht in Streit und Zank mit ihnen einlassen, den Widerspenstigen und Unfolgsamen nicht schimpfen oder schlagen, sondern Beschwerden, welcher Art sie auch sein mögen, dem Oberkrankenwärter ... zur Abhilfe anzeigen.
- ... wer sich betrinkt oder betrunken nach Hause kommt und zu Unordnungen im Hause Anlass gibt, wird nach Beschaffenheit der Umstände und des Vergehens durch Abzüge an Gehalt und durch unverzügliche Entlassung bestraft oder auch ... an die löbliche Polizey-Behörde zur weiteren Verfügung übergeben werden." (zit. n. Michael Joho 1999).

Die Krankenwartung war ein schmutziges Geschäft und genoss keinerlei gesellschaftliches Ansehen.

Mit Franz Anton Mai, der am 30. Juni 1781 in Mannheim die erste Krankenpflegeschule in Deutschland eröffnete, begann die Reihe der Mediziner, die sich der berufsfachlichen Ausbildung der Krankenpflegekräfte widmeten, indem sie unterrichteten und Lehrbücher verfassten. Dies alles aus ärztlicher Sicht und in der Tradition des hippokratischen Werkes, das den Arzt lehrt, seinen Gehilfen am Bette des Kranken zurückzulassen, da dieser den Kranken besser versorgen kann als dessen Angehörige.

Anfänge der Krankenpflegeausbildung

Merke: Noch heute werden die nach dem Krankenpflegegesetz mindestens vorgeschriebenen 480 Stunden Anatomie und Krankheitslehre in der Regel von Ärztinnen und Ärzten unterrichtet.

Mit der Ausbildung ihrer Gehilfinnen erreichen die Mediziner gleich zwei Ziele. Einerseits behielten sie die Kontrolle über die Inhalte. Andererseits konnten sie die Entwicklung der Medizin zur Wissenschaft und zur Profession vorantreiben, denn für die Befriedigung der Grundbedürfnisse war nun die Pflege zuständig. Dieses Tätigkeitsprofil – das geduldige Umsorgen, der geschickte Umgang mit dem Kranken und das hauswirtschaftliche Drumherum – entsprach dem bürgerlichen Ideal von der Hausfrau, Gattin und Mutter, die sich um die Bedürfnisse von Mann und Kindern kümmerte. Krankenpflege war ein möglicher Ersatz für die Erfüllung in der Ehe und kam dem sich entwickelnden Emanzipationsbedürfnis der bürgerlichen Frauen entgegen. Es war stark genug, Berufstätigkeit und Kompetenz zu fordern, aber nicht radikal genug, die Unterordnung unter die Männer in Frage zu stellen oder gar selbst ein Medizinstudium anzustreben. Einzelne Vorkämpferinnen wurden mit abstrusen Ausführungen über die Unvereinbarkeit des Weibes mit der Medizin, aber der besonderen Eignung für die Krankenpflege abgewehrt. Wer sich damit aber abgefunden hatte, konnte auf die Unterstützung der Ärzte in fachlicher wie in politischer Hinsicht zählen.

Die **erste Berufszählung** des Deutschen Reiches fand 1876 statt und wies 8700 in der Pflege tätige Personen aus (obwohl die Pflege noch gar kein Beruf war!). Über 80 % von ihnen gehörten zu katholischen oder evangelischen Mutterhäusern. Ihre Einsatzgebiete waren neben den Krankenhäusern die Irrenanstalten und die Privat-, Armen- und Gemeindepflege. Die Tätigkeit war, wie zeitgenössische Berichte und Lebenserinnerungen zeigen, gleichbedeutend mit unbegrenzter Arbeitszeit.

Das Mutterhaus versorgte die Schwestern zwar, machte sie aber durch die fehlende Vergütung abhängig. Weil dieses Versorgungsmodell nur wegen der unbezahlten Arbeit so kostengünstig war, hatten die als „wild" diffamierten Schwestern, die diese Gefängnisse um die Jahrhundertwende zu Hunderten verließen, es noch schwerer, ihren Lebensunterhalt zu verdienen. Die **erste gewerkschaftliche Interessenvertretung** gab es erst 1898 durch den „Verband des Massage-, Bade- und Krankenpflegepersonals" mit rund 400 Mitgliedern. In diesem Jahr war die Zahl der in der Krankenpflege tätigen Personen auf rund 30.000 angewachsen!

Arbeitszeitbeschränkung im Deutschen Reich

Die Beschränkung der Arbeitszeit war bereits zentrales Thema der Arbeiterbewegung im Deutschen Reich geworden: Mit der aufkommenden Industrialisierung ergab sich die Notwendigkeit, Zeitvorgaben einzuhalten und der Zeitspanne, in der eine Arbeitskraft zur Verfügung steht, einen Lohn gegenüberzustellen. Die Fabrikanten, Bergwerksbesitzer und Großbauern stillten ihren Bedarf an möglichst billigen Arbeitskräften schon vor der umfassenden Einführung maschinenmäßiger Produktion, indem die Löhne tendenziell so niedrig gehalten wurden, dass die ganze Familie arbeiten musste. Das erste Betätigungsfeld der frühen Arbeitsmediziner war deshalb der Kampf gegen die Kinderarbeit.

1.2 Gesunde Kinder für das preußische Heer!

Kinderarbeit

„Der Arbeiter wird dadurch nicht geeignet, anderen Anforderungen ... z. B. der Pflicht der Verteidigung gegen äußere Angriffe zu genügen" hieß es auf Preußisch zum Problem der Kinderarbeit. Makabererweise erwirkten nicht die eindringlichen Darstellungen kindlichen Elends die Einschränkung der Kinderarbeit durch ein preußisches Gesetz, sondern die Erkenntnis, dass die arbeitenden Kinder nicht mehr als Soldaten taugten.

> **Merke:** Das so genannte „Preußische Regulativ" von 1839 verbot Kinderarbeit unter neun Jahren, Nachtarbeit zwischen 21 und 5 Uhr und die Arbeit an Sonn- und Feiertagen.

Erstes Arbeitsschutzgesetz

Das **erste Arbeitsschutzgesetz** in der deutschen Geschichte ging vor allem von fortschrittlichen Medizinern, bildungsbürgerlichen Vertretern der preußischen Behörden und einzelnen christlich-konservativen Fabrikanten aus. „In dem Alter, wo die Kinder den Schulunterricht genießen sollten, um zu Menschen ausgebildet zu werden, wird ihre ganze Tätigkeit schon für die Fabriken in Anspruch genommen ... und aus Mangel an

Bewegung in freier Luft leidet die Ausbildung ihrer Körper sehr ..." klagt ein preußischer Beamter in seiner Antwort auf eine Umfrage des Reichskanzlers Hardenberg. Die Kinder arbeiteten bis zu 14 Stunden und das auch sonntags. Nur die Beschränkung der Kinderarbeit konnte außerdem den Schulbesuch für den Großteil der Kinder sicherstellen. Der damalige Schulunterricht bestand vor allem in religiös-sittlicher Abrichtung mit Hilfe des Rohrstocks und schulte die für die Fabrikarbeit erforderlichen Tugenden wie z. B. Gehorsam, Pünktlichkeit, Fleiß und Anspruchslosigkeit. Für den weiteren Ausbau des Schulwesens, der den Bedarf der Arbeitgeber an vorgebildeten Arbeitskräften stillen sollte, nahmen diese den Rückgang der Kinderarbeit in Kauf. Der Vorschlag, die Bildung auf den Sonntag zu verlegen, konnte sich nicht durchsetzen. Zudem wurden die Tätigkeiten der Kinder zunehmend durch Maschinen ersetzt.

Da eine öffentliche Kontrolle der Umsetzung des Regulativs weder durch die Betroffenen noch flächendeckend durch die staatliche Fabrikinspektion stattfand, konnten viele Arbeitgeber das Gesetz umgehen. Noch 1860 wurde festgestellt, dass die Rate der „wegen Körperschwäche und verschiedener Gebrechlichkeiten" oder „zu geringen Maßes" zurückgestellten oder für Untauglich Befundenen wieder um 10 % zugenommen hatte.

Merke: 1853 wurde das Preußische Regulativ novelliert. Das Mindestalter für die Beschäftigung von Kindern wurde auf 12 Jahre heraufgesetzt und der Maximalarbeitstag für Kinder unter 14 Jahren auf 6 Stunden begrenzt. Für die erwachsenen Männer und Frauen gab es immer noch keine Regelungen zur Beschränkung der Arbeitszeit!

1.3 Das Arbeiterschutzgesetz von 1891

Die erstarkende Arbeiterbewegung forderte das Verbot der Sonntagsarbeit und die Verkürzung der täglichen Arbeitszeit auf zehn Stunden. Für das Jahr 1869 sind 152 Arbeitskämpfe dokumentiert, von denen in 37 ausdrücklich für Arbeitszeitforderungen gestreikt wurde. Dennoch gab es zwischen den einzelnen Gewerken große Unterschiede. So forderten die Bäcker in Breslau die Verkürzung des Arbeitstages von 18 auf 16 Stunden, während Streikbewegungen der Bergleute bereits den 8-Stunden-Tag verlangten. In dieser Zeit wurden die ersten Tarifverträge in der Druckindustrie, dem Baugewerbe und dem Metallhandwerk abgeschlossen. Auf Seiten der Arbeitgeber waren die Arbeitszeitverkürzungen mit der Erwartung höherer Leistungen in der verbliebenen Zeit verbunden. Bismarck verfolgte die Schwächung der Sozialdemokratie durch Zugeständnisse, nachdem ihr mit Verboten nicht beizukommen war. Ein solches Zugeständnis war das **Arbeiterschutzgesetz von 1891**. Es verbot die Kinderarbeit unter 13 Jahren und die Nachtarbeit für Frauen. Die maximale tägliche Arbeitszeit wurde auf 10 Stunden beschränkt und eine ununterbrochene Ruhezeit zwischen zwei Arbeitseinsätzen von mindestens 11 Stunden festgelegt.

19. Jahrhundert

Arbeitsschutzgesetz von 1891

Merke: Auch das Arbeitszeitgesetz von 1994 – das viele immer noch „das Neue" nennen – geht nicht weiter. Es bestimmt eine maximale tägliche Arbeitszeit von 10 Stunden und eine ununterbrochene Ruhezeit von 11 Stunden zwischen zwei Arbeitseinsätzen. In Krankenhäusern kann die Ruhezeit auf 10 Stunden reduziert werden, und es kann während des Bereitschaftsdienstes „geruht" werden.

1.4 Und die Krankenpflege?

20. Jahrhundert

Die freiberufliche Tätigkeit der Pflegekräfte in Kranken- und so genannten Irrenanstalten erinnert am Anfang des 20. Jahrhunderts noch an den konfessionell gebundenen Ursprung. Die Beschäftigten wohnten und aßen im Arbeitsbereich, und sie trugen eine Tracht. An die Stelle der Andacht trat die ständige Beschwörung von Opfer und Verzicht zugunsten des Patienten durch die Anstaltsleitungen. Wer zu einem Mutterhaus gehörte und per Gestellungsvertrag tätig wurde, hatte sich dort einer strengen Hierarchie zu unterwerfen. Immer mehr Pflegekräfte versuchten, ohne diese Institution auszukommen und als ledige Frau ihren Lebensunterhalt trotzdem durch die Krankenpflege zu sichern. Ohne einen ethischen Überbau musste diese schlichte Begründung damals allerdings als unsittlich oder gar proletarisch-aufrührerisch verstanden werden und Patienten, Ärzte und die Öffentlichkeit schockieren. Immerhin berichteten die Zeitungen gerne über „Schwestern", die in irgendwelchen Phantasietrachten der Prostitution nachgingen. Die anerkannten christlichen Ideale mussten also verweltlicht werden, um die Berufstätigkeit aufzuwerten und gesellschaftliche Anerkennung zu sichern. Dabei durfte der bürgerliche Rahmen möglichst nicht gesprengt werden – man hätte die Unterstützung der Ärzte verloren.

Merke: In der Berufsethik der freiberuflichen Krankenpflege blieb die Aufopferung für andere auch nach der Verweltlichung der christlichen Werte an erster Stelle. Arbeitnehmerinteressen und eigene Ansprüche störten da nur!

Interessenvertretungen

In diesem Dilemma befanden sich die Organisationen, die zur Interessenvertretung gegründet wurden. Der bereits erwähnte „**Verband des Massage-, Bade- und Krankenpflegepersonals**" schloss sich 1904 dem „**Verband der in Gemeinde- und Staatsbetrieben beschäftigten Arbeiter und Unterangestellten**" an – einer Vorläuferorganisation der heutigen Vereinte Dienstleistungsgewerkschaft ver.di. In ihrer Zeitung „Die Sanitätswarte" werden die Arbeitsbedingungen, die Überanstrengung der Pflegekräfte durch die überlangen Arbeitszeiten und der tägliche Kleinkrieg mit Anstaltsleitung und Vorgesetzten angeprangert. Mit Hinweis auf den Stationszwang, also die Verpflichtung in der Anstalt zu wohnen und an der (schlechten) Verpflegung teilzunehmen, wurde die Bezahlung vorenthalten, was als „Kost- und Logisunwesen" gebrandmarkt wurde.

Abb. 1:
Die ,,Erikaschwestern''
(die Schwesternschaft des Hamburger Universitätskrankenhauses Eppendorf) in Heiligenhafen um 1910. Die gemeinsame Lebensgestaltung reicht bis in den Urlaub hinein. Nach heutigen Maßstäben wäre eine solche Reise wohl eine Teamfortbildung – damals kostbare Abwechslung vom harten Alltag.

Neben diesem freigewerkschaftlichen Verband entstand 1903 die christliche Gewerkschaft **„Gewerkverein der Krankenpfleger, -pflegerinnen und verwandter Berufe Deutschlands"**, die 1909 rund 1400 Mitglieder hatte. Beide Verbände bekannten sich zum Streik als Kampfmittel, polemisierten aber auch kräftig gegeneinander in ihren Zeitungen.

Die **„Berufsorganisation der Krankenpflegerinnen Deutschlands"** (B.O.K.D) als Vereinigung freiberuflicher Krankenpflegerinnen und Vorläuferorganisation des heutigen Berufsverbandes für Pflegeberufe (DBfK) wurde 1903 mit 37 Mitgliedern – allen voran Agnes Karll – gegründet. Ihre Initiatorinnen kamen aus der bürgerlichen Frauenbewegung und hatten die Absicherung der freiberuflich tätigen Pflegekräfte durch Arbeitsvermittlung, soziale Absicherung, Wohngemeinschaft und Ausbildung im Programm. Die Organisation war eine Art Orden ohne Mutterhaus und hatte mit den gewerkschaftlichen Kräften nur die allgemeine Kritik an den schlechten Bedingungen gemeinsam. Sie forderte neben einer staatlich anerkannten Berufsausbildung die Beschränkung der Arbeitszeit auf 11 Stunden, als die Gewerkschaften und die Sozialdemokratie den 8-Stunden-Tag verlangten.

1.5 Das Elend der Krankenpflege vor dem Reichstag

Die Zustände in den Krankenhäusern und die unmenschlichen Arbeitsbedingungen, die auch in den anderen Betätigungsfeldern der Krankenpflege herrschten, wurden durch die Organisationen und Einzelpersonen bekannt gemacht. Im Juni 1900 wurden sie Thema im Reichstag in Berlin. Als entschiedenster Fürsprecher des Personals trat der sozialdemokratische Abgeordnete Wilhelm Antrick auf, dessen Zähigkeit durch einen vorhergehenden Aufenthalt im Krankenhaus Moabit zusätzlich befördert wurde. Weder die rhetorischen Anstrengungen der konservativen Abgeordneten noch Antricks Attacken führten zu einer schnellen Verbesserung der Bedingungen.

Die erste gesetzliche Regelung

1906 wurde dann erstmals die Möglichkeit einer gesetzlichen Regelung eröffnet, die Anforderungen an die Ausbildung für die Pflege stellte: ein einjähriger Lehrgang mit 100 Stunden Unterricht. Sie wurde zunächst nur vom damaligen Bundesland Preußen in geltendes Recht umgesetzt.

Im Februar 1913 verhandelte der Reichstag erneut über die Situation der Pflegekräfte. Grundlage der Debatte war eine amtliche Erhebung, die per Fragebogen an die Anstaltsleitungen versandt worden war. Sie brachte erschütternde Ergebnisse zu Tage. Einzelne Redner versuchten deshalb zum Beispiel, im Tagesablauf des Krankenpflegepersonals Ruhephasen und Spaziergänge mit den Kranken im Garten aus den katastrophalen Arbeitszeiten „herauszurechnen".

Merke: Die Sozialdemokraten hatten eine Resolution eingereicht, in der u. a. obligatorische Ausbildung, Unfallversicherung, Sommerurlaub mit Lohnfortzahlung, Mindestlohn und der 8-Stunden-Tag gefordert wurde.

Wie wichtig auch die Forderungen nach der Beseitigung des Kost- und Logiswesens und nach persönlicher Freiheit während der dienstfreien Zeit waren, zeigen einige Äußerungen der Abgeordneten. Antrick hatte seine statistischen Daten aktualisiert und um eine Übersicht der Berufsorganisationen erweitert. Alle Missstände kamen zur Sprache, wurden aber bis zum ersten Weltkrieg nicht angefasst. Das Protokoll der Sitzung wurde in der „Sanitätswarte" vom 14.2.1913 veröffentlicht. Die Abgeordneten diskutieren die konkrete Situation mit Argumenten, die teilweise auch heute noch überzeugen sollen.

Diskussion über den Zustand der Pflege

Hier kommen nun einige Abgeordnete im Originalton zu Wort.

Dr. von Salker (Nationalliberale):
„Es handelt sich um die Arbeitsverhältnisse im Allgemeinen, die Arbeitsdauer, die Nachtwachen – die halben Nachtruhen – die Frage der Ruhepausen, der Vorbildung, des Urlaubs, der Bezahlung, lauter unendlich wichtige Fragen ... Ich würde an sich sehr gern, wie das die Resolution der Sozialdemokratie tut, gleich bestimmte konkrete Vorschläge machen; aber ich glaube nicht, dass es möglich ist und ich meine, dass wir durch den Versuch einer Regelung in solch radikaler Weise nur schädigen würden. Die Verhältnisse sind so, dass wir die Arbeitszeit nicht einfach unbegrenzt heruntersetzen können – wir würden dadurch schwere Schäden für die Kranken herbeiführen, weil wir nicht genügend Pflegematerial zur Verfügung haben."

Dr. Burckhardt (Wirtschaftliche Vereinigung):
„Ich hätte nur gewünscht, dass die Herren Sozialdemokraten in der Resolution statt „Lohn" „Gehalt" gesagt hätten. Man kann ja die Kran-

kenpfleger und -pflegerinnen, deren Tätigkeit doch schließlich auf Nächstenliebe und Selbstverleugnung basiert, eigentlich gar nicht mit Geld entlohnen ..."

Antrick (Sozialdemokraten):
„Ich habe hier ferner das Ergebnis einer privaten Statistik, die von einer Berufsorganisation der Krankenpfleger des **Gemeinde- und Staatsarbeiterverbandes** aufgenommen worden ist. Danach arbeiten bis zu 10 Stunden 1,5 %, 10 bis 12 Stunden 12,94 %, 12 bis 14 Stunden 46,22 %, 14 bis 17 Stunden 39,34 %. Die amtliche Statistik hatte bis zu 17 Stunden sogar 42 % und von 12 bis 14 Stunden 50,3 % ... In 157 Anstalten mit 612 männlichen Pflegern ist überhaupt keine dienstfreie Zeit vorgesehen. In 439 Anstalten mit 4054 weiblichen Pflegern gibt es ebensowenig auch nur eine einzige Stunde freie Zeit ... Nach der amtlichen Statistik hatten neben der Tagesleistung noch Nachtdienst zu verrichten: bis zu 6 Stunden 1385 männliche Personen und 3733 weibliche, von 6 bis 8 Stunden 782 männliche und 3979 weibliche, 8 bis 10 Stunden 630 männliche und 1603 weibliche, 10 bis 12 Stunden 174 männliche und 206 weibliche ... Das sind doch Arbeitszeiten, die zum Himmel schreien. (Anmerkung: Im Deutschen Reich galt bereits das Nachtarbeitsverbot für Frauen, von dem die Pflege ohne irgendeinen Ausgleich ausgenommen war.) Wie sieht es nun mit der Entlohnung aus? ... Über die Lohn- oder Gehaltsfrage schweigt sich die amtliche Statistik schämig aus. Man scheint es überhaupt nicht für der Mühe wert gehalten zu haben, diese Frage in die Fragebögen hineinzusetzen, oder aber man hat sich geschämt, diese Dinge in die Öffentlichkeit zu bringen ... Für die Fluktuation des Personals will ich nur einige Zahlen aus gut geleiteten Anstalten herausgreifen. Im Virchow-Krankenhause wurden Anfang 1911 678 Personen beschäftigt; es kam ein Zugang von 910 und ein Abgang von 888 Personen ... Dass ... auch der Mangel guter, gesunder Schlaf- und Aufenthaltsräume für das Pflegepersonal wesentlich zu dieser Fluktuation beitragen kann, liegt auf der Hand ... Vor 12 Jahren habe ich hier ein Berliner Krankenhaus angenagelt, das den Wärtern Kellerräume als Wohnung anwies. Damals wurde gesagt, das sei nur vorübergehend. Heute aber wurde mir mitgeteilt, dass die Wärter noch heute in denselben Kellerlöchern hausen müssen! ... Meine Herren! Ich habe am 29. Januar genauso wie in früheren Jahren immer wieder hervorgehoben, dass es mir darauf ankommt, die Lage des **gesamten** Pflegepersonals zu bessern und zu heben, ganz gleichgültig, ob sich dieses Pflegepersonal in weltlichen oder geistlichen Organisationen befindet. Deshalb habe ich mich auch sehr eingehend damit beschäftigt, wie es in den geistlichen Orden aussieht und ich muss sagen, dass dort die Überanstrengungen genauso schlimm, zum Teil noch schlimmer sind als bei freiem Pflegepersonal."

Dr. Gerlach (Zentrum):
„So erwünscht es wäre, wenn es möglich ist, für alle Arbeiter, sei es für Kopf- oder Handarbeiter, eine achtstündige Arbeitszeit vorzusehen, so bezeichne ich selbst eine derartige Durchführung als unmöglich. Ich möchte ... wohl auch mit Recht annehmen, dass die Herren auf der äußersten Linken, die sich regelmäßig mit Kopfarbeit beschäftigen, auch nicht in der Lage sind, mit acht Stunden Tagesarbeit ihre Arbeit zu erledigen. Das ist deshalb unmöglich, weil unsere heutige Zeit immer

wieder eine solche Menge von Neuerungen auf den Tagesmarkt bringt, dass ... kein Mensch mit acht Stunden Arbeit auskommen kann. Nun ist in der Statistik allerdings die Bemerkung enthalten, es habe sich ergeben, dass in einzelnen Anstalten Personen 14 bis 18 Stunden zu arbeiten hätten. Diese Angabe steht auf dem Papier ... Die Arbeitsleistung aber, die derartige Pfleger haben, ist nicht so sehr intensiv, und zwar deshalb, weil der Pfleger eigentlich die Aufgabe hat, dem einzelnen Kranken ein gutes Beispiel zu geben und ihn zur Arbeit anzuregen; denn die Arbeit in allen unseren Anstalten, Krankenanstalten, Irrenanstalten, Pflegeanstalten usw. hat nicht den Zweck, in irgendeiner Weise einen Erwerbsgewinn zu erreichen. Sie verfolgt allein die Aufgabe, den einzelnen Kranken eine Ablenkung zu geben und durch die Ablenkung eine Besserung, eine Heilung des Krankheitszustandes zu schaffen ... Ich bemerke insbesondere gegenüber solchen Angaben von 16-, 18-stündiger Arbeit pro Tag: Da würde etwas Übermenschliches eigentlich gefordert werden, was kein Mensch auf die Dauer aushalten könnte ..."

Dieser Abgeordnete glaubte einfach nicht, was für die Pflegenden Alltag war! Mit Ausnahme der Sozialdemokraten hofften die Reichstagspolitiker offenbar, dass sich die Probleme durch die Leidensfähigkeit der Pflegekräfte und schöne Worte über den schweren Dienst von selbst erledigen würden.

1.6 Weimar: Die Chance auf den 8-Stunden-Tag in der Krankenpflege wird vertan

Die Novemberrevolution 1918 und die Weimarer Republik brachten entscheidende Fortschritte im Arbeitszeitrecht. Auf den Maidemonstrationen 1890 hatte die Hauptforderung der sozialistischen Arbeiterschaft „Acht Stunden Arbeit, acht Stunden Schlaf, acht Stunden Erholung" gelautet. Sie wurde im November 1918 für alle gewerblichen Arbeitnehmer Wirklichkeit, zunächst in der Demobilmachungsverordnung, die Arbeitslosigkeit wegen der heimkehrenden Soldaten verhindern sollte. Sofort begann die Auseinandersetzung darüber, ob das Krankenpflegepersonal gleich behandelt werden sollte.

Im Dezember 1918 schrieb die „Sanitätswarte":

„Eine neue Zeit ist angebrochen! Auch ihr seid in der Lage, euren Beruf und eure Existenz auf gerechte Daseinsbedingungen aufzubauen. Schon vor dem Kriege fanden Zehntausende beiderlei Geschlechts ihre Existenz in der Krankenpflege und dem Massage- und Badefach. Neue Tausende sind während des Krieges in diesem Beruf ausgebildet worden. Überfüllung des Berufs und Arbeitslosigkeit für Tausende, die während der langen Kriegsdauer in hingebungsvoller Aufopferung Kranke und Verwundete pflegten, ist die Folge. Es darf aber nicht geduldet werden, dass Tausende ohne Arbeit und Verdienst sind, während andere in übermenschlich langer Dienstzeit bis zur Erschöpfung ihrer Kräfte angespannt werden. Hierin muss schnellstens Abhilfe geschaffen werden durch erhebliche Verkürzung der täglichen Dienstzeit."

Die Regierung, fest entschlossen, die Arbeitszeitfragen gesetzlich im Sinne der Arbeiterschaft zu regeln, legte einen Entwurf für ein Gesetz über die Arbeitszeit der Krankenpflegepersonen vor, der eine tägliche Arbeitszeit von 8 Stunden, höchstens 48 Stunden pro Woche ausschließlich der Pausen und des Unterrichts vorsah. Das einzigartige Angebot einer Arbeitszeitverkürzung bei vollem Lohnausgleich führte allerdings im Berufsfeld selbst nur bei den Gewerkschaften zu Begeisterung. Krankenhausträger, Mutterhäuser, Chefärzte und die Krankenpflegeverbände, deren Berufsethos auf der Aufopferung basierte, waren empört. Sie beschworen den Untergang der Krankenpflege; ihre Herabwürdigung zu einer anstrengenden Lohnarbeit sei nur der sozialistischen Unterwanderung geschuldet. So endete die hitzige Besprechung über den Gesetzentwurf im Reichsarbeitsministerium mit der Einsetzung einer Expertengruppe von 12 bis 15 Arbeitnehmer- und Arbeitgebervertretern. Bis Februar 1920 wurde gestritten und um alternative, kompromissfähige Regelungen gerungen. In der entscheidenden Abstimmung waren für die 48-Stunden-Woche nur fünf Mitglieder (freie und christliche Gewerkschaft, Oberpfleger, Diakonissenverbände), dagegen neun (katholische Schwesternschaften, Krankenhausträger, Berufsorganisation der Krankenpflegerinnen Deutschlands). Für die 60-Stunden-Woche ohne Berücksichtigung der Ausbildungszeit stimmten schließlich neun Mitglieder, dagegen fünf.

Gesetzentwurf zur Arbeitszeitverkürzung

Merke: Die 60-Stunden-Woche und der 10-Stunden-Tag wurden so 1924 zur „Verordnung über die Arbeitszeit in Krankenpflegeanstalten (KrAZO)", die die Sonderbehandlung der Krankenpflege zementierte.

In ihrem großartigen Aufsatz „Dienen ohne Ende" (Pflege 1/88) hat Hilde Steppe den Verlauf der Auseinandersetzungen beschrieben und die Argumente der streitenden Parteien aufgeführt. Sie sollen hier auszugsweise zitiert werden, denn auch diese Argumente sind heute noch im Umlauf, wenn es um die Arbeitszeit der Pflegenden geht. So argumentiert der Vertreter der Krankenhausträger Helbig mit den Erleichterungen des Kost- und Logiszwanges und den bereits erwähnten „Pausen":
„... hat die Krankenpflegerin viele Ruhepausen, in denen sie abzuwarten hat, ob die ihr anvertrauten Kranken ihre Hilfe in Anspruch nehmen, sie braucht sich um ihre eigenen Bedürfnisse so gut wie nicht zu kümmern, ihr Tisch ist gedeckt, das Zimmer mit ihrem Bette ist in unmittelbarer Nähe, die Kleidung wird ihr zum größten Teil geliefert und in Stand gehalten und die Wäsche gewaschen."

Göbell und Colley als Vertreter der Ärzte konnten die Gleichstellung mit anderen Berufen nicht unterstützen:
„Ich muss es für einen ganz traurigen Rückschritt erklären, wenn in den Krankenanstalten der 8-Stunden-Tag eingeführt wird. Damit geht das erhebende Moment der Aufopferung verloren." (Göbell)
„Auf alle Fälle, das ist ganz klar, werden nicht nur die Patienten bei der Neuregelung schlechter fahren als bisher, sondern auch die Schwierigkeiten im ärztlichen Dienst werden sich häufen ..." (Colley)

Die Vertreter des Pflegepersonals waren entzweit und durch die vorhergehende gegenseitige Abgrenzung nicht fähig, an einem Strang zu ziehen. In der Zeitschrift „Die Schwester vom Roten Kreuz" werden die Besonderheiten des Pflegeberufs hervorgehoben:

„Was mich jedoch am meisten bekümmert, ist die Frage: Sollen wir Schwestern es den Revolutionären nachtun? Sehr gönne ich meinen Mitmenschen die denkbarsten Erleichterungen, und es gibt noch manches zu verbessern; doch solchen Bewegungen dürfen wir uns nicht anschließen, nicht einmal dem Anschein nach ... Jeder ist sich selbst der Nächste' darf somit nimmer der Wahlspruch der Schwester werden." „Solange Eltern nicht vorgeschrieben wird, wie lange sie ihre Kinder arbeiten lassen dürfen und solange Kinder nicht von ihren Eltern den 8-Stunden-Tag verlangen, solange müssen sich die Mutterhäuser und ihre Schwestern das Recht wahren, ihren Beruf als das angesehen zu wissen, was er ihnen ist und sein soll, nämlich als freiwillige Liebestätigkeit im Dienste des Nächsten, im vollen Bewusstsein, dass die Schwester damit den schwersten, opfervollsten und mütterlichsten aller Berufe auf sich nimmt, der zwar Außerordentliches von ihr fordert, ihr aber auch hundert- und tausendfach mehr gibt als jeder andere Beruf, der halb soviel fordert und ihr Zeit für alle möglichen Neigungen und Liebhabereien lässt oder lassen würde. Die echte Schwester weiß, dass ihr Beruf ihr ganzes Sein, ihr ganzes Denken und all ihre Kräfte verlangt, dass er keine Halbheiten duldet, dass er selbstverständlich das Aufgeben des eigenen Ich fordert."

In der Zeitschrift der B.O.K.D „Unterm Lazaruskreuz" äußerte sich Agnes Karll:

„Jetzt in der Überstürzung und dem Chaos des Augenblicks den 8-Stunden-Tag zu verlangen und unvernünftige Geldforderungen zu stellen ... ist unseres Berufes unwürdig." (1919)

„Jede Schwester, welche es mit ihrem Beruf ernst meint, wird gegen den 8-Stunden-Tag sein und zwar aus zwei Gründen: erstens, weil es für die Kranken unerträglich ist, sich immer wieder an andere Schwestern gewöhnen zu müssen und zweitens, weil man dem Geist vom 9. November keine Zugeständnisse machen will." (1920)

Auch sie argumentiert mit dem Interesse der Patienten an der gleichen Bezugsperson. Marie Cauer (B.O.K.D) berichtete stolz von den Verhandlungen:

„... die B.O.K.D aber – und das gereicht ihr zur Ehre – ... bewies, dass sie nicht nur ein Fachverband, sondern tatsächlich eine Schwesternschaft ist, mithin nicht nur ihren eigenen unmittelbaren Vorteil, sondern auch das Wohl der Pfleglinge und damit des Volksganzen im Auge hat ..."

Obwohl auch die B.O.K.D die Verkürzung der Arbeitszeit gefordert und mit ihrer Öffentlichkeitsarbeit vorangetrieben hatte, konnte sie sie von den Revolutionären nicht annehmen, von denen sie sich jahrelang abgegrenzt hatte. Der Verlust der Aufopferungsideologie musste verhindert werden.

Der gleiche Druck entstand in den 20er-Jahren für die Gewerkschaften. Das Recht auf die Bezeichnung „Schwester" wurde den freien und gewerkschaftlich organisierten Pflegekräften von Mutterhausschwestern und konservativen Kreisen abgesprochen. Dies führte zur Gründung einer „Schwesternschaft der Reichssektion Gesundheitswesen" im „Verband der in Gemeinde- und Staatsbetrieben beschäftigten Arbeiter und Unterangestellten" – mit Brosche und eigener Tracht. Der Widerstreit zwischen Arbeitnehmerinteressen und Aufopferungsideologie zog sich durch alle Organisationen. Diese Verwirrung trug dazu bei, dass viele Pflegekräfte ihre Tätigkeit als zeitloses, unpolitisches Helfen betrachteten und sich für die Welt um sie herum fatalerweise wenig interessierten.

1.7 Die KrAZO überdauert den Faschismus und den Krieg

Dienen, Opfern, immer zur Stelle sein, Geduld mit den Kranken und Gehorsam gegenüber den Ärzten – dieser berufsethische Hintergrund konnte im Faschismus erschreckend reibungslos in den Dienst am Volk und die Treue zum Führer umfunktioniert werden. Die Verehrung der deutschen Frau wertete die Pflege endlich auf.

Merke: 1938 wurde das erste reichseinheitliche Krankenpflegegesetz verabschiedet und damit scheinbar die langjährige Forderung nach einer staatlich anerkannten Ausbildung als Voraussetzung für die Tätigkeit erfüllt.

Das Gesetz sollte vor allem dem immer noch herrschenden Personalmangel in der Pflege entgegenwirken und außerdem die „Gleichschaltung" und Kontrolle der Pflegenden sicherstellen. Für den Beginn der Ausbildung war nicht nur der Abstammungsnachweis erforderlich, sondern der Schulleiter prüfte auch die „politische Zuverlässigkeit" der Bewerberinnen. Die beständige Indoktrination, die z. B. in den Fachzeitschriften und Lehrbüchern dieser Zeit deutlich wird, mag dazu beigetragen haben, dass Pflegekräfte sich für den Dienst in Konzentrationslagern, in den eroberten Gebieten und für die organisierte Euthanasie missbrauchen ließen. „Krankenpflege ist Dienst an der Volksgemeinschaft", sie hat mitzuhelfen, „... dem Volk Träger deutschen Erbgutes, Arbeitskräfte der Faust und des Kopfes, sowie Waffenträger ..." zu erhalten. „Der Krankenpflege obliegt es aber auch, Kriegs- und Arbeitsinvaliden sowie allen erfüllten erlöschenden Leben durch treue Pflege den Dank der Volksgemeinschaft abzustatten" (Krankenpflegelehrbuch 1943, zitiert nach Hilde Steppe 1993).

Erstes reichseinheitliches Krankenpflegegesetz

Für die bereits ausgebildeten und tätigen Pflegekräfte wurde die „Gleichschaltung" über die Straffung der verschiedenen Schwesternschaften und Verbände versucht. Die Gewerkschaften waren bei der Machtergreifung zerschlagen worden. Die B.O.K.D schrieb am 15.3.33 in ihrer Zeitschrift „Unterm Lazaruskreuz": „... Es ist selbstverständlich, dass sich der Verband, dessen Mitglieder deutsche Schwestern sind, geschlossen hinter die neue Regierung stellt. Wir wollen mitarbeiten an den großen Aufgaben,

Gleichschaltung: 30er-Jahre

die vor uns liegen und die uns aus der neuen Zeit erwachsen ..." Die Verbände sollten zu einer **„Reichsfachschaft Deutscher Schwestern und Pflegerinnen"** zusammengefasst werden; die letztendlich ein Dachverband wurde, dem die Diakoniegemeinschaft, die DRK-Schwesternschaften, die Katholischen Schwestern, der Reichsbund freier Schwestern (nach ihrer Tracht „Blaue Schwestern" genannt) und die NS-Schwesternschaft („Braune Schwestern") angehörten. Es spricht für die damaligen Kolleginnen, dass die nationalsozialistischen Verbände nur einen geringen Organisationsgrad verzeichnen konnten. Die „Braunen" hatten 1939 nur 9,2 %, die „Blauen" 20,1 % der in der Pflege Tätigen als Mitglieder gewonnen. 1939 waren 135.450 Frauen und 20.527 Männer in der Pflege tätig, über deren Alltag und Erlebnisse bisher nur Einzelne zu berichten bereit waren (Steppe 1993).

Arbeitszeiten in der Pflege waren kein Thema. Es war den Nationalsozialisten auch durch eine kurze Ausbildungsdauer von anderthalb Jahren

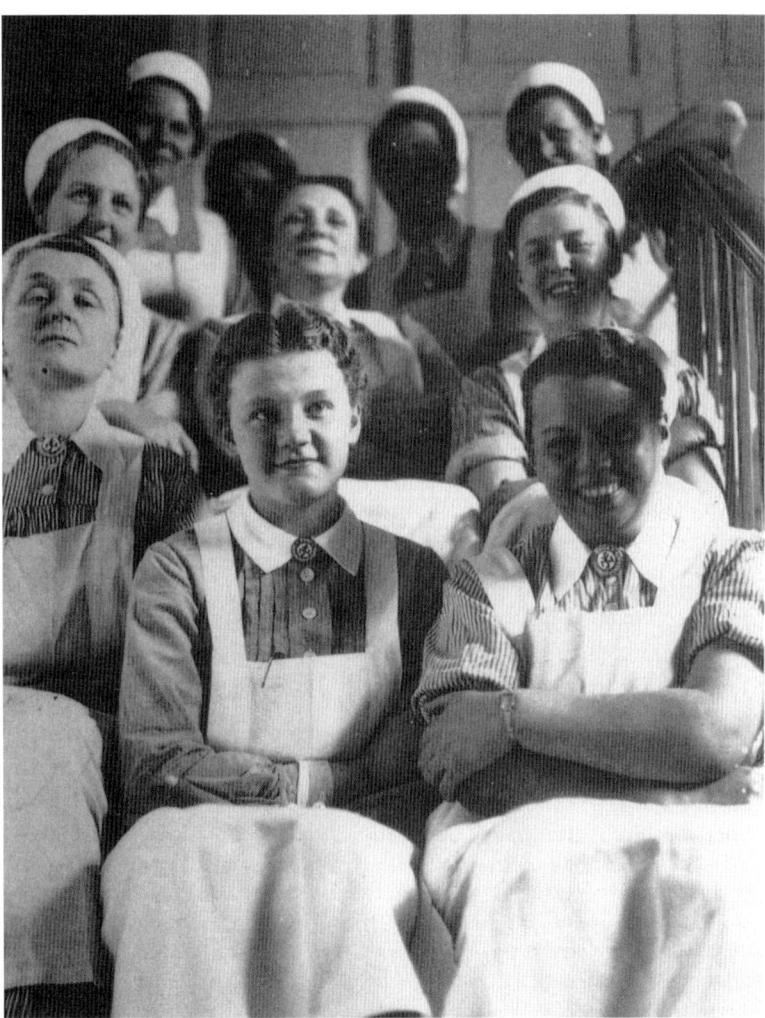

Abb. 2: Krankenpflege – eine zeitlose, unpolitische Tätigkeit?

nicht gelungen, den Personalmangel zu beheben. Wer mit Parolen wie „Neben der Aufgabe als Mutter hat die Frau keine schönere und weiblichere Betätigung als im Beruf der Schwester" um junge Frauen wirbt, muss damit rechnen, dass sie, besonders bei großer körperlicher und seelischer Belastung, vor allem Mutter sein wollen. Erich Hilgenfeldt, Hauptamtsleiter der NS-Frauenschaft, kommentiert die geringe Verweildauer der Pflegekräfte im Beruf und damit sein Dilemma, auf die konfessionellen angewiesen zu sein: „Eine Statistik, die über neun Jahre geführt worden ist, besagt, dass uns unsere Ausgebildeten Schwestern nur 5 Jahre zur Verfügung stehen – dann heiraten sie. Eine Nonne dagegen erfüllt 25, ja meist sogar 30 Jahre ihre pflegerischen Pflichten" (zitiert nach Steppe 1993).

> **Merke:** Von der 1938 erlassenen Arbeitszeitordnung war die Pflege ausgenommen. Sie beschränkte die tägliche Arbeitszeit auf acht Stunden, in Ausnahmefällen bis zu zehn Stunden, die wöchentliche Arbeitszeit auf 48 Stunden und regelte Ruhepausen für Männer und Frauen.

An der NS-Terminologie dieses Gesetzes („Betriebsführer", „Gefolgschaftsmitglieder", „Reichstreuhänder") wurde nach dem Krieg nichts geändert. Die Krankenpflegelehrbücher wurden nur von den offenkundig braunen Kapiteln gesäubert. Noch 1974 erschien das Lehrbuch der Kinderkrankenpflege von Prof. Werner Catel ganz selbstverständlich mit dem Vorwort von 1939.

1.8 Die Gewerkschaften gestalten die Arbeitszeit

Die Arbeitszeitordnung von 1938 mit der 48-Stunden-Woche passte noch auf die Lebensverhältnisse in der Nachkriegszeit, aber die schwunghafte Entfaltung moderner Produktionsmethoden und die Schaffung neuer Arbeitsbereiche während des „Wirtschaftswunders" machten einen verstärkten Arbeitsschutz notwendig. Bereits in den fünfziger Jahren begann der DGB mit der berühmten Kampagne **„Samstags gehört Vati mir!"** für die 5-Tage-Woche und das freie Wochenende. Bereits 1956 hatte die Mehrheit der Arbeitnehmer ein arbeitsfreies Wochenende für Privat- und Familienleben. Arbeitszeitverkürzungen und Maßnahmen zur Beschränkung der Schichtarbeit blieben aber eine Aufgabe der Tarifvertragsparteien und veranlassten keine Bundesregierung, die AZO den neuen Zeitbedürfnissen anzupassen. Der DGB-Bundeskongress verabschiedete 1971 einen Entwurf für ein fortschrittliches Arbeitszeitgesetz. In den achtziger Jahren, in denen die IG Metall bereits die 35-Stunden-Woche erreichte, traten Professoren und Hochschullehrer mit der Forderung nach regelmäßigen Arbeitszeiten und Pausen zur menschengerechten Gestaltung der Arbeit an die Öffentlichkeit und forderten den Gesetzgeber auf, aktiv zu werden. Aus der Mitte des Bundestages wurden Gesetzesinitiativen gestartet, aber kein Entwurf kam durch.

Nachkriegszeit bis heute

In der Pflege waren überlange Arbeitszeiten immer noch die Regel und nach der KraZO auch erlaubt. Insbesondere konnte durch den „geteilten Dienst" erreicht werden, dass eine Person gleich fast zwei Schichten abdeckte. Dieses Arbeitszeitmodell funktionierte, weil immer noch ein großer Teil der Pflegekräfte im Krankenhaus selber wohnte. Bis in die siebziger Jahre hinein wurden sie am „Schwesterntisch" auch verpflegt, sauber getrennt von den Ärzten, die ihre Mahlzeiten im Ärzte-Casino einnahmen.

Tab. 1:
Entwicklung der tariflich festgelegten Arbeitszeiten

Entwicklung der tariflichen Arbeitszeit in der Pflege	
vom 01.04.61 bis 30.09.64	48,0 Stunden
vom 01.10.64 bis 31.12.68	47,0 Stunden
vom 01.01.69 bis 30.06.70	46,0 Stunden
vom 01.08.70 bis 31.12.71	44,0 Stunden
vom 01.01.72 bis 31.12.72	43,0 Stunden
vom 01.01.73 bis 30.09.74	42,0 Stunden
vom 01.10.74 bis 31.03.89	40,0 Stunden
vom 01.04.89 bis 31.03.90	39,0 Stunden
vom 01.04.90 an	38,5 Stunden

Neben der längst überfälligen Angleichung der Arbeitszeit in den Krankenhäusern an das in anderen Tarifbereichen vereinbarte Niveau wurde der Kritik an den anstrengenden Arbeitsbedingungen Rechnung getragen. Die kurze Verweildauer der Pflegekräfte im Beruf von durchschnittlich fünf Jahren machte Zugeständnisse bei Einkommen, Urlaubsdauer und eben Arbeitszeit notwendig, wollte man nicht den Zusammenbruch der Krankenhausversorgung riskieren. Mit zusätzlichen Ausbildungsplätzen auch in der einjährigen Ausbildung von Krankenpflegehelferinnen und der Anwerbung von Pflegekräften aus Korea, später aus dem ehemaligen Jugoslawien wurde der Personalmangel in der Pflege bekämpft, ohne die Arbeitsbedingungen grundlegend zu verbessern.

Anfang der 70er-Jahre begann der damalige Gesundheitsminister Ehrenberg die lange Reihe der Reformer, die seitdem versuchen, die Kosten der Gesundheitsversorgung auf die Versicherten abzuwälzen und die Arbeitgeber von Versicherungsbeiträgen zu entlasten. In den Krankenhäusern führten die beständigen Kürzungen der Finanzierungsgrundlage durch Bundesgesetze vor allem zu Personaleinsparungen.

In der Pflege gingen die Anhaltszahlen für die Personalbemessung, die die Deutsche Krankenhausgesellschaft 1969 empfohlen hatte, von einer 15 %igen Ausfallquote aus. Die Differenz zum tatsächlichen Ausfall von rund 25 % musste von den Kolleginnen ebenso verkraftet werden wie z. B. nicht eingerechnete zusätzliche Urlaubstage.

In Umfragen ermittelten die Deutsche Angestellten Gewerkschaft 1988 und das Wirtschafts- und sozialwissenschaftliche Institut des DGB 1987 die tatsächliche Arbeitsbelastung. Danach leisteten 86,5 % der befragten Pflegekräfte ständig Überstunden, durchschnittlich 10,5 Stunden pro Monat. 10,3 % wurden im Anschluss an den Nachtdienst noch zu Überstunden herangezogen.

Merke: Laut Tarifvertrag dürfen Überstunden nur in dringenden Fällen angeordnet werden. Im Krankenhaus ersetzen sie fehlendes Personal.

Etwa ein Drittel der Arbeitszeit leisteten die Befragten im Nachtdienst, 39 % leisteten bis zu sechs und 37 % sechs bis zehn Nachtdienste pro Monat. Nur 5,6 % gaben an, dass sie am Tag ungestört schlafen können. Ein Viertel der befragten Pflegekräfte wurde zum Bereitschaftsdienst herangezogen. Dabei mussten 21 % mehr als die nach dem Tarifvertrag zulässigen sieben Bereitschaftsdienste leisten.

Merke: Die tarifliche Beschränkung der Bereitschaftsdienste ist der konsequenten Haltung der Gewerkschaften und dem Hamburger Kinderarzt Gerhard Limbrock zu verdanken. Er hatte 1978 vor dem Arbeitsgericht gegen die 32-Stunden-Dienste geklagt und eine Begrenzung auf einen Bereitschaftsdienst pro Woche und einen freien Tag im Anschluss an den Bereitschaftsdienst erstritten, in deren Folge die Sonderregelungen 2a–c zum BAT abgeschlossen wurden und zu Neueinstellungen von Ärzten führte.

Bei der Beurteilung ihrer beruflichen Belastung gaben die Pflegekräfte in den Umfragen schwere Beeinträchtigungen des Privatlebens und Stress durch häufig wechselnde Anforderungen, Zeitdruck, Leidbelastung, gesundheitsgefährdende Umgebungseinflüsse und Konflikte an.

Die Öffentlichkeitsarbeit von Gewerkschaften und Berufsverbänden enthüllte diese großen Belastungen als Ursache für den „Pflegenotstand" am Ende der 80er-Jahre. In den Tarifverhandlungen, die 1989 nur für die Pflege aufgenommen wurden, konnten die Gewerkschaften nennenswerte Verbesserungen bei Einkommen und Weiterbildung erreichen. Eine Eingruppierung, die der tatsächlichen Verantwortung z. B. einer Stati-

Abb. 3:
Beim Streik im öffentlichen Dienst 1992 geht auch das Krankenpflegepersonal demonstrativ mit auf die Straße. Die Notbesetzung auf den Stationen die die Patienten vor Schaden schützte, orientierte sich an der üblichen Sonntagsbesetzung. Die Patienten wurden also nicht mehr vernachlässigt, als ohnehin mindestens 52-mal im Jahr.

onsleitung entsprochen hätte, scheiterte an der Weigerung der Arbeitgeber. Sie konnten nicht zulassen, dass eine Krankenschwester an das Einkommen eines Fachhochschulabsolventen heranreicht. Daran wurde deutlich, dass der Bildungsweg eines Berufes immer noch einen großen Stellenwert und die Pflege hier einen erheblichen Nachholbedarf hat!
Für die nach der großen Kampagne für notwendig erachteten qualitativen Veränderungen wie z. B. mehr Freizeitausgleich bei Nachtarbeit, Novellierung des Krankenpflegegesetzes, Verbesserung der Ausbildungsbedingungen und Erprobung neuer Formen der Arbeitsorganisation war es zu Beginn der 90er-Jahre aber schon zu spät. Die Gesundheitsreform kam in eine kritische Phase, und die Arbeitgeber waren zu keinerlei Verhandlungen mehr bereit. Sie wollten die Effekte der Kostendämpfungsgesetze abwarten und spekulierten darauf, dass sich die offensichtlichen Missstände durch verschärfte Personaleinsparungen „erledigen" ließen.

1.9 Das Arbeitszeitgesetz von 1994 geht den Krankenhäusern zu weit

Vor diesem Hintergrund verwundert es nicht, dass das Arbeitszeitgesetz von 1994 aufgrund äußeren Drucks zustande kam und nicht, weil die Bundesregierung die Notwendigkeit gesehen hätte, endlich die AZO von 1938 zu ersetzen.

Bundesverfassungsgericht

Das **Bundesverfassungsgericht** hatte sich 1992 mit der Frage zu befassen, ob das **Nachtarbeitsverbot** für Arbeiterinnen gegen den Gleichheitsgrundsatz des Grundgesetzes verstoße. Es bejahte diese Frage mit einer umfangreichen Stellungnahme zur Nachtarbeit an sich. Sie sei für Männer und Frauen gleichermaßen – sozusagen gleichberechtigt – schädlich. Der Gesetzgeber müsse die Arbeitnehmerinnen und Arbeitnehmer durch entsprechende Regelungen schützen:
„Der Gesetzgeber ist verpflichtet, den Schutz der Arbeitnehmer vor den schädlichen Folgen der Nachtarbeit neu zu regeln ... Auf der Grundlage dieser Einschätzung bedarf Nachtarbeit im Rahmen von Arbeitsverhältnissen aufgrund ihrer nachgewiesenen Schädlichkeit für die menschliche Gesundheit auch weiterhin einer gesetzlichen Regelung. Ihre unbeschränkte Freigabe ohne flankierende Maßnahmen würde gegen den objektiven Gehalt des Art. 2 Abs. 2 Satz 1 GG (Recht auf körperliche Unversehrtheit B. G.) verstoßen" (Urteil des Bundesverfassungsgerichts vom 28.1.1992 1 VvR 1025/82 1 BvL 10/91).

Einigungsvertrag

Mit der deutschen **Wiedervereinigung** verpflichtete sich die Bundesregierung im Einigungsvertrag u. a., das Arbeitsrecht gesetzlich so anzugleichen, dass gleiche Verhältnisse in Ost und West erreicht werden. (Die Ausweitung der AZO von 1938 auf den Osten konnte natürlich nicht ernsthaft ins Auge gefasst werden.)
„(1) Es ist Aufgabe des gesamtdeutschen Gesetzgebers,
1. das Arbeitsvertragsrecht sowie das öffentlich-rechtliche Arbeitszeitrecht einschließlich der Zulässigkeit von Sonn- und Feiertagsarbeit und

den besonderen Frauenarbeitsschutz möglichst bald einheitlich neu zu kodifizieren,
2. den öffentlich-rechtlichen Arbeitsschutz in Übereinstimmung mit dem Recht der Europäischen Gemeinschaften und dem damit konformen Teil des Arbeitsschutzrechts der Deutschen Demokratischen Republik zeitgemäß neu zu regeln."
(Vertrag zwischen der Bundesrepublik Deutschland und der Deutschen Demokratischen Republik über die Herstellung der Einheit Deutschlands)

Die **Europäische Gemeinschaft** beschloss 1993 ein Gesetz zur Regelung der Arbeitszeit. Gesetze heißen bei der EU „Richtlinie", was offenbar auch bei Politikern den Irrtum fördert, sie seien nur als Empfehlung zu berücksichtigen. Sie verpflichten die Mitgliedsstaaten, ihre nationale Gesetzgebung diesem Standard anzupassen:

EU-Richtlinie

„Die Arbeitsbedingungen können die Sicherheit und Gesundheit der Arbeitnehmer beeinträchtigen. Die Gestaltung der Arbeit nach einem bestimmten Rhythmus muss dem allgemeinen Grundsatz Rechnung tragen, dass die Arbeitsgestaltung dem Menschen angepasst sein muss" (Richtlinie 93/104/EG).

Drei schwerwiegende Anstöße von außen veranlassten also die Bundesregierung, das Arbeitszeitrecht neu zu fassen. Dass die Bezeichnung „neu" nur für die wenigsten Paragrafen gilt, haben wir schon bei der Betrachtung des Arbeiterschutzgesetzes gesehen.

> **Merke:** Neu am Arbeitszeitgesetz war allerdings die vom Gesetzgeber in den §§ 7 und 12 vorgesehenen Verschlechterungsmöglichkeiten aufgrund entsprechender Tarifverträge. Damit wurde die Funktion des Gesetzes als Mindestnorm für alle Bürgerinnen und Bürger untergraben und Druck auf die Tarifvertragsparteien, vor allem die Gewerkschaften, ausgeübt.

Prompt verlangten die Arbeitgeber 1995 einen Tarifvertrag von den Gewerkschaften, der den 12-Stunden-Tag im Krankenhaus ermöglicht. Dem Patienten sei wie gehabt der Wechsel der Bezugsperson nicht zuzumuten und ihnen, den Arbeitgebern, sei eine Ausweitung der Stellenpläne für das Pflegepersonal nicht zuzumuten. Die Gewerkschaften lehnten dieses Ansinnen unter Hinweis auf die katastrophalen Arbeitsbedingungen und die ohnehin schon sehr weiten Spielräume des Arbeitszeitgesetzes ab. Das ÖTV-Tarifsekretariat berichtet aus den (gescheiterten) Verhandlungen: „Die Arbeitgeber erwiderten, dass das Gesetz die Beschäftigten bevormunde und zur Schlafmützigkeit erziehe. Die Krankenhausbeschäftigten könnten eigenverantwortlich mit ihrer Arbeitszeit umgehen. Es sei nicht nötig, den Tatendrang junger Ärztinnen und Ärzte durch gesetzliche Regelungen zu bremsen."
Bislang haben die Gewerkschaften den arbeitszeitmäßigen Rückfall in die Zeiten von Agnes Karll und ihren Mitstreiterinnen verhindern können. Dabei stoßen sie bei einigen Angehörigen der Berufsgruppe selbst auf den gleichen Widerstand wie ihre Vorkämpferinnen in der Weimarer Republik bei der Auseinandersetzung um den 8-Stunden-Tag.

1.10 Zurück zur Gretchenfrage

Keine Frau muss sich heute noch dafür rechtfertigen, dass sie für ihren eigenen Unterhalt arbeitet. Die ideologische Ausgestaltung der Pflege zu einer edlen und ehrbaren Beschäftigung für bürgerliche Frauen ist durch die fortschreitende Emanzipation der Frau heute nicht mehr notwendig. Die vielen Nachteile, die dafür in Kauf genommen wurden, bestehen aber fort. Um sie zu überwinden, ist es hilfreich, sich vor Augen zu führen, dass sie ihre Berechtigung in der Geschichte des Berufes hatten, heute aber die Entwicklung der Pflege zu einem modernen Dienstleistungsberuf behindern. Diese Kontinuität aufzuzeigen, war das Anliegen dieses Kapitels. Vielleicht gelingt es nach einer historischen Reflexion besser, die gesellschaftlichen und politischen Rahmenbedingungen z. B. in die Arbeitszeitgestaltung einzubeziehen.

Berufung ist nicht mehr notwendig, wohl aber eine moderne Berufsbildung und die Anerkennung der Pflege als ein wichtiger Teil des Gesundheitswesens.

Denkanstoß

Bitte tippen Sie einmal, von wann und von wem die folgenden Zitate stammen könnten, und sehen Sie erst dann auf S. 33 nach.

1. „So wie überhaupt die größte Reinlichkeit beobachtet werden muss, so dürfen auch in die Handsteine keine Nachttöpfe gegossen oder Unrat in diese oder in die Abtritte geworfen werden, ebenso wenig darf aus den Fenstern irgendetwas gehängt, hinausgegossen oder geschüttet werden."
2. „Um was geht es denn? Es geht doch primär darum, dass wir genügend Schwesternnachwuchs bekommen. Sind wir denn so kurzsichtig, dass wir übersehen, dass ein Teil von Krankenhäusern ... sich heute gar nicht mehr ihrer eigentlichen Aufgabe widmen können, weil keine Schwestern vorhanden sind? ... Nach meiner Ansicht ist es in der Tat eine Diskriminierung der Volksschülerinnen, wenn wir sie ausschließen oder besser gesagt, von ihnen die Erfüllung noch weiterer Voraussetzungen fordern, um sie in eine Schwesternschule einziehen zu lassen ... Glauben Sie denn, dass wenn Sie eine bessere Schulbildung fordern, das Sozialprestige heben, etwa größere Nachwuchszahlen bekommen? Wer sich für den Schwesternberuf zur Verfügung gestellt hat, hat auch von vornherein ein hohes moralisches Verantwortungsgefühl mitgebracht."
3. „Den Anordnungen übergeordneter Schwestern, Stationsschwestern usw. ist Folge zu leisten. Wenn Meinungsverschiedenheiten auftreten, entscheidet der Arzt."
4. „Die Angestellten wünschen auch eine Regelung der Arbeitszeit, wenigstens eine bestimmte Mindestruhezeit, selbst auf die Gefahr hin, dass mehr Personal eingestellt werden muss. Wir meinen aber, dass, wenn die Verhältnisse in der Krankenpflege geordnet werden, sich dann auch mehr Menschen diesem Beruf zuwenden werden."

5. „Wie der Feldherr mit seinen Truppen, so arbeitet der Arzt mit seinen ihm unterstellten Schwestern. Ohne Feldherr ist die Arbeit der Truppen ziellos. Ohne Truppen die Arbeit des Feldherrn erfolglos. Beides sind wichtige und doch getrennte Gebiete, zwischen denen der Gehorsam das verbindende Glied bildet."

Auflösung des Denkanstoßes

1. Hausordnung des Allgemeinen Krankenhauses zu Hamburg 1823
2. Dr. Dietrich (CDU/CSU) in der 191. Bundestagssitzung am 23.6.65
3. Krankenpflegelehrbuch von 1943 nach Steppe 1993
4. Dr. Burckhardt (Wirtschaftliche Vereinigung) in der Reichstagsdebatte Februar 1913
5. Anna von Zimmermann: Was heißt Schwester sein? Beiträge zur ethischen Berufserziehung Berlin 4. Aufl. 1925

1.11 Literatur

Deneke, Theodor: Der vorläufige Entwurf eines Gesetzes über die Arbeitszeit der Krankenpflegepersonen. Leipzig 1919

Die Sanitätswarte. Organ zur Vertretung der Interessen des gesamten Personals in Kranken- und Irrenanstalten, Sanatorien, Heil-, Pflege- und Badeanstalten, Massage- und Wasserheil-Instituten, Kliniken, Seebädern usw. Beilage zur „Gewerkschaft", Organ des Verbandes der Gemeinde- und Staatsarbeiter. Verschiedene Jahrgänge

Joho, Michael (Hrsg.): „Die überwältigendste Stätte von Nächstenliebe und Wohltätigkeit". 175 Jahre Allgemeines Krankenhaus St. Georg – eine etwas andere Festschrift. Hamburg 1999

Rübenstahl, Magdalene: „Wilde Schwestern". Krankenpflegereform um 1900. Frankfurt 1994

Scharf, Günter: Geschichte der Arbeitszeitverkürzung: Der Kampf der deutschen Gewerkschaften um die Verkürzung der täglichen und wöchentlichen Arbeitszeit. Köln 1987

Steppe, Hilde (Hrsg.): Krankenpflege im Nationalsozialismus. 7. Aufl. Frankfurt/Main 1993

Steppe, Hilde: Das Selbstverständnis der Krankenpflege in ihrer historischen Entwicklung in: Pflege 2000/13, S. 77–83, Bern

Uhlmann, Gordon/Weisser, Ursula: Krankenhausalltag seit den Zeiten der Cholera. Frühe Bilddokumente aus dem Universitäts-Krankenhaus Eppendorf in Hamburg. Hamburg 1992

Bildquellennachweis (Kap. 1): Institut für die Geschichte der Medizin

2 Rechtliche Grundlagen

Jutta Krüger, Ronald Kelm

2.1 Haftungsrecht

Jutta Krüger

Eine „Standortbestimmung" des Pflegedienstes im haftungsrechtlichen Normengeflecht der verschiedenen Rechtsgebiete erscheint problematisch.

Man wird zwar nicht von der „Quadratur des Kreises" sprechen, wenn es um den Versuch der Erläuterung geht, dennoch ist das Medizinhaftungsrecht, insbesondere die Haftungssituation der Krankenhausmitarbeiter, unübersichtlich, z. T. auch unklar.

Der Gesetzgeber hat keine spezialgesetzliche Haftungsregelung für den Bereich des Medizinhaftungsrechtes eingeführt, und Ansätze hierzu, die Anfang der sechziger Jahre auf dem Deutschen Juristentag mehrfach diskutiert wurden, sind erfolglos geblieben.

Als Konsequenz finden sich die einschlägigen Haftungsvorschriften in unterschiedlichen Gesetzestexten, wobei häufig auf allgemeine Normen, wie z. B. auf das Dienstvertragsrecht, zurückgegriffen werden muss.

Weitere Konsequenz ist eine fast unübersehbare Fülle von Rechtsprechung zur Haftungssituation (fast ausschließlich der Ärzte bzw. des Krankenhausträgers), in der einzelfallbezogene Bewertungen getroffen werden und nur bedingt eine Allgemeinverbindlichkeit hergestellt werden kann.

Hinzu kommt, dass eine Vielzahl unterschiedlichster Berufsaspekte, medizinischer und pflegerischer Ansprüche sowie der „Fortschritt der Medizin" zu berücksichtigen sind.

Vieles, was heute dem Stand der Wissenschaft entspricht, ist morgen bereits schon überholt.

Der strafrechtliche Hintergrund, insbesondere die Regelungen des § 223 StGB (Körperverletzung) sowie § 203 StGB (Verletzung von Privatgeheimnissen), soll hier lediglich der Vollständigkeit halber Erwähnung finden.

Im Vordergrund der haftungsrechtlichen Situation des Pflegepersonals steht die **zivilrechtliche Inanspruchnahme**, sei es durch den Dienstherrn im Wege eines arbeitsrechtlichen Regresses, sei es im Wege einer direkten Inanspruchnahme durch ehemalige Patientinnen und Patienten.

2.1.1 Allgemeine Regeln der zivilrechtlichen Haftung

2.1.1.1 Verschuldensprinzip

Das deutsche Zivilrecht geht von dem Prinzip der Verschuldenshaftung aus.
Mit anderen Worten: Voraussetzung für die Haftung ist der Nachweis eines (individuellen) Verschuldens.
Der Verschuldensbegriff ist einer Legaldefinition des Bürgerlichen Gesetzbuches zu entnehmen:
„§ 276 (Haftung für eigenes Verschulden)
(1.) Der Schuldner hat, sofern nicht ein anderes bestimmt ist, Vorsatz und Fahrlässigkeit zu vertreten."

Der Gesetzgeber definiert mithin Verschulden als **vorsätzliches** oder **fahrlässiges Handeln**.
Verschulden in Form des **Vorsatzes** wird im Regelfall im Krankenhausbetrieb nicht vorkommen (Der doch sehr atypische Fall aus Essen, in welchem ein Arzt die bereits aufgezogenen Spritzen des Kollegen kontaminierte, um durch die zu erwartenden beruflichen Nachteile seines Rivalen bei einer Bewerbung bevorzugt zu werden [vgl. Deutsch, Medizinrecht, 4. Auflage 1998, Rn. 179], ist eine seltene und exotische Ausnahme). Entscheidend für die Frage der Haftung ist mithin, ob im konkret zu beurteilenden Fall Fahrlässigkeit i. S. des § 276 BGB gegeben ist.
Auch für den Begriff der **Fahrlässigkeit** hat der Gesetzgeber die Definition vorgegeben:
„Fahrlässig handelt, wer die im Verkehr erforderliche Sorgfalt außer acht lässt." (§ 276 S. 2 BGB)
Bei der juristischen Bewertung, ob das konkrete dienstliche Handeln vorwerfbar ist oder nicht, geht es immer wieder um die Beantwortung der Frage, ob im jeweiligen Falle die erforderliche Sorgfalt außer acht gelassen worden ist. Nur wenn dies bejaht wird, ist die Haftung gegeben.
Erforderliche Sorgfalt bedeutet, dass die nach den Umständen gebotene Sorgfalt erwartet wird; der Arzt muss die jeweils zutreffende Behandlungsweise vornehmen.
Die **erforderliche** Sorgfalt geht über die **übliche** Sorgfalt hinaus:
Der Arzt schuldet die berufsfachlich gebotene Sorgfalt nach dem jeweiligen Stand der medizinischen Wissenschaft zur Zeit der Behandlung; eingerissene Nachlässigkeiten (in seiner Berufsgruppe) entlasten ihn nicht.
Diese Problematik wird sehr plakativ am Falle einer früheren Entscheidung des Bundesgerichtshofes (BGHZ 8, 138 ff.) deutlich.

Beispiel: Einem Zahnarzt entglitt bei der Wurzelbehandlung einer Patientin eine etwa 4 cm lange Nervnadel.
Die Patientin verschluckte die Nadel, welche daraufhin operativ entfernt werden musste. Die Patientin verklagte den Zahnarzt auf Schadenersatz.
Der Zahnarzt konnte im Prozess nachweisen, dass eine Vielzahl seiner Kollegen ebenso wie er das Sicherungskettchen der Nadel, welches ein Abgleiten des Instrumentes verhindern sollte, nicht anlegten, sodass

> das Risiko, welches sich in diesem Fall verwirklicht hatte, auch bei zahlreichen Kollegen gegeben war.
> Der Bundesgerichtshof hat eine Haftung des Zahnarztes bejaht und in den Urteilsgründen deutlich gemacht, dass die übliche Sorgfalt nicht immer ausreichend ist, sondern jeweils die aus der konkreten Gefahr der Behandlung erwachsene, erforderliche Sorgfalt beachtet werden muss.

Die Antwort darauf, ob ein Vertreter einer bestimmten Berufsgruppe im konkreten Fall die in seinem Fach als erforderliche Sorgfalt angesehene Pflicht eingehalten hat oder nicht, beurteilt sich nach den für die betreffende Berufsgruppe geltenden Standards. Dies ist deshalb vordergründig eine Frage, die sich nach medizinischen Maßstäben richtet. Der Jurist, der über die Frage einer Haftung im Krankenhaus zu entscheiden hat, wird diese daher in den allermeisten Fällen nicht ohne Beauftragung von Gutachtern der entsprechenden Fachdisziplin beantworten können.

2.1.1.2 Beweissituation

Grundsätzlich gilt, dass derjenige, der einen Anspruch auf Schadenersatz geltend macht, alle Tatsachen vortragen und beweisen muss, die die Haftung seines Gegners begründen.
Es obliegt daher grundsätzlich dem Patienten bzw. seinem Anwalt, den Nachweis zu erbringen, dass und vor allen Dingen welcher Fehler durch wen passiert ist, sowie auch der Nachweis darüber, dass und welche auszugleichenden Schäden entstanden sind.

Beweislast/ Beweislastumkehr

Die Beweislast des Anspruchstellers unterliegt allerdings gewissen Beweiserleichterungen bis hin zur **Beweislastumkehr**, wenn dem Gegner Beweisvereitelungen vorzuwerfen sind, also zum Beispiel Dokumentationsmängel in der Krankenakte es dem Patienten als Anspruchsteller nicht ermöglichen, den Nachweis eines Behandlungsfehlers zu führen, schlicht deshalb, weil ein zugezogener Gutachter aufgrund der zu dürftigen Krankenunterlagen den Behandlungsablauf nicht bzw. nicht vollständig rekonstruieren kann.
Ein grober Behandlungsfehler, welcher vom Gericht dann angenommen wird, wenn die erforderliche Sorgfalt in einem besonders hohen Maße verletzt worden ist, führt zu einer Beweislastumkehr hinsichtlich des Nachweises, dass die behaupteten Gesundheitsfolgen auf den fehlerhaften Eingriff zurückzuführen sind.
Im Wege des so genannten **Prima-facie-Beweises** wird dann grundsätzlich von der Schwere des Fehlers auf die dadurch bedingten Folgen geschlossen.
Es obliegt dann den behandelnden Ärzten nachzuweisen, dass die Schäden nicht auf den Behandlungsfehler zurückzuführen sind; dieser Nachweis wird nur schwer zu erbringen sein.

2.1.2 Vertragliche Haftung

Der Patient wird im Regelfall gegen „das Krankenhaus" bzw. die behandelnden Ärzte Ansprüche erheben; eine direkte Anspruchsanmeldung gegenüber dem Pflegepersonal ist äußerst selten (vgl. hierzu aber Ziff. 4). Dies liegt zum einen daran, dass eine **eigene vertragliche Beziehung** des Patienten zum Pflegepersonal nicht besteht.
Der Patient schließt vielmehr den Behandlungsvertrag, welcher einen Dienstvertrag gemäß § 611 BGB darstellt, mit dem **Krankenhausträger** und ggf. als Privatpatient einen Zusatzvertrag hinsichtlich der ärztlichen Leistungen mit einem **liquidationsberechtigten Arzt**.
Demgemäß sind der Patient einerseits und der Krankenhausträger bzw. ein privat behandelnder und liquidierender Arzt andererseits Vertragspartner und damit im Streitfall Prozessgegner.
Das Pflegepersonal wird im Rahmen der Erbringung dieser vertraglichen Leistung lediglich als Erfüllungsgehilfe tätig, dessen Handeln – und damit Fehler – nicht ihm selbst, sondern dem Vertragspartner haftungsrechtlich zugerechnet werden.
Der Gesetzgeber bestimmt insoweit, dass der Vertragspartner ein Verschulden der Mitarbeiter, die er im Rahmen der vertraglich geschuldeten Tätigkeit (= medizinische Behandlung) einsetzt, „in gleichem Umfange zu vertreten hat wie eigenes Verschulden" (§ 278 Abs. 1 BGB).
Das bedeutet, dass der anspruchstellende Patient keinen direkten vertraglichen Anspruch gegenüber dem Pflegepersonal hat; er muss vielmehr „seinen" Vertragspartner verklagen.

Das Haftungsrisiko des Pflegepersonals verlagert sich jedoch u. U. in den internen arbeitsrechtlichen **Regress**:
Wenn der Krankenhausträger/Arzt aufgrund nachgewiesenen Verschuldens eines Krankenhauspflegers/-schwester gegenüber dem anspruchstellenden Patienten zum Schadenersatz verpflichtet wird, hat er rechtlich die Möglichkeit, diesen ihm entstandenen Vertragsschaden direkt gegenüber dem Mitarbeiter im Wege des Regresses geltend zu machen.
Anspruchsgrundlage ist auch hier § 611 BGB:
Aus dem Arbeitsvertrag erwächst dem Krankenhausträger als Arbeitgeber bei Schlechterfüllung ein Anspruch auf Schadenersatz.
Dieser Regress des Krankenhausträgers gegenüber seinen Mitarbeitern ist durch Freistellungsansprüche bei gefahrgeneigter Tätigkeit des Mitarbeiters, eine Haftungsprivilegierung bei geringerer Fahrlässigkeit und durch die Verpflichtung zur Einhaltung der Organisationspflichten des Arbeitgebers begrenzt.
So entspricht es ständiger Rechtsprechung, dass der Krankenhausträger als Arbeitgeber auch bei nachgewiesenem Verschulden keine Regressmöglichkeit hat, wenn die Ursachen des Fehlers in unzumutbarer Überlastungssituation bzw. unzureichenden organisatorischen Rahmenbedingungen bestehen. Die Frage, wann eine derartige Situation vorliegt bzw. vorgelegen hat, beurteilt sich allerdings nach dem jeweiligen Einzelfall.
Oft geht es dabei auch um die Frage, ob ein Organisationsverschulden des Klinikträgers vorgelegen hat.

Regress

2.1.3 Deliktische Ansprüche

Zivilrechtlich tritt neben den vertraglichen Schadenersatzanspruch der Anspruch aus „unerlaubter Handlung" gemäß § 823 BGB.

Nach dieser Anspruchsgrundlage hat derjenige, der eines der in der Vorschrift genannten geschützten Rechtsgüter widerrechtlich verletzt, Schadenersatz und Schmerzensgeld zu leisten (Schmerzensgeld wird allein von dieser Anspruchsgrundlage umfasst, nicht vom Vertragsschaden des § 611; deshalb werden regelmäßig beide Anspruchsgrundlagen – vertragliche und deliktische – vom Patienten angemeldet).
Zu den durch § 823 Abs. 1 BGB geschützten Rechtsgütern gehört auch die körperliche Integrität; eine widerrechtliche Körperverletzung löst Schadenersatzansprüche aus.
Widerrechtlich bedeutet, dass die eingetretene Körperverletzung nicht durch die Einwilligung des Patienten gerechtfertigt ist.
(An dieser Stelle sei daran erinnert, dass der ärztliche Heileingriff nach ständiger Rechtsprechung grundsätzlich als tatbestandsmäßige Körperverletzung im Sinne des § 223 BGB anzusehen ist, die nur dann gerechtfertigt ist, wenn eine rechtswirksame Einwilligung des Patienten vorliegt. Mit anderen Worten: Jeder Heileingriff, der nicht von der Einwilligung des Patienten gedeckt ist, verpflichtet zum Schadenersatz.)
Es ist davon auszugehen, dass der Patient grundsätzlich nur in einen lege artis durchgeführten Eingriff einwilligt, mithin die Rechtswidrigkeit der Körperverletzung wieder auflebt, wenn die Behandlung nicht den Regeln der medizinischen Kunst entsprach.
Der Anspruch gem. § 823 BGB besteht im Gegensatz zu der oben dargestellten vertraglichen Haftung **direkt** gegenüber demjenigen, der tätig geworden und den Schaden unmittelbar verursacht hat.
Anspruchsgegner ist derjenige, der den Fehler persönlich begangen, „verschuldet" hat.
Allerdings gewährt das Haftungsrecht auch hier ein gewisses Haftungsprivileg:
Gemäß § 831 BGB muss sich nämlich der Geschäftsherr, der die Fähigkeiten des Mitarbeiters angeordnet hat, also hier der Krankenhausträger, grundsätzlich das Verschulden seines Mitarbeiters haftungsrechtlich zurechnen lassen.
Ähnlich wie bei der vertraglichen Haftung, so haftet auch hier der Mitarbeiter als „Verrichtungsgehilfe" nicht in jedem Fall unmittelbar gegenüber dem Patienten.
Dieses Haftungsprivileg ist wiederum begrenzt.
Kann der Arbeitgeber (hier: Krankenhausträger) nachweisen, dass er die beauftragte Person sorgfältig ausgewählt hat, so tritt die Überleitung der Haftung auf ihn nicht ein, vielmehr haftet dann der Mitarbeiter selbst gegenüber dem anspruchstellenden Patienten.

Fazit: Im Ergebnis ist festzuhalten, dass eine **direkte** Inanspruchnahme des Pflegedienstes generell nur nach den Regeln des §§ 823 in Verbindung mit § 831 Abs. 1 Satz 2 BGB bestehen kann.
Hiervon ist allerdings das Risiko einer direkten internen Inanspruchnahme des Pflegedienstes durch den arbeitsrechtlichen Regress zu unterscheiden.

2.1.4 Sonderprobleme der Haftung des Pflegedienstes

2.1.4.1 Vorbemerkung

Die Diskussion um die haftungsrechtliche Situation des Pflegedienstes hat sich in den letzten Jahren erheblich verschärft.
Mitarbeiter des Pflegedienstes sind nicht mehr, wie früher bereit, Aufgaben wahrzunehmen, die dem ärztlichen Aufgabenfeld zuzuordnen sind. Problematisiert wird dies vor allem im Bereich der Vornahme intravenöser Injektionen und gleichartiger Eingriffe.
Die Frage, ob und in welchen Grenzen eine derartige Delegation ärztlicher Tätigkeiten auf das Pflegepersonal zulässig ist – wohlgemerkt **haftungsrechtlich** –, ist angesichts der gegenwärtigen Rechtsprechung nur unbefriedigend zu beantworten.

2.1.4.2 Zulässigkeit der Delegation ärztlicher Tätigkeiten auf den Pflegedienst

Generell ist eine Delegation bestimmter ärztlicher Tätigkeiten auf den Pflegedienst zulässig.
Dies wird in der Rechtssprechung aus der Tatsache des „vielfach unerlässlichen Zusammenwirkens des Arztes mit Hilfspersonen wie Assistenten, Krankenschwestern und Pflegern" begründet (vgl. hierzu Laufs, Arztrecht, 4. Aufl. 1998, Rn. 357).
Es gilt allerdings auch hier, einen bestimmten oder gewissen Sorgfaltsmaßstab bei der Auswahl geeigneter Mitarbeiter, auf die Tätigkeiten delegiert werden dürfen, einzuhalten.

Die arbeitsrechtlichen Grundsätze von der Anordnungsverantwortung des Arztes und der Durchführungsverantwortung des von ihm beauftragten Personals spielen dabei eine maßgebliche Rolle:
Der Arzt darf nur Aufgaben delegieren, wenn er davon ausgeht, dass der/die von ihm Beauftragte fachlich und tatsächlich in der Lage ist, diese Aufgabe auch wahrzunehmen.
Anhaltspunkt dafür, dass der Arzt auf einen nichtärztlichen Mitarbeiter delegieren darf, ist **langjährige Berufserfahrung** der Krankenschwester/des Krankenpflegers im zu delegierenden Bereich.

Arbeitsrechtliche Grundsätze

2.1.4.3 Delegation innerhalb des Pflegedienstes

Häufig wird gefragt, ob und an wen innerhalb des Pflegedienstes zum Beispiel durch eine Stationsleitung pflegerische Aufgaben delegiert werden dürfen.
Die Antwort bleibt auch hier letztlich unbefriedigend.
Im Falle erheblicher personeller Ausfälle (Krankheit, Überstundenabbau, Sparzwänge) sehen sich leitende Mitarbeiter im Pflegedienst im täglichen Arbeitsalltag immer wieder mit dem Problem konfrontiert, die vorhandenen, oft arbeitsintensiven pflegerischen Tätigkeiten auf die (wenigen) anwesenden Mitarbeiter zu verteilen.
Besonders problematisch ist dies dann, wenn Pflegepersonal, welches sich noch in der Ausbildung befindet, herangezogen werden muss.

Der Pflegedienst hat durch die Benachrichtigung der vorgesetzten Dienststellen/Verwaltung (sog. „**Überlastungsanzeigen**", siehe hierzu Kapitel 2.1.5, S. 42 ff., versucht, auf dieses Problem aufmerksam zu machen).

Juristisch gilt, dass eine Delegation lediglich auf geeignetes Personal erfolgen darf, wobei der jeweilige Erfahrungshorizont, Ausbildungsstand und das Vorliegen besonderer dienstlicher Qualifikationen (z. B. Pflegedienst im Intensivbereich) zu beachten ist.

Soweit nach Auffassung der vor Ort verantwortlichen Leitung mit den verfügbaren Kräften keine ausreichende medizinische Versorgung mehr möglich ist, muss das Krankenhausdirektorium/der Krankenhausträger informiert werden.

Die Leitungsgremien müssen dann nach sorgfältiger Abwägung entscheiden – und verantworten – ob und ggf. mit welchen zusätzlichen Hilfsmaßnahmen die Station weiterbetrieben werden kann.

2.1.4.4 Injektionen, Infusionen und Blutentnahmen

Die Frage, ob Injektionen, Blutentnahmen und Infusionen durch das Pflegepersonal durchgeführt werden dürfen, ist bis heute in der Rechtsprechung nicht einheitlich beantwortet.

Ärztlicherseits heißt es – insbesondere im chirurgischen Bereich –, dass eine Delegation auf das Pflegepersonal unumgänglich ist, da die entsprechenden Maßnahmen in aller Regel vormittags durchgeführt werden, also zu einem Zeitpunkt, zu dem die Ärzte nicht auf der Station, sondern im OP sind.

Dies kann als Argument nicht akzeptiert werden.

In der Rechtsprechung geht der Trend eindeutig dahin, dass derartige Tätigkeiten dem Arzt überlassen bleiben sollen (Deutsch, Arzthaftungsrecht, 4. Aufl. 1998 Rn. 254 ff.).

Zwar hat der Bundesgerichtshof nicht ausdrücklich darüber entschieden, ob und welche Injektionen dem ärztlichen Hilfspersonal übertragen werden dürfen, er hat jedoch in einzelnen Urteilen immer wieder deutlich gemacht, dass selbst voll ausgebildeten und geprüften Krankenschwestern die Vornahme intramuskulärer Injektionen nur dann überlassen werden darf, wenn sich der leitende Arzt von ihrer Fähigkeit vergewissert hat und die entsprechenden Maßnahmen für die Über- wachung und Beaufsichtigung des Pflegepersonals bestehen (vgl. Laufs, a. a. O., Rn. 358).

Uneinheitliche Regelungen

Gegenwärtig ist die Handhabung in den Krankenhäusern bundesweit nicht einheitlich.

In einigen Krankenhäusern gilt nach wie vor die frühere Handhabung des Nachweises der erforderlichen Fähigkeiten des Pflegedienstes für die Vornahme von Injektionen (sog. Spritzenpass), in anderen Krankenhäusern ist die Delegation derartiger Tätigkeiten auf den Pflegedienst grundsätzlich untersagt.

Teilweise gelten vermittelnde Regelungen, so zum Beispiel die Freiwilligkeit der Vornahme dieser Tätigkeiten im dienstlichen Bereich und eine ausdrückliche haftungsrechtliche Freistellung bei einem Misslingen der Injektion.

Hier besteht indessen ein strafrechtliches Problem:
Der Krankenhausträger kann zwar in die zivilrechtliche Haftung des Pflegedienstes gegenüber dem Patienten eintreten (dies erfolgt in aller Regel durch eine generelle Freistellungserklärung des Krankenhausträgers im Hinblick auf arbeitsrechtliche Regresse), diese Schutzfunktion greift indessen strafrechtlich nicht.

Wenn z. B. ein Patient durch die unsachgemäße Vornahme einer Injektion durch einen Mitarbeiter des Pflegedienstes einen Spritzenabszess erlitten hat und alle rechtlichen Möglichkeiten nutzen möchte, um diese Körperverletzung zu ahnden, dann kann der Krankenhausträger zwar die finanziellen Folgen (Entschädigungsleistung gegenüber dem Patienten) für ihn übernehmen, auf ein evtl. vom geschädigten Patienten angestrengtes Strafverfahren wegen Körperverletzung hat dies jedoch keinen Einfluss. Die unsachgemäße Vornahme einer Injektion stellt sich strafrechtlich als **Körperverletzung des Patienten** dar, für den der/die Täter/in, also der Mitarbeiter des Pflegedienstes, direkt einzustehen hat.
Besondere Gesichtspunkte, wie zum Beispiel Überlastungssituationen, Einschüchterung durch Vorgesetzte etc., können zwar im Bereich der Strafzumessung mildernd bewertet werden, hindern jedoch die grundsätzliche Strafbarkeit nicht.

Dienstrechtliche Regelungen des Krankenhausträgers haben nicht den Rechtsrang einer gesetzlichen Verordnung oder gar eines Gesetzes, sie sind vielmehr Teil eines internen arbeitsrechtlichen Regelwerkes, für dessen Recht- und Gesetzmäßigkeit der Krankenhausträger ggf. einzustehen hat. Wenn nämlich dienstrechtliche Regelungen erlassen werden, denen geltendes Recht entgegensteht, wäre dies zivilrechtlich als haftungsrechtlich relevantes **Organisationsverschulden** zu bewerten.

2.1.4.5 Können sich MitarbeiterInnen des Pflegedienstes gegen die ungewollte Übernahme ärztlicher Aufgaben wehren?

Dies kann man weder eindeutig bejahen noch verneinen.
In der Fachliteratur wird zu Recht darauf hingewiesen, dass ein Ineinandergreifen pflegerisch-ärztlicher Tätigkeiten unabdingbar ist. Im Rahmen eines derartigen Ineinandergreifens wird eine absolute Trennung beider Tätigkeitsbereiche nicht möglich sein.
In erster Linie beurteilt sich die Frage, welche Tätigkeiten vom Arbeitnehmer geschuldet sind und damit vice versa auch, welche verweigert werden dürfen, aus dem Arbeitsvertrag.
Dieser wird jedoch im Regelfall hierfür keine speziellen Regelungen enthalten.
Maßgebend ist auch hier, wie sich die in Rede stehende Tätigkeit nach dem **allgemeingültigen Berufsbild** des Pflegedienstes darstellt. Handelt es sich bei der jeweiligen ärztlichen Tätigkeit um eine Versorgungsleistung, deren Durchführung vom Pflegedienst als „durchaus normal" angesehen wird?
Im konkreten Fall sollte der Pflegedienst daher prüfen, ob die an seinem Arbeitsplatz geübte Praxis der generellen Handhabung seiner Berufsgruppe entspricht.

Im medizinischen Notfall ist wie immer ein Mehr auch an Delegation rechtlich zulässig, als bei einem medizinischen Heileingriff, der ohne eine konkrete Gefährdungslage geplant und terminiert durchgeführt werden kann.

In Grenzfällen sollte sich der pflegerische Mitarbeiter die Arbeitsanweisung vom Arzt **schriftlich** geben bzw. **abzeichnen lassen.**

Dies kann im Bedarfsfall ein wichtiges Beweismittel sein, wenn im Nachhinein eine unterschiedliche Erinnerung über den Inhalt einer delegierten Aufgabe besteht.

2.1.5 Überlastungsanzeigen

2.1.5.1 Einführung

Bedeutung — Das Thema „Überlastungsanzeigen des Pflegedienstes" hat in den letzten Jahren zunehmend an Bedeutung gewonnen.

Es geht um die Frage, ob auf einer Station, in einem Arbeitsbereich mit dem vorhandenen bzw. vom Arbeitgeber/Krankenhausträger zur Verfügung gestellten Personal überhaupt noch eine zureichende Krankenpflege gewährleistet werden kann. Oft wird von „gefährlicher Pflege" gesprochen.

Hier vermischen sich einmal mehr standes-, arbeits- und haftungsrechtliche Problemstellungen:

Bundesweit sehen sich Krankenhausverwaltungen seit Mitte der achtziger Jahre damit konfrontiert, dass Mitarbeiter/innen aus der Krankenpflege, nicht selten alle Mitarbeiter einer Station – oft auf einheitlichen Vordrucken – mitteilen, eine zureichende Pflege sei mit dem vorhandenen Personal aus ihrer Sicht nicht mehr zu gewährleisten und verantworten.

Aktueller Anlass ist oft, wenn auch nicht immer, eine erhebliche **personelle Unterbesetzung** auf der Station.

Inhalte — Die Inhalte derartiger „Überlastungsanzeigen" sind fast immer gleich; es wird darauf hingewiesen, dass durch die gravierende Unterbesetzung die Gefahr von Pflegefehlern (insbesondere Dekubiti) besteht, und auch sonst nicht gewährleistet werden kann, dass es als Folge der Überlastungssituation nicht zu anderen vermeidbaren Pflegefehlern, etwa einer Über- oder Unterdosierung von Medikamenten kommt.

Die entsprechenden Informationen der Vorgesetzten über die Situation betreffen entweder den bereits bestehenden Zustand („am ... war auf der Station ... keine ordnungsgemäße Pflege gewährleistet/wurde auf der Station ... keine ordnungsgemäße Pflege ausgeübt"), oder sie beziehen sich auf eine für die nahe Zukunft befürchtete, vor Ort nicht kontrollierbare, Gefahrensituation („Wenn der Personalschlüssel/der Personalbestand auf der Station ... nicht umgehend verstärkt wird, besteht die Gefahr, dass gefährliche Pflege zum Nachteil der Patienten erfolgt. Die Unterzeichner lehnen die persönliche und haftungsrechtliche Verantwortung für Fehler, die aufgrund der Belastungssituation entstehen, ab".)

Hier wird wiederum die Frage der Anordnungs- und Durchführungsverantwortung interessant.

Der terminus technicus „Überlastungsanzeige" hat sich im Bereich des Krankenhauses, speziell in der Diskussion des Pflegedienstes, neu entwickelt.
Das Arbeitsrecht kennt den Begriff der Überlastungsanzeige lediglich als Ausfluss der generellen Treuepflicht des Arbeitnehmers.
Diese Treuepflicht gebietet es dem Arbeitnehmer als Korrelat zur Fürsorgepflicht des Arbeitgebers auf **Gefahrenpotenziale** im Arbeitsleben hinzuweisen.
In dieser arbeitsrechtlichen Rechtsprechung sind eher Gefahren am technischen Arbeitsplatz z. B. der Automobilindustrie angesprochen, als die individuelle pflegende Tätigkeit am Patienten.
Gleichwohl fragt es sich, ob und in welcher Form der Krankenpfleger berechtigt, ja verpflichtet ist, derartige Mitteilungen gegenüber dem Arbeitgeber abzugeben.
Letztlich geht es bei diesen Mitteilungen nicht nur um eine Art von Warnfunktionen, sondern auch um Wahrnehmung berechtigter beruflicher oder berufsständischer Interessen.
Juristisch ist jeder Arbeitnehmer – unabhängig vom Arbeitsplatz – **verpflichtet**, seinen Arbeitgeber auf bestehende Gefahrenpotenziale hinzuweisen.
Der Arbeitgeber hat sodann im Rahmen der ihm obliegenden (Organisations-)Verantwortung zu prüfen, ob und welche Maßnahmen ergriffen werden müssen.

2.1.5.2 Rechtslage/Haftung für Dekubiti

Die juristische Einordnung und Bewertung dieser unter dem Stichwort „Überlastungsanzeigen" bekannt gewordenen warnenden Äußerungen des Pflegepersonals sind – wie vieles – schwierig zu bewerten:

- Die im Nachhinein erfolgte Mitteilung, dass eine Ausstattung, sei es personell oder apparativ, unzureichend war, wird keine juristische Entlastung der Unterzeichner herbeiführen können.
- Anders verhält es sich, wenn auf zukünftige Gefährdungspotenziale aufmerksam gemacht wird.

Die Vorgesetzten, die von ihren Mitarbeitern über eine derartige Gefahrensituation informiert werden, müssen – wie bereits oben ausgeführt – im Rahmen ihrer dienstlichen Verantwortung die Situation vor Ort überprüfen und beurteilen, ob der Versorgungsbetrieb auf der benannten Station mit dem vorhandenen Personal verantwortlich bewältigt werden kann.

Die Rechtsprechung hat sich mit der Frage, ob und in welchem Umfange personelle oder sächliche Mängel zu einer Haftung führen, in einer Reihe von Fällen unterschiedlicher Konstellation auseinandergesetzt, wobei die Beklagten allerdings im Regelfall der Krankenhausträger und/oder der behandelnde Arzt, nicht pflegerische Mitarbeiter, waren.

Für den hier besonders interessierenden Bereich sei das Augenmerk auf ein Urteil des Oberlandesgerichtes Celle aus dem Jahre 1984 (OLG Celle, Urteil vom 27.06.1983 – 1 U 60/82) gerichtet:

Das Oberlandesgericht Celle hatte über den Fall eines Belegarztes zu entscheiden, dessen Patient aufgrund unzureichender pflegerischer Besetzung ein Dekubitusgeschwür entwickelt hatte. Das Oberlandesgericht führt in seinem Urteil wörtlich aus:

„Die unzureichende personelle Besetzung des Krankenhauses mit Pflegekräften entlastet den Arzt nicht, wenn er nicht darlegt, dass er sich beim Krankenhausträger erfolglos um zusätzliche Pflegekräfte bemüht oder erfolglos die Verlegung des Patienten in eine ausreichend ausgestattete andere Klinik versucht hat ... Für die Versäumnisse bei der Pflege des Klägers muss der Beklagte (Arzt) auch einstehen, denn er hätte schon lange vor der Einlieferung des Patienten bei der Stadt als Trägerin des Krankenhauses intervenieren und wenigstens den Versuch unternehmen müssen, um für Abhilfe zu sorgen, damit gesichert war, dass genügend Pflegepersonal zur Verfügung stand ... Ob eine solche Intervention des Arztes Erfolg gehabt hätte, ist ungewiss, diese Ungewissheit geht jedoch zu Lasten des Beklagten" (OLG Celle, a. a. O.).

Es fragt sich, ob dieses Urteil auch Anwendung auf den Bereich des Pflegedienstes finden kann.
Entsprechende Entscheidungen der Obergerichte stehen aus. M. E. würde es zu weit führen, dem Pflegedienst die gleiche Verantwortung aufzuerlegen, diese Verantwortung richtet sich eher an die für den Einsatz der Mitarbeiter zuständigen Leitungsgremien.
Insoweit ist ein genereller Hinweis der Mitarbeiter über konkrete Gefährdungspotenziale wichtig und im Extremfall notwendig, allerdings dann auch ausreichend.
Auch eine mangelhafte apparative Ausstattung wird im Hinblick auf das damit verbundene Organisationsverschulden haftungsrechtlich dem Krankenhausträger, nicht dem Pflegepersonal zugerechnet (vgl. BGH, Urteil vom 22.09.1987 – VI. ZR 238/86).
Im Rahmen des Organisationsverschuldens hat das Oberlandesgericht Stuttgart den Krankenhausträger in die Haftung genommen mit der Begründung, er habe „... seine Verpflichtung, ausreichend fachkundiges nichtärztliches Personal zu stellen, wenn er für den Nachtdienst bei 88 Betten in 3 Abteilungen nur 2 Nachtschwestern einsetzt" (vgl. OLG Stuttgart, Urteil vom 20.08.1982 – 14 U 392; ähnlich OLG Celle, Urteil vom 25.06.1984 – 1 U 44/83 [Organisationsverschulden des Krankenhausträgers bejaht, wenn ein akut gefährdeter Patient nicht auf eine Station verlegt wird, in der die personellen Voraussetzungen für eine ordnungsgemäße Überwachung bestehen]) verletzt.

Hervorzuheben ist, dass die Rechtsprechung dem behandelnden Arzt die Verpflichtung auferlegt, „im Krankenblatt eines Krankenhauspatienten, bei dem die ernste Gefahr eines Durchliegegeschwürs (Dekubitus) besteht, ... sowohl die Gefahrenlage als auch die ärztlich angeordneten Vorbeugungsmaßnahmen zu dokumentieren" (BGH VI. Zivilsenat, Urteil vom 18.03.86 – ZR 215/84).

Fazit Zusammenfassend ist festzuhalten, dass die haftungsrechtliche Verantwortung für eine mangelhafte personelle und apparative Ausstattung nach ständiger Rechtsprechung vorrangig dem **Krankenhausträger** angelastet wird. Um derartigen organisatorischen Haftungsrisiken begegnen zu können, ist der Krankenhausträger auf Informationen der Mitarbeiter angewiesen. In einer organisatorischen Notfallsituation sollte der Pflegedienst daher entsprechende **Informationen** an die Leitungsgremien geben. Die haftungsrechtliche Verantwortung, ob und wie Abhilfe erfolgt, verbleibt letztlich beim Krankenhausträger.

2.1.6 Auswirkungen von sog. Schutzgesetzen auf die Haftung

In den letzten Jahren hat es Versuche des Gesetzgebers gegeben, die sehr ungeordnete Materie des Medizinhaftungsrechtes zumindest durch den Erlass einzelner Spezialgesetze „in den Griff" zu bekommen.
Für die Haftung des Pflegedienstes sind die **Medizingeräteverordnung** und das **Medizinproduktegesetz**, die seit einigen Jahren den Umgang, die Wartung und die Einführung von Mitarbeitern in bestimmte hochtechnisierte Behandlungsgeräte regeln, pointiert zu beachten. Die Medizingeräteverordnung differenziert zwischen verschiedenen Kategorien („Anwender", „Betreiber", „Benutzer", „Geräteverantwortlicher"). Durch diese – hier zur Illustration des Haftungsrechtes beispielhaft vorgestellte – Verordnung soll der zunehmenden Technisierung des medizinischen Versorgungsbetriebes im Krankenhaus Rechnung getragen werden.
Eingeteilt nach bestimmten Kategorien potenzieller Gefahrengrade (I–III) werden bestimmte Anforderungen für die jeweils an den Geräten tätigen Personen festgelegt, wodurch eine zuverlässige und gefahrenfreie Anwendung sichergestellt werden soll.
So ist unter anderem vorgesehen, dass der Anwender des Gerätes durch Unterschrift erklärt, in die Benutzerfunktionen eingewiesen zu sein.
Hier gibt es eine große Bandbreite von – zum Teil nicht zulässigen – Praktiken:
Die Handhabung reicht von „Sie haben dieses Gerät ja schon immer verwendet, unterschreiben Sie mal hier", bis hin zu „Der Firmenbeauftragte der Firma XYZ wird am ... kommen, und eine Schulung durchführen".
Normen wie die Medizingeräteverordnung stellen so genannte Schutzgesetze im Sinne des § 823 Abs. 2 BGB dar (haftungsrechtliche Aspekte von Abs. 1 siehe Kap. 2.4).
Die Haftungsnorm des § 823 Abs. 2 besagt wörtlich:
„Die gleiche Verpflichtung [Ersatz des Schadens] trifft denjenigen, welcher gegen ein den Schutz eines anderen bezweckenden Gesetzes verstößt."

Haftungsrechtlich führt ein nachgewiesener Verstoß gegen ein Gesetz, welches zum Schutze der Rechtsgüter des § 823 Abs. 1 BGB erlassen worden ist, zur Schadenersatzpflichtigkeit. Die Medizingeräteverordnung ist ein solches Gesetz. Sie wurde zum Schutze der mit den jeweiligen Geräten behandelten Patienten, aber auch unter dem Gesichtspunkt des Arbeitnehmerschutzes erlassen. Die **Dokumentationspflichten**, welche nach der Medizingeräteverordnung vorgesehen sind, sollen im Störfall

Medizingeräteverordnung

Medizinproduktegesetz

beweisen, dass die Mitarbeiter, die das Gerät bedient haben, mit der Handhabung dieses Gerätes vertraut gemacht worden sind.

Damit dem Arbeitgeber dieser Nachweis möglich ist, haben die am Gerät tätigen Personen diese Einweisung durch Unterschrift zu dokumentieren. Stellt sich im konkreten Schadenfall heraus, dass Unkenntnis des Anwenders in bestimmte Funktionsweisen des Gerätes kausal für den eingetretenen Schaden verursacht haben, so haftet der betreffende Mitarbeiter direkt gegenüber den Geschädigten auf Schadenersatz und Schmerzensgeld. Es kann daher nicht genug betont werden, dass derartige Unterschriften wesentlich **mehr** sind als eine reine Formalie. Zugleich wird in einer derartigen Situation eventuell der Fall des sog. Übernahmeverschuldens vorliegen, denn der betreffende Mitarbeiter führt eine Tätigkeit durch, obwohl er weiß, dass er an diesem Gerät und damit für diese Tätigkeit nicht ausgebildet worden ist.

Andere Spezialgesetze

Haftungsrechtlich ist die Situation bei der Nichtbeachtung anderer einschlägigen Spezialgesetze, insbesondere der Röntgenverordnung, Strahlenschutzverordnung sowie dem Medizinproduktegesetz vergleichbar.

2.1.7 Haftung des Pflegedienstes für sonstige organisatorische Unzulänglichkeiten

Fachliche Fehlentscheidungen im Bereich der organisatorischen Ausgestaltung von Krankenpflegestationen können im Einzelfall auf fachliche Inkompetenz der jeweiligen Leitungskräfte des Pflegedienstes zurückzuführen sein.

Wenn etwa der leitende Mitarbeiter im Pflegedienst grobe Fehler in der Dienstplaneinteilung vornimmt und der Krankenhausträger hierdurch wegen eines Organisationsmangels in die Haftung genommen wird, bestehen je nach dem Grad der Fahrlässigkeit Regressansprüche gegenüber dem betroffenen Mitarbeiter.

Es muss dann allerdings seitens des Krankenhausträgers der Nachweis geführt werden, dass der betreffende Mitarbeiter ordnungsgemäß angeleitet und überwacht worden ist.

Die Handhabung der Zuständigkeit für einzelne organisatorische Maßnahmen auf der Station ist juristisch nicht stringent vorgegeben.

Insofern ist es allein bedeutsam, dass die Organisation den Anforderungen eines zureichenden Krankenhausbetriebes genügt.

Insbesondere gibt es keine rechtlich zwingenden Vorschriften in der Angrenzung der Zuständigkeiten in dem Gefüge Pflegedienstleitung/Stellvertretende Pflegedienstleitung, Abteilungsleitung und Stationsleitung. Auch hier werden die hier arbeitsrechtlich geschuldeten Inhalte und damit auch die juristischen Verpflichtungen des Krankenhausträgers durch das jeweilige Berufsbild und die hierzu erforderlichen Qualifikationen geprägt.

Die Haftung für Arbeitnehmerschutzgesetze ist schwierig. Verhält es sich so, dass der Vorgesetzte Schutzgesetze ignoriert, so besteht unter Umständen ein direkter Schadenersatzanspruch des geschädigten Mitarbeiters.

Dies ist z. B. möglich, wenn dem strahlenschutzverantwortlichen Arzt einer Abteilung durch die zuständige Überwachungsbehörde die Stilllegung eines Bestrahlungsgerätes aufgegeben worden ist, weil die Streustrahlung des Gerätes eine zu große Gesundheitsgefahr für das am Gerät beschäftigte Personal mit sich bringt. Für nachgewiesene Gesundheitsbeeinträchtigungen seiner Mitarbeiter hat der Vorgesetzte dann Schadenersatz und Schmerzensgeld zu zahlen.
Unabhängig davon löst der Verstoß gegen gesetzliche Vorschriften **arbeitsrechtliche Konsequenzen** aus, die von der förmlichen Ermahnung bis hin zur fristlosen Kündigung reichen können.

2.1.8 Fazit

Die Verantwortungsebenen der Tätigkeiten der Ärzte und der des Pflegedienstes können nicht ohne weiteres schematisch getrennt werden. Die Krankenhausführung sollte jedoch den Pflegedienst von Aufgaben, die seinem Berufsfeld fremd sind, und von Routineaufgaben, bevor es zur „gefährlichen" Pflege im eigenen Aufgabengebiet des Pflegedienstes kommt, entlasten. Als Lösung könnte demzufolge die Anordnung des Krankenhausträgers bzw. der zuständigen Stationsleitung erscheinen, dass keine „Sonderaufgaben" mehr durchgeführt werden dürfen, weil dies sonst zu Lasten der grundpflegerischen Leistung geht. Dies ist auch keine Arbeitsverweigerung der zuständigen Leitung, sondern eine gewissenhafte Ausführung des eigenen Aufgabengebietes zur ordnungsgemäßen Pflichterfüllung gegenüber dem Patienten aus dem Krankenhausvertrag.

Führen Personalknappheit, Einsatz von nicht ausreichend qualifizierten Arbeitskräften oder Übernahme ärztlicher Tätigkeiten zum Auftreten von „gefährlicher" Pflege, müssen sich Mitarbeiter als auch Leitende an den Krankenhausträger wenden. Nur durch diesen **Informationsfluss** sieht sich der Krankenhausträger auch in die Lage gesetzt, Abhilfe zu schaffen.

Erhebliche **Kosteneinsparungen** bergen die Gefahr einer mangelhaften Qualität der Leistung des Pflegedienstes, der bestimmte Tätigkeiten als „üblich" verrichtet. Hier bestehen Abgrenzungsprobleme. Eine klare Verantwortung für die Handlung und Führung von Mitarbeitern ist nur durch eine detaillierte **Stellenbeschreibung** für jeden einzelnen Mitarbeiter bzw. für jede Berufsgruppe erreichbar. Das hohe **Haftungsrisiko** und der gestiegene Anspruch der Patienten an die Versorgung in der Medizin fordern die Präsentation professioneller medizinischer **Standards**. Diese müssen mit dem Fortschritt der Zeit mithalten. Dadurch sind eine optimale Versorgung des Patienten und eine Einschränkung des Haftungsrisikos zumindest annähernd realisierbar.

Abb. 4:
Übersicht über das Arbeitsrecht

Arbeitsrecht

Ein einheitliches Arbeitsgesetzbuch existiert in der Bundesrepublik Deutschland nicht. Das Arbeitsrecht ist in ca. 130 Gesetzen und Verordnungen sowie ca. 32.000 Tarifverträgen geregelt.

Individualarbeitsrecht

Arbeitsvertrag
Tarifregelungen (Eingruppierung, Vergütung, Urlaub ....)
Sozialbezüge (Krankenbezüge, Sozialversicherungsbeiträge)

kollektives Arbeitsrecht

I. Tarifautonomie

Koalitionsfreiheit
Tarifvertragsgesetz
Tarifverträge
Arbeitskampfrecht

II. Beschäftigtenvertretungsrecht

Koalitionsfreiheit
Betriebsverfassungsgesetz
Personalvertretungsgesetze
(Mitarbeitervertretungsrecht)

Arbeitsschutzrecht

I. Soziales Arbeitsschutzrecht

Frauenarbeitsschutz
(Diskriminierungsverbot, MuSchuG, ErzGeldG)
BeschäftigtenschutzG
Jugendarbeitsschutz
Schwerbehindertenschutz
Arbeitszeitschutz

II. Techn. Arbeitsschutz

GewerbeO, ArbeitssicherheitsG, ArbeitsstättenVO,
med.-tech. GeräteVO, AtomG, StrahlenschutzVO, RöntgenVO, ChemikalienG, GefahrstoffVO,
UVVen

2.2 Direktionsrecht

Ronald Kelm

> **Definition:** Die rangniederste Rechtsquelle ist das **Direktionsrecht des Arbeitgebers**, das **Ausfluss des Arbeitsvertrages** ist. Das Direktionsrecht wird durch das Schreiben des Dienstplans ausgeübt. Wer macht was, wann, und wo! Der Arbeitgeber kann dem Arbeitnehmer grundsätzlich nur Tätigkeiten zuweisen, die von seiner Arbeitspflicht mit umfasst sind. Das bedeutet, dass sich das Direktionsrecht des Arbeitgebers auf die vom Arbeitnehmer **geschuldete Arbeitsleistung** beschränkt. Ein Direktionsrecht besteht also nur, wenn der Arbeitgeber dem Arbeitnehmer in dem genannten Rahmen zulässigerweise Anordnungen erteilen darf. **Art, Inhalt und Umfang der Arbeitspflicht** ergeben sich zunächst aus dem Inhalt des jeweiligen Arbeitsvertrages.
> Für den Dienstplan ist die vereinbarte Arbeitszeit zu beachten.
> Weitere Grenzen ergeben sich vor allem aus **Gesetzen** (z. B. den Arbeitssicherheitsbestimmungen, dem MuSchG etc.), **Tarifverträgen** sowie **Dienst- bzw. Betriebsvereinbarungen** und schließlich aus den Grundsätzen der **Billigkeit**.

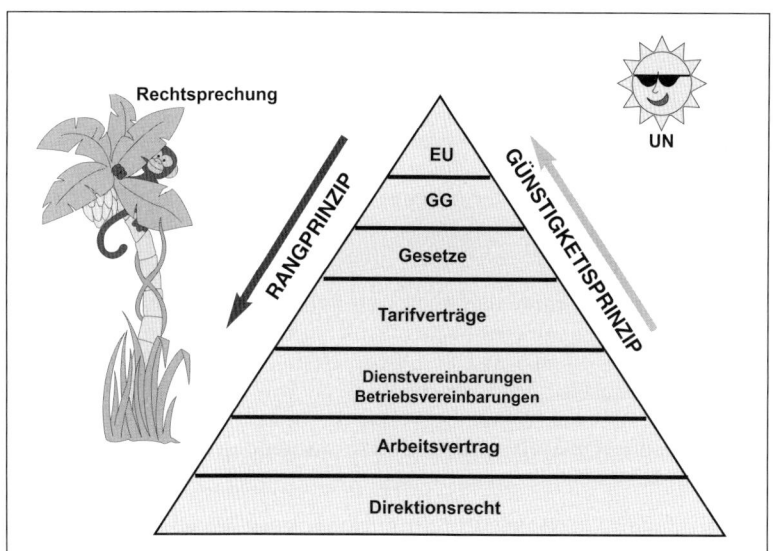

Abb. 5:
Die Arbeitsrechtpyramide
(Grafik: Brigitte Gerloff)

Regelmäßig ist der **Inhalt der geschuldeten Arbeitsleistung** nicht näher vertraglich geregelt, sondern nur sehr grob umrissen (z. B. Außendienstmitarbeiter, Arbeiter, Angestellter im allgemeinen Verwaltungsdienst). Deshalb ergibt sich die konkret geschuldete Arbeitsleistung aus dem **Berufsbild** der vereinbarten Tätigkeit (z. B. Krankenschwester) und den **Umständen des Einzelfalls**. Nach der Rechtsprechung des BAG kann sich insbesondere die geschuldete Arbeitsleistung auf eine bestimmte Tätigkeit oder bestimmte Umstände oder Bedingungen der Leistungserbringung

Geschuldete Arbeitsleistung

konkretisieren. Eine derartige Konkretisierung des Arbeitsvertrages hin zu einem einseitig nicht mehr veränderbaren Vertragsinhalt tritt nicht allein dadurch ein, dass der Arbeitnehmer längere Zeit in derselben Weise eingesetzt wurde. Vielmehr müssen zu reinem Zeitablauf besondere Umstände hinzutreten, die erkennen lassen, dass der Arbeitnehmer nur noch verpflichtet sein soll, seine Arbeit ohne Änderung so wie bisher zu erbringen (vgl. BAG NZA 1985, 811; 1993, 89; 1998, 647: Einteilung zu mindestens sieben Nachtwachen pro Monat).

Eingruppierung

Insbesondere ergibt sie sich aus den **tariflichen Eingruppierungsnormen**, sofern solche einschlägig sind, die tarifgerechte Eingruppierung. Bei Anwendung tariflicher Vergütungssysteme wird üblicherweise, insbesondere im öffentlichen Dienst, arbeitsvertraglich sowohl bei der Einstellung als auch durch Änderungsvereinbarung bei der Höhengruppierung die Vergütungsgruppe, in die der Arbeitnehmer einzureihen ist, vereinbart bzw. angegeben. Dadurch erstreckt sich die arbeitsvertraglich geschuldete Arbeitsleistung auf alle Tätigkeiten, die den Tätigkeitsmerkmalen der vereinbarten Vergütungsgruppe entsprechen. Das Arbeits- verhältnis konkretisiert sich auf eben diese Vergütungsgruppe. Damit erlangt der Arbeitnehmer einerseits den aus dieser Vergütungsgruppe resultierenden Vergütungsanspruch. Andererseits ist er nur noch verpflichtet, Tätigkeiten auszuüben, die den Tätigkeitsmerkmalen der vereinbarten Vergütungsgruppe entsprechen. Das Direktionsrecht – als Korrelat der Arbeitspflicht – beschränkt sich damit auf die Zuweisung einer Tätigkeit innerhalb des Bereichs der Tätigkeitsmerkmale einer Vergütungsgruppe (nicht innerhalb der Fallgruppe! Vgl. BAG, AP Nr. 17 zu § 611 BGB Direktionsrecht).

Zu verrichtende Tätigkeiten

Der Arbeitnehmer kann also grundsätzlich die Ausführung **niedriger zu bewertender Tätigkeiten** ablehnen und braucht **höherwertige Tätigkeiten** nicht zu verrichten. Will der Arbeitgeber ihm dennoch höherwertige oder niedere Tätigkeiten übertragen, ist eine Änderungskündigung (vgl. § 2 KSchG) erforderlich.

Der Arbeitnehmer kann aber auch vom Arbeitgeber verlangen, mit einer der Vergütungsgruppe entsprechenden Tätigkeit befasst zu werden (vgl. GS BAG AP Nr. 14 zu § 611 BGB Beschäftigungspflicht; PK-BAT, Bruse, § 8 Rz. 62 m.w.N.). Man spricht insoweit von dem **Beschäftigungsanspruch** des Arbeitnehmers. Diese Pflicht besteht nur aus besonderen Gründen ausnahmsweise nicht, so z. B. während des Laufes einer Kündigungsfrist.

Die geschuldete Arbeitsleistung ist jedoch noch weiter eingeschränkt, wenn im Arbeitsvertrag die Tätigkeit genau bezeichnet oder eine bestimmte Fallgruppe bzw. spezielle Tätigkeitsmerkmale ausdrücklich vereinbart worden sind.

Die von dem Arbeitnehmer nach seinem Arbeitsvertrag geschuldete Leistung ändert sich jedoch nicht, wenn ihm nur vorübergehend bzw. vertretungsweise (vgl. etwa § 24 Abs. 1 und 2 BAT) eine andere Tätigkeit oder ohne wirksame Änderung des Arbeitsvertrags eine höher oder niedriger zu bewertende Tätigkeit übertragen wird (vgl. BAG AP Nr. 6 zu § 1 TVG Arbeitsverträge und BAG, AP Nr. 55 zu §§ 22, 23 BAT). Sie ändert sich ebenfalls nicht, wenn der Arbeitnehmer sich eine zusätzliche bzw. geänderte Tätigkeit selbst anzeigt.

Wächst dem Arbeitnehmer **ohne Zutun des Arbeitgebers eine höherwertige Tätigkeit** zu (z. B. infolge von Aufgabenzuwachs), sehen einige Tarifverträge vor, dass der Arbeitnehmer erst nach Ablauf einer bestimmten Frist höhergruppiert wird und damit einen vertraglichen Anspruch erwirbt (vgl. § 23 BAT).

Höherwertige Tätigkeit

Es sei ausdrücklich darauf hingewiesen, dass es Sache des Arbeitgebers ist, einen solchen Zuwachs an höherwertiger Tätigkeit zu erkennen und – will er eine nicht vorgesehene Höhergruppierung verhindern – entsprechende Maßnahmen zu treffen. Er kann sich nicht darauf berufen, dass die Vorgesetzten den Zuwachs nicht genehmigt hätten oder den Zuwachs überhaupt nicht bemerkt hätten; insoweit liegt Organisationsverschulden vor. Dies gilt allein dann nicht, wenn sich der Angestellte die höherwertiger Tätigkeit selbst aneignet (vgl. PK-BAT, Wolf, § 23 Rz. 3 ff.).

- Grundgesetz
  (z. B. Artikel 1 Absatz 1: Die Würde des Menschen ist unantastbar. Artikel 2 Absatz 2: Jeder hat das Recht auf Leben und körperliche Unversehrtheit.),
- **Bestimmungen in Gesetzen zum Arbeitnehmerschutz**
  (z. B. Mutterschutzgesetz, Arbeitszeitgesetz und Bundesurlaubsgesetz),
- **tarifliche Regelungen**
  (wie z. B. des TVöD gem. § 22; Genehmigung von Nebentätigkeiten gem. § 3 TVöD; Ableistung von Überstunden gem. § 7 Abs. 7 TVöD,
- **Bestimmungen in Betriebs- und Dienstvereinbarungen**
  (z. B. über Beginn und Ende der Arbeitszeit, gleitende Arbeitszeit, Arbeitskleidung und zum Erholungsurlaub),
- **Regelungen des jeweiligen Arbeitsvertrages**
  (z. B. Beschreibung des Aufgabenbereiches, Arbeitszeit und Benutzung von Privat- oder Dienstwagen, Nebentätigkeiten),
- **Grundsatz der Billigkeit der Weisung**
  (§ 315 BGB).

Übersicht 1:
Einschränkung des Direktionsrechts

(1) Soll die Leistung durch einen der Vertragschließenden bestimmt werden, so ist im Zweifel anzunehmen, dass die Bestimmung nach billigem Ermessen zu treffen ist.
(2) Die Bestimmung erfolgt durch Erklärung gegenüber dem anderen Teil.
(3) Soll die Bestimmung nach billigem Ermessen erfolgen, so ist die getroffene Bestimmung für den anderen Teil nur verbindlich, wenn sie der Billigkeit entspricht. Entspricht sie nicht der Billigkeit, so wird die Bestimmung durch Urteil getroffen; das gleiche gilt, wenn die Bestimmung verzögert wird.

BGB § 315
Bestimmung der Leistung

2.3 Arbeitsvertrag

Pflichten

Der Arbeitsvertrag ist seiner Natur nach ein **Dienstvertrag** (§ 611 BGB), durch den sich der Arbeitnehmer zur Leistung von Arbeit verpflichtet. Der Arbeitgeber ist gegenüber dem Arbeitnehmer weisungsberechtigt. Die **Hauptpflichten** beider Parteien lassen sich wie folgt darstellen:

Übersicht 2:
Pflichten aus dem Arbeitsverhältnis

Arbeitnehmer	Arbeitgeber
Arbeitspflicht	Lohnzahlungspflicht
Als Ausfluss aus dem Arbeitsvertrag bezeichnen wir die so genannten Nebenpflichten:	
Treuepflicht	Fürsorgepflicht

§ 611 BGB Grundpflichten

(1) Durch den Dienstvertrag wird derjenige, welcher Dienste zusagt, zur Leistung der versprochenen Dienste, der andere Teil zur Gewährung der vereinbarten Vergütung verpflichtet.
(2) Gegenstand des Dienstvertrags können Dienste jeder Art sein.

Form

Der Arbeitsvertrag wird immer schriftlich abgeschlossen. Mit dem Nachweisgesetz vom 20. Juli 1995 hat jeder Arbeitnehmer Anspruch auf einen **schriftlichen Arbeitsvertrag** mit der Angabe von Arbeitsentgelt und vereinbarter Arbeitszeit. Im Arbeitsvertrag kann alles vereinbart werden, insbesondere Arbeitszeiten und Arbeitsort. Diese Vereinbarungen können die Dienstplanungsgestaltung für einzelne Mitarbeiterinnen sehr einschränken.

Der Fall Dienstverpflichtung

Fallbeispiel: Doris Timmermann arbeitet als Krankenschwester auf einer chirurgischen Station. Der Dienstplan wird immer vier Wochen im Voraus geschrieben. Am Wochenende des 1. und 2. Mai hat Doris Timmermann dienstplanmäßig frei. Am Samstag den 1. Mai erhält Doris Timmermann einen Anruf ihrer Stationsleitung: Diese bittet Doris Timmermann darum, am Nachmittag zum Spätdienst zu kommen, da eine andere Kollegin kurzfristig erkrankt sei. Doris Timmermann lehnt die Bitte mit dem Hinweis ab, sie bekomme am Nachmittag Besuch, den sie so kurzfristig nicht mehr ausladen könne.
Einige Zeit später erhält Doris Timmermann erneut einen Anruf, diesmal meldet sich die Pflegedienstleitung. Doris Timmermann wird aufgefordert am Nachmittag zum Spätdienst zu erscheinen, sie wird hiermit zum Dienst verpflichtet. Sollte sie nicht pünktlich zum Dienst erscheinen, so müsse sie mit arbeitsrechtlichen Konsequenzen rechnen.

Soweit der Sachverhalt.

Arbeitsaufgabe

- Kann eine Pflegekraft außerhalb der regulären Arbeitszeit zum Dienst verpflichtet werden?
- Kann der Arbeitgeber das Direktionsrecht auch in der Freizeit der Angestellten ausüben?
- Gibt es überhaupt eine Dienstverpflichtung, die sich außerhalb der Rufbereitschaft aus dem Arbeitsvertrag herleiten lässt?
- Ist meine Rechtsauffassung begründet, dass es sich hier um einen Fall von Nötigung im Sinne von § 240 StGB handelt, Androhung eines empfindlichen Übels?

Fragen

Merke: Eine Dienstverpflichtung, bei der die Arbeitgeber jederzeit Zugriff auf die Arbeitsleistungen der Beschäftigten haben, ergibt sich aus den Arbeitsverträgen nicht. Dies kann auch nicht im Arbeitsvertrag vereinbart werden, weil es gegen gesetzliche Regelungen verstößt (z. B. Teilzeit- und Befristungsgesetz). Der Arbeitgeber kann den Arbeitnehmer nicht zwingen, außerhalb der Arbeitszeit zu jeder Zeit die Arbeit aufzunehmen. Dies könnte den Tatbestand der **Nötigung** nach § 240 StGB erfüllen.

§ 240 Nötigung. (1) Wer einen Menschen rechtswidrig mit Gewalt oder durch Drohung mit einem empfindlichen Übel zu einer Handlung, Duldung oder Unterlassung nötigt, wird mit Freiheitsstrafe bis zu drei Jahren oder mit Geldstrafe bestraft.
(2) Rechtswidrig ist die Tat, wenn die Anwendung der Gewalt oder die Androhung des Übels zu dem angestrebten Zweck als verwerflich anzusehen ist.
(3) Der Versuch ist strafbar.
(4) In besonders schweren Fällen ist die Strafe Freiheitsstrafe von sechs Monaten bis zu fünf Jahren. Ein besonders schwerer Fall liegt in der Regel vor, wenn der Täter
1. eine andere Person zu einer sexuellen Handlung nötigt,
2. eine Schwangere zum Schwangerschaftsabbruch nötigt oder
3. seine Befugnisse oder seine Stellung als Amtsträger missbraucht.
(Strafgesetzbuch n. F.)

2.3.1 Fürsorgepflicht des Arbeitgebers

Definition: Der Arbeitgeber ist nach der **allgemeinen Fürsorgepflicht** gehalten, **für Leben und Gesundheit** des Arbeitnehmers zu sorgen. Nach den §§ 617 und 618 BGB ist er verpflichtet, Räume, Vorrichtungen und Gerätschaften, die er zur Verrichtung der Dienste zu beschaffen hat, so einzurichten und zu unterhalten, dass der Arbeitnehmer gegen Gefahren für Leben und Gesundheit geschützt ist. Dies bedeutet auch, vernünftige Bereitschafts- und Pausenräume zur Verfügung zu stellen. Der Arbeitgeber hat die Arbeitsleistungen so zu regeln, dass der Arbeitnehmer in gleichen Umfang geschützt ist.

Der Arbeitgeber hat für das **Eigentum** des Arbeitnehmers zu sorgen und öffentlich rechtliche **Arbeitnehmerschutzbestimmungen** einzuhalten!
Der Arbeitgeber hat alles zum Wohlwollen des Arbeitnehmers zu tun, insbesondere der **beruflichen Entwicklung**. Bei Verletzung der Fürsorgepflicht wird der Arbeitgeber schadensersatzpflichtig!

2.3.2 Treuepflicht des Arbeitnehmers

Der Begriff der Treuepflicht hat für das Arbeitsverhältnis nur noch insoweit Bedeutung, als unter seinem Oberbegriff eine Reihe von Nebenpflichten des Arbeitnehmers zusammengefasst sind. Die sog. Treuepflicht hindert den Arbeitnehmer nicht, seine Interessen mit den gesetzlich zulässigen Mitteln auf Kosten des Arbeitgebers zu verfolgen. Aus der Nebenpflicht folgt, dass der Arbeitnehmer die Verhaltensregeln einzuhalten hat, die für den ungestörten Betriebsablauf notwendig sind, die Ordnung im Betrieb zu wahren hat und die für den Betrieb geltenden Unfallverhütungsvorschriften beachten muss. Der Arbeitnehmer darf den Zielen des Betriebes nicht entgegenwirken.
Aus der Treuepflicht lassen sich noch andere arbeitsvertragliche Nebenpflichten herleiten. So muss der Arbeitnehmer voraussehbare Arbeitsverhinderungen rechtzeitig mitteilen, insbesondere bei Krankheit sich unverzüglich krank melden und eine Arbeitsunfähigkeitsbescheinigung vorlegen. Der Arbeitnehmer muss drohende, eintretende oder voraussehbare Schäden anzeigen. Im Rahmen der Treuepflicht führt das zum Beispiel auch dazu, dass Pflegekräfte verpflichtet sind, dem Arbeitgeber eine Überlastungsanzeige zu machen, falls die Versorgung der Patienten nicht sichergestellt werden kann. Die Treuepflicht ist im öffentlichen Dienst gegenüber der Privatwirtschaft erheblich gesteigert. Sie ist in § 3 TVöD definiert.
Im Rahmen der Treuepflicht im öffentlichen Dienst muss der Arbeitnehmer auch eine etwaige Nebentätigkeit anzeigen und hierfür eine Genehmigung des Arbeitgebers einholen.
Eine Kontaktaufnahme mit der Presse ist erst dann möglich, wenn der Arbeitnehmer alle geeigneten Mittel im Betrieb ausgeschöpft hat. Gegebenenfalls ist der Betriebs- oder Personalrat einzuschalten. In Fragen des Arbeitsschutzes sind die staatlichen Stellen zu informieren, dies gilt insbesondere bei Verstößen gegen Arbeitnehmerschutzgesetze.

2.4 Dienstvereinbarung

> **Definition: Dienstvereinbarungen** bezwecken die einheitliche Regelung von Angelegenheiten mit gleichem sachlichen Gegenstand. Sie dürfen nur in den Fällen abgeschlossen werden, in denen dies das Gesetz ausdrücklich zulässt. Dienstvereinbarungen, die darüber hinausgehende Gegenstände regeln, sind rechtsunwirksam.

2.4 Dienstvereinbarung

Die Dienstvereinbarung stellt einen **öffentlich-rechtlichen Vertrag** zwischen **Dienststelle** und **Personalrat** dar. Dieser Vertrag wird durch die Abgabe übereinstimmender Willenserklärungen formell durch Unterzeichnung abgeschlossen, schriftlich niedergelegt und an geeigneter Stelle bekannt gemacht. Die Dienststelle muss die Dienstvereinbarung auf ihre Kosten durchführen. Mit der Dienstvereinbarung werden Normen und Regeln für all jene Fragen festgelegt, für die der Personalrat und die Dienststelle zuständig sind.

Durch eine Dienstvereinbarung können Angelegenheiten geregelt werden, soweit nicht gesetzliche oder tarifliche Bestimmungen vorgehen. Der Personalrat hat gesetzliche Mitbestimmungsrechte, insbesondere in sozialen Angelegenheiten.

Für die **Arbeitszeit- und Dienstplangestaltung** sind unter anderen folgende Mitbestimmungsrechte von Bedeutung:

- Beginn und Ende der täglichen Arbeitszeit und der Pausen sowie die Verteilung der Arbeitszeit auf die einzelnen Wochentage.
- Aufstellung des Urlaubsplanes, Festsetzung der zeitlichen Lage des Erholungsurlaubs für einzelne Beschäftigte, wenn zwischen dem Dienststellenleiter und den beteiligten Beschäftigten kein Einverständnis erzielt wird (in jedem Bundesland abweichend).
- Auswahl der Teilnehmer an Fortbildungsveranstaltungen für Angestellte und Arbeiter.
- Einführung und Anwendung von Einrichtungen, die dazu bestimmt sind, das Verhalten oder die Leistung der Beschäftigten zu überwachen.

Inhalte

Die Dienstvereinbarung ist in erster Linie ein Instrument zur **Ausgestaltung von Mitbestimmungsrechten**, sonst müsste dem Personalrat jeder Dienstplan zur Genehmigung vorgelegt werden. Der Personalrat kann über einen Initiativantrag eine Dienstvereinbarung vorschlagen, im Streitfall einen Beschluss der Einigungsstelle herbeiführen. Schließt sich die Einigungsstelle dem Vorschlag der Personalvertretung an, so stellt sie fest, dass der Dienststellenleiter entsprechend zu verfahren hat.

Dienstvereinbarungen für einen größeren Bereich gehen Vereinbarungen für einen kleineren Bereich vor. Dies gilt aber nur für den Fall, dass die vorrangige Dienstvereinbarung Angelegenheiten einheitlich für den gesamten Geschäftsbereich regelt.

Dienstvereinbarungen enden

- mit Ablauf der Zeit, für die sie abgeschlossen worden sind,
- durch Auflösung der Dienststelle oder durch Verschmelzung mit einer anderen Dienststelle,
- durch übereinstimmende Willenserklärung von Dienststellenleiter und Personalvertretung,
- durch Kündigung von Seiten eines Partners,
- mit Abschluss einer vorrangigen Dienstvereinbarung,
- durch In-Kraft-Treten neuer gesetzlicher oder tariflicher Bestimmungen, soweit diese der Dienstvereinbarung entgegenstehen.

Inhalt einer Dienstvereinbarung

- Vertragsparteien
- persönlicher Geltungsbereich
- räumlicher Geltungsbereich
- Inhaltsnormen
- In-Kraft-Treten, Laufzeit
- Unterschriften.

Gegebenenfalls:
- Kündigungsfrist
- Ausschlussfrist.

2.5 Betriebsvereinbarungen

> **Definition:** Die **Betriebsvereinbarung** ist ein **schriftlicher Vertrag zwischen Arbeitgeber und Betriebsrat** zur Regelung der Angelegenheiten, die zum Aufgabenbereich des Betriebsrates gehören, vergleiche § 77 Betriebsverfassungsgesetz.

Der Arbeitgeber hat die Betriebsvereinbarung an geeigneter Stelle im Betrieb auszulegen. Das hat so zu geschehen, dass sämtliche Beschäftigten in der Lage sind, sich ohne besondere Umstände mit dem Inhalt vertraut zu machen. Für die Arbeitnehmer ist in jedem Falle der Betriebsrat und jedes seiner Mitglieder die geeignete Stelle. Das gilt besonders, wenn wegen des Umfangs oder der Beschaffenheit ein Aushang der Betriebsvereinbarung am schwarzen Brett nicht möglich ist. Die Verpflichtung ist auch erfüllt, wenn allen Beschäftigten Abdrucke der geltenden Betriebsvereinbarung übergeben werden.

Inhalte — Die notwendige Einigung zwischen Arbeitgeber und dem Betriebsrat in den Angelegenheiten der **zwingenden Mitbestimmung** erfolgt durch Betriebsvereinbarungen, deren Inhalt beispielsweise eine Arbeitszeitregelung, eine Überstundenvereinbarung, ein Urlaubsplan oder ein Alkoholverbot sein kann. Die Betriebsvereinbarungen gelten unmittelbar und zwingend, das heißt, dass sie für die Betreffenden direkt und bindend wirksam sind und ein Ermessensspielraum zwischen Arbeitgeber und den Arbeitnehmern des betreffenden Betriebes nicht gegeben ist. Mit der Betriebsvereinbarung werden Normen und Regeln für all jene Fragen festgelegt, für die der Betriebsrat im Rahmen seiner betriebsverfassungsrechtlichen Aufgaben zuständig ist. Der Arbeitgeber ist verpflichtet, die Betriebsvereinbarungen auf seine Kosten und in der Weise, wie sie abgeschlossen wurden, durchzuführen. In Fragen der Arbeitszeit- und Dienstplangestaltung ist immer der Abschluss einer Betriebsvereinbarung erforderlich. Der Betriebsrat und der Arbeitgeber können sich auch von Experten beraten lassen. Dies gehört zu ihren Aufgaben. Bei der Arbeitszeitgestaltung gibt es neue Entwicklungen in der Arbeitszeitpolitik.

Arbeitgeber und Betriebsrat können eine Betriebsvereinbarung unter Beachtung der **Kündigungsfrist** kündigen. Der Betriebsrat muss die Kündigung vorher in einer Sitzung beschließen. Eine gekündigte Regelungsvereinbarung wirkt bis zum Abschluss einer neuen Vereinbarung nach, wenn Gegenstand der Regelungsabrede eine mitbestimmungspflichtige Angelegenheit ist (BAG vom 23. Juni 1992, 1 AZR 53/91).

Kündigung

Diese Nachwirkung bis zum Abschluss einer neuen Betriebsvereinbarung gilt nicht für freiwillige Betriebsvereinbarungen. Es ist aber zulässig, die Nachwirkung zu vereinbaren. Dies sollte beim Abschluss freiwilliger Vereinbarungen immer angestrebt werden, damit es nicht passiert, dass nach einer Kündigung bis zum Abschluss einer neuen Vereinbarung Rechte der Arbeitnehmer verloren gehen. Rechtsstreitigkeiten aus der Betriebsvereinbarung werden bei den Gerichten für Arbeitssachen entschieden.

2.6 Tarifvertrag

> **Definition:** Ein **Tarifvertrag** ist eine schuldrechtliche Vereinbarung zwischen tariffähigen Parteien (§ 2 TVG), die Normen für die tarifgebundenen Arbeitsvertragsparteien, insbesondere zu Fragen des Inhalts, des Abschlusses und der Beendigung von Arbeitsverhältnissen, in einem bestimmten Geltungsbereich setzt (§§ 1 und 4 TVG). Tariffähig sind einerseits Arbeitgeberverbände und einzelne Arbeitgeber, andererseits Gewerkschaften.

Der neue Tarifvertrag für den öffentlichen Dienst (TVöD) ist ein Vertrag, der einheitlich für Angestellte und Arbeiter in den Tarifgebieten Ost und West zur Anwendung kommt. Er löst den Bundesangestelltentarifvertrag, den Manteltarifvertrag für Arbeiterinnen und Arbeiter des Bundes und der Länder (MTArb/-O) und den Bundesmanteltarifvertrag für Arbeiter der Gemeinden (BMT-GII/O) ab.

Anlagen und Ergänzungen

Das neue Tarifrecht ist am 1. Oktober 2005 in Kraft getreten. Es findet unmittelbar oder mittelbar Anwendung auf ca. 3–3,5 Mio. Angestellte. Die Bestimmungen zum Entgelt und zu Sonderzahlungen haben eine Laufzeit bis zum 31. Dezember 2007. Im Übrigen kann der TVöD frühestens zum 31. Dezember 2009 gekündigt werden.

Das neue Tarifrecht besteht aus zwei Teilen:

- Der **Allgemeine Teil**, der Regelungen enthält, die für alle Bereiche des öffentlichen Dienstes einheitlich gelten. Hierzu zählen bspw. Allgemeine Arbeitsbedingungen, Arbeitszeit, Eingruppierung, Entgelt im Krankheitsfall und Ausschlussfristen.
- Der besondere Teil enthält Bestimmungen für die jeweiligen Sparten: Krankenhäuser (BT-K).

Tarifvertragsgesetz vom 25. August 1969

(1) Tarifgebunden sind die Mitglieder der Tarifvertragsparteien und der Arbeitgeber, der selbst Partei des Tarifvertrages ist.

§ 3 Tarifgebundenheit

(2) Rechtsnormen des Tarifvertrages über betriebliche und betriebsverfassungsrechtliche Fragen gelten für alle Betriebe, deren Arbeitgeber tarifgebunden ist.

(3) Die Tarifgebundenheit bleibt, bis der Tarifvertrag endet.

§ 4 Wirkung der Rechtsnormen

(1) Die Rechtsnormen des Tarifvertrages, die den Inhalt, den Abschluss oder die Beendigung von Arbeitsverhältnissen ordnen, gelten unmittelbar und zwingend zwischen den beiderseits Tarifgebundenen, die unter den Geltungsbereich des Tarifvertrages fallen. Diese Vorschrift gilt entsprechend für Rechtsnormen des Tarifvertrages über betriebliche und betriebsverfassungsrechtliche Fragen.

(2) Sind im Tarifvertrag gemeinsame Einrichtungen der Tarifvertragsparteien vorgesehen und geregelt (Lohnausgleichskassen, Urlaubskassen usw.), so gelten diese Regelungen auch unmittelbar und zwingend für die Satzung dieser Einrichtung und das Verhältnis zu den tarifgebundenen Arbeitgebern und Arbeitnehmern.

(3) Abweichende Abmachungen sind nur zulässig, soweit sie durch den Tarifvertrag gestattet sind oder eine Änderung der Regelungen zugunsten des Arbeitnehmers enthalten (Günstigkeitsprinzip).

(4) Ein Verzicht auf entstandene tarifliche Rechte ist nur in einem von den Tarifvertragsparteien gebilligten Vergleich zulässig. Die Verwirkung von tariflichen Rechten ist ausgeschlossen. Ausschlussfristen für die Geltendmachung tariflicher Rechte können nur im Tarifvertrag vereinbart werden.

(5) Nach Ablauf des Tarifvertrages gelten seine Rechtsnormen weiter, bis sie durch eine andere Abmachung ersetzt werden.

Merke: Im Arbeitsrecht gilt das Günstigkeitsprinzip, d. h., grundsätzlich geht die schwächere Regelung vor, wenn sie für den Arbeitnehmer günstiger ist. Das Günstigkeitsprinzip findet sich im Tarifvertragsgesetz § 4 Abs. 3.

Fallbeispiel: Die IG Metall schließt mit der Arbeitgebervereinigung Gesamtmetall einen Manteltarifvertrag über die Verkürzung der Wochenarbeitszeit für das gesamte Bundesgebiet ab.

Welche Rechtswirkung hat der Tarifvertrag für
- die Tarifvertragsparteien,
- die organisierten Arbeitgeber und Arbeitnehmer,
- die Nichtorganisierten?

Zur Bearbeitung der Antworten bitte das Tarifvertragsgesetz heranziehen.

2.7 Rechtsverordnungen

> **Definition: Rechtsverordnungen** sind allgemein verbindliche Anordnungen der **Bundes-** oder einer **Landesregierung**, staatlicher **Verwaltungsbehörden** oder **Selbstverwaltungskörperschaften**, die die Durchführung der formellen Gesetze näher regeln. Insbesondere in der Sozialversicherung, in der Berufsausbildung und im Bereich der Arbeitssicherheit und der Unfallverhütung regeln zahlreiche Rechtsverordnungen die näheren Einzelheiten.

Beispiele für Rechtsverordnungen:
- Arbeitserlaubnis VO
- Ausbildereignungs VO
- Arbeitsstätten VO

Da die Rechtsverordnungen nicht in einem zeitraubenden Weg des formellen Gesetzgebungsverfahrens erlassen werden, ermöglichen sie eine schnelle Anpassung der Rechtslage an veränderte gesellschaftliche Umstände.

Form

2.8 Gesetze

Zum Arbeitsrecht gehören eine Vielzahl von Rechtsnormen des bürgerlichen und des öffentlichen Rechts. Das **Arbeitsvertragsrecht** ist im Bürgerlichen Gesetzbuch nur unvollkommen geregelt und wird durch eine Vielzahl von Einzelgesetzen ergänzt. Die öffentlich-rechtlichen Gesetze enthalten zahlreiche Schutzvorschriften zugunsten der Arbeitnehmer, deren Einhaltung von den staatlichen Behörden überwacht wird. Verstöße des Arbeitgebers gegen öffentlich-rechtliche Gesetze gelten als Ordnungswidrigkeiten und werden mit Geldbußen oder Freiheitsstrafen geahndet.

> Beispiele für öffentlich-rechtliche Arbeitsschutzgesetze:
> - Arbeitszeitgesetz
> - Mutterschutzgesetz
> - Jugendarbeitsschutzgesetz
> - Schwerbehindertengesetz
> - Bundesurlaubsgesetz

Es sind **zwingende** und **dispositive Rechtsnormen** zu unterscheiden. Als zwingend gelten Gesetze, von denen durch Einzel- oder Kollektivvereinbarung nicht abgewichen werden darf, wogegen dispositive Gesetze nach ihrem Wortlaut ausdrücklich andere Vereinbarungen zulassen. Enthält ein Arbeitsvertrag eine Vereinbarung, die gegen zwingende Rechtsnormen verstößt, ist diese Regelung gemäß § 134 BGB nichtig, wogegen Abweichungen zugunsten der Arbeitnehmer nach dem Günstigkeitsprinzip wirksam sind.

Unterscheidung

> **Achtung:** Das Rangprinzip gilt im Arbeitsrecht, und zwar besonders strikt, soweit es um Abweichungen gegen den Arbeitnehmer handelt. –

> Es gilt nicht, soweit es um Abweichungen **zugunsten** der Arbeitnehmer geht.

Das Arbeitsrecht ist ein Kontrollsystem der Vertragsfreiheit.

Bei der Dienstplangestaltung sind die Arbeitsschutzgesetze zu beachten. Werden durch Dienstpläne Arbeitsschutzgesetze missachtet, so haftet derjenige, der die Dienstpläne geschrieben hat und vor allen Einfluss hat, die Dienstpläne entsprechend zu verändern. Es ist ein Mindestmaß an arbeitsrechtlichen Kenntnissen erforderlich, um ordentliche Dienstpläne zu schreiben.

2.9 Grundgesetz

Das Grundgesetz ist die ranghöchste staatliche Rechtsquelle. Zu den Verfassungsnormen, die im Arbeitsrecht Bedeutung erlangen, gehören in erster Linie:

Menschenwürde; Rechtsverbindlichkeit der Grundrechte:

Artikel 1
(1) Die Würde des Menschen ist unantastbar. Sie zu achten und zu schützen ist Verpflichtung aller staatlichen Gewalt.
(2) Das Deutsche Volk bekennt sich darum zu unverletzlichen und unveräußerlichen Menschenrechten als Grundlage jeder menschlichen Gemeinschaft, des Friedens und der Gerechtigkeit in der Welt.
(3) Die nachfolgenden Grundrechte binden Gesetzgebung, vollziehende Gewalt und Rechtsprechung als unmittelbar geltendes Recht.

Allgemeines Freiheitsrecht:

Artikel 2
(1) Jeder hat das Recht auf die freie Entfaltung seiner Persönlichkeit, soweit er nicht die Rechte anderer verletzt und nicht gegen die verfassungsmäßige Ordnung oder das Sittengesetz verstößt.
(2) Jeder hat das Recht auf Leben und körperliche Unversehrtheit. Die Freiheit der Person ist unverletzlich. In diese Rechte darf nur auf Grund eines Gesetzes eingegriffen werden.

Gleichheit vor dem Gesetz:

Artikel 3
(1) Alle Menschen sind vor dem Gesetz gleich.
(2) Männer und Frauen sind gleichberechtigt. Der Staat fördert die tatsächliche Durchsetzung der Gleichberechtigung von Frauen und Männern und wirkt auf die Beseitigung bestehender Nachteile hin.
(3) Niemand darf wegen seines Geschlechtes, seiner Abstammung, seiner Rasse, seiner Sprache, seiner Heimat und Herkunft, seines Glaubens, seiner religiösen oder politischen Anschauungen benachteiligt oder bevorzugt werden. Niemand darf wegen seiner Behinderung benachteiligt werden.

Meinungsfreiheit:

Artikel 5
(1) Jeder hat das Recht, seine Meinung in Wort, Schrift und Bild frei zu äußern und zu verbreiten und sich aus allgemein zugänglichen Quellen ungehindert zu unterrichten. Die Pressefreiheit und die Freiheit der Berichterstattung durch Rundfunk und Film werden gewährleistet. Eine Zensur findet nicht statt.

(2) Diese Rechte finden ihre Schranken in den Vorschriften der allgemeinen Gesetze, den gesetzlichen Bestimmungen zum Schutze der Jugend und in dem Recht der persönlichen Ehre.
(3) Kunst und Wissenschaft, Forschung und Lehre sind frei. Die Freiheit der Lehre entbindet nicht von der Treue zur Verfassung.

Ehe; Familie; Kinder:
(1) Ehe und Familie stehen unter dem besonderen Schutze der staatlichen Ordnung. — Artikel 6
(2) Pflege und Erziehung der Kinder sind das natürliche Recht der Eltern und die zuvörderst ihnen obliegende Pflicht. Über ihre Betätigung wacht die staatliche Gemeinschaft.
(3) Gegen den Willen der Erziehungsberechtigten dürfen Kinder nur auf Grund eines Gesetzes von der Familie getrennt werden, wenn die Erziehungsberechtigten versagen oder wenn die Kinder aus anderen Gründen zu verwahrlosen drohen.
(4) Jede Mutter hat Anspruch auf den Schutz und die Fürsorge der Gemeinschaft.
(5) Den nichtehelichen Kindern sind durch die Gesetzgebung die gleichen Bedingungen für ihre leibliche und seelische Entwicklung und ihre Stellung in der Gesellschaft zu schaffen wie den ehelichen Kindern.

Sowie die Artikel:
- Artikel 9 Absatz 3: Koalitionsfreiheit
- Artikel 12: Berufsfreiheit

In die Grundrechte darf über die im Grundgesetz ausdrücklich **festgelegten Einschränkungen** hinaus nicht eingegriffen werden. Sie gelten gegenüber der gesetzgebenden, ausführenden und rechtsprechenden Gewalt, aber auch im Verhältnis zwischen den Bürgern sowie für Tarifverträge und Betriebsvereinbarungen. — Eingriffsmöglichkeiten

Insbesondere bei der **Dauer der Arbeitszeit** sind die Artikel 1 und 2 des Grundgesetzes zu beachten. Niemand darf an die Grenze der körperlichen und seelischen Belastbarkeit gebracht werden. Dabei ist zu beachten, dass ein Arbeitnehmer der bereits 24 Stunden ununterbrochen im Dienst ist, überhaupt seine volle Arbeitsleistung nicht mehr bringen kann.
Schutz von Ehe und Familie ist ein staatlicher Auftrag, die Sorge für die Kinder ist das natürliche Recht der Eltern. Der Arbeitgeber ist nicht berechtigt, Müttern vorzuschreiben, wo sie ihre Kinder unterzubringen haben.

Bei der **Gestaltung von Urlaubsplänen** ist das Interesse der Eltern, gemeinsam mit ihren Kinder einen Teil der Ferien zu verbringen, zu berücksichtigen. Allerdings begründet dies keinesfalls einen Anspruch auf Erholungsurlaub in den Schulferien. (Siehe auch Kapitel 5 „Erholungsurlaub".) — Urlaub

2.10 Europäisches Arbeitsrecht

Das Europäische Gemeinschaftsrecht hat Gesetzesqualität und grundsätzlich Vorrang vor nationalem Gesetzesrecht – das gilt für alle Rechtsgebiete, also auch für das Arbeitsrecht. Dieses Prinzip ist vom Europäischen Gerichtshof seit 1964 (Costa/ENEL, Rs 6/64, Slg. 1964, S. 1251) entwickelt worden. Die Mitgliedstaaten der EU sind zu gemeinschaftstreuem Verhalten verpflichtet, das folgt aus Art. 10 EG-Vertrag. Das macht es für jeden Mitgliedstaat erforderlich, sein nationales Recht in Einklang mit Europäischen Gemeinschaftsrecht zu bringen.

Das Bundesverfassungsgericht hat mit Urteil vom 22.10.1986 erklärt, dass es bezüglich des Gemeinschaftsrechts die ihm aufgrund des deutschen Grundgesetzes zustehenden Normenkontrollbefugnisse nicht mehr ausüben wird, solange die Europäische Gemeinschaft die Grundrechte im Hinblick auf die Rechtsakte der Gemeinschaftsorgane schützt.

Der EuGH kann deshalb nur dann zu einer Entscheidung angerufen werden, wenn nationales Recht mit Gemeinschaftsrecht kollidiert. Dazu muss das Gemeinschaftsrecht jedoch unmittelbar in den jeweiligen Mitgliedstaaten anwendbar sein.

EG/EU-Normenhierarchie und Rechtsetzung

Das Gemeinschaftsrecht hat folgende Stufen:

- Unmittelbare Wirkung haben einige Artikel aus dem EG-Vertrag, z. B. das Gebot, Männern und Frauen bei gleicher Arbeit gleiches Entgelt zu zahlen (Art. 141 EGV) und der Grundsatz der Freizügigkeit (Art. 39 EGV).
- Unmittelbar in jedem Mitgliedstaat anzuwenden sind die EG-Verordnungen (Art. 249 Satz 2, 3 EGV). Arbeitsrechtlich relevant sind dabei etwa die EG VO 1612/88 zur Freizügigkeit der Arbeitnehmer innerhalb der Gemeinschaft; ferner die VO 1408/71, welche das Sozialversicherungsrecht für Arbeitnehmer koordiniert.

EG/EU-Rechtsnorm und nationales Recht

Wenn die Gemeinschaft zu einem bestimmten Bereich eine Richtlinie erlässt, so ist diese in einer festgelegten Frist (in der Regel zwei Jahre) vom nationalen Gesetzgeber inhaltlich in die jeweiligen Gesetze einzubringen. Damit erst wird eine Richtlinie der Gemeinschaft zum unmittelbar geltenden nationalen Recht für alle Bürgerinnen und Bürger.

Vom Grundsatz der notwendigen Umsetzung einer Richtlinie gibt es jedoch eine Ausnahme: Wenn ein Staat es pflichtwidrig unterlässt, innerhalb der vorgegebenen Frist die Richtlinien in nationales Recht umzusetzen, dann können Betroffene unter bestimmten Voraussetzungen trotzdem Rechte aus der EG/EU-Richtlinie geltend machen. Das gilt dann, wenn die Richtlinie, soweit es Umfang und Inhalt betrifft, unbedingt und konkret ist, Adressat der Ansprüche der Staat ist und der Personenkreis der Anspruchsberechtigte unbedingt und hinreichend genau ist. Insoweit gelten Richtlinien im Bereich des Arbeitsrechts und der Sozialpolitik bei verspäteter Umsetzung für Mitglieder des Öffentlichen Dienstes unter den genannten Voraussetzungen unmittelbar. Im Bereich des Privatrechtsverkehrs gilt dieser Grundsatz nicht. Hier sind zwar keine unmittelbaren Ansprüche gegen Arbeitgeber ableitbar; es ist aber eine richtlinienkonforme Auslegung von nationalen Gesetzesbestimmungen vorzunehmen, die als unbestimmte Rechtsbegriffe formuliert sind.

3 Die tariflichen und gesetzlichen Vorschriften zur Arbeitszeit

3.1 Allgemeines

> **Definition:** Im Arbeitszeitgesetz ist der Begriff „die Arbeitszeit" als die Zeit vom Beginn bis zum Ende der Arbeitszeit ohne Ruhepausen in § 2 Abs. 1 AZG definiert. Tariflich ist Arbeitszeit nicht ausdrücklich bestimmt.

Die Arbeitszeit beinhaltet in jedem Fall die Pflicht des Angestellten, Weisungen des Arbeitgebers entgegenzunehmen. **Rufbereitschaft, Bereitschaftsdienst und Überstunden** hingegen sind tariflich bisher zur Arbeitszeit zu rechnen. Deshalb ist zu beachten, dass der Begriff der Arbeitszeit zwei verschiedene Säulen beinhaltet:

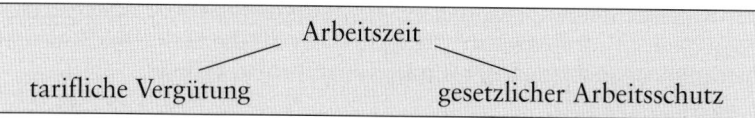

Der **zeitliche Umfang** der Arbeitspflicht als Hauptleistungspflicht des Angestellten ergibt sich aus den §§ 6–9 TVöD und dem Arbeitszeitgesetz (ArbZG).

Im Sinne der EG-Richtlinie 93/104/EG Nov 93 ist **Arbeitszeit**:

> **Definition:** Jede Zeitspanne, während der ein Arbeitnehmer gemäß den einzelstaatlichen Rechtsvorschriften und/oder Gepflogenheiten arbeitet, dem Arbeitgeber zur Verfügung steht und seine Tätigkeit ausübt oder Aufgaben wahrnimmt; ...

Jede Form persönlicher Anwesenheit am Arbeitsplatz ist Arbeitszeit, auch ein Bereitschaftsdienst.

Arbeitsaufgabe

Bitte versuchen Sie, den Begriff der Arbeitszeit zu definieren und zu erläutern.

Urteil des Europäischen Gerichtshofs (EuGH)

Urteil des Gerichtshofes in der Rechtssache C-303/98

Der Gerichtshof äußert sich zur Anwendung verschiedener Aspekte der Gemeinschaftsrichtlinien über die Verbesserung der Sicherheit und des Gesundheitsschutzes der Arbeitnehmer auf ärztliches Personal, das in Teams zur medizinischen Grundversorgung Dienst tut.

Mit Urteil vom 3.10.2000 hat der EuGH aufgrund eines Vorlagenbeschlusses eines spanischen Gerichts der Provinz Valencia die Auslegung u. a. der Richtlinie 93/104/EG des Rates vom 23. November 1993 über bestimmte Aspekte der Arbeitszeitgestaltung im Zusammenhang mit der Wertung des ärztlichen Bereitschaftsdienstes als Arbeitszeit entschieden (AZ C-303/98).

Der entsprechende Urteilstenor (Ziffer 3) lautet:
„Der Bereitschaftsdienst, den Ärzte der Teams zur medizinischen Grundversorgung in Form persönlicher Anwesenheit in der Gesundheitseinrichtung leisten, ist insgesamt als Arbeitszeit und gegebenenfalls als Überstunden im Sinne der Richtlinie 93/104/EG anzusehen. Beim Bereitschaftsdienst in Form ständiger Erreichbarkeit ist nur die Zeit, die für die tatsächliche Erbringung von Leistungen der medizinischen Grundversorgung aufgewandt wird, als Arbeitszeit anzusehen."

Konsequenzen für Beschäftigte in Krankenhäusern, die Bereitschaftsdienst leisten

Die Zeit eines **Bereitschaftsdienstes** und einer **Rufbereitschaft** wurde in der Praxis anders als die Zeit einer Arbeitsbereitschaft bisher arbeitszeitschutzrechtlich als **Ruhezeit** angesehen. Lediglich in § 5 Abs. 3 ArbZG ist festgelegt, dass abweichend von der allgemeinen einzuhaltenden Ruhezeit von 11 Stunden (§ 5 Abs. 1) in Krankenhäusern und anderen Einrichtungen zur Behandlung, Pflege und Betreuung von Personen Kürzungen der Ruhezeit durch Inanspruchnahmen während des Bereitschaftsdienstes oder der Rufbereitschaft, die nicht mehr als die Hälfte der Ruhezeit betragen, zu anderen Zeiten ausgeglichen werden können.

In Artikel 2 der Richtlinie 93/104/EG sind die Begriffsbestimmungen enthalten. Danach ist jede Zeitspanne **Arbeitszeit**, während der ein Arbeitnehmer gemäß den einzelstaatlichen Rechtsvorschriften und/oder Gepflogenheiten arbeitet, dem Arbeitgeber zur Verfügung steht und seine Tätigkeit oder Aufgaben wahrnimmt.

Nach dem insoweit eindeutigen Urteil des EuGH muss davon ausgegangen werden, dass die Zeit des Bereitschaftsdienstes als Arbeitszeit zu werten und somit auf die werktägliche Höchstarbeitszeit des § 3 ArbZG von 8 bzw. 10 Stunden anzurechnen ist. Hinsichtlich der Rufbereitschaft verbleibt es bei der Praxis.

Die **wöchentliche Höchstarbeitszeit** ist in Artikel 6 der Richtlinie mit 48 Stunden durchschnittlicher Arbeitszeit pro Siebentageszeitraum einschließlich der Überstunden bestimmt.

Ein Abweichen des bundesdeutschen Gesetzgebers von Artikel 6 oder durch Tarifvertrag ist wegen eines hierfür nicht vorhandenen Rahmens in der Richtlinie nicht möglich. Es ergibt sich somit ein individueller Anspruch jedes einzelnen Beschäftigten auf Einhaltung der werktäglichen Höchstarbeitszeit des § 3 ArbZG bzw. einer nach Artikel 6 Abs. 2 der Richtlinie gebotenen durchschnittlichen Höchstarbeitszeit von 48 Stunden einschließlich der Überstunden.

In Ziffer 4 des Urteilstenors ist ausgeführt, dass bei Fehlen nationaler Vorschriften zur Umsetzung von Artikel 16 Nummer 2 der Richtlinie 93/104 oder gegebenenfalls zur ausdrücklichen Übernahme einer der in Artikel 17 Absätze 2, 3 und 4 der Richtlinie vorgesehenen Abweichungen diese Bestimmungen dahingehend ausgelegt werden können, dass sie unmittelbare Wirkung haben, und dem Einzelnen einen Anspruch darauf geben, dass der Bezugszeitraum für die Festlegung der wöchentlichen Höchstarbeitszeit zwölf Monate nicht überschreitet. (Urteil Arbeitsgericht Kiel vom 8.11.2001, Aktenzeichen 1 Ca 2113d/01, Landesarbeitsgericht Hamburg, Beschluss vom 13.2.2002, Aktenzeichen 8 TaBV 10/01–).

Das Landesarbeitsgericht Schleswig-Holstein (LAG) hat in dem Rechtsstreit Dr. Jaeger gegen Landeshauptstadt Kiel (Az: 3 Sa 611/01) am 12. März 2002 beschlossen, das Verfahren dem Europäischen Gerichtshof (EuGH) zur Vorabentscheidung vorzulegen.

Die Parteien des Rechtsstreits streiten über die Frage, ob die vom Kläger zu leistenden Bereitschaftsdienste als Arbeitszeit (so der Kläger) oder als Ruhezeit (so die Beklagte) zu bewerten sind. Betroffen ist ausschließlich die arbeitsschutzrechtliche Seite, nicht die vergütungsrechtliche. Herr Dr. Jaeger ist seit dem 1. Mai 1992 als Assistenzarzt in der chirurgischen Abteilung des Krankenhauses mit 3/4 der regelmäßigen wöchentlichen Arbeitszeit (d.i. 28,875 Stunden) beschäftigt. Darüber hinaus ist er verpflichtet, Bereitschaftsdienste zu leisten. Es fallen monatlich regelmäßig sechs Bereitschaftsdienste an, die teils durch Freizeit und teils durch zusätzliche Vergütung abgegolten werden. Der Bereitschaftsdienst beträgt wochentags 16 Stunden am Stück, sonnabends 25 Stunden (08:30 Uhr Sonnabend Morgen bis 09:30 Uhr Sonntag Morgen) und sonntags 22 Stunden 45 Min. (08:30 Uhr Sonntag Morgen bis 07:15 Uhr Montag Morgen). Dabei muss sich der Kläger in der Klinik aufhalten und dort auf Anordnung ggf. anfallende Arbeiten erledigen.

Der Kläger ist der Auffassung, bei den vom ihm als Assistenzarzt sowie als Notarzt im Rahmen des notärztlichen Dienstes geleisteten Bereitschaftsdiensten handele es sich um Arbeitszeit im Sinne des Arbeitszeitgesetzes. Dabei bezieht er sich auf die Richtlinie der Europäischen Gemeinschaft (EG)993/104. Er meint, die Auslegung des Arbeitszeitbegriffs im Urteil des EuGH vom 3. Oktober 2000 (Az: C-303/98, SIMAP-Urteil) sei auf den vorliegenden Fall übertragbar, da die Ausgangssituation inhaltlich identisch sei.

Das Arbeitsgericht hatte der Klage stattgegeben. Hiergegen hat sich die Beklagte mit ihrer Berufung gewendet.

Das Landesarbeitsgericht hat nunmehr beschlossen, den Rechtsstreit dem EuGH zur Vorabentscheidung vorzulegen. Es komme für die Entscheidung darauf an, ob die nationale Regelung in § 5 Abs. 3 Arbeitszeitgesetz (ArbZG) gegen die Richtlinie 93/104 EG verstoße, indem sie davon ausgehe, dass Bereitschaftsdienst, soweit nicht eine Heranziehung erfolge, als Ruhezeit anzusehen sei.

„Beschluss:

Dem Gerichtshof der Europäischen Gemeinschaften werden folgende Fragen zur Vorabentscheidung vorgelegt:

EuGH Entscheidung

1. Handelt es sich bei einem Bereitschaftsdienst, den ein Arbeitnehmer in einem Krankenhaus ableistet, generell um Arbeitszeit i. S. des Art. 2 Ziff. 1 der RiL 93/104 EG, und zwar auch insoweit, als es dem Arbeitnehmer in Zeiten, in denen er nicht in Anspruch genommen wird, gestattet ist, zu schlafen?

2. Verstößt eine Regelung im nationalen Recht, mit der Bereitschaftsdienst als Ruhezeit bewertet wird, soweit nicht eine Inanspruchnahme erfolgt, dergestalt, dass sich der Arbeitnehmer in einem Krankenhaus in einem ihm zur Verfügung gestellten Raum aufhält und auf Aufforderung die Arbeit aufnimmt, gegen Art. 2 Ziff. 1 und 2 der RiL 93/104 EG?
3. Verstößt eine nationale Regelung, die eine Kürzung der täglichen Ruhezeit von 11 Stunden in Krankenhäusern und anderen Einrichtungen zur Behandlung, Pflege und Betreuung von Personen dergestalt zulässt, dass Zeiten der Inanspruchnahme während des Bereitschaftsdienstes oder der Rufbereitschaft, die nicht mehr als die Hälfte der Ruhezeit betragen, zu anderen Zeiten ausgeglichen werden, gegen Art. 2 RiL 93/104 EG?
4. Verstößt eine nationale Regelung, die es zulässt, dass in einem Tarifvertrag oder auf Grund eines Tarifvertrags in einer Betriebsvereinbarung zugelassen werden kann, dass Ruhezeiten bei Bereitschaftsdienst und Rufbereitschaft den Besonderheiten dieser Dienste angepasst werden, insbesondere Kürzungen der Ruhezeit infolge von Inanspruchnahmen während dieser Dienste zu anderen Zeiten ausgeglichen werden, gegen Art. 2 RiL 93/104 EG?"

Bereitschaftsdienst ist Arbeitszeit

Landesarbeitsgericht Hamburg, Beschluss vom 13. Februar 2002:
Bereitschaftsdienst ist – unabhängig von tatsächlich geleisteter Arbeit – Arbeitszeit im Sinne der §§ 3, 5 Abs. 1 und 3, 6 Abs. 2 Arbeitszeitgesetz.

Zwingendes höherrangiges Recht ist hier das Arbeitszeitgesetz (ArbZG) vom 6. Juni 1994 (BGBl. I 1170), das hinsichtlich des Begriffs Arbeitszeit europarechtskonform dahin auszulegen ist, dass Bereitschaftsdienst Arbeitszeit ist, und zwar unabhängig von tatsächlich geleisteter Arbeit. Die zum Begriff Arbeitszeit bisher vertretene Meinung wertet Bereitschaftsdienst ohne Inanspruchnahme als Ruhezeit. Bereitschaftsdienst – auch ohne tatsächliche Heranziehung – ist stattdessen als Arbeitszeit einzuordnen. Der überkommene Begriff Bereitschaftsdienst steht nunmehr im Widerspruch zur Richtlinie 93/104/EG des Rates der Europäischen Kommission vom 23. November 1993 (sog. Arbeitszeitrichtlinie) in ihrer Auslegung durch den EuGH in seiner Entscheidung vom 3. Oktober 2000 (Rs C-303/98- AP EWG Richtlinie 93/104 Nr. 2). Kann der Bereitschaftsdienst ohne Inanspruchnahme nicht mehr als gleichwertige Ausgleichszeit angesehen werden, erweist sich das gesamte Regelwerk einer Betriebs- oder Dienstvereinbarung wegen Verstoßes gegen §§ 3, 5 Abs. 1 und 3, 6 Abs. 2 ArbZG, die die zulässigen Höchstarbeitszeiten und die Mindestruhezeiten regeln, in Verbindung mit § 134 BGB, als rechtunwirksam.

Die Richtlinie hat als Gemeinschaftsrecht Vorrang gegenüber dem nationalen Gesetzestext. Das nationale Recht muss mit den Vorgaben des Gemeinschaftsrechts übereinstimmen. Deshalb haben alle Träger öffentlicher Gewalt in den Mitgliedstaaten und mithin auch die nationalen Gerichte das nationale Recht, soweit dies möglich und erforderlich ist, um den Gemeinschaftsrecht Geltung zu verschaffen, richtlinienkonform auszulegen, mithin im Lichte des Wortlauts und des Zwecks einschlägiger Richtlinien auszurichten (BAG 5. März 1996, AP GG Art. 3 Nr. 226).

Für Entscheidungen, die der EuGH im Rahmen eines Vorentscheidungsverfahrens über die Anwendung und Auslegung des Gemeinschaftsrechts trifft, gilt nichts anderes.

Soweit die Arbeitszeitrichtlinie nach Artikel 17 Abweichungen von den grundsätzlichen Bestimmungen der Ruhezeit zulässt, nämlich beispielsweise durch gleichwertige Ausgleichsruhezeiten oder Verlängerung des Bezugszeitraums auf sechs Monate für den Ausgleich von mehr geleisteter Arbeit, sind diese im ArbZG nicht umgesetzt worden. Es fehlt an den gesetzlichen und tariflichen Regelungen. Im übrigen kommt auch das Arbeitsgericht Kiel (ArbG Kiel, Urteil vom 08.11.2001 – 1 Ca 2113d/01 –) mit zutreffenden Erwägungen zu dem Schluss, dass das ArbZG von der Ausnahmeregelung des Art. 17 Abs. 2 Arbeitszeitrichtlinie keinen Gebrauch gemacht hat.

Ist Bereitschaftsdienst mit oder ohne Inanspruchnahme als Arbeitszeit zu werten, werden auch durch § 5 Abs. 3 ArbZG und durch § 7 Abs. 2 ArbZG gleichwertige Ausgleichszeiten nicht gewährleistet. Das kann nach den herkömmlichen Verständnis des Bereitschaftsdienstes bei nicht erfolgter Inanspruchnahme auch nicht anders sein. Denn es wird konsequenterweise argumentiert, bei fehlender Inanspruchnahme während des Bereitschaftsdienstes sei für die Dauer diese Bereitschaftsdienstes eine ausreichende Ruhezeit gegeben, so dass es keiner Ausgleichszeit bedürfe und sich ein neuer Dienst anschließen könne.

Merke: Diese Entscheidung hat für die Organisation und die Gestaltung der Dienstpläne in Krankenhäusern und Heimen erhebliche Bedeutung und Auswirkungen!

Die **Vergütung von erbrachter Arbeitszeit** ergibt sich ausschließlich aus den einschlägigen tariflichen Normen, insbesondere den §§ 6–9 TVöD bzw. den entsprechenden Regelungen im AVR oder KAT. Grundsätzlich gilt das neue Arbeitszeitgesetz (ArbZG) für alle Arbeitnehmer in allen Beschäftigungsbereichen, also auch für alle Arbeitnehmer des öffentlichen Dienstes einschließlich der Arbeitnehmer in Krankenhäusern. Die **regelmäßige durchschnittliche wöchentliche Arbeitszeit** beträgt 38,5 Stunden die Woche und konnte unter bestimmten Voraussetzungen des BT-K verlängert werden. Im Geltungsbereich des TVöD-Ost findet die 40-Stunden-Woche Anwendung.

Vergütung

Dauer

Hinweis: Die gesetzliche und die tarifliche Arbeitszeit sind voneinander zu trennen! Die tarifliche Arbeitszeit ist nur die Grundlage zur Berechnung der Vergütung.

Die Zusammenrechnung der Arbeitszeiten bei **mehreren Arbeitgebern** ist insbesondere bei Nebentätigkeiten zu beachten. Gerade im Gesundheitswesen wird in der Praxis infolge von Nebentätigkeiten von vollbeschäftigten Angestellten häufig die zulässige Höchstarbeitszeit überschritten. Arbeitszeiten bei mehreren Arbeitgebern sind zusammenzurechnen.

Abb. 6:
TVöD und Arbeitszeit

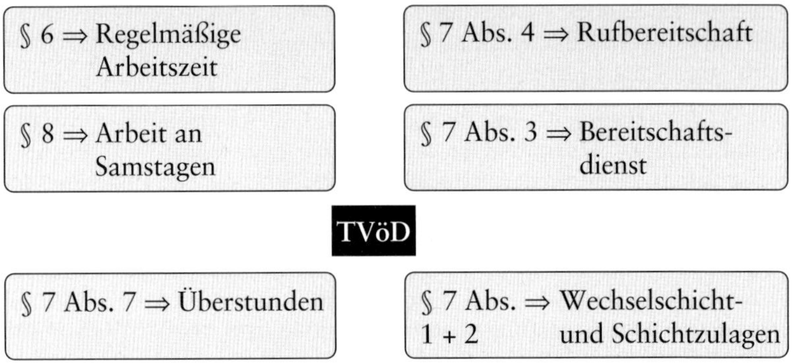

§ 6 ⇒ Regelmäßige Arbeitszeit

§ 7 Abs. 4 ⇒ Rufbereitschaft

§ 8 ⇒ Arbeit an Samstagen

§ 7 Abs. 3 ⇒ Bereitschaftsdienst

TVöD

§ 7 Abs. 7 ⇒ Überstunden

§ 7 Abs. 1 + 2 ⇒ Wechselschicht- und Schichtzulagen

Arbeitsaufgabe

Lesen Sie bitte die entsprechenden §§ im TVöD oder AVR.

3.2 Tarifliche regelmäßige durchschnittliche wöchentliche Arbeitszeit

a) **Tarifliche regelmäßige durchschnittliche Arbeitszeit**
Die regelmäßige wöchentliche Arbeitszeit ist jetzt in den Bundesländern unterschiedlich geregelt. Nach § 6 TVöD Bund und VKA ergibt sich folgende Tabelle:

VKA- West	38,5 Stunden wöchentlich	7,7 Stunden täglich
VKA- Ost	40 Stunden wöchentlich	8 Stunden täglich
Bund	39 Stunden wöchentlich	7,8 Stunden täglich

Für die Beschäftigten der Mitglieder der Tarifgemeinschaft deutscher Länder ergibt sich nach § 6 Abs. 1 a TVöD ein diffuses Bild:

Tab. 2:
Mitglieder der Tarifgemeinschaft deutscher Länder

Land	Tatsächliche Arbeitszeit*	Neue durchschnittliche Arbeitszeit*
Baden-Württemberg**	38,95	39,35
Bayern	39,33	39,73
Bremen	38,86	39,22
Hamburg	38,71	38,92
Niedersachsen	38,92	39,32
Nordrhein-Westfalen	39,28	39,68
Rheinland-Pfalz**	38,75	39,00

Land	Tatsächliche Arbeitszeit*	Neue durchschnittliche Arbeitszeit*
Saarland**	38,80	39,10
Schleswig-Holstein	38,60	38,70
* Vorbehaltlich einer abschließenden Prüfung ** Angaben vermutlich ohne Ärztinnen und Ärzte		

Tab. 2: Mitglieder der Tarifgemeinschaft deutscher Länder (Fortsetzung)

Die durchschnittliche regelmäßige wöchentliche Arbeitszeit ausschließlich der Pausen beträgt im **Tarifgebiet West 38,5 Stunden** für die nachfolgend aufgeführten Beschäftigten,

- die ständig **Wechselschicht- oder Schichtarbeit** leisten,
- Beschäftigte an **Universitätskliniken, Landeskrankenhäusern, sonstigen Krankenhäusern und psychiatrischen Einrichtungen.**

Im Westen: Krankenhaus 38,5 Std.

Es ist die jeweilige tarifliche Regelung anzuwenden, bitte beachten Sie den Unterschied zwischen den TVöD Bund und VKA sowie TdL. Diese Berechnungsregelung gilt nur für den vollbeschäftigten Angestellten. Für die Berechnung kann bei Angestellten, die Wechselschicht oder Schichtarbeit zu leisten haben, ein längerer Zeitraum zu Grunde gelegt werden (§ 6 Abs. 2 TVöD).

Der Ausgleichszeitraum für die durchschnittliche regelmäßige wöchentliche Arbeitszeit beträgt bis zu einem Jahr. Die Vorschrift soll eine sinnvolle Dienstplangestaltung ermöglichen. Aus diesem Zweck ergibt sich dann auch die zeitliche Maximalgrenze für den Berechnungszeitraum. Die regelmäßige wöchentliche Arbeitszeit verteilt sich auf fünf Tage und kann aus notwendigen dienstlichen bzw. betrieblichen Gründen auf sechs Tage in der Woche verteilt werden. Der Tarifvertrag geht also grundsätzlich von der Fünftagewoche aus. Die Festlegung des Ausgleichszeitraums bedarf der Mitbestimmung des Personal- oder Betriebsrats. Wird kein Ausgleichszeitraum vereinbart, gilt der bisherige von 26 Wochen[1]. Fraglich ist, wo die Arbeitszeit beginnt und endet. Die ehemalige Protokollnotiz zu Nr. 7 zu § 15 BAT stellte auf die Arbeitsstelle ab. Im Bereich der Krankenhäuser ist davon auszugehen, dass auf jeden Fall das Anlegen der Schutzkleidung und die Körperreinigung noch zur Arbeitszeit zu rechnen ist. So entschied das Bundesarbeitsgericht.[2] Dies ist in der betrieblichen Praxis durch eine entsprechende Betriebs- oder Dienstvereinbarung zu vereinbaren.

Ausgleichszeitraum

Tarifvertrag für den öffentlichen Dienst (TVöD) B/VKA vom 13. September 2005

(1) Die regelmäßige Arbeitszeit beträgt ausschließlich der Pausen für
a) die Beschäftigten des **Bundes durchschnittlich 39 Stunden wöchentlich,**
b) die Beschäftigten der Mitglieder eines **Mitgliedverbandes der VKA im Tarifgebiet West durchschnittlich 38,5 Stunden wöchentlich,** im Ta-

§ 6 Regelmäßige Arbeitszeit

---
[1] Hamer 2007, § 6 Rn 4
[2] BAG vom 11.10.200 -5 AZR 122/99

rifgebiet Ost durchschnittlich 40 Stunden wöchentlich; im Tarifgebiet West können sich die Tarifvertragsparteien auf landesbezirklicher Ebene darauf einigen, die regelmäßige wöchentliche Arbeitszeit auf bis zu 40 Stunden zu verlängern.

Bei Wechselschichtarbeit werden die gesetzlich vorgeschriebenen Pausen in die Arbeitszeit eingerechnet. Die regelmäßige Arbeitszeit kann auf fünf Tage, aus notwendigen betrieblichen/dienstlichen Gründen auch auf sechs Tage verteilt werden.
(2) Für die Berechnung des Durchschnitts der regelmäßigen wöchentlichen Arbeitszeit ist ein Zeitraum von bis zu einem Jahr zugrunde zu legen. Abweichend von Satz 1 kann bei Beschäftigten, die ständig Wechselschicht- oder Schichtarbeit zu leisten haben, ein längerer Zeitraum zugrunde gelegt werden. *(Hervorhebungen durch d. Autor)*

Tarifvertrag für den öffentlichen Dienst der Länder (TV-L) vom 12. Oktober 2006

§ 6 Regelmäßige Arbeitszeit

(1) Die durchschnittliche regelmäßige wöchentliche Arbeitszeit ausschließlich der Pausen
a) wird für jedes Bundesland im Tarifgebiet West auf der Grundlage der festgestellten tatsächlichen durchschnittlichen wöchentlichen Arbeitszeit im Februar 2006 ohne Überstunden und Mehrarbeit (tariflich und arbeitsvertraglich vereinbarte Arbeitszeit) wegen der gekündigten Arbeitszeitbestimmungen von den Tarifvertragsparteien nach den im Anhang zu § 6 festgelegten Grundsätzen errechnet,
b) beträgt im Tarifgebiet West 38,5 Stunden für die nachfolgend aufgeführten Beschäftigten:
aa) Beschäftigte, die ständig Wechselschicht- oder Schichtarbeit leisten,
bb) Beschäftigte an Universitätskliniken, Landeskrankenhäusern, sonstigen Krankenhäusern und psychiatrischen Einrichtungen, mit Ausnahme der Ärztinnen und Ärzte nach Buchstabe d.

Damit ist klargestellt, dass für Beschäftigte in Krankenhäusern und Pflegeeinrichtungen des „wilden Westens" auch die 38,5-Stundenwoche gilt.

Tab. 3: Berechnung der täglichen Arbeitszeit in der 38,5-Stundenwoche

Tage-woche	Wöchentliche Arbeitszeit	Geteilt durch	Ergibt tägliche Arbeitszeit	In Std./Min.
5	38,5 Std.	5	7,7 Std.	7 Std. 42 Min.
5,5	38,5 Std.	5,5	7,0 Std.	7 Std. 0 Min.
6	38,5 Std.	6	6,416 Std.	6 Std. 25 Min.

Tab. 4: Berechnung der täglichen Arbeitszeit in der 40-Stundenwoche

Tage-woche	Wöchentliche Arbeitszeit	Geteilt durch	Ergibt tägliche Arbeitszeit	In Std./Min.
5	40 Std.	5	8 Std.	8 Std. 0 Min.
5,5	40 Std.	5,5	7,27 Std.	7 Std. 16 Min.
6	40 Std.	6	6,6 Std.	6 Std. 36 Min.

> **Hinweis:** Davon zu unterscheiden ist die vereinbarte durchschnittliche wöchentliche Arbeitszeit für teilzeitbeschäftigte Arbeitnehmer, für die § 6 TVöD nicht gilt.

> **Beispiel:** Ausgleichszeitraum für die Berechnung der durchschnittlichen wöchentlichen Arbeitszeit (ohne Feiertage und Urlaub).
> Für einen 52-Wochen-Zeitraum ergibt sich folgende Rechnung:
> 52 x 38,5 = 2002 Stunden in 52 Wochen TVöD
> 52 x 40 = 2080 Stunden in 52 Wochen TVöD-Ost.
> Am Ende der 52. Woche müssen sich die oben stehenden Arbeitsstunden ergeben haben.

> **Merke:** Es wird immer rückwärts gerechnet, also vom Zeitpunkt der Berechnung an 26 Wochen zurück! Dies erfordert im Dienstplan eine strikte Trennung der Tarifwoche (Montag bis Sonntag), so dass am Ende der Woche die geleistete Arbeitszeit zusammengerechnet wird.

Es ist erforderlich, dass der Dienstplan am Ende einer Woche eine **Zwischenbilanz** aufweist. Diese Zwischenbilanz ist auch zu führen, um die gesetzlichen und tariflichen Rechtsnormen zu erfüllen bzw. diese auf die Umsetzung hin zu kontrollieren. Ergeben sich mehr Arbeitsstunden als im Ausgleichszeitraum erreicht werden dürfen, so sind dies im tariflichen Sinne **Überstunden**. Dann muss der entsprechende Zeitzuschlag gezahlt werden, und die Überstunden sind in Freizeit abzugelten.

Überstunden

3.3 Gesetzliche Regelungen zur Arbeitszeit

Bei der Dienstplangestaltung sind die gesetzlichen Regelungen des Arbeitszeitgesetzes zu beachten, das wie andere Arbeitnehmerschutzgesetze, z. B. Jugendarbeitsschutzgesetz, Mutterschutzgesetz und Schwerbehindertengesetz, staatliche Rahmenvorschriften als zwingende Mindeststandards setzt. Der Arbeitgeber ist verpflichtet, die über die werktägliche Arbeitszeit von acht Stunden hinausgehende Arbeitszeit der Arbeitnehmer aufzuzeichnen. Die Aufzeichnungen sind mindestens zwei Jahre aufzubewahren. Der Arbeitgeber muss einen Abdruck des Arbeitszeitgesetzes an geeigneter Stelle im Betrieb zur Einsichtnahme auslegen. Die Angestellten, die unter einen Tarifvertrag fallen, sind nicht verpflichtet, bis zur Höchstarbeitszeit des Arbeitszeitgesetzes zu arbeiten, wenn im Tarifvertrag und Betriebs- und Dienstvereinbarungen günstigere Arbeitszeitregelungen vereinbart sind. Unterschieden werden müssen grundsätzlich die tariflichen und die gesetzlichen Regelungen. Hier ist zu beachten, dass im Arbeitsrecht das Günstigkeitsprinzip gilt. Ist eine Regelung im Tarifvertrag oder Dienst- und Betriebsvereinbarung günstiger, so ist diese anzuwenden.

Bestimmungen

Günstigkeitsprinzip

3.4 Gesetzliche Höchstarbeitszeit

Unterscheidung

Bei der Berechnung ist zwischen der **täglichen** und der **wöchentlichen gesetzlichen Höchstarbeitszeit** zu unterscheiden. Außerdem ist es möglich, dass in den Tarifverträgen abweichende Regelungen getroffen wurden. Nach § 3 ArbZG dürfen Arbeitnehmer an **Werktagen** grundsätzlich nur bis zu acht Stunden beschäftigt werden.

> **Definition:** Werktage sind alle Tage, die weder ein Sonntag noch ein gesetzlicher Feiertag sind. Arbeit an Sonntagen ist die Arbeit an Sonntagen zwischen 0 Uhr und 24 Uhr.

Als Werktag in diesem Sinne ist aber nicht der Kalendertag von 8 bis 24 Uhr, sondern der 24-stündige Arbeitstag des einzelnen Arbeitnehmers zu verstehen, der vom Beginn der Arbeitszeit des Arbeitnehmers i.s.v. § 2 Abs. 1 ArbZG abgezählt wird und 24 Stunden später endet. Beginnt die Arbeitszeit des Arbeitnehmers um 8 Uhr des einen Kalendertages, endet dieser Arbeitstag (Werktag) um 8 Uhr des folgenden Kalendertages. Innerhalb dieses Zeitraumes darf der Arbeitnehmer nach § 3 ArbZG höchstens 8 Stunden und nach Satz 2 höchstens 10 Stunden beschäftigt werden. Das ArbZG geht vom individuellen Werktag des jeweiligen Arbeitnehmers aus. Eine **Verlängerung der Arbeitszeit** über 8 Stunden hinaus auf z. B. 8,5 oder 9,5 Stunden ist aus jedem Grund oder Anlass möglich.

Obergrenze

Zwingend ist nur die **10-Stunden-Obergrenze**. Sie darf auch nicht bei kurzen Wochenarbeitszeiten, z. B. bei Teilzeitkräften, überschritten werden. Das ArbZG geht von einer täglichen Höchstarbeitszeit von 10 Stunden als Obergrenze aus. Daraus ergibt sich für die Praxis, dass werktäglich von Montag bis Samstag 10 Stunden gearbeitet werden darf. Der Sonntag ist kein Werktag. In Krankenhäusern und anderen Einrichtungen zur Behandlung, Pflege und Betreuung von Personen ist nach § 10 Abs. 1 Nr. 3 auch Sonntagsarbeit zulässig. **Die durchschnittliche wöchentliche Höchstarbeitszeit beträgt nach der EU-Richtlinie 93/104 48 Stunden pro 7-Tage-Zeitraum.** Die Fürsorgepflicht des Arbeitgebers erfordert auch eine an der Gesundheit der Arbeitnehmer orientierte Arbeitszeit- und Dienstplangestaltung. Die Stationsleitungen haben dies zu beachten.

> **Hinweis:** Der zeitliche Umfang der Verpflichtung der Arbeitnehmer zur Arbeitsleistung wird durch Tarifvertrag, Betriebs- oder Dienstvereinbarung und Einzelarbeitsvertrag festgelegt. Ist also für die tägliche und wöchentliche Arbeitszeit tarifvertraglich, einzelvertraglich oder durch Betriebs- oder Dienstvereinbarung etwas günstiger geregelt, so gilt dieses.

Führt die Verteilung der Arbeitszeit zeitweise zu einer **Verlängerung der betriebsüblichen täglichen oder wöchentlichen Arbeitszeit** im Sinne von § 87 Abs. 1 Nr. 3 Betriebsverfassungsgesetz, so unterliegt dies der Mitbestimmung des Betriebsrates bzw. des Personalrates nach den entsprechenden Vorschriften der Personalvertretungsgesetze der Länder oder des Bundes.

Diese Neuregelung fiel für den Bereich der Krankenhäuser hinter die Vorschriften der KrAZVO von 1924 (60 Stunden) zurück.

3.5 Ruhepausen

Das Thema Ruhepausen wird seit mehr als dreißig Jahren im Pflegedienst diskutiert und ist immer noch umstritten. Wer sich beruflich mit der Gesundheit kranker Menschen beschäftigt und professionell arbeitet, sollte wissen, welche **Bedeutung** eine Ruhepause **für den menschlichen Organismus** hat. „Pausen dienen dazu, die psychophysiologische Verausgabung im Arbeitsprozess zu vermeiden oder zu bremsen und den Organismus durch die Erholung wieder auf ein gesundheitsverträgliches Niveau und zu einer besseren Arbeitsfähigkeit nach der Pause zu bringen. Pausen sind die einfachste Form der Gesundheits- und Produktivitätssicherung" (Conrad 1999).

Bedeutung

Die Umsetzung des Arbeitszeitgesetzes und die daraus entstandenen Probleme haben deutlich gezeigt, wie problematisch es werden kann, wenn die gesetzlichen Vorgaben mit den Wünschen und Bedürfnissen von Pflegenden nicht übereinstimmen. „Das Arbeitszeitgesetz erweist sich daher geradezu als ‚heilsam' für die Krankenhäuser, die nun erstmalig darauf aufmerksam werden (müssen), dass auf dem Gebiet der Arbeitszeitgestaltung viele Potenziale zur Optimierung von Dienstzeiten, Dienstdauer, Dienstplänen etc. brachliegen. Denn viele der krankenhaustypischen Schwierigkeiten sind Ausdruck fraglos akzeptierter Arbeitszeit-Traditionen, die sich aber durchaus überprüfen und bei Bedarf ändern lassen." Dies schrieb einer der führenden Arbeitszeitexperten zum Thema Arbeitszeitmodelle (Kutscher 1996; siehe auch Kapitel 4).

Jeder Arbeitnehmer hat gemäß § 4 ArbZG bei einer Arbeitszeit von mehr als sechs bis zu neun Stunden Ruhepausen von 30 Minuten, die in Zeitabschnitte von 15 Minuten aufgeteilt werden können. Bei einer Arbeitszeit von mehr als neun Stunden sind Ruhepausen von insgesamt 45 Minuten einzuplanen, die ebenfalls in Zeitabschnitte von 15 Minuten aufgeteilt werden können. Länger als sechs Stunden dürfen Arbeitnehmer nicht ohne Ruhepause beschäftigt werden. Unterbrechungen der Arbeitszeit von weniger als 15 Minuten sind keine Ruhepausen, sondern werden als **Arbeitsunterbrechungen** bezeichnet, wie Toilettengang oder Raucherpause. Daraus ergibt sich bei einer Arbeitszeit von 7,7 Stunden, **dass frühestens nach zwei Stunden und spätestens nach 6 Stunden eine Ruhepause zu gewähren ist**. Nach der herrschenden Rechtsprechung muss zu Beginn der täglichen Arbeitszeit ein bestimmter zeitlicher Rahmen für die Ruhepausen festgelegt sein. Grundsätzlich unterliegt die Anordnung der Ruhepausen dem Direktionsrecht des Arbeitgebers und dem Mitbestimmungsrecht des Betriebs- und Personalrats. Im Rahmen seiner **Fürsorgepflicht** ist er gesetzlich gezwungen, Ruhepausen zu gewähren. Der Arbeitgeber hat ansonsten mit rechtlichen Konsequenzen zu rechnen.

Gesetzliche Lage

Pausenkorridor

Das Bundesarbeitsgericht hatte sich mehrfach mit der Frage zu beschäftigen, was eine Ruhepause ist. Die folgende Definition gilt allgemein als anerkannt:

Definition: „**Ruhepausen** sind im voraus festliegende Unterbrechungen der Arbeitszeit, in denen der Arbeitnehmer weder Arbeit zu leisten noch sich dafür bereitzuhalten hat, sondern freie Verfügung darüber hat, wo und wie er diese Ruhezeit verbringen will" (BAG, Urteil vom 25.10.1989 – 2 AZR 633/88 –).

Bereitschaftsdienst

Das entscheidende Kriterium ist die Freistellung von jeder Arbeitsverpflichtung oder Pflicht, jederzeit die Arbeit aufzunehmen. Dies schließt aus, dass die Ruhepause durch Arbeitsbereitschaft oder Bereitschaftsdienst abgegolten ist oder werden kann. Diese Modelle sind in der Praxis gescheitert.

Fallbeispiel: Die Krankenschwester Angela Nobel wird mit einer Krankenpflegeschülerin im dritten Ausbildungslehrjahr zum Spätdienst eingeteilt. Die Arbeitszeit beginnt um 12.48 Uhr und endet um 21.00 Uhr. Fakt ist, dass die Krankenschwester eine Ruhepause nicht nehmen kann, denn sie darf aus haftungsrechtlichen Gründen die Station nicht verlassen und muss auch jederzeit die Arbeit aufnehmen, weil eine Krankenpflegeschülerin nicht alleinverantwortlich arbeiten darf. Also macht sie infolgedessen eine halbe Überstunde über die dienstplanmäßig festgelegte Arbeitszeit hinaus.

3.5.1 Jugendarbeitsschutzgesetz

Nach § 11 JArbSchG sind für Jugendliche besondere Regelungen zu Ruhepausen vorgesehen. Jugendlichen müssen im voraus feststehende Ruhepausen von angemessener Dauer gewährt werden. Die Dauer der Ruhepausen müssen mindestens

Dauer
- 30 Minuten bei einer Arbeitszeit von mehr als viereinhalb Stunden bis sechs Stunden bzw.
- 60 Minuten bei einer Arbeitszeit von mehr als sechs Stunden betragen.

3.5.2 Mutterschutzgesetz

Stillen

Stillenden Müttern ist gemäß § 7 MuSchG auf ihr Verlangen hin während der Arbeitszeit die erforderliche Zeit zum Stillen zu gewähren. Die **Mindestdauer** beträgt einmal täglich eine Stunde oder zweimal täglich eine halbe Stunde. Bei einer zusammenhängenden Arbeitszeit von mehr als acht Stunden sind auf ihr Verlangen zweimal täglich 45 Minuten oder, sofern das Stillen in der Nähe der Arbeitsstätte nicht möglich ist, einmal täglich 90 Minuten Stillzeit zu gewähren. Während der Stillzeit ist das Arbeitsentgelt fortzuzahlen. Die zum Zwecke des Stillens gewährte Zeit darf nicht auf die nach § 4 ArbZG zu gewährende Ruhepause angerechnet werden.

3.6 Beginn und Ende der Arbeitszeit

Über Beginn und Ende der Arbeitszeit gibt es gerade im Pflegebereich noch große Unklarheiten und Unsicherheiten. Das Anlegen von Schutzkleidung und das Einschleusen in den OP-Bereich oder die Intensivstation aus hygienischen Gründen und das Verlassen des Arbeitsplatzes sowie notwendige Dusch- und Umkleidezeiten rechnen zur Arbeitszeit. Die verschiedenen **Umkleidemodalitäten**, die auf bedingten Anordnungen des Arbeitgebers beruhen und für hygienisch notwendig erachtet werden, sind in festgelegten Räumen vorzunehmen. Entscheidend für die Anrechnung als Arbeitszeit ist, dass sie auf **Anordnung des Arbeitgebers** oder auf **allgemeine Schutzvorschriften** beruhen. Die Umkleidezeiten sind dann als Arbeitsleistung der Pflegekräfte anzusehen.

Was zählt zur Arbeitszeit?

Das Bundesarbeitsgericht hat ausgeführt, dass die **Arbeitsstelle** einer im Krankenhaus beschäftigten Krankenschwester regelmäßig die Station ist, auf der die Arbeitsleistung zu erbringen ist. Schreibt allerdings der Arbeitgeber vor, dass eine Dienstkleidung, die von ihm unentgeltlich zur Verfügung gestellt und gereinigt werden muss und nicht mit nach Hause genommen werden darf, vor Dienstbeginn in einem bestimmten Raum anzulegen und nach Dienstende dort wieder abzulegen ist, gehört das **Umkleidezimmer** zur Arbeitsstelle (Urteil vom 28.7.1994 6 AZR 220/94). Entscheidend ist also nicht, wo der Eintritt in das Krankenhaus beginnt, also die Pforte. Mit dem 66. Änderungstarifvertrag zum BAT vom 24.4.1991 haben die Tarifvertragsparteien die Protokollnotiz zum § 15 Abs. 7 geändert; dies hat zu viel Unmut bei den Pflegekräften geführt. Außerdem ist zu berücksichtigen, dass es in vielen Krankenhäusern Dienst- und Betriebsvereinbarungen gibt, in denen geregelt ist, wann die Arbeitszeit beginnt. Dabei ist berücksichtigt worden, dass die Pflegekräfte sich umziehen müssen. Es bestehen auch überall Vereinbarungen, in denen geregelt ist, dass die **Wege- und Rüstzeiten** zusammengerechnet werden und dann im Block freie Tage gewährt werden können.

Was ist die Arbeitsstelle?

Im Einzelfall ist immer zu überprüfen, wie viel Wege- und Rüstzeit anfällt und vor allem, wie sie als Arbeitszeit abgerechnet wird. Dabei darf nicht vergessen werden, dass auch mehrere Rüstzeiten anfallen können.

Hat der Arbeitgeber **Rufbereitschaft** angeordnet, so ist auch die Anfahrtszeit zum Betrieb zur Arbeitszeit zu rechnen.

3.7 Ruhezeiten

Seit dem 1.1.1996 gilt auch § 5 ArbZG, der die Ruhezeit u. a. für Krankenhäuser und andere Einrichtungen zur Behandlung, Pflege und Betreuung von Personen regelt.

Definition: Unter **Ruhezeit** versteht man den Zeitraum, der zwischen dem Ende der täglichen Arbeitszeit und dem Beginn der nächsten täglichen Arbeitszeit desselben Arbeitgebers liegt bzw. der zwischen zwei Arbeitsschichten eines Arbeitnehmers liegt.

Der TVöD enthält insoweit keine Regelungen. Nach § 5 Abs. 1 ArbZG steht dem Arbeitnehmer nach Beendigung der täglichen Arbeitszeit eine **ununterbrochene Ruhezeit** von mindestens 11 Stunden bis zum neuerliche Arbeitsbeginn zu. Innerhalb der Ruhezeit darf der Arbeitnehmer nicht beschäftigt werden. Selbst freiwillige Arbeiten sind verboten. Dagegen zählt die Rufbereitschaft zur Ruhezeit.

Wird die elfstündige Ruhezeit unterbrochen, etwa weil der Arbeitnehmer bei Rufbereitschaft zur Arbeitsleistung herangezogen wird, muss sich an diese Tätigkeit eine neue Ruhezeit anschließen. Nur dann wird eine ununterbrochene Ruhezeit in der erforderlichen, vom Gesetz vorgeschriebenen Länge gewährt.

Sonderregelungen

Nach § 5 Abs. 2, 3 ArbZG kann in bestimmten Wirtschaftsbereichen, insbesondere in Krankenhäusern und Verkehrsbetrieben, die Ruhezeit auf 10 Stunden reduziert werden, wobei jedoch dann ein Ausgleich innerhalb eines Kalendermonats vorgesehen ist. Die zuständige Aufsichtsbehörde kann von den Regelungen der Ruhezeit **Ausnahmebewilligungen** erlassen.

Nach dem Wortlaut des § 5 Abs. 2 ArbZG ist es möglich, dass ein freies Wochenende oder ein dienstplanmäßig freier Tag als Ausgleich für Sonntagsarbeit für die Verkürzung der Ruhezeit gewertet wird.

Verkürzte Ruhezeit

Es wird empfohlen, den Tag der verkürzten Ruhezeit und den Tag des jeweiligen Ausgleichs zu kennzeichnen. Anders als bei der Verlängerung der werktäglichen Arbeitszeit nach § 3 wird in § 5 Abs. 2 ArbZG keine Durchschnittsberechnung für den Ausgleich angestellt, sondern der Ausgleich für die verkürzte Ruhezeit an einen bestimmten Tag hat innerhalb von vier Wochen an einem anderen bestimmten Tag zu erfolgen. Die Anzahl der verkürzten Ruhezeiten muss somit innerhalb von vier Wochen mindestens der Zahl der verlängerten Ruhezeiten entsprechen.

Die **Rufbereitschaft** gilt mit ihrer vollen Dauer als Ruhezeit (§ 5 Abs. 3 ArbZG). Die Inanspruchnahme durch Arbeit während der Rufbereitschaft ist jedoch als Arbeit einzuordnen, die auf die werktägliche Höchstarbeitszeit von 10 Stunden anzurechnen ist. Abweichend von § 5 Abs. 1, wonach die Arbeitnehmer nach Beendigung der täglichen Arbeitszeit eine ununterbrochene Ruhezeit von mindestens 11 Stunden haben müssen, können in Krankenhäusern und anderen Einrichtungen zur Behandlung, Pflege und Betreuung von Personen Kürzungen der Ruhezeit durch Inanspruchnahmen während des Bereitschaftsdienstes oder der Rufbereitschaft, die nicht mehr als die Hälfte der Ruhezeit betragen, zu anderen Zeiten ausgeglichen werden. Verbleibt den Angestellten keine ununterbrochene Ruhezeit von 5,5 Stunden, so ist die Ruhezeit von 11 Stunden nach der letzten Inanspruchnahme einzuhalten. Diese Regelung ist europarechtswidrig und damit unwirksam. Sie kann nicht mehr angewendet werden, da Bereitschaftsdienst Arbeitszeit ist.

Die Umsetzung des Arbeitszeitgesetzes in den Einrichtungen des Gesundheitswesens bereitet in vielen Bereichen den Vorgesetzten Schwierigkeiten, was für die Beschäftigten leicht erkennbar ist. Auch die Betriebs- und Personalräte haben an vielen Orten Aufklärungsbedarf.

Jugendarbeitsschutzgesetz

Jugendliche haben einen ununterbrochenen Freizeitanspruch von mindestens 12 Stunden (§ 13 JArbSchG). Zu beachten ist, dass im Gegensatz zum Erwachsenenrecht die Anordnung von Bereitschaftsdienst oder Rufbereitschaft innerhalb der Freizeit nicht möglich ist.

3.8 Sonntagsarbeit

Sonntagsarbeit gilt in der Zeit von 0.00 Uhr bis 24.00 Uhr. Die Dienstleistungen im Gesundheitswesen erfordern die Arbeit an allen Tagen des Jahres rund um die Uhr. Es wird grundsätzlich an Sonntagen dienstplanmäßig gearbeitet. Die **Arbeit an Sonntagen** ist in den Krankenhäusern und Einrichtungen des Gesundheitswesens zur Behandlung, Pflege und Betreuung von Personen abweichend vom allgemeinen Gebot der Sonntagsruhe durch das Arbeitszeitgesetz ausdrücklich zugelassen, soweit die Arbeiten nicht an Werktagen vorgenommen werden können. Vergleiche auch die §§ 9, 10 und 11 Arbeitszeitgesetz. Nach dem Tarifvertrag ist Sonntagsarbeit durch zusammenhängende Freizeit auszugleichen; unter Fortzahlung der Vergütung, zuzüglich 25 % Zeitzuschlag für Sonntagsarbeit (vgl. § 8 Abs. 1c). Die Sonntagsarbeit muss, ohne dass es eines Antrages des Angestellten bedarf, durch zusammenhängende Freizeit an einem Werktag oder ausnahmsweise an einem Wochenfeiertag der laufenden oder folgenden Woche ausgeglichen werden. Bei Pflegekräften sollen innerhalb von zwei Wochen mindestens zwei freie Tage vorgesehen werden, wobei ein Tag auf einen Sonntag fallen soll. Vergleiche § 49 Abs. 3 TVöD.

Ausgleich

Freie Tage

Die Mindestvorschriften des Arbeitszeitgesetzes für den Ausgleich der Sonntagsarbeit sind tarifvertraglich günstiger geregelt als nach den Vorschriften des Arbeitszeitgesetzes. Zu beachten ist, dass an Sonntagen wie an Werktagen grundsätzlich acht Stunden gearbeitet werden und die Arbeitszeit auf zehn Stunden nur verlängert werden darf, wenn die gesetzlichen Höchstarbeitszeiten und Ausgleichszeiträume nicht überschritten werden.

> **Beispiel für den tariflichen Ausgleich der Sonntagsarbeit:** Der Angestellte arbeitet dienstplanmäßig am Sonntag. Am Mittwoch der folgenden Woche ist hierfür ein dienstplanmäßig freier Tag vorgesehen.

Tab. 5: Freizeitausgleich für Sonntagsarbeit ausnahmsweise an einem Wochenfeiertag

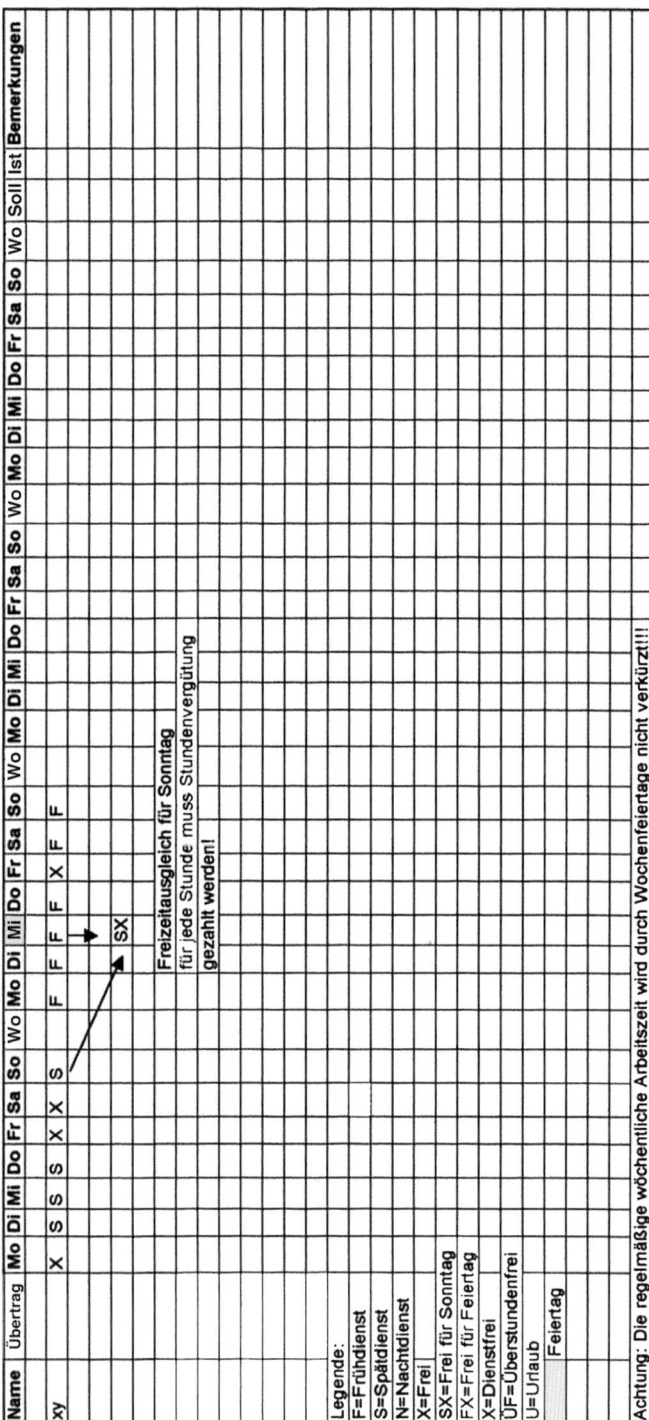

In der Praxis ist darauf zu achten, dass es bei der Dienstplangestaltung eine Regelung gibt, die festlegt, welcher dienstplanmäßig freie Tag als Ausgleich für die Sonntagsarbeit gewährt wird. Bewährt hat sich dabei die Regel, dass jeweils der erste dienstplanmäßig freie Tag nach der Sonntagsarbeit als Ausgleich herangezogen wird. Dieser Ausgleichstag sollte im Dienstplan entsprechend gekennzeichnet werden. Der Freizeitausgleich für die Arbeit an Sonntagen soll grundsätzlich an Werktagen erfolgen. Erfolgt ausnahmsweise der Freizeitausgleich an einem Wochenfeiertag, so hat der Schichtdienst-leistende Angestellte als Ausgleich dafür Anspruch auf Zahlung der Stundenvergütung (vgl. § 49 Abs. 1 TVöD).

Tipp für die Praxis

Tarifvertrag TVöD	Arbeitszeitgesetz
• Sonn- und Feiertagsarbeit ist zulässig, wenn die Aufgaben es erfordern. • Sonntagsarbeit ist von 0 bis 24 Uhr • Bei Sonntagsarbeit sollen 2 Sonntage im Monat arbeitsfrei bleiben, sofern es die dienstlichen Belange zulassen. (§ 49 BT-K Abs. 3) • Für Sonntagsarbeit wird ein Zeitzuschlag von 25 % gezahlt. • Der Ausgleich für Sonntagsarbeit muss ohne Antrag durch zusammenhängende Freizeit an einem Werktag oder ausnahmsweise an einem Wochenfeiertag in der laufenden oder der folgenden Woche ausgeglichen werden (§ 49 Abs. 3 BT-K).	• Arbeitnehmer dürfen an Sonn- und gesetzlichen Feiertagen von 0 bis 24 Uhr nicht beschäftigt werden. (§ 9 ArbZG) • Sofern die Arbeiten nicht an Werktagen vorgenommen werden können, dürfen Arbeitnehmer an Sonn- und Feiertagen abweichend von § 9 beschäftigt werden: • In Krankenhäusern und anderen Einrichtungen zur Behandlung, Pflege und Betreuung von Personen. (§ 10 Abs. 1 Satz 3 ArbZG) • Mindestens 15 Sonntage im Jahr müssen beschäftigungsfrei bleiben. • Für die Beschäftigung an Sonn- und Feiertagen gelten die §§ 3 bis 8 und § 11 Abs. 1 und 2 ArbZG.

Tab. 6: Sonntagsarbeit in TVöD und Arbeitszeitgesetz

3.9 Feiertagsarbeit

Im Krankenhaus und Pflegeeinrichtungen muss auch an Feiertagen dienstplanmäßig gearbeitet werden; die Aufgaben erfordern eine Versorgung der Patienten und Bewohner rund um die Uhr.

Tab. 7: Gesamtübersicht: Vorfeiertage nach den Regelungen des TVöD

Vorfesttage	Dienst geleistet	für Dienst eingeteilt, aber erkrankt	dienstplanmäßig arbeitsfrei
Heiligabend/Silvester ab 6.00 Uhr	• Freizeitausgleich für die geleistete Arbeitszeit abzügl. der Pause oder • Freizeitausgleich für die Arbeitszeit, die geleistet worden wäre, abzüglich der Pause (aber keine Auszahlung möglich!). • Gutschrift von einem Zehntel der wöchentl. Arbeitszeit auf die Ist-Arbeitszeit, sofern – der Angestellte regulär an allen Tagen der Woche/ im Wechselschicht- oder Schichtdienst arbeitet – und dieser Vorfesttag nicht auf einen Samstag oder Sonntag fällt.	• Freizeitausgleich für die Arbeitszeit, die geleistet worden wäre, abzüglich der Pause (aber keine Auszahlung möglich!).	• Gutschrift von einem Zehntel der wöchentl. Arbeitszeit auf die Ist-Arbeitszeit, sofern – der Angestellte regulär an allen Tagen der Woche/im Wechselschicht- oder Schichtdienst arbeitet – und dieser Vorfesttag nicht auf einen Samstag oder Sonntag fällt. • Keinerlei Anrechnung von Arbeitszeit, kein Anspruch auf zusätzlichen Freizeitausgleich oder Zuschlag.

Arbeitszeitgesetz

Es ist Zweck des Arbeitszeitgesetzes, den Sonntag und die staatlich anerkannten Feiertage als Tage der Arbeitsruhe und der seelischen Erhebung der Arbeitnehmer zu schützen (§ 1 ArbZG). Gemäß § 10 Abs. 1 Nr. 3 ArbZG dürfen, sofern Arbeiten nicht an Werktagen vorgenommen werden können, Arbeitnehmer in Krankenhäusern und anderen Einrichtungen zur Behandlung, Pflege und Betreuung von Personen an Sonn- und Feiertagen beschäftigt werden.

TVöD

Soweit die dienstlichen oder betrieblichen Verhältnisse es zulassen, sollen bei Sonntags- und Feiertagsarbeit **monatlich zwei Sonntage frei** sein (§ 49 Abs. 3 BT-K). Durch die Regelungen wird die allgemeine Vorschrift modifiziert. Angestellte, die regelmäßig an Sonn- und Feiertagen arbeiten müssen, erhalten innerhalb von zwei Wochen zwei arbeitsfreie Tage. Hiervon soll ein Tag auf einen Sonntag fallen. Da die Tarifvertragsparteien von „sollen" sprechen, sind auch Ausnahmen möglich. Hier sind aber sehr strenge Maßstäbe anzulegen, wenn es zu einer Ausnahme kommen soll.

Dies lässt maximal eine **ununterbrochene Inanspruchnahme der Angestellten** von Montag in der ersten Woche bis Freitag in der zweiten Woche zu. Bei dieser Dienstplangestaltung wäre also zwingend am Samstag und Sonntag Freizeit zu gewähren. Diese Dienstplangestaltung bedeutet eine ununterbrochene Arbeit an zehn Tagen. Es ist sehr zweifelhaft, ob dies mit der Fürsorgepflicht in Einklang zu bringen ist. Außerdem dürfte es unzulässig sein, wenn sie auch noch mit Nachtarbeit verbunden ist!

Fällt ein Wochenfeiertag auf einen Sonntag, so bleibt dies ein Sonntag. Es wird ein höherer Zeitzuschlag bezahlt: 35 % ohne Freizeitausgleich.

Tarifvertraglich geregelt ist nur die Arbeit an einem Wochenfeiertag. Diese Regelung ist im Bereich des BAT sehr undurchsichtig und führt in der Praxis immer wieder zu einigen Missverständnissen.

Wochenfeiertag

Definition: Gesetzliche Wochenfeiertage sind die Feiertage, die auf einen Montag bis Samstag fallen. **Wochenfeiertage** sind also die Werktage, die gesetzlich zu Feiertagen erklärt sind und für die Arbeitsruhe angeordnet ist.

Bei Angestellten, die verpflichtet sind, im Rahmen von Schichtarbeit auch an Wochenfeiertagen dienstplanmäßig zu arbeiten, gilt folgendes:

Regelungen bei Schichtarbeit an Wochenfeiertagen

BT-K § 49: Arbeit an Sonn- und Feiertagen
Abweichend von § 6 Abs. 3 Satz 3 und in Ergänzung zu Absatz 5 gilt für Sonn- und Feiertage folgendes:

(1) Die Arbeitszeit an einem gesetzlichen Feiertag, der auf einen Werktag fällt, wird durch eine entsprechende Freistellung an einem anderen Werktag bis zum Ende des dritten Kalendermonats – möglichst aber schon bis zum Ende des nächsten Kalendermonats – ausgeglichen, wenn es die betrieblichen Verhältnisse zulassen. Kann ein Freizeitausgleich nicht gewährt werden, erhält die/der Beschäftigte je Stunde 100 v. H. des auf eine Stunde entfallenden Anteils des monatlichen Entgelts der jeweiligen Entgeltgruppe und Stufe nach Maßgabe der Entgelttabelle. Ist ein Arbeitszeitkonto eingerichtet, ist eine Buchung gem. § 10 Abs. 3 zulässig. § 8 Abs. 1 Satz 2 Buchst. d bleibt unberührt.

(2) Für Beschäftigte, die regelmäßig nach einem Dienstplan eingesetzt werden, der Wechselschicht- oder Schichtdienst an sieben Tagen in der Woche vorsieht, vermindert sich die regelmäßige Wochenarbeitszeit um ein Fünftel der arbeitsvertraglich vereinbarten durchschnittlichen Wochenarbeitszeit, wenn sie an einem gesetzlichen Feiertag, der auf einen Werktag fällt und wenn sie
a) Arbeitsleistung zu erbringen haben oder
b) nicht wegen des Feiertags, sondern dienstplanmäßig nicht zur Arbeit eingeteilt sind und deswegen an anderen Tagen der Woche ihre regelmäßige Arbeitszeit erbringen müssen.

Absatz 1 gilt in diesen Fällen nicht. § 8 Abs. 1 Satz 2 Buchst. d bleibt unberührt.

(3) Beschäftigte, die regelmäßig an Sonn- und Feiertagen arbeiten müssen, erhalten innerhalb von zwei Wochen zwei arbeitsfreie Tage. Hiervon soll ein freier Tag auf einen Sonntag fallen.

Tab. 8:
Vergleichende Übersicht: Feiertagsarbeit in TVöD und Arbeitszeitgesetz

Tarifvertrag TVöD	Arbeitszeitgesetz
• Auch an Feiertagen muss dienstplanmäßig gearbeitet werden, wenn dies die Aufgaben eines Betriebes erfordern. • Fällt ein Feiertag auf einen Sonntag, so bleibt dies ein Sonntag. Es wird nur ein höherer Zeitzuschlag bezahlt. • Es ist nur die Arbeit an Wochenfeiertagen tarifvertraglich geregelt. Wochenfeiertage sind gesetzliche Feiertage, die auf einen Arbeitstag fallen, also von Montag bis Samstag.	• An Sonn- und Feiertagen darf nicht gearbeitet werden, da sie zur seelischen Erhebung und als Tag der Arbeitsruhe gelten. (Vgl. §§ 1, 9 ArbZG) • Sofern die Arbeiten nicht an Werktagen vorgenommen werden können, dürfen Arbeitnehmer an Sonn- und Feiertagen abweichend von § 9 beschäftigt werden, so z. B. in Krankenhäusern und anderen Einrichtungen zur Behandlung, Pflege und Betreuung von Personen. (§ 10 Abs. 1 Satz 3 ArbZG)

Tab. 9:
Gesamtübersicht: Feiertage nach den Regelungen des TVöD

Feiertage	Dienst geleistet	für Dienst eingeteilt, aber erkrankt	dienstplanmäßig arbeitsfrei
Wochenfeiertage (Montag bis Samstag)	• Freizeitausgleich und 35 % Zuschlag auf Antrag oder • 135 % Auszahlung	• Freizeitausgleich (aber keine Auszahlung möglich!)	• Keinerlei Anrechnung von Arbeitszeit, kein Anspruch auf zusätzlichen Freizeitausgleich oder Zuschlag
Unbewegliche Feiertage, die immer auf einen Sonntag fallen	• Freizeitausgleich und 35 % Zuschlag auf Antrag oder • 135 % Auszahlung	• Freizeitausgleich (aber keine Auszahlung möglich!)	• Keinerlei Anrechnung von Arbeitszeit, kein Anspruch auf zusätzlichen Freizeitausgleich oder Zuschlag
Bewegliche Feiertage, die auf einen Sonntag fallen	• Freizeitausgleich und 50 % Zuschlag auf Antrag oder • 150 % Auszahlung	• Freizeitausgleich (aber keine Auszahlung möglich!)	• Keinerlei Anrechnung von Arbeitszeit, kein Anspruch auf zusätzlichen Freizeitausgleich oder Zuschlag

Daraus ergibt sich, dass die Wochenfeiertage zu einer Verringerung der Sollarbeitszeit führen (§ 49 Abs. 2 TVöD-BT-K).

3.9 Feiertagsarbeit

Tab. 10: Sonntagsarbeit/Feiertagsarbeit und der Freizeitausgleich

Name	Übertrag	Mo	Di	Mi	Do	Fr	Sa	So	Wo	Mo	Di	Mi	Do	Fr	Sa	So	Wo	Mo	Di	Mi	Do	Fr	Sa	So	Wo	Mo	Di	Mi	Do	Fr	Sa	So	Wo	Soll	Ist	Bemerkungen
xy		X	S	S	S	S	S	X		F	F	F	F	FX	F	F		S	S	S	S	X	S	S		F	F	F	F	SX	F	X	X			
							Ausgleich für Feiertag plus 35%							Ausgleich für Feiertag							Ausgleich für Sonntagsarbeit								Ausgleich für Sonntagsarbeit!! plus 50%						
							Freizeitausgleich auf Antrag!																													

Legende:
F=Frühdienst
S=Spätdienst
X=Frei
SX=Frei für Sonntag
FX=Frei für Feiertag
X=Dienstfrei
Feiertag

Achtung: Die regelmäßige wöchentliche Arbeitszeit wird durch Wochenfeiertage nicht verkürzt!!!

3.10 Nachtarbeit, Nachtzeit und Nachtarbeitnehmer

Unterscheidung

Bei der Nachtarbeit muss unterschieden werden zwischen der tariflichen Nachtarbeit und der gesetzlichen Nachtarbeit.

> **Definition:** § 7 Abs. 5 TVöD: Nachtarbeit ist die Arbeit zwischen 21 Uhr und 6 Uhr.

Zeitzuschläge § 8 Abs. 1 Nr. b TVöD: Die Zeitzuschläge betragen für Nachtarbeit 20 v. H., für Krankenhäuser gilt der besondere Teil BT-K.

> **§ 50 Ausgleich für Sonderformen der Arbeit**
> Die Zeitzuschläge betragen für Beschäftigte nach § 38 Abs. 5 Satz 1 - TVöD in Krankenhäusern abweichend von § 8 Abs. 1 Satz 2 Buchst. b und f für
> a) **Nachtarbeit** 1,28 €
> b) Arbeit an Samstagen von 13 bis 21 Uhr 0,64 €

Nachtarbeit

Der Begriff der Nachtarbeit (Abs. 5) hat Bedeutung für den Begriff der Wechselschichtarbeit (Nachtstunden, Abs. 1 Satz 3) und den Zeitzuschlag nach § 8 Abs. 1 Buchst. b. Nachtarbeit ist die Arbeit zwischen 21 Uhr und 6 Uhr. Nachtarbeit ist zu unterscheiden von der Nachtschicht. Nachtschicht ist für die Ermittlung der Wechselschichtzulage von Bedeutung.

BAG Pressemitteilung Nr. 66/04: Berücksichtigung familiärer Belange bei der Verteilung der Arbeitszeit

Der Arbeitgeber kann kraft seines Direktionsrechts die Lage der Arbeitszeit eines Arbeitnehmers nach billigem Ermessen näher bestimmen, soweit hierüber keine vertragliche oder kollektivrechtliche Vereinbarung getroffen ist. Bei seiner Ermessensentscheidung muss er die wesentlichen Umstände abwägen und die beiderseitigen Interessen angemessen berücksichtigen. Auf schutzwürdige familiäre Belange des Arbeitnehmers wie eine erforderliche Beaufsichtigung und Betreuung von Kindern hat er Rücksicht zu nehmen, soweit der vom Arbeitnehmer gewünschten Verteilung der Arbeitszeit nicht betriebliche Gründe oder berechtigte Belange anderer Beschäftigter entgegenstehen.

Auf einen Einsatz im Sieben-Tage-Rhythmus im Nachtdienst geklagt hatte eine Altenpflegerin, die nach der Rückkehr aus dem Erziehungsurlaub zu Nachtwachen im Zwei-Tage-Rhythmus herangezogen werden sollte. Die Klage hatte vor dem Sechsten Senat des Bundesarbeitsgerichts keinen Erfolg. Mit dem ausschließlichen Einsatz im Nachtdienst hat der Beklagte die Interessen der Klägerin und ihre familiären Belange angemessen berücksichtigt. Zwar wollte die Klägerin, deren ebenfalls im pflegerischen Bereich tätiger Ehemann nachts im Sieben-Tage-Rhythmus Rufbereitschaft leistet, den Nachtdienst wie vor dem Erziehungsurlaub im Sieben-Tage-Rhythmus verrichten. Nach dem Ende ihres Erziehungsurlaubs war bei dem Beklagten jedoch nur ein Arbeitsplatz in einer Einrichtung frei, in der die Nachtwachen im Zwei-Tage-Rhythmus organisiert sind. Da keiner der im Sieben-Tage-Rhythmus im Nachtdienst beschäftigten Altenpfleger mit der Klägerin den Arbeitsplatz tauschen und in den Zwei-Tage-Rhythmus wechseln wollte und einem vom Beklagten angeordneten Arbeitsplatztausch berechtigte Belange der Betroffenen entgegen gestanden hätten, entsprach die festgesetzte Zeit der Arbeitsleistung billigem Ermessen.[3]

3.10.1 Die Nachtarbeit im Arbeitszeitgesetz

> **Definition: Nachtarbeit** im Sinne des ArbZG ist die Zeit von 23 bis 6 Uhr (§ 2 Abs. 3 ArbZG). Nachtarbeitnehmer im Sinne des Gesetzes sind Arbeitnehmer, die mindestens 48 Tage im Kalenderjahr Nachtarbeit leisten bzw. aufgrund ihrer Arbeitszeitgestaltung normalerweise Nachtarbeit in Wechselschicht verrichten, damit ist die Arbeit im sogenannten Dreischichtsystem gemeint (Früh-, Spät- und Nachtarbeit). Nachtarbeit liegt vor, wenn die Arbeitszeit mehr als zwei Stunden der Nachtarbeit umfasst (§ 2 Abs. 4 ArbZG).

Nach § 6 ArbZG hat die **Gestaltung** der Nachtarbeit nach den **gesicherten arbeitswissenschaftlichen Erkenntnissen** über die menschengerechte Gestaltung der Arbeit zu erfolgen. Die Erkenntnisse sind insbesondere in den vom Bundesministerium für Arbeits- und Sozialordnung herausgegebenen Forschungsberichten über die „Humanisierung des Arbeitslebens" veröffentlicht worden. In einer sehr bekannten Entscheidung musste sich ein Arbeitsgericht mit der Frage beschäftigten, ob eine Krankenschwester von ihrem Arbeitgeber verlangen kann, zu sieben Nachtwachen hintereinander eingeteilt zu werden. Dies wurde ausdrücklich verneint. Im Rahmen des Direktionsrechts ist der Arbeitgeber frei zu entscheiden, und es entspricht auch nicht den gesicherten arbeitswissenschaftlichen Erkenntnissen, sieben Nachtwachen hintereinander abzuleisten!

Für die **Dauer** der Nachtarbeitszeit beträgt die Arbeitszeit grundsätzlich acht Stunden werktäglich und kann auf bis zu zehn Stunden verlängert werden. Der **Ausgleichszeitraum** ist für Nachtarbeit auf einen Kalendermonat bzw. vier Wochen begrenzt (vgl. § 6 Abs. 2 ArbZG). Sofern in erheblichem Umfang Arbeitsbereitschaft anfällt, kann die Arbeitszeit auf über zehn Stunden werktäglich durch Tarifvertrag verlängert werden (§ 7 Abs. 1 Nr. 4a ArbZG).

Dauer und Ausgleichszeitraum

> **Definition:** Nachtarbeit ist grundsätzlich für jeden Menschen schädlich. Sie führt zu Schlaflosigkeit, Appetitstörungen, Störungen des Magen-Darmtraktes, erhöhter Nervosität und Reizbarkeit sowie zu einer Herabsetzung der Leistungsfähigkeit (vgl. Rutefranz 1969: Ist

---
[3] Bundesarbeitsgericht, Urteil vom 23. September 2004 – 6 AZR 567/03 – Vorinstanz: LAG Hamm, Urteil vom 28. Juli 2003 – 8 Sa 1493/02 –

> Nachtarbeit für Frauen gesundheitsgefährdender als für Männer? S. 16 und 19 ff.).
>
> BVerfG, Urteil vom 28.1.1992 – 1 BvR 1025/82 zur Nachtarbeit
>
> „a) Für die ursprünglich dem Nachtarbeitsverbot zugrunde liegende Annahme, daß Arbeiterinnen wegen ihrer Konstitution stärker unter Nachtarbeit litten als männliche Arbeitnehmer, haben sich in der arbeitsmedizinischen Forschung keine gesicherten Anhaltspunkte ergeben. Nachtarbeit ist grundsätzlich für jeden Menschen schädlich ..."

3.10.2 Nachtarbeitnehmer

Nachtarbeitnehmer sind berechtigt, sich vor Beginn der Beschäftigung und danach in regelmäßigen Abständen von nicht weniger als drei Jahren **arbeitsmedizinisch untersuchen zu lassen.** Der Arbeitsmediziner muss dabei die Frage klären, ob der Beschäftigte gesundheitlich geeignet ist, Nachtarbeit zu leisten. Die Kosten der Untersuchung trägt der Arbeitgeber. Nach Vollendung des 50. Lebensjahres reduziert sich der Anspruch auf ein Jahr.

Nachtarbeit ab 50

Daraus resultiert auch die sehr **verbreitete Regelung,** dass Pflegekräfte nach dem 50. Lebensjahr nur noch auf eigenen Wunsch zur Nachtarbeit eingeteilt werden. Dies gebietet die Fürsorgepflicht gegenüber älteren Arbeitnehmern, die einen besonderen Schutz ihrer Gesundheit erhalten.

Anspruch auf Tagesarbeitsplatz

Nach dem Gesetz besteht auch ein **Umsetzungsanspruch** auf einen Tagesarbeitsplatz. Nach § 6 Abs. 4 Satz 1 ArbZG hat der Arbeitnehmer einen Umsetzungsanspruch von Nacht- in Tagarbeit, wenn er durch die Nachtarbeit gesundheitlich gefährdet ist oder wenn er Kinder unter 12 Jahren bzw. pflegebedürftige Angehörige zu betreuen hat. Dieser Anspruch besteht nur, wenn dringende betriebliche Erfordernisse dem nicht entgegenstehen. Der Umsetzungsanspruch ist nur betriebsbezogen. Der Arbeitgeber ist verpflichtet, den Betriebsrat/Personalrat anzuhören, wenn nach seiner Auffassung der Umsetzung dringende betriebliche Erfordernisse entgegenstehen. Dieser kann dem Arbeitgeber Vorschläge für eine Umsetzung unterbreiten. Das Vorschlagsrecht ist kein echtes Mitbestimmungsrecht.

Ausgleich für Nachtarbeit

Dem Nachtarbeitnehmer ist für die geleisteten Arbeitsstunden in der Nachtzeit ein angemessener Zuschlag auf das Bruttoarbeitsentgelt zu zahlen (§ 6 Abs. 5 ArbZG). Außerdem erhält der Nachtarbeitnehmer eine angemessene Zahl freier Tage für die geleistete Nachtarbeit, dies ist auch in § 48a BAT geregelt.

Nachtarbeitnehmer erhalten den gleichen Zugang zu innerbetrieblichen Fort- und Weiterbildungsmaßnahmen sowie zu Maßnahmen der Personalentwicklung (§ 6 Abs. 6 ArbZG).

Jugendarbeitsschutzgesetz

Für **Jugendliche** gilt grundsätzlich ein **Nachtarbeitsverbot** von 20.00 bis 6.00 Uhr (§ 14 JArbSchG).

Für **werdende und stillende Mütter** gilt nach § 8 Abs. 1 MuSchG ebenfalls ein **Nachtarbeitsverbot** von 20.00 bis 6.00 Uhr.

Mutterschutzgesetz

> **Definition: Nachtarbeit** ist im TVöD die Zeit zwischen 21.00 und 6.00 Uhr.

3.11 Überstunden

Das **Direktionsrecht** des Arbeitgebers berechtigt ihn im Rahmen der Billigkeit, Überstunden anzuordnen. **Vollzeitbeschäftigte Arbeitnehmer** sind zur Leistung von Überstunden grundsätzlich verpflichtet. Überstunden sind auf dringende Fälle zu beschränken und möglichst gleichmäßig auf alle Angestellten zu verteilen. Soweit Überstunden vorhersehbar sind, müssen sie spätestens am Vortage angesagt werden. Im Angestelltenbereich können gelegentliche Überstunden für insgesamt sechs Arbeitstage von unmittelbaren Vorgesetzten angeordnet werden. Andere Überstunden sind vorher schriftlich anzuordnen. Schließlich hat der Arbeitgeber bei der Anordnung von Überstunden die Grenzen des allgemeinen Direktionsrechts einzuhalten. Neben den bereits beschriebenen tariflichen Bestimmungen hat er auch die durch Gesetze gezogenen Grenzen einzuhalten. Dies sind vor allen die Höchstarbeitszeit und Ruhezeit nach den §§ 3, 5 und 9 ArbZG.

Schwerbehinderte Menschen werden auf ihr Verlangen von Mehrarbeit freigestellt (SGB IX, Rehabilitation und Teilhabe behinderter Menschen vom 19.06.2001, BGBl. I, S. 1045, § 124 Mehrarbeit).

Schwerbehinderte

Werdenden und stillenden Mütter ist Mehrarbeit nach § 8 Mutterschutzgesetz **verboten**.

Mutterschutzgesetz

Jugendliche (Altersgrenze 18 Jahre) dürfen täglich höchstens 8,5 Stunden arbeiten, woraus sich auch die **Grenze** für Überstunden ergibt (§ 8 Absatz 2a Jugendarbeitsschutzgesetz).

Jugendarbeitsschutzgesetz

3.11.1 Überstunden in der betrieblichen Praxis

> **Definition:** Überstunden liegen vor, wenn sie auf Anordnung des Arbeitgebers über die im Rahmen der regelmäßigen Arbeitszeit und die entsprechenden Sonderregelungen hierzu für die Woche dienstplanmäßig bzw. betriebsüblich festgesetzten Arbeitsstunden hinausgehen und nicht bis zum Ende des laufenden Dienstplans ausgeglichen werden (§ 7 Abs. 7 TVöD und BT-K).

An einem Wochentag über die betriebsübliche Arbeitszeit hinaus geleistete Arbeit lässt also keine Überstunde entstehen, wenn diese Arbeit an einem der nächsten Tage innerhalb derselben oder nächsten Woche ausgeglichen wird. Wenn dieser Ausgleich nicht innerhalb derselben Woche stattfindet, entstehen Überstunden, für die ein Zeitzuschlag fällig wird und die dann grundsätzlich durch Arbeitsbefreiung auszugleichen sind; für ausgeglichene Überstunden bleibt der Anspruch auf Zeitzuschlag immer bestehen. Die **Anordnung von Überstunden** unterliegt gemäß den gesetzlichen Bestimmungen des Personalvertretungsgesetzes und des Betriebs- verfassungsgesetzes der **Mitbestimmung des Personalrates und des Betriebsrates**.

Ausgleich

Für die geleisteten Überstunden ist durch den Arbeitgeber grundsätzlich bis zum Ende des nächsten Kalendermonats, spätestens bis zum Ende des dritten Kalendermonats nach der Leistung der Überstunden, **Arbeitsbefreiung** zu gewähren. Damit geht der TVöD grundsätzlich davon aus, dass Überstunden durch Freizeit ausgeglichen werden und nicht zusätzlich zu vergüten sind.

Verlängerung des Ausgleichszeitraums

Der Arbeitgeber ist verpflichtet, innerhalb der vorgenannten zeitlichen Grenzen dem Arbeitnehmer Freizeitausgleich zu gewähren. Das heißt, dem Arbeitnehmer unter Berücksichtigung billigen Ermessens gemäß § 315 Abs. 3 BGB Freizeit zum Ausgleich von abgeleisteten Überstunden zuzuweisen. Der Arbeitnehmer ist weder berechtigt noch verpflichtet, sich selbst um Freizeitausgleich innerhalb des Ausgleichszeitraums zu bemühen. In jedem Fall sind aber bei der Geltendmachung die tariflichen Ausschlussfristen zu beachten.

Auswirkungen auf den Dienstplan

Bei der **Dienstplangestaltung** ist es besonders wichtig, die Überstunden in rot in den Dienstplan einzutragen und darauf zu achten, dass der Freizeitausgleich entsprechend im Dienstplan kenntlich gemacht wird. Erkrankt der Angestellte an dem Tag, an dem Freizeitausgleich für Überstunden vorgesehen ist, so gilt der Freizeitausgleich als gewährt. Dies führt in der Praxis oft zu Missverständnissen. Der Arbeitgeber ist auch nicht berechtigt, kurzfristig einseitig zu bestimmen, wann der Angestellte Freizeitausgleich zu nehmen hat. Es ist nicht zulässig, Mitarbeiter bei Schichtbeginn wieder nach Hause zu schicken. Freizeitausgleich muss im Dienstplan festgelegt oder kann kurzfristig nur mit Zustimmung des Mitarbeiters eingeräumt werden. Auch hier ist wieder der Grundsatz des billigen Ermessens zu beachten.

Anspruch auf Überstundenvergütung

Nach Ablauf des Ausgleichszeitraumes wandelt sich der nicht erfüllte Freizeitausgleich automatisch in einen **Geldanspruch** um, wobei für jede nicht ausgeglichene Überstunde die Überstundenvergütung fällig wird. Zusammenfassend wird es folgendermaßen dargestellt.

Definition: § 7 Abs. 7 TVöD und BT-K: Überstunden sind
- die auf Anordnung des Arbeitgebers
- **geleisteten Arbeitsstunden,** die über die **im Rahmen**
- **der regelmäßigen Arbeitszeit von Vollbeschäftigten (§ 6 Abs. 1 Satz 1)**
- **für die Woche**
- **dienstplanmäßig bzw. betriebsüblich**
- **festgesetzten Arbeitsstunden** hinausgehen und
- nicht bis zum Ende **des laufenden Dienstplans ausgeglichen werden.**

3.11 Überstunden

Überstunden werden in Abs. 7 definiert. Dies sind tatsächliche oder fingierte Arbeitszeiten, die über die regelmäßige Arbeitszeit des Beschäftigten hinausgehen. Die regelmäßige Arbeitszeit soll grundsätzlich in einem Dienstplan festgesetzt werden, damit sie für beide Vertragsteile kalkulierbar ist. Auch die in einem Schichtplan festgelegten Arbeitszeiten sind planmäßig, so dass nur Abweichungen vom Schichtplan oder Arbeitszeitüberschreitungen nach Ablauf des Ausgleichszeitraums Überstunden darstellen können (Abs. 8). Die Bestimmung der regelmäßigen Arbeitszeit hat der Arbeitgeber so rechtzeitig zu treffen, dass sich der Beschäftigte hierauf einrichten kann. Dies kann rechtssicher nur in einer Betriebs- oder Dienstvereinbarung geschehen. Abs. 7 stellt auf eine Woche ab. Wird der Beschäftigte außerhalb der im Dienstplan festgesetzten Arbeitszeit zur Arbeitsleistung herangezogen, so handelt es sich schon um eine Überstunde. Maßgeblich ist die Kalenderwoche von Montag bis Sonntag. Um Überstunden handelt es sich nach dem Tarifwortlaut nur, wenn diese angeordnet sind. An den Begriff „angeordnet" sind keine allzu strengen Anforderungen zu stellen.

Besteht ein Zeitkorridor oder eine Rahmenzeit, kann der Ausgleich unter Beachtung der zwischen den Betriebsparteien vereinbarten Grenzen innerhalb des Ausgleichszeitraums erfolgen, ohne dass es sich begrifflich um Überstunden handelt. Vielmehr ist dies planmäßige Arbeitszeit (Abs. 8).

Überstunden

Ausgleich mit Dienstplan

> **Definition:** § 7 Abs. 6: Mehrarbeit sind die Arbeitsstunden, die Teilzeitbeschäftigte über die vereinbarte regelmäßige Arbeitszeit hinaus bis zur regelmäßigen wöchentlichen Arbeitszeit von Vollbeschäftigten (§ 6 Abs. 1 Satz 1) leisten.

Mehrarbeit (Abs. 6) fällt begrifflich nur bei Teilzeitbeschäftigten an. Es handelt sich um unregelmäßige Mehrarbeitsstunden, die über die individuell vereinbarte regelmäßige Wochenarbeitszeit hinausgehen. Wird die regelmäßige Arbeitszeit eines vergleichbaren Vollbeschäftigten überschritten, so kann es sich um Überstunden handeln.

Mehrarbeit

§ 7 Abs. 8 TVöD: Abweichend von Absatz 7 sind nur die Arbeitsstunden Überstunden, die
a) im Falle der Festlegung eines Arbeitszeitkorridors nach § 6 Abs. 6 über 45 Stunden oder über die vereinbarte Obergrenze hinaus,
b) im Falle der Einführung einer täglichen Rahmenzeit nach § 6 Abs. 7 außerhalb der Rahmenzeit,
c) im Falle von Wechselschicht- oder Schichtarbeit über die im Schichtplan festgelegten täglichen Arbeitsstunden einschließlich der im Schichtplan vorgesehenen Arbeitsstunden, die bezogen auf die regelmäßige wöchentliche Arbeitszeit im Schichtplanturnus nicht ausgeglichen werden, angeordnet worden sind.

Selbst in Notfällen können Arbeitnehmer nicht uneingeschränkt für Überstunden in Anspruch genommen werden. Dies gilt erst Recht für unbezahlte Mehrarbeit.
Dies entschied das Leipziger Arbeitsgericht zu Gunsten eines 59-jährigen Arbeitnehmers, der von seinem Chef anlässlich der Flutkatastrophe im

Überstunden: Genug ist genug!

August 2002 für Aufräumarbeiten über die Maßen beansprucht worden war. Sein Chef hatte den Maschinenschlosser, der seit 45 Jahren in einer Werkzeugmaschinenfabrik tätig war, fristlos gekündigt, nachdem dieser die Ableistung von zwei Überstunden wegen Krankheit abgelehnt hatte. Wohlgemerkt nachdem er in nur eineinhalb Wochen 21 Stunden zusätzlich gearbeitet hatte. So nicht, fanden auch die Richter und entschieden: Ein Pflichtverstoß des Arbeitnehmers sei nicht erkennbar. Schließlich habe der Angestellte durch Ableistung erheblicher Überstunden durchaus auf die besondere Situation reagiert. Es gebe also keinen Grund für eine Kündigung des Mannes, so dass das Arbeitsverhältnis fortbestehe. Ohnehin sei es fraglich, ob von einem Arbeitnehmer unbezahlte Überstunden überhaupt verlangt werden könnten. Die bisherige Rechtsprechung gehe jedenfalls nicht von einer kostenlosen Mehrarbeit aus, so der Vorsitzende Richter (ArbG Leipzig 7 Ca 6866/02).

Daraus ergibt sich, dass eine Festsetzung der Arbeitsstunden für die Woche zwingend erforderlich ist und Überstunden nicht durch den Dienstplan angeordnet werden können. Genauso können Überstunden erst durch das Überschreiten der im Dienstplan für die Woche festgelegten Arbeitsstunden entstehen.

> **Hinweis:** Bei einer für die Woche festgesetzten Zahl von 38,5 Stunden sind die darüber hinausgehenden Arbeitsstunden Überstunden. Bei einer festgesetzten Zahl der Arbeitsstunden von 39 Stunden in einer anderen Woche sind die darüber hinausgehenden Stunden Überstunden.

3.11.2 Überstunden bei Teilzeitbeschäftigten

Bei der von **Teilzeitangestellten** über die arbeitsvertraglich vereinbarte Arbeitszeit hinaus geleistete Arbeit handelt es sich zunächst **nicht um Überstunden**. Überstunden sind die über die im Rahmen der regelmäßigen Arbeitszeit eines Vollbeschäftigten (d. h. 38,5-Stunden-Woche bzw. TVöD-Ost 40 Stunden) hinausgehenden Arbeitsstunden. Bei Teilzeitbeschäftigten fallen Überstunden somit erst an, wenn diese Grenze von 38,5 oder 40 Stunden überschritten wird. Teilzeitbeschäftigte sind grundsätzlich nicht verpflichtet, Überstunden zu leisten, es sei denn, in ihrem Arbeitsvertrag ist dies ausdrücklich vereinbart worden. Hat die Angestellte dienstplanmäßig frei, so ist sie nicht verpflichtet, außer in besonderen **Katastrophenfällen**, auf Abruf die Arbeit aufzunehmen. Was Katastrophenfälle sind, entscheidet nicht die Pflegedienstleitung. Dafür gibt es gesetzliche Grundlagen. Die Angestellte hat einen Anspruch auf ihre Privatsphäre. Während der Freizeit besteht keine Verpflichtung, dienstlichen Anweisungen nachzukommen oder sich zur Arbeit bereitzuhalten. Das Direktionsrecht des Arbeitgebers kann nicht in die Privatsphäre der Angestellten eingreifen.

Ein Anspruch von Teilzeitbeschäftigten auf Mehrarbeitszuschläge (schon bei Überschreitung des individuell vereinbarten Arbeitszeitvolumens) ist bereits seit der Entscheidung des Europäischen Gerichtshofs vom

15.12.1994 (Rechtssache C-399/92) Thema im Pflegedienst. Der Europäische Gerichtshof hatte entschieden, dass weder das Gleichbehandlungsgebot des § 2 Abs. 1 BeschFG noch das Willkürverbot des Artikels 3 Abs. 1 GG noch das Diskriminierungsverbot des Artikels 5 Abs. 3 GG verletzt seien, wenn ein Tarifvertrag Überstundenzuschläge für Teilzeitbeschäftigte erst bei Überschreiten der tarifvertraglichen Voll-Regelarbeitszeit vorsieht. Das Bundesarbeitsgericht hat sich der Rechtsprechung des Europäischen Gerichtshofs angeschlossen (BAG vom 20.06.1995 – 3 AZR 684/93).

Der Kern dieser Urteile liegt in der Bestätigung der Tarifautonomie: Tarifparteien dürfen, wenn sie gute Gründe dafür haben, den Anspruch auf Mehrarbeitszuschläge auf die Überschreitung eines von ihnen definierten Schwellenwertes begrenzen, der auch bei der Vollzeitarbeitsgrenze liegen kann, aber nicht muss.

Das Urteil des Europäischen Gerichtshofs wird in der Literatur oft verkürzt wiedergegeben und vor allem in der betrieblichen Praxis häufig sinnentstellend so interpretiert, als habe der Europäische Gerichtshof einen Anspruch von Teilzeitbeschäftigten auf Mehrarbeitszuschläge definitiv zurückgewiesen. Tatsächlich aber könne es viele Gründe dafür geben, eine Definitionsgrundlage für Mehrarbeit an die Überschreitung der individuellen vertraglichen Arbeitszeit zu binden oder einen tariflichen Anspruch auf Mehrarbeitszuschläge dort anzusetzen, wo auch bei einer variablen Arbeitszeitverteilung die Grenzen dieses Modells überschritten werden. Das Landesarbeitsgericht Hamm hat aus der aktuellen Rechtslage den Umkehrschluss abgeleitet, dass Teilzeitbeschäftigte in Anwendung der Regeln des Bundesangestelltentarifvertrags (BAT) nicht zur Leistung von Mehrarbeitsstunden über ihre individuelle Arbeitszeit hinaus verpflichtet sind, zumal sie ja aus diesen keinen Anspruch auf Zuschläge ableiten können (LAG Hamm vom 06.03.1995 – 17 Sa 1035/92).

Die Tarifvertragsparteien müssen den Handlungsbedarf erkennen und dies in den Tarifverträgen regeln.

Für die Praxis folgt daraus, dass die Teilzeitbeschäftigten nur entsprechend ihrer arbeitsvertraglichen Arbeitszeit zu verplanen sind, etwa mit 19, 25 oder 28,75 Stunden.

3.11.3 Anordnung von Überstunden

In der betrieblichen Praxis gibt es immer wieder Konflikte über die Frage, wer Überstunden angeordnet hat, wenn die Arbeit nicht erledigt werden konnte. Die Anordnung von Überstunden braucht nicht ausdrücklich erfolgen, wohl allerdings stillschweigend. Es kann daher genügen, wenn der Arbeitgeber dem Arbeitnehmer eine Arbeit zuweist, die in der regelmäßigen Arbeitszeit nicht erledigt werden kann, oder wenn der Arbeitgeber die vom Arbeitnehmer geleisteten Überstunden kennt, einverstanden ist oder ihre Leistung duldet. Dies wird auch als **konkludentes Verhalten** bezeichnet. Danach ist jede geltend gemachte Überstunde, die ohne ausdrückliche Zustimmung des unmittelbaren Vorgesetzten erfolgte, im Einzelnen nach Tag, Uhrzeit und Dauer der Ableistung und üblicher Arbeitszeit substantiiert unter Beweis zu stellen. Mit anderen Worten, es ist zu beweisen. Damit wird auch deutlich, dass es freiwillige Überstunden nicht geben kann. Wer Stunden ansammelt, um längere Freizeit zu haben, sollte sich überlegen, ob er die Arbeitszeit reduzieren will. Eine weitere Möglichkeit wäre, arbeitsvertraglich ein Arbeitszeitkonto zu vereinbaren, um mehr Zeitsouveränität zu haben.

3.12 Bereitschaftszeiten

Definition: Die Vorschrift befasst sich mit der Bewertung von Zeiten während der Arbeitszeit, in denen der Beschäftigte keine Arbeitsleistung erbringt, sondern nur zur Verfügung steht, um jederzeit die Arbeit aufnehmen zu können. Diese Zeiten werden tariflich als Bereitschaftszeiten bezeichnet. Sie sind nicht zu verwechseln mit dem Bereitschaftsdienst, der außerhalb der Arbeitszeit stattfindet (§ 7 TVöD).

Bereitschaftszeiten setzen voraus,

- Die **Weisung des Arbeitgebers**, dass der Beschäftigte sich an einer vom Arbeitgeber bestimmten Stelle zur Verfügung halten muss (in der Regel ist das die Arbeitstelle oder der Arbeitsplatz),
- um **bei Bedarf** seine arbeitsvertraglich geschuldete Arbeit aufzunehmen.
- Außerdem müssen die **Zeiten ohne Arbeitsleistung überwiegen**, also mehr als 50 % pro Bereitschaftszeitraum ausmachen.

In der Summe dürfen Vollarbeitszeit und faktorisierte Bereitschaftszeiten die tarifliche Wochenarbeitszeit nach § 6 Abs. 1 und die gesetzliche Höchstgrenze von 48 Stunden nicht überschreiten.

Wirksamkeitsvoraussetzung für die Einführung von Bereitschaftszeiten mit entsprechender Faktorisierung als tarifliche Arbeitszeit ist der Abschluss einer einvernehmlichen Dienst- oder Betriebsvereinbarung bzw. der Abschluss eines ergänzenden Tarifvertrags gemäß § 6 Abs. 9.

Urteil des Gerichtshofs der Europäischen Gemeinschaften vom 3. Oktober 2000

Im Urteil des Gerichtshofs der Europäischen Gemeinschaften vom 3. Oktober 2000, Rechtssache C- 303/98, wurde festgestellt, dass Bereitschaftsdienst Arbeitszeit ist. Ebenfalls im Urteil unter Nr. 7 der Gründe hat der Gerichtshof festgestellt:

„Die ausdrückliche Zustimmung der gewerkschaftlichen Verhandlungspartner in einem Tarifvertrag steht der Zustimmung des Arbeitnehmers selbst im Sinne des Artikels 18 Abs. 1 Buchstabe b Ziffer i erster Gedankenstrich der Richtlinie 93/104 nicht gleich"[4].

Bereitschaftszeiten können nur vorliegen, wenn arbeitgeberseitig organisatorische Maßnahmen ersichtlich sind, die dazu führen, dass regelmäßig und in einen nicht unerheblichen Umfang Bereitschaftszeiten betriebsüblich anfallen müssen.[5]

---

[4] Urteil vom 3. Oktober 2000 in der Rechtssache C- 303/98 Nr. 7 letzte Seite
[5] Wolfgang Hamer, Tarifvertrag für den öffentlichen Dienst, Basiskommentar Rn. 4 zu § 9

3.13 Bereitschaftsdienst

> **Definition:** § 7 Abs. 3 TVöD: Bereitschaftsdienst leisten Beschäftigte, die sich auf Anordnung des Arbeitgebers außerhalb der regelmäßigen Arbeitszeit an einer vom Arbeitgeber bestimmten Stelle aufhalten, um im Bedarfsfall die Arbeit aufzunehmen.

Die Zeit kann sich der Arbeitnehmer frei einteilen und darüber verfügen, was er macht, er muss aber jederzeit bereit sein, die Arbeit aufzunehmen. Der Arbeitgeber darf Bereitschaftsdienst aber nur anordnen, wenn **zu erwarten ist, dass zwar Arbeit anfällt,** erfahrungsgemäß **die Zeit ohne Arbeitsleistung aber überwiegt** (§ 45 Abs. 1 BT-K). Überwiegt die Zeit der Arbeitsleistung, ist Vollarbeit anzuordnen oder Schichtarbeit einzuführen. Der Arbeitnehmer kann dies individualarbeitsrechtlich im Arbeitsgerichtsprozess durchsetzen. Es handelt sich hier um einen Anspruch des einzelnen Arbeitnehmers.

Voraussetzung für Bereitschaftsdienst

Es besteht eine **Verpflichtung** zur Ableistung von Bereitschaftsdienst, da dies tarifvertraglich geregelt ist. Bei der Anordnung von Bereitschaftsdienst sind die allgemeinen Grundsätze des Direktionsrechts zu beachten; eine Vereinbarung mit dem Betriebs- oder Personalrat trägt die Vermutung in sich, dass die allgemeinen Grundsätze der Billigkeit beachtet wurden. Bereitschaftsdienst stellt keine volle Arbeitsleistung dar. Der Bereitschaftsdienst ist seinem Wesen nach eine **Aufenthaltsbeschränkung,** verbunden mit der Verpflichtung, bei Bedarf sofort die Arbeit aufzunehmen. Dem Bereitschaftsdienst ist kein bestimmter Höchstanteil an Arbeitsleistung immanent. Die Tarifbestimmungen **kennen** keine Höchstgrenze unterhalb von 100 %. Aber auch die in den Regelungen genannte Grenze von 49 % stellt keinen Wert dar, bei dessen Überschreitung Vollarbeit vorliegt. Aus dem Urteil des Europäischen Gerichtshofs vom 3. Oktober 2000 ergibt sich, dass Überstunden unter den Begriff der Arbeitszeit im Sinne der Richtlinie fallen. Diese unterscheide nicht danach, ob diese Zeit in der normalen Arbeitszeit liege oder nicht. Dementsprechend sei die Zeit des Bereitschaftsdienstes als Arbeitszeit und gegebenenfalls als Überstunden im Sinne der Richtlinie 93/104 anzusehen.

Anstelle der Bezahlung mit der Überstundenentlohnung kann **Freizeitausgleich** bis zum Ende des dritten Kalendermonats gewährt werden. Der Arbeitgeber hat nach pflichtgemäßem Ermessen zwischen Freizeitausgleich und Bezahlung zu entscheiden. Zeitzuschläge für Überstunden werden aber auch bei Freizeitausgleich nicht gezahlt. Es wird die „normale" Vergütung gezahlt.

Der TVöD BT-K § 45 Abs. 4 lässt als besondere Form der Arbeitsleistung zu, dass anstelle von Vollarbeit ausschließlich Bereitschaftsdienst geleistet wird, wenn der Angestellte lediglich an der Arbeitsstelle anwesend sein muss, um im Bedarfsfall vorkommende Arbeiten zu verrichten. In diesem Fall darf die **tägliche Arbeitszeit 16 Stunden** und die **wöchentliche Arbeitszeit 58 Stunden** betragen.

Berechnung des Bereitschaftsdienstes

Das Bundesarbeitsgericht sieht hier eine von den Tarifvertragsparteien bewusst gewollte Tariflücke, die nicht von den Gerichten ausgefüllt werden kann (BAG vom 27.02.1985, AP Nr. 12 zu § 17 BAT).

Stufen

Die Festlegung der **Bereitschaftsdienststufen** erfolgt durch die Betriebsparteien. Es ist von Zeit zu Zeit erforderlich, die Bereitschaftsdienststufen zu überprüfen. Die Festlegung der Stufen hat nur den Sinn, die Arbeitsleistung innerhalb des Bereitschaftsdienstes als Arbeitszeit im Sinne der Vergütung zu bewerten.

Tab. 11: Bereitschaftsdienststufen

Stufe	Arbeitsleistung innerhalb des Bereitschaftsdienstes	Bewertung als Arbeitszeit
A	0 bis 10 v. H.	15 v. H.
B	mehr als 10 bis 25 v. H.	25 v. H.
C	mehr als 25 bis 40 v. H.	40 v. H.
D	mehr als 40 bis 49 v. H.	55 v. H.

Bereitschaftsdienst ist Arbeitszeit im Sinne des Arbeitsschutzes (Urteile AG Kiel und LAG Hamburg). Bereitschaftsdienst kann aber nicht für nur einige Stunden angeordnet werden, damit die Ruhepause gewährt werden kann. Dies ist rechtswidrig und mit den gesetzlichen und tariflichen Bestimmungen nicht vereinbar!

Der Zeitraum des Bereitschaftsdienstes wird vom Arbeitgeber bestimmt. In der betrieblichen Praxis war es üblich – ähnlich wie bei Rufbereitschaftsdienst – den Bereitschaftsdienst vom Ende der Tagesschicht bis zum Beginn der nächsten Tagesarbeitszeit am darauf folgenden Arbeitstag festzulegen.

Für die Berechnung ist auch die Zahl der im Monat zu leistenden Bereitschaftsdienste zu bewerten. Sie wird zu der Stufe dazu gerechnet.

Tab. 12: Berechnung der Zahl der Bereitschaftsdienste (alt)

Zahl der Bereitschaftsdienste im Kalendermonat	Bewertung als Arbeitszeit
1. bis 8. Bereitschaftsdienst	25 v. H.
9. bis 12. Bereitschaftsdienst	35 v. H.
13. und folgende Bereitschaftsdienste	45 v. H.

> **Fallbeispiel:** Im OP wird bis 16.00 Uhr dienstplanmäßig bzw. betriebsüblich gearbeitet. Der Bereitschaftsdienst beginnt auf Anordnung des Arbeitgebers um 16.00 Uhr. Aufgrund von überdurchschnittlichem Arbeitsanfall können die Mitarbeiter, die Bereitschaftsdienst haben, den OP nicht um 16.00 Uhr verlassen, sondern arbeiten bis 21.00 Uhr. Hier liegt für die Zeit bis 21.00 Uhr kein Bereitschaftsdienst vor, sondern die Zeit von 16.00 Uhr bis 21.00 Uhr ist als Überstunde zu berechnen und zu vergüten. Die Arbeit wurde nicht unterbrochen oder beendet!

Bereitschaftsdienst ist eine im Pflegebereich weit verbreitete Arbeitsform, die im gesamten Tarifbereich vorzufinden ist.

Bereitschaftsdienst (Abs. 3) unterscheidet sich von der nicht mehr tariflich geregelten „**Arbeitsbereitschaft**" und den „**Bereitschaftszeiten**" (§ 9) dadurch, dass sich der Arbeitnehmer außerhalb der Arbeitszeit an einem bestimmten Ort innerhalb oder außerhalb der Dienststelle oder des Betriebes aufhalten muss, um auf Aufforderung hin unverzüglich die Arbeit aufnehmen zu können. Eine Anwesenheit an der Arbeitsstelle ist daher dann nicht erforderlich, wenn der Arbeitgeber einen anderen Ort für die Leistung des Bereitschaftsdienstes bestimmt. Während der Arbeitnehmer sich bei der früheren „Arbeitsbereitschaft" im wachen Zustand der Entspannung befinden musste, kann er den Bereitschaftsdienst z. B. auch schlafend verbringen. Es handelt sich somit um eine Aufenthaltsbeschränkung des Beschäftigten außerhalb der regelmäßigen Arbeitszeit mit der Verpflichtung, bei Bedarf sofort tätig zu werden[6].

Bereitschaftsdienst

Die Vereinigung der kommunalen Arbeitgeberverbände (VKA) hat sich mit ver.di und der dbb tarifunion auf folgende Eckpunkte für einen krankenhausspezifischen Tarifvertrag verständigt, der alle Beschäftigtengruppen im Krankenhaus (Ärztinnen/Ärzte und nichtärztliches Personal) einbezieht:

1. August 2006: Ein Krankenhaustarifvertrag für alle

Regelungen für alle Beschäftigten in Krankenhäusern
- Zeitzuschlag für Bereitschaftsdienst an Feiertagen in Höhe von 25 %.
- Praxisnahe Neuregelung der Bereitschaftsdienste mit Erhöhung der Vergütungen:

> Stufe I (bis zu 25 % Arbeitsleistung) 60 %
> Stufe II (bis zu 40 % Arbeitsleistung) 75 %
> Stufe III (bis zu 49 % Arbeitsleistung) 90 %

- Möglichkeit der Entgelterhöhung aus regionalen bzw. arbeitspolitischen Gründen bis zu gut 20 % eines Monatsentgelts.

Nach § 7 Abs. 1 Nr. 1a des Arbeitszeitgesetzes vom 24. Dezember 2003 kann in einem Tarifvertrag eine werktägliche Arbeitszeit von mehr als zehn Stunden vorgesehen werden, wenn in die Arbeitszeit in erheblichem Umfang Arbeitsbereitschaft oder **Bereitschaftsdienst** fällt. Werden solche verlängerten Arbeitszeiten tariflich zugelassen, muss gemäß § 7 Abs. 8

BAG Pressemitteilung Nr. 4/06: Höchstgrenze von 48 Wochenstunden gilt auch für Alt-Tarifverträge

---

[6] BAG, AP Nr. 12 zu § 17 BAT

ArbZG gewährleistet sein, dass die Arbeitszeit einschließlich Arbeitsbereitschaft und **Bereitschaftsdienst** im Durchschnitt von zwölf Monaten 48 Wochenstunden nicht überschreitet. Eine Ausnahme gilt auch nicht für Alt-Tarifverträge. Zwar bleiben nach § 25 Satz 1 ArbZG Tarifverträge, die am 1. Januar 2004 bereits galten, von der Einhaltung bestimmter gesetzlicher Höchstgrenzen bis zum 31. Dezember 2006 unberührt. Entgegen einem weit verbreiteten Verständnis wird aber von dieser Übergangsregelung die 48-Stunden-Grenze nicht erfasst. Das ergibt die gebotene europarechtskonforme Auslegung der Vorschrift.

Der Erste Senat des Bundesarbeitsgerichts hat deshalb – anders als das Arbeitsgericht – den Spruch einer betrieblichen Einigungsstelle für wirksam erachtet, der Schichtzeiten von durchschnittlich nicht mehr als 48 Wochenstunden vorsieht. Die Einigungsstelle durfte die darüber hinausgehenden Möglichkeiten der Arbeitszeitverlängerung im Tarifvertrag für die Beschäftigten des Deutschen Roten Kreuzes in seiner Fassung vom 9. Juni 1999 nicht ausschöpfen (Bundesarbeitsgericht, Beschluss vom 24. Januar 2006 – 1 ABR 6/05; Arbeitsgericht Osnabrück, Beschluss vom 24. November 2004 – 4 BV 5/04).

BAG Pressemitteilung Nr. 72/06: Schwerbehinderte Menschen – Mehrarbeit

Schwerbehinderte Beschäftigte sind auf ihr Verlangen hin von Mehrarbeit freizustellen. Mehrarbeit ist jede über 8 Stunden hinaus gehende werktägliche Arbeitszeit; als solche gilt auch Bereitschaftsdienst.
Für die in einem Jugendhilfezentrum als Heilerziehungspflegerin beschäftigte Klägerin ist ein Grad der Behinderung von 60 festgestellt. Anhand von monatlich erstellten Dienstplänen wird die Klägerin sowohl zu normalen Dienstleistungen als auch zu als „Nachtbereitschaft" bezeichneten Bereitschaftsdiensten herangezogen. Nach den auf das Arbeitsverhältnis kraft vertraglicher Vereinbarung anzuwendenden „Richtlinien für Arbeitsverträge in den Einrichtungen des Deutschen Caritasverbandes" (AVR) sind die Mitarbeiter verpflichtet, außerhalb der regelmäßigen Arbeitszeit Dienstleistungen in der Form des Bereitschaftsdienstes zu erbringen.
Die Klägerin hat von der Beklagten verlangt, werktäglich nicht mehr als 8 Stunden, einschließlich der Bereitschaftsdienste, zur Arbeitsleistung herangezogen zu werden. Das Arbeitsgericht und das Landesarbeitsgericht haben ihre Klage abgewiesen. Vor dem Neunten Senat des Bundesarbeitsgerichts hatte die Klägerin mit ihrer Revision Erfolg. Der Senat hat seine Rechtsprechung bestätigt, dass seit der Neufassung des Arbeitszeitgesetzes ab 1. Januar 2004 Bereitschaftsdienst Arbeitszeit i. S. d. Bestimmungen des Arbeitszeitgesetzes darstellt. Die schwerbehinderte Klägerin hat nach § 124 SGB IX Anspruch gegen die Beklagte, von Mehrarbeit freigestellt zu werden. Als Mehrarbeit gilt dabei jede Arbeit, die über die normale gesetzliche Arbeitszeit nach § 3 Satz 1 ArbZG, das heißt über werktäglich 8 Stunden einschließlich der Bereitschaftsdienste, hinausgeht. Regelungen in den AVR, welche die Klägerin verpflichten, über diese normale gesetzliche Arbeitszeit hinaus Bereitschaftsdienste zu verrichten, sind unwirksam (Bundesarbeitsgericht Urteil vom 21. November 2006 – 9 AZR 176/06; Vorinstanz: Landesarbeitsgericht Rheinland-Pfalz vom 18. August 2005 – 6 Sa 289/05).

BAG Pressemitteilung Nr. 14/04: Arbeitszeit im kirchlichen Krankenhaus

Nach § 3 Abs. 1 Arbeitszeitgesetz darf die werktägliche Arbeitszeit acht Stunden nicht überschreiten. Sie kann auf bis zu zehn Stunden am Tag verlängert werden, wenn sie im Durchschnitt von sechs Kalendermonaten oder 24 Wochen acht Stunden werktäglich erreicht. Bereitschaftsdienst ist seit der Änderung des Arbeitszeitgesetzes zum 1. Januar 2004 Arbeitszeit in diesem Sinne. Abweichungen von der im Gesetz vorgesehenen Höchstdauer sind in kirchlichen Regelungen unter bestimmten Einschränkungen zugelassen. Sie setzen voraus, dass sie in einem kirchenrechtlich legitimierten Arbeitsrechtsregelungsverfahren ergangen sind.

Geklagt hatte eine Ärztin, die in einem von einer kirchlichen Stiftung betriebenen Krankenhaus arbeitet. Sie wehrte sich gegen eine in einem „Hausvertrag" zwischen der Beklagten und ihrer Mitarbeitervertretung insbesondere wegen Bereitschaftsdienste vereinbarten längeren Arbeitszeit. Wie schon in den Vorinstanzen war die Klägerin auch vor dem Neunten Senat des Bundesarbeitsgerichts erfolgreich. Die von der Beklagten angewandte Regelung überschreitet die gesetzliche Höchstarbeitszeit, ohne dass die Abweichung durch eine kirchenrechtliche Arbeitszeitregelung legitimiert ist. Der Neunte Senat hat offengelassen, ob es mit dem Gemeinschaftsrecht vereinbar ist, wenn ein Mitgliedsland es zulässt, durch kirchliche Regelungen von der Höchstarbeitszeit abzuweichen, die in der Europäischen Arbeitszeitrichtlinie geregelt ist (Bundesarbeitsgericht, Urteil vom 16. März 2004 – 9 AZR 93/03; Vorinstanz: Landesarbeitsgericht Hamm, Urteil vom 7. November 2002 – 16 Sa 271/02).

3.14 Rufbereitschaft

> **Definition:** § 7 Abs. 4 TVöD: Rufbereitschaft leisten Beschäftigte, die sich auf Anordnung des Arbeitgebers außerhalb der regelmäßigen Arbeitszeit an einer dem Arbeitgeber anzuzeigenden Stelle aufhalten, um auf Abruf die Arbeit aufzunehmen. Rufbereitschaft wird nicht dadurch ausgeschlossen, dass Beschäftigte vom Arbeitgeber mit einem Mobiltelefon oder einem vergleichbaren technischen Hilfsmittel ausgestattet sind.

Rufbereitschaft unterscheidet sich vom Bereitschaftsdienst im Wesentlichen dadurch, dass nicht der Arbeitgeber den Aufenthaltsort bestimmt, sondern dass der **Arbeitnehmer** seinen **Aufenthaltsort frei wählen kann**. Der Angestellte muss dem Arbeitgeber seinen Aufenthaltsort anzeigen und auch jederzeit erreichbar sein. Es besteht keine Verpflichtung, in einer bestimmten Zeit sofort die Arbeit aufzunehmen. Die Wegezeit zählt zur Arbeitszeit. Die anfallenden Fahrkosten hat der Arbeitgeber zu erstatten. Die Rufbereitschaft ist außerdem dadurch gekennzeichnet, dass die körperliche, geistige und psychische Leistungsfähigkeit nicht durch die Einnahme von Alkohol oder anderen Rauschmitteln beeinträchtigt sein darf.

Merkmale

Sind die Angestellten mit einen Personensuchgerät ausgerüstet, sind sie beweglicher. Der Arbeitgeber kann ein Mobiltelefon zur Verfügung stellen.

Vergütung
(§ 8 Abs. 3 TVöD)

Die Rufbereitschaft wird außerhalb der regelmäßigen Arbeitszeit geleistet. Sie wird nur zum Zwecke der Vergütung mit einen **Pauschalsatz** von 12,5 % als Arbeitszeit bewertet. Für die Rufbereitschaft wird eine tägliche Pauschale je Entgeltgruppe bezahlt. Es wird die Überstundenvergütung gezahlt, Zeitzuschläge für Sonn- oder Feiertage werden hierfür nicht gezahlt.

Rufbereitschaft liegt nicht vor, wenn der Angestellte unmittelbar im Anschluss an die dienstplanmäßige Arbeit zur Arbeit herangezogen wird, weil für diese Zeit Rufbereitschaft vorgesehen war. Diese Zeiten sind eindeutig Überstunden.

> **Hinweis:** Teilzeitbeschäftigte Angestellte sind nicht zur Teilnahme am Rufbereitschaftsdienst verpflichtet. Etwas anderes gilt nur, wenn im Arbeitsvertrag ausdrücklich die Teilnahme am Rufbereitschaftsdienst vereinbart wurde.

Mobiltelefon und Rufbereitschaft

In einem vor dem Bundesarbeitsgericht verhandelten Fall ging es darum, dass ein Arbeitnehmer statt des bisher üblichen „Euro-Piepers" während der Rufbereitschaft ein Handy benutzen konnte und sollte. Der Arbeitgeber strich daraufhin die Rufbereitschaftsvergütung, weil es bei der neuen Technik keine Ortsbeschränkung mehr gebe und weil die anfallende Arbeit in der Regel sogar durch ein paar Telefonate zu erledigen sei, während früher regelmäßig die Fahrt zum Arbeitsplatz notwendig wurde. Das BAG hat sich auf diese Argumentation nicht eingelassen, sondern stattdessen darauf abgestellt, dass es sich in jedem Fall um eine Beschränkung der Freizeitgestaltung handele. Sinn und Zweck der BAT-Regelung sei es, für diese Beschränkung einen finanziellen Ausgleich zu gewähren. Mithilfe welcher Technik die Rufbereitschaft gesichert werde, sei demgegenüber nebensächlich. Wenn die neue Technik – so das Gericht weiter – zu Erleichterungen führe, müssten die Tarifvertragsparteien eben neu über die angemessene Höhe der Vergütung verhandeln; für die Frage, ob Rufbereitschaft vorliege oder nicht, spiele dies aber keine Rolle (Bundesarbeitsgericht, Urteil vom 29.6.2000, Aktenzeichen: 6 AZR 900/98).

Arbeitsaufnahme bei Rufbereitschaft

In einem vor dem Bundesarbeitsgericht verhandelten Fall ordnete das Krankenhaus der Beklagten an, dass der Arbeitnehmer (Kläger) bei Rufbereitschaft die Arbeit innerhalb von 20 Minuten nach Abruf aufnehmen müsse.

Das Gericht stellte fest, dass der Kläger nicht verpflichtet sei, bei Rufbereitschaft die Arbeit innerhalb der von der Beklagten festgesetzten Zeitspanne nach Abruf aufzunehmen. § 7 AVR regelt die Voraussetzungen zur Anordnung von Rufbereitschaft abschließend. Diese Bestimmung räumt dem Arbeitgeber nicht das Recht ein, die Zeit zwischen dem Abruf und der Arbeitsaufnahme im Voraus und für alle Fälle auf eine bestimmte Höchstdauer zu beschränken. Dem Begriff „kurzfristig" in § 7 Abs. 3 der

Anlage 5 zu den AVR ist dies nicht zu entnehmen. Eine solche zeitliche Beschränkung liefe dem Wesen der nur bei erfahrungsgemäß geringem Arbeitsanfall zulässigen Rufbereitschaft zuwider. Je nach Sachlage können zwischen Abruf nicht im Betrieb anwesender Arbeitnehmer und Arbeitsaufnahme unterschiedlich lange Zeiten liegen, die alle als „kurzfristig" anzusehen sind. Ist der Arbeitgeber aus betrieblichen Gründen darauf angewiesen, dass der Arbeitnehmer – z. B. in Notfällen – spätestens innerhalb von 20 Minuten die Arbeit aufnimmt, muss er sich der geeigneten, nach den AVR zulässigen Arbeitszeitregelung bedienen. Neben der Rufbereitschaft kommt insbesondere der Schichtdienst in Betracht oder der Bereitschaftsdienst nach § 7 Abs. 2 der Anlage 5 zu den AVR, der sich von der Rufbereitschaft dadurch unterscheidet, dass der Arbeitnehmer sich auf Anordnung des Arbeitgebers außerhalb der regelmäßigen Arbeitszeit in der Einrichtung aufhalten muss, um im Bedarfsfall die Arbeit aufzunehmen (Bundesarbeitsgericht, Urteil vom 31. Januar 2002 – 6 AZR 214/00 –).

3.15 Arbeitszeitkonten

Seit den Tarifverhandlungen in den Jahren 1995 versuchen die Arbeitgeber ein Arbeitszeitkonto einzuführen. Diese Auseinandersetzungen in den Tarifverhandlungen dauerten über Jahre. Es konnte zunächst keine Einigung erzielt werden, weil strittig war, wer über den Freizeitausgleich zu verfügen hat. Insbesondere auch die Frage nach der Insolvenz bei Unternehmen blieb lange Zeit offen. In der flexiblen Arbeitszeitgestaltung ist ein Arbeitszeitkonto die wichtigste Voraussetzung. Sind Beginn und Ende der Arbeitszeit permanent veränderbar, so sprechen wir von einer flexiblen Arbeitszeit.

> **Definition: Arbeitszeitkonto** ist ein Begriff aus dem Personalwesen. Hierbei wird auf schriftliche oder elektronische Weise die tatsächlich geleistete Arbeit (inklusive Urlaub, Krankheit, Überstunden etc.) des Mitarbeiters nachgehalten und mit der arbeitsvertraglich oder tarifvertraglich zu leistenden Arbeitszeit verrechnet. Hat der Arbeitnehmer mehr gearbeitet als vertraglich geschuldet, weist das Arbeitszeitkonto ein Guthaben auf, ansonsten ein Defizit.
> Arbeitszeitkonten werden insbesondere geführt, wenn die tatsächlichen Arbeitszeiten unregelmäßig sind, wie bei Schichtarbeit, oder den schwankenden Anforderungen angepasst wird, wie bei Gleitzeit. Der Arbeitnehmer achtet dann lediglich darauf, sein Arbeitszeitkonto über einen gewissen Zeitraum, in der Regel monatsweise oder jahresweise auf Null zu halten.
> Längerfristige Modelle sind das Langzeitkonto und das Lebensarbeitszeitkonto (Quelle: http://de.wikipedia.org/wiki/Arbeitszeitkonto).

Arbeitszeitkorridor

§ 6 Abs. 6 Satz 1 TVöD eröffnet die Möglichkeit, in einer Dienststelle einen wöchentlichen Arbeitszeitkorridor im Ausmaß von bis zu 45 Stunden zu schaffen. Die danach über die regelmäßige wöchentliche Arbeitszeit i. S. d. § 6 Abs. 1 TVöD hinaus geleisteten Arbeitsstunden sind weder Mehrarbeit (§ 7 Abs. 6 TVöD) noch Überstunden (§ 7 Abs. 7 TVöD), wenn die Arbeitszeit innerhalb des Korridors von bis zu 45 Stunden liegt (§ 7 Abs. 8 Buchst. a TVöD).

Die Einführung eines Arbeitszeitkorridors hat zugleich zur Folge, dass für die davon betroffenen Beschäftigten ein Arbeitszeitkonto einzurichten ist (§ 10 Abs. 1 Satz 3 TVöD), für dessen Ausgestaltung § 10 Abs. 2–6 TVöD nähere Vorgaben enthält. Gemeinsam ist sowohl § 6 Abs. 6 TVöD wie § 10 Abs. 1 TVöD, dass die entsprechenden Regelungen nur durch eine Dienstvereinbarung getroffen werden können. Die Protokollnotiz zu § 6 verdeutlicht dies. Danach bleiben nämlich die Möglichkeiten zur Einführung gleitender Arbeitszeit von den Regelungen in § 6 Abs. 6 unberührt, die die Beachtung einschlägiger Mitbestimmungsrechte voraussetzen. Für die Einführung eines Arbeitszeitkontos ist der Abschluss einer Dienstvereinbarung Voraussetzung[7], weil sonst die entsprechende Fassung des § 6 Abs. 6 TVöD keinen Sinn ergäbe. Der Verweis auf die Regelung durch eine Dienstvereinbarung soll nämlich die Einführung eines Arbeitszeitkorridors an zusätzliche Voraussetzungen zum Schutz der Beschäftigten binden, auch um die Führung des notwendigerweise dazu gehörenden Arbeitszeitkontos im Sinne des § 10 TVöD sicherzustellen. Dementsprechend knüpft auch § 10 Abs. 1 Satz 1 TVöD die Einführung von Arbeitszeitkonten in einer Dienststelle an den vorherigen Abschluss einer Dienstvereinbarung.

Betriebs- oder Dienstvereinbarung

Durch Betriebs- oder Dienstvereinbarung kann festgelegt werden, ob auch weitere Kontingente, z. B. Rufbereitschafts-/Bereitschaftsdienstentgelte faktorisiert werden, also in Arbeitszeitguthaben umgewandelt werden können. Dies können auch Erschwerniszulagen, Leistungsprämien oder -zulagen, die tarifliche Sonderzahlung oder Entgelt sein. Die Möglichkeiten sind tariflich nicht beschränkt. So sind z. B. Langzeitarbeitskonten denkbar, die ein frühes Ausscheiden aus dem Arbeitsverhältnis oder Sabbatjahrmodelle ermöglichen.

Die Entscheidung darüber, ob und in welchen Umfang faktorisiert wird und welche Zeiten auf dem Arbeitszeitkonto verbucht werden, obliegt allein dem Beschäftigten (Abs. 3 Satz 3). Ist die Umwandlung erfolgt, kann die Abgeltung jedoch nicht ohne weiteres wieder verlangt werden, es sei denn, die Betriebs- oder Dienstvereinbarung sieht etwas anderes vor.

Arbeitsunfähigkeit

Bei ärztlich bescheinigter Arbeitsunfähigkeit tritt keine Minderung des Zeitguthabens auf dem Arbeitszeitkonto ein.

---

[7] Böhle/Poschke ZTR 2005 S. 289, 291

Zeitschuld

Gemäß Abs. 5 sind Arbeitszeitkonten zwingend durch eine Dienst- oder Betriebsvereinbarung mit bestimmten Mindestinhalten auszugestalten. Es müssen die höchstmögliche Zeitschuld und das höchstmöglich Zeitguthaben enthalten. Die Zeitschuld darf 40 Stunden nicht überschreiten. Dagegen sind für das Zeitguthaben tariflich keine Grenzen gesetzt. Die Betriebsparteien sind gehalten, eine Grenze festzulegen, die höher als 40 Stunden liegt.

Freizeitausgleich

In der Vereinbarung müssen auch Fristen für die Beantragung des Freizeitausgleichs, gestaffelt nach Umfang, und für den Abbau von Arbeitszeitschulden festgelegt werden.
In der Dienst- oder Betriebsvereinbarung ist zu regeln, ob und wann Arbeitszeitguthaben zu bestimmten Zeiten bevorzugt oder ohne besonderen Antrag genommen werden können.
Insbesondere sind die Folgen zu regeln, die eintreten, wenn ein Arbeitgeber den genehmigten Freizeitausgleich widerruft, z. B. durch eine Verzinsung durch Gutschrift und einen Anspruch auf zeitnahe Nachgewährung. Auch weitere Regelungen sind möglich.
Ein Verfall von Arbeitszeitguthaben kann in einer Betriebs- oder Dienstvereinbarung nicht wirksam vereinbart werden. Bisherige bestehende Vereinbarungen wären dann nichtig.

Langzeitarbeitskonten

Langzeitarbeitskonten können ebenfalls nur durch Dienst- oder Betriebsvereinbarung eingeführt werden. Die Beschäftigten müssen ausdrücklich zustimmen.
Bei privaten Arbeitgebern ist eine Regelung zur Insolvenzsicherung zu treffen.

Formulierungsvorschläge für eine Vereinbarung Langzeitarbeitskonten

- Auf Wunsch der Arbeitnehmerin bzw. Arbeitnehmers wird ein Langzeitarbeitskonto eingerichtet.
- Die jährliche Arbeitszeit beträgt z. B. 2002 Stunden (38,5 x 52 Wochen).
- Die über die tarifvertraglich festgelegte zu leistende jährliche Arbeitszeit hinausgehenden Arbeitsstunden bis zu Höchstdauer von 2340 Stunden sind am Jahresende zum Ausgleich der Arbeitszeit auf ein Arbeitszeitkonto zu übertragen.

Formulierungsvorschläge für eine Vereinbarung Arbeitszeitkonto

- Auf dem Arbeitszeitkonto können bis zu 400 Stunden angesammelt werden. Es darf nicht mehr als 40 Minusstunden aufweisen.

- Auf die jährliche Arbeitszeit werden der Erholungsurlaub, der Sonderurlaub, die Feiertage und die Arbeitsunfähigkeit mit der dienstplanmäßigen bzw. betriebsüblichen Arbeitszeit, mindesten jedoch 7,7 Stunden (7 Stunden 42 Minuten), angerechnet und auf dem Arbeitszeitkonto als geleistete Arbeitszeit verbucht.
- Über das Arbeitszeitkonto verfügen die Angestellten individuell und eigenständig. Es kann vom Arbeitszeitkonto jedoch nur ein Zeitausgleich von mindestens der Hälfte der täglichen Arbeitszeit in Anspruch genommen werden. Für die Dauer des Zeitausgleichs wird die Urlaubsvergütung gezahlt.
- Arbeitnehmerinnen und Arbeitnehmer, die von ihrem Arbeitszeitkonto mindestens 400 Stunden in Anspruch nehmen wollen, müssen dies drei Monate vor Antritt des Zeitausgleichs dem Arbeitgeber mitteilen. Ein Zeitausgleich von mindestens 200 Stunden ist dem Arbeitgeber acht Wochen und von mindesten 80 Stunden sechs Wochen vor Antritt des Zeitausgleichs mitzuteilen. Ein Zeitausgleich von mehr als drei Tagen ist eine Woche vor Inanspruchnahme anzukündigen. Der Arbeitgeber kann dem beantragten Zeitausgleich nur aus dringenden betrieblichen Gründen widersprechen. Widerspricht der Arbeitgeber dem Zeitausgleich, der im Rahmen der Fristen beantragt worden ist, so enthält der Arbeitnehmer ein Viertel des beantragten Zeitausgleichs vom Arbeitgeber zusätzlich gutgeschrieben. In solchen Fällen kann das Arbeitszeitkonto über die Höchstdauer von 400 Stunden hinaus Guthaben aufnehmen.
- Der Widerspruch des Arbeitgebers gegen den mitgeteilten Zeitausgleich muss der Arbeitnehmerin spätestens bis nach Ablauf der Hälfte der entsprechenden Frist schriftlich vorliegen.
- Der angemeldete Zeitausgleich von mindestens 400 Stunden ist dem Arbeitnehmer innerhalb eines Jahres, der Zeitausgleich von mindestens 200 Stunden innerhalb von 4 Monaten und der Zeitausgleich von mehr als 80 Stunden innerhalb von 2 Monaten nach dem Widerspruch zu ermöglichen.

Dies wären einzelne Formulierungsvorschläge zur Ausgestaltung von Mitbestimmungsrechten in einem Dienst- oder Betriebsvereinbarung. Die Frage des Freizeitausgleichs dürfte in der betrieblichen Praxis zu erheblichen Konflikten führen. Die Wünsche der Arbeitnehmer in Krankenhäusern sind oft konfliktträchtig.

3.16 Arbeitszeitversäumnis

Die Arbeitszeitversäumnisse sind für den Geltungsbereich des TVöD im § 29 geregelt. In der betrieblichen Praxis ist der Begriff **„Dienstbefreiung"** weit verbreitet. Dieser ist aber nicht korrekt, da es sich um einen Begriff aus dem Beamtenrecht handelt. Es geht hier um die Arbeitsleistung und die Arbeitszeit. Es gibt aber auch noch eine Reihe von gesetzlichen Freistellungsansprüchen, die in den einzelnen Bundesländern sehr unterschiedlich sind. Am deutlichsten wird dies am Beispiel Bildungsurlaub: Es gibt immer noch Bundesländer, die keinen Bildungsurlaub kennen.

Wir unterscheiden auch bei dem Thema Arbeitszeitversäumnis zwischen **gesetzlichen** und **tariflichen** Ansprüchen. Im Gesetz ist die Fortzahlung der Vergütung bei persönlicher Arbeitsverhinderung geregelt (s. § 616 BGB). Im TVöD ist die Regelung günstiger, alle Fälle sind im § 29 TVöD aufgeführt. Die kirchlichen Arbeitsvertragsrichtlinien orientieren sich weitgehend an den Bestimmungen im TVöD.

Der Arbeitnehmer ist zur Arbeitsleistung verpflichtet und der Arbeitgeber zu Entgeldzahlung. Daraus ergibt sich regelmäßig, dass bei einer Nichtleistung des Arbeitnehmers der Arbeitgeber nicht zur Lohnzahlung verpflichtet ist. Im Arbeitsrecht gibt es aber eine Ausnahme, die in § 616 BGB geregelt ist. Danach behält der Arbeitnehmer seinen Anspruch auf **Entgeltfortzahlung** auch in Fällen, in denen er an der Dienstleistung gehindert ist, wenn

1. die Verhinderung durch einen in seiner Person liegenden Grund eintritt,
2. ihn selbst kein Verschulden trifft,
3. die Verhinderung eine verhältnismäßig nicht erhebliche Zeit andauert.

Unterscheidung

Anspruch auf Entgelt

Alt	Neu
2 Tage bezahlte Freistellung an Arbeitstagen bei Umzug	Gestrichen
3 Tage bezahlte Freistellung bei Umzug anlässlich Versetzung oder Abordnung	1 Tag bezahlte Freistellung an einem Arbeitstag bei Umzug aus betrieblichem oder dienstlichem Grund
1 Tag bezahlte Freistellung an Arbeitstagen für das 25- oder 40-jährige Jubiläum eines Angestellten	Unverändert
2 Tage bezahlte Freistellung an Arbeitstagen bei der Eheschließung des/der Angestellten	Gestrichen
2 Tage bezahlte Freistellung an Arbeitstagen bei Niederkunft der Ehefrau	1 Tag bezahlte Freistellung an Arbeitstagen bei Niederkunft der Ehefrau
4 Tage bezahlte Freistellung an Arbeitstagen bei Tod des Ehegatten	2 Tage bezahlte Freistellung an Arbeitstagen bei Tod des Ehegatten/Lebenspartners
2 Tage bezahlte Freistellung an Arbeitstagen beim Tode von Eltern, Großeltern, Schwiegereltern, Kindern oder Geschwistern, soweit diese in demselben Haushalt leben	2 Tage bezahlte Freistellung an Arbeitstagen beim Tod eines Kindes oder Elternteils

Tab. 13: Alte und neue Regelung zum Arbeitszeitversäumnis des § 29 TVöD

Tab. 13: Alte und neue Regelung zum Arbeitszeitversäumnis des § 29 TVöD (Fortsetzung)

Alt	Neu
1 Tag bezahlte Freistellung an Arbeitstagen bei der Beisetzung einer in der vorherigen Zeile genannten Personen, die nicht mit dem Angestellten in demselben Haushalt gelebt haben	2 Tage bezahlte Freistellung an Arbeitstagen beim Tod des Ehegatten, eines Kindes oder Elternteils
1 Tag bezahlte Freistellung an Arbeitstagen bei der Einsegnung, bei einer religiösen oder weltanschaulichen Feier und bei der Eheschließung eines Kindes des Angestellten	Gestrichen
1 Tag bezahlte Freistellung an Arbeitstagen bei der Silbernen Hochzeit des Angestellten	Gestrichen

Fernbleiben nur nach Zustimmung des Arbeitgebers

Grundsätzlich hat der Arbeitnehmer vor dem Fernbleiben der Arbeit die **Zustimmung** des Arbeitgebers einzuholen (Ausnahme: Arbeitsunfähigkeit). Dies gilt insbesondere für

1. die Arbeitszeitverkürzung durch freie Tage,
2. den Erholungsurlaub,
3. die Arbeitsbefreiung durch § 29 TVöD und
4. sonstige Fälle der Freistellung zu Erledigung persönlicher Angelegenheiten.

Ist es im Ausnahmefall dem Angestellten nicht möglich, die vorherige Zustimmung des Arbeitgebers einzuholen, so ist sie unverzüglich nachträglich einzuholen. Ein Anspruch besteht aber bei nachträglicher Beantragung nicht. Die Entscheidung hat wieder nach billigem Ermessen zu erfolgen.

> **Merke:** Der Anspruch auf Fortzahlung der Vergütung entfällt bei nicht genehmigtem Fernbleiben von der Arbeit. Es können auch weitere **arbeitsrechtliche Konsequenzen** wie Abmahnung oder Kündigung gezogen werden. Bei wiederholtem unentschuldigten Fernbleiben muss der Angestellte mit einer fristlosen Kündigung rechnen!

Über die tariflichen Vorschriften hinaus wird in Anwendung beamtenrechtlicher Bestimmungen aus Gründen der Gleichbehandlung mit Beamten den Angestellten Arbeitsbefreiung gewährt, soweit die Bestimmungen günstiger sind.

> **Merke:** Persönliche Angelegenheiten hat der Arbeitnehmer außerhalb der Arbeitszeit zu erledigen. Arztbesuche sind aber immer auch während der Arbeitszeit möglich, soweit sie vom Arzt festgelegt werden oder es um eine akute Erkrankung geht.

3.17 Arbeitsunfähigkeit

Arbeitsunfähigkeit infolge Krankheit liegt vor, wenn der Arbeitnehmer die nach seinem Arbeitsvertrag geschuldete Arbeitsleistung nicht erbringen kann. Der Begriff der Arbeitsunfähigkeit infolge Krankheit geht davon aus, dass Krankheit im medizinischen Sinne jeder regelwidrige körperliche oder geistige Zustand ist (BAG vom 29.2.1984 – 5 AZR 455/81).

Schwangerschaft ist keine Krankheit. Eine mit außergewöhnlichen Beschwerden und Störungen verbundene Schwangerschaft ist jedoch als Krankheit im Rechtssinne anzusehen (BAG, Urteil vom 14.11.1984 – 5 AZR 394/82).

Schwangerschaft

> **Definition:** Der Angestellte ist **arbeitsunfähig** infolge Krankheit, wenn ein Krankheitsgeschehen ihn außerstande setzt, die ihm obliegende Arbeit zu verrichten, oder wenn er die Arbeit nur unter der Gefahr fortsetzen könnte, in absehbarer Zeit seinen Zustand zu verschlimmern. Maßgebend ist die vom Arzt nach objektiven Kriterien vorzunehmende Bewertung (BAG, Urteil vom 26.07.1989 – 5 AZR 301/88).

Im Falle der Arbeitsunfähigkeit treffen den Angestellten **Mitteilungs- und Nachweispflichten**. Der Angestellte ist verpflichtet, dem Arbeitgeber die Arbeitsunfähigkeit und die voraussichtliche Dauer unverzüglich mitzuteilen und anzuzeigen. Unverzüglich bedeutet im rechtlichen Sinne „ohne schuldhaftes Verzögern" (§ 121 BGB); damit wird zum Ausdruck gebracht, dass der Angestellte seine Arbeitsunfähigkeit so rechtzeitig mitzuteilen hat, dass noch zeitnah für Ersatz gesorgt werden kann. Es ist nicht ausreichend, den Pförtner anzurufen oder die Stationssekretärin, es muss der unmittelbare Vorgesetzte angerufen werden. Denn nur der Vorgesetzte ist rein rechtlich in der Lage, Überstunden anzuordnen oder den laufenden Dienstplan zu ändern.

Der unmittelbare Vorgesetzte muss informiert werden

Die Anzeige ist an keine besondere **Form** gebunden, sie kann schriftlich oder mündlich erfolgen. Wer seine Arbeitsunfähigkeit nicht rechtzeitig und unverzüglich mitteilt, muss mit einer Abmahnung und im Wiederholungsfalle mit einer Kündigung rechnen!

In der betrieblichen Praxis ist immer wieder eine Frage von besonderer Bedeutung: Bis wann muss ich mich krankgemeldet haben? Dafür gibt es eine klare Antwort: **Spätestens zu Beginn der Arbeitszeit.** Ist die Erkrankung bereits vorher bekannt oder vorhersehbar, z. B. bei einem geplanten Krankenhaus- oder Kuraufenthalt, so hat der Angestellte dieses dem Arbeitgeber vorher mitzuteilen, damit er sich auf die Abwesenheit einstellen kann. Es ist aber ausgesprochen unkollegial, einige Minuten vor Arbeitsbeginn anzurufen. Die Kollegen sind dann häufig nicht mehr in der Lage, die neue Situation adäquat zu organisieren. Der Arbeitnehmer ist nicht verpflichtet, Angaben über die Art der Erkrankung zu machen, wohl aber über die voraussichtliche Dauer.

Zeitpunkt der Krankmeldung

Für die ersten drei Kalendertage der Arbeitsunfähigkeit ist eine ärztliche Bescheinigung darüber nicht erforderlich. Der Arbeitgeber kann aber in

Bescheinigung spätestens am 4. Tag

bestimmten Einzelfällen die Vorlage einer **Arbeitsunfähigkeitsbescheinigung** schon am ersten Tag der Arbeitsunfähigkeit verlangen; diese Forderung darf aber nicht willkürlich erfolgen. Im Falle der Erkrankung von länger als drei Kalendertagen muss am vierten Kalendertag eine Arbeitsunfähigkeitsbescheinigung vorgelegt werden. Die Frist ist nach Kalendertagen bemessen, daher sind auch dienstplanmäßig freie Tage einzurechnen.

> **Fallbeispiel zur Einhaltung dieser Frist:** Krankenpfleger Henning W. erkrankt am Sonntag. Er hätte Nachtdienst und meldet sich vormittags telefonisch bei der Schichtleitung seiner Station krank, zunächst nur für diese eine Nacht.
> Am Montagmorgen begibt er sich zum Hausarzt und wird von einschließlich Sonntag bis Dienstag krankgeschrieben. Darüber informiert er wiederum direkt nach dem Arztbesuch telefonisch die Pflegedienstleitung.
> Spätestens am Mittwoch hat die Arbeitsunfähigkeitsbescheinigung bei der Pflegedienstleitung auf dem Schreibtisch zu liegen.

Legt der Arbeitnehmer keine Bescheinigung vor, so ist der Arbeitgeber berechtigt, die Gehaltszahlung einzustellen.

Die Kosten für die Bescheinigung trägt die Krankenkasse, für die Übermittlung der Bescheinigung trägt der Arbeitnehmer die Gebühren.
Dauert die Arbeitsunfähigkeit länger, als in der ersten Bescheinigung festgestellt, so ist der Arbeitnehmer verpflichtet, nach ihrem Ablauf eine **verlängernde Bescheinigung** vorzulegen, die lückenlos fortlaufend die weitere Arbeitsunfähigkeit attestiert.

Auch **nach Ablauf der Lohnfortzahlung** hat der Arbeitnehmer eine Arbeitsunfähigkeitsbescheinigung vorzulegen, damit sich der Arbeitgeber auf die krankheitsbedingten Abwesenheitszeiten einstellen kann. Er muss disponieren können, um unter Umständen den Arbeitsplatz befristet besetzen zu können.

Die ärztliche Bescheinigung ist der gesetzlich vorgesehene und wichtigste Beweis für die krankheitsbedingte Tatsache der Arbeitsunfähigkeit.

Der Angestellte ist auch verpflichtet, seine Arbeitsfähigkeit sofort nach Ablauf der Arbeitsunfähigkeit wieder anzuzeigen.

3.18 Schicht- und Wechselschichtarbeit

Sonderform der Arbeit

Die Tarifvertragsparteien haben in § 7 verschiedene Sonderformen der Arbeitszeit definiert. Dies ist für die Dienstplangestaltung in den Krankenhäusern besonders wichtig, weil hier ein 24-Stunden-Dienst gesichert werden muss. Um diese Schicht- und Wechselschichtzulage gibt es häufig Streit. Vielen Pflegekräften ist die Auslegung der tariflichen Norm unverständlich.

a) Schichtarbeit

Schichtarbeit liegt vor, wenn in einer Dienststelle, einem Betrieb oder einem entsprechenden Teil davon nach einen Dienstplan in unterschiedlichen Arbeitszeiten gearbeitet wird (Schichtplan) und ein regelmäßiger Wechsel des Einsatzes der einzelnen Arbeitnehmer erfolgt. Die Schichten müssen mindestens eine Zeitspanne von 13 Stunden umfassen. Der Zeitabstand der Schichten muss mindestens 2 Stunden betragen. Die einzelnen Schichten müssen sich nicht ablösen, sondern können sich überlappen. Auf die Lage der Arbeitszeit kommt es nicht an. Unerheblich ist es auch, ob sich die Arbeitsaufgaben in den verschiedenen Schichten unterscheiden[8]. Regelmäßig ist der Wechsel, wenn er mindestens innerhalb eines Monats stattfindet. Ein Beschäftigter leistet Schichtarbeit, wenn er in diesem Rhythmus in verschiedenen Schichten eingesetzt wird.

b) Wechselschicht

Die Wechselschicht (Abs. 1 Satz 1) setzt darüber hinaus begrifflich voraus, dass von den Arbeitnehmern eines Betriebs, einer Dienststelle oder eines entsprechenden Teils wechselnde Arbeitsschichten geleistet werden. Dies ist nur dann der Fall, wenn ununterbrochen immer, bei Tag und Nacht, werktags, sonn- und feiertags gearbeitet wird. In welchem Umfang in den einzelnen Schichten Arbeit anfällt, ist dagegen nicht relevant. Auch kommt es nicht darauf an, in welcher Arbeitszeitform diese Schichten abgedeckt werden (Arbeitszeit, Arbeitsbereitschaft, Bereitschaftsdienst, Rufbereitschaft). Ebenso wenig ist zwingend, dass es sich um einen 3-Schichten-Betrieb handelt. Der Beschäftigte leistet Wechselschichtarbeit (Abs. 1 Sätze 1 und 2), wenn er in einem Schichtwechsel eingesetzt wird, der zur Folge hat, dass spätestens nach Ablauf eines Monats eine erneute Heranziehung zur Nachtarbeit erfolgt. Zwischen den einzelnen Nachschichtfolgen des Dienstplans darf also ein Zeitraum von durchschnittlich höchstens einem Monat liegen[9]. Ein Einsatz in allen Schichten ist nicht erforderlich. Auch reicht ein einmaliger Einsatz in der Nachtschicht in diesem Turnus aus. Um eine Nachtschicht handelt es sich, wenn die in Abs. 5 definierten Nachtstunden mindestens im Umfang von zwei Stunden anfallen. Liegt Nachtschicht vor, sind alle hierin geleisteten Arbeitsstunden Nachtschichtstunden. Nachtarbeitsstunden, die in der Früh- oder Spätschicht geleistet worden sind, werden in diesem Zusammenhang nicht addiert, Nachtschichtstunden, die in die Tageszeit von 6.00 Uhr bis 21.00 fallen, dagegen nicht subtrahiert.

(1) Wechselschichtarbeit ist die Arbeit nach einem Schichtplan, der einen regelmäßigen Wechsel der täglichen Arbeitszeit in Wechselschichten vorsieht, bei denen Beschäftigte durchschnittlich längstens nach Ablauf eines Monats erneut zur Nachtschicht herangezogen werden. Wechselschichten sind wechselnde Arbeitsschichten, in denen ununterbrochen bei Tag und Nacht, werktags, sonntags und feiertags gearbeitet wird. Nachtschichten sind Arbeitsschichten, die mindestens zwei Stunden Nachtarbeit umfassen.

TVöD § 7 Sonderformen der Arbeit

---

[8] BAG vom 12.11.1997 – 9 AZR 27/97, ZTR 1998, 181 ff.
[9] BAG vom 5.6.1996 – 10 AZR 610/95, n. v.

Besonderer Teil Krankenhäuser (BT-K) Bund/VKA § 48 Wechselschichtarbeit

(2) Schichtarbeit ist die Arbeit nach einem Schichtplan, der einen regelmäßigen Wechsel des Beginns der täglichen Arbeitszeit um mindestens zwei Stunden in Zeitabschnitten von längstens einem Monat vorsieht, und die innerhalb einer Zeitspanne von mindestens 13 Stunden geleistet wird.

(1) Abweichend von § 6 Abs. 1 Satz 2 werden die gesetzlichen Pausen bei Wechselschichtarbeit nicht in die Arbeitszeit eingerechnet.

(2) Abweichend von § 7 Abs. 1 Satz 1 ist Wechselschichtarbeit die Arbeit nach einem Schichtplan/Dienstplan, der einen regelmäßigen Wechsel der täglichen Arbeitszeit in Wechselschichten vorsieht, bei denen die/der Beschäftigte längstens nach Ablauf eines Monats erneut zu mindestens zwei Nachtschichten herangezogen wird.

Tab. 14: Art der geleisteten Arbeit und Höhe der Zulage

Art der Arbeit	Höhe der Zulage
ständig **Wechselschichtarbeit**	Wechselschichtzulage von 105 Euro monatlich.
nicht ständige Wechselschichtarbeit	Wechselschichtzulage von 0,63 Euro pro Stunde.
ständig **Schichtarbeit**	Schichtzulage von 40 Euro monatlich.
nicht ständig Schichtarbeit	Schichtzulage von 0,24 Euro pro Stunde.

3.19 Literatur

Conrad, G.: Gesunde Arbeitszeiten für Pflegemitarbeiterinnen im Krankenhaus, Gamberg 1999

Hamer, Wolfgang: Tarifvertrag für den öffentlichen Dienst. Bund Verlag 2007

Kutscher, Jan: Mit Flexibilität zum Erfolg, Sonderheft, DKG 1996

Mönning, Winfried: Gewerkschaft Pflege, 1997

4 Anforderungen an den Dienstplan

Bei der Planung des Dienstplanes muss die **Qualifikation** der Mitarbeiter berücksichtigt werden. Jede Schicht sollte eine Schichtleitung haben, damit die Verantwortung und die Ausübung des Weisungsrechts sichergestellt sind. Die **Schichtleitung** wird mit einem roten Punkt im Dienstplan gekennzeichnet.

Die Mitarbeiter sind unter Berücksichtigung des Arbeitsanfalls **gleichmäßig auf alle Schichten** zu verteilen. In der Regel sind im Frühdienst mehr Mitarbeiter einzuplanen. Es sollte keine festen „Schichten" mehr geben, das fördert die Teamarbeit und erhöht die Pflegequalität sowie die Arbeitsleistung der Teams.

Die Stellung der **Stationsleitung** ist eindeutig, sie ist verantwortlich für die Personaleinsatzplanung und die Arbeitsablauforganisation. Die Arbeitszeiten der Stationsleitung orientieren sich an den betrieblichen Notwendigkeiten. Eine kompetente Stationsleitung arbeitet selbstverständlich in allen Schichten, um die Arbeitsabläufe und Arbeitsbelastungen zu kennen. Sie ist flexibel in ihrer Arbeitszeitgestaltung. Um Dienste zu planen, ist es empfehlenswert, die Wünsche der Mitarbeiter vorher zu erfragen. Dies geschieht häufig mit einem so genannten „Wunschplan", der Monate vorher ausgehängt wird, damit die Mitarbeiter ihre Wünsche eintragen können. Es sollten nur die wirklich notwendigen Termine eingetragen werden. Es kann nicht sein, dass die Mitarbeiter bei 21 Arbeitstagen auch 21 Wünsche eintragen. Damit wird eine Dienstplangestaltung, die Mitarbeiterwünsche berücksichtigt, ad absurdum geführt.

Der Mitarbeiterwunsch sollte berücksichtigt werden

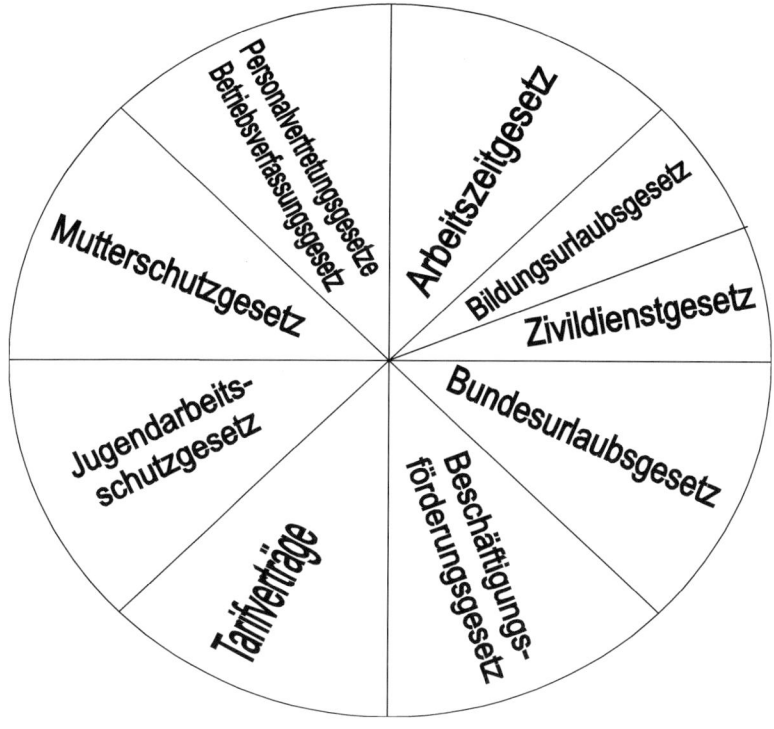

Abb. 7:
Rechtsnormen, die auf die Dienstplangestaltung einwirken

Definition: Der Begriff „**Team**" wird von Dave Francis und Don Young definiert als „eine aktive Gruppe von Menschen, die
- sich auf gemeinsame Ziele verpflichtet haben,
- harmonisch zusammenarbeiten,
- Freude an der Arbeit haben und
- hervorragende Leistungen bringen."

Diese Formulierung kann eine gut Hilfe sein, um zu überprüfen, ob auch wir ein Team sind und welche Ziele wir gemeinsam haben. Der Dienstplan spiegelt in gewisser Weise wieder, ob alle Interessen berücksichtigt werden. Setzen sich immer die gleichen Mitarbeiter durch und mit welchen Mitteln?

Soll-Planung

Die Soll-Planung ist verbindlich und **Grundlage für die Abrechnung** am Ende des Monats.
Sie ist notwendig, um Überstunden zu berechnen. Der TVöD stellt durch die Anrechnung der fiktiven dienstplanmäßigen Arbeitsstunden des Angestellten an Urlaubs-, Krankheits- und sonstigen Wochenfeiertagen sicher, dass die Arbeitsausfälle der Angestellten nicht zu einer Verminderung seiner dienstplanmäßig festgesetzten Arbeitsstunden führen.

Ist-Besetzung

Die Ist-Besetzung wird auf dem Dienstplan dokumentiert. Nach Ablauf des Monats erhält die **Personalstelle** das Original zur Abrechnung. Folgende Farben könnten dabei zur Anwendung kommen: Rot für Überstunden, Grün für Tausch der Dienste. Der Dienstplan darf nur aus betrieblichen oder dringenden sachlichen Gründen geändert werden. Die Mitarbeiter müssen sich auf die Vorplanung verlassen können.

4.1 Dienstplanformular

Dienstpläne sind gesetzlich vorgeschrieben

Ein Dienstplan ist gesetzlich und tarifvertraglich zwingend vorgeschrieben, er ist ein Dokument und wichtiges Führungsinstrument. Er gibt **Information** darüber, wer wann Dienst hatte und unter welchen personellen Bedingungen gearbeitet wurde, wie neue Mitarbeiter eingearbeitet und Krankenpflegeschüler ausgebildet wurden.
Der Dienstplan dient in Schadenersatzfällen der **Beweisführung**, deshalb darf nichts ausgestrichen, überklebt, radiert oder übermalt werden. Mangelhaft geführte Dienstpläne sind in Gerichtsprozessen nicht mehr als Beweismittel zugelassen. Eintragungen werden nur von der Stationsleitung oder von einer von ihr beauftragten Person vorgenommen.

§ 16 Abs. 2 Arbeitszeitgesetz

Der Arbeitgeber ist verpflichtet, die über die werktägliche Arbeitszeit des § 3 Satz 1 hinausgehende Arbeitszeit der Arbeitnehmer aufzuzeichnen. Die **Aufzeichnungen** sind mindestens zwei Jahre aufzubewahren.

§§ 7 u. 8 TVöD

In Verwaltungen bzw. Betrieben, deren Aufgaben Sonntags-, Feiertags-, Wechselschicht-, Schicht- oder Nachtarbeit erfordern, muss dienstplanmäßig bzw. betriebsüblich entsprechend gearbeitet werden.

§ 48 Abs. 1 u. 2 BT-K

Der Angestellte, der ständig nach einem Schichtplan (Dienstplan) eingesetzt ist, der einen regelmäßigen Wechsel der täglichen Arbeitszeit in

Wechselschichten (§ 8 Abs. 5 TVöD) vorsieht und der dabei in je vier Wochen durchschnittlich mindestens 40 Arbeitsstunden in der dienstplanmäßigen oder betriebsüblichen Nachtschicht leistet, erhält eine **Wechselzulage** von 105 € monatlich.

Form des Dienstplans

Das Formblatt muss übersichtlich sein, die Größe etwa DIN A3. Das Blatt umfasst den Planungszeitraum von mindestens einem Kalendermonat. Für jeden Mitarbeiter sind drei Spalten einzurichten, kombiniert mit einem Durchschreibeverfahren.

Wichtige Informationen wie
- Vor- und Nachnahme jedes Mitarbeiters
- Qualifikation der Mitarbeiter
- Arbeitszeiten
- Abwesenheiten
- Sollarbeitszeit
- Ist-Arbeitszeit
- Zeitguthaben
- Überstunden
- Legende der Abkürzungen und Symbole
- Jahr, Monat und Abteilung

müssen enthalten sein.

Informationen über den Mitarbeiter

Achtung: Damit ist der Dienstplan für alle Mitarbeiter verbindlich und darf nur unter bestimmten Voraussetzungen und mit der Zustimmung der Stationsleitung geändert werden!

4.2 Berechnung der Sollarbeitszeiten

$$\frac{\text{Arbeitsvertraglich vereinbarte Arbeitszeit}}{4{,}348} = \text{Wöchentliche Arbeitszeit}$$

$$\frac{\text{Wöchentliche Arbeitszeit}}{5 \text{ Tage}} = \text{Tägliche Arbeitszeit}$$

$$\text{Tägliche Arbeitszeit} \times \text{Anzahl der Arbeitstage} = \text{Sollarbeitszeit}$$

Übersicht 3: Berechnung der Sollarbeitszeit

Beispiel: $\dfrac{120 \text{ Stunden}}{4{,}348} = \text{WAZ}$

Abb. 8:
Der Dienstplan

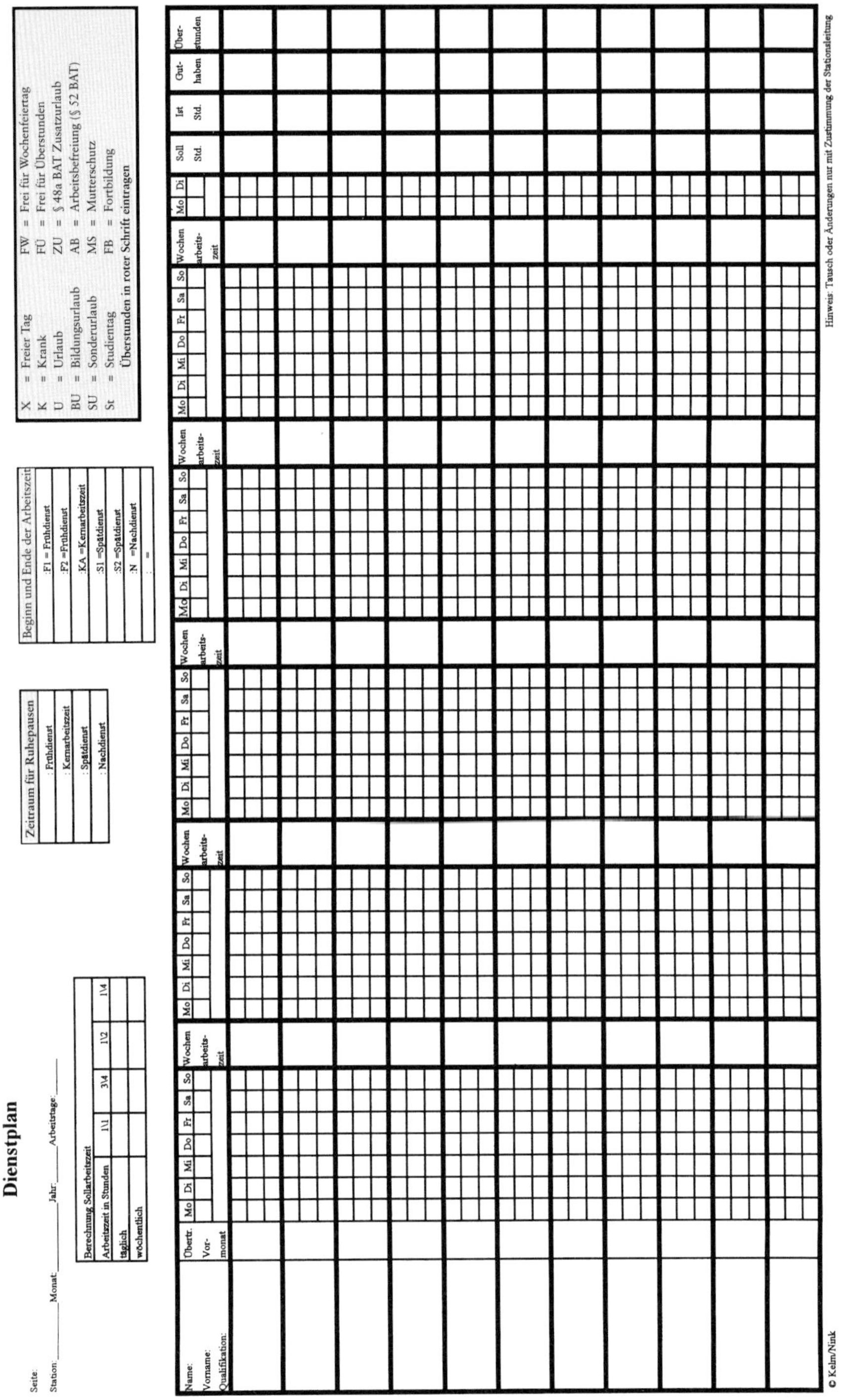

Dienstplan

Seite: ____ Station: ____ Monat: ____ Jahr: ____ Arbeitstage: ____

Berechnung Sollarbeitszeit				
Arbeitszeit in Stunden	1\1	3\4	1\2	1\4
täglich				
wöchentlich				

Zeitraum für Ruhepausen
: Frühdienst
: Kernarbeitszeit
: Spätdienst
: Nachtdienst

Beginn und Ende der Arbeitszeit
:F1 = Frühdienst
:F2 =Frühdienst
:KA =Kernarbeitszeit
:S1 =Spätdienst
:S2 =Spätdienst
:N =Nachtdienst
: =

X = Freier Tag
K = Krank
U = Urlaub
BU = Bildungsurlaub
SU = Sonderurlaub
St = Studientag
FW = Frei für Wochenfeiertag
FÜ = Frei für Überstunden
ZU = § 48a BAT Zusatzurlaub
AB = Arbeitsbefreiung (§ 52 BAT)
MS = Mutterschutz
FB = Fortbildung
Überstunden in roter Schrift eintragen

Name: Vorname: Qualifikation:	Übertr. Vor-monat	Mo	Di	Mi	Do	Fr	Sa	So	Wochen arbeits-zeit	Mo	Di	Mi	Do	Fr	Sa	So	Wochen arbeits-zeit	Mo	Di	Mi	Do	Fr	Sa	So	Wochen arbeits-zeit	Mo	Di	Mi	Do	Fr	Sa	So	Wochen arbeits-zeit	Mo	Di	Mi	Do	Fr	Sa	So	Wochen arbeits-zeit	Mo	Di	Soll Std.	Ist Std.	Gut-haben	Über-stunden

Hinweis: Tausch oder Änderungen nur mit Zustimmung der Stationsleitung

Abgerechnet am: ____ Unterschrift: ____

> **Hinweis:** Die Sollarbeitszeit wird immer auf Grundlage der 5-Tage-Woche errechnet. Die errechneten Arbeitsstunden sind Arbeitszeit ausschließlich der Ruhepausen. Arbeitsvertragliche Vereinbarungen von Teilzeitbeschäftigten sind zu berücksichtigen. Bei der Berechnung der Soll- arbeitszeit ist die Abrechnung der Wochenfeiertage ebenso zu beachten.

Monat	AT	1,00	0,75	0,50	10 Std.	9.75 Std.	9,50 Std.	7,33 Std.	5,00 Std.
Januar	22	169,40	126,50	84,70	44,00	42,90	41,80	32,25	22,00
Februar	20	154,00	115,00	77,00	40,00	39,00	38,00	29,32	20,00
März	22	169,40	126,50	84,70	44,00	42,90	41,80	32,25	22,00
April	19	146,30	109,25	73,15	38,00	37,05	36,10	27,86	19,00
Mai	21	161,70	120,75	80,85	42,00	40,95	40,00	30,78	21,00
Juni	20	154,00	115,00	77,00	40,00	39,00	38,00	29,32	20,00
Juli	22	169,40	126,50	84,70	44,00	42,90	41,80	32,25	22,00
August	23	177,10	132,25	88,55	46,00	44,85	43,70	33,71	23,00
September	20	154,00	115,00	77,00	40,00	39,00	38,00	29,32	20,00
Oktober	22	169,40	126,50	84,70	44,00	42,90	41,80	32,25	22,00
November	22	169,40	126,50	84,70	44,00	42,90	41,80	32,25	22,00
Dezember[10]	17	130,9	98,175	65,45	34	33,15	32,3	24,922	17

Tab. 15: Jahressoll Arbeitszeit 2007 38,5 Stunden-Woche

Monat	AT	1,00	0,75	0,50	10 Std.	9.75 Std.	9,50 Std.	7,33 Std.	5,00 Std.
Januar	22	176	132	88	44,00	42,90	41,80	32,25	22,00
Februar	20	160	120	80	40,00	39,00	38,00	29,32	20,00
März	22	176	132	88	44,00	42,90	41,80	32,25	22,00
April	19	152	114	76	38,00	37,05	36,10	27,86	19,00
Mai	21	168	126	84	42,00	40,95	40,00	30,78	21,00
Juni	20	160	120	80	40,00	39,00	38,00	29,32	20,00
Juli	22	176	132	88	44,00	42,90	41,80	32,25	22,00
August	23	184	138	92	46,00	44,85	43,70	33,71	23,00
September	20	160	120	80	40,00	39,00	38,00	29,32	20,00
Oktober	22	176	132	88	44,00	42,90	41,80	32,25	22,00
November	22	176	132	88	44,00	42,90	41,80	32,25	22,00
Dezember[11]	17	136	102	68	34	33,15	32,3	24,922	17

Tab. 16: Jahressoll Arbeitszeit 2007 40 Stunden-Woche

---

[10] Ohne 24.12. und 31.12.
[11] Ohne 24.12. und 31.12.

Tab. 17: Berechnung der täglichen Arbeitszeit in der 38,5-Stundenwoche

Tagewoche	Wöchentliche Arbeitszeit	Geteilt durch	Ergibt tägliche Arbeitszeit	In Std./Min.
5	38,5 Std.	5	7,7 Std.	7 Std. 42 Min.
5,5	38,5 Std.	5,5	7,0 Std.	7 Std. 0 Min.
6	38,5 Std.	6	6,416 Std.	6 Std. 25 Min.

Tab. 18: Berechnung der täglichen Arbeitszeit in der 40-Stundenwoche

Tagewoche	Wöchentliche Arbeitszeit	Geteilt durch	Ergibt tägliche Arbeitszeit	In Std./Min.
5	40 Std.	5	8 Std.	8 Std. 0 Min.
5,5	40 Std.	5,5	7,27 Std.	7 Std. 16 Min.
6	40 Std.	6	6,6 Std.	6 Std. 36 Min.

Hinweis: Für teilzeitbeschäftigte Mitarbeiterinnen und Mitarbeiter kann die tägliche Arbeitszeit in jeder Tagewoche berechnet werden. Die Tagewoche ist nur die Grundlage zur Berechnung des Urlaubsanspruchs nach § 26 Erholungsurlaub TVöD: „Bei einer anderen Verteilung der wöchentlichen Arbeitszeit als auf fünf Tage in der Woche erhöht oder vermindert sich der Urlaubsanspruch entsprechend".

Aus dem Teilzeit- und Befristungsgesetz ergibt sich ein Anspruch auf Teilzeitbeschäftigung, soweit keine betrieblichen Gründe entgegenstehen. Der Arbeitgeber muss die gewünschte Arbeitszeit mit dem Arbeitnehmer erörtern.

Teilzeit- und Befristungsgesetz vom 21. Dezember 2000 (BGBl. I S. 1966), zuletzt geändert durch Artikel 2 des Gesetzes vom 24. Dezember 2003 (BGBl. I S. 3002); zuletzt geändert durch Art. 2 G v. 24.12.2003 I 3002

§ 8 Verringerung der Arbeitszeit

(1) Ein Arbeitnehmer, dessen Arbeitsverhältnis länger als sechs Monate bestanden hat, kann verlangen, dass seine vertraglich vereinbarte Arbeitszeit verringert wird.
(2) Der Arbeitnehmer muss die Verringerung seiner Arbeitszeit und den Umfang der Verringerung spätestens drei Monate vor deren Beginn geltend machen. Er soll dabei die gewünschte Verteilung der Arbeitszeit angeben.
(3) Der Arbeitgeber hat mit dem Arbeitnehmer die gewünschte Verringerung der Arbeitszeit mit dem Ziel zu erörtern, zu einer Vereinbarung zu gelangen. Er hat mit dem Arbeitnehmer Einvernehmen über die von ihm festzulegende Verteilung der Arbeitszeit zu erzielen.
(4) Der Arbeitgeber hat der Verringerung der Arbeitszeit zuzustimmen und ihre Verteilung entsprechend den Wünschen des Arbeitnehmers festzulegen, soweit betriebliche Gründe nicht entgegenstehen. Ein betrieblicher Grund liegt insbesondere vor, wenn die Verringerung der Arbeitszeit die Organisation, den Arbeitsablauf oder die Sicherheit im Betrieb wesentlich beeinträchtigt oder unverhältnismäßige Kosten verursacht. Die Ablehnungsgründe können durch Tarifvertrag festgelegt werden. Im Gel-

tungsbereich eines solchen Tarifvertrages können nicht tarifgebundene Arbeitgeber und Arbeitnehmer die Anwendung der tariflichen Regelungen über die Ablehnungsgründe vereinbaren.

(5) Die Entscheidung über die Verringerung der Arbeitszeit und ihre Verteilung hat der Arbeitgeber dem Arbeitnehmer spätestens einen Monat vor dem gewünschten Beginn der Verringerung schriftlich mitzuteilen. Haben sich Arbeitgeber und Arbeitnehmer nicht nach Absatz 3 Satz 1 über die Verringerung der Arbeitszeit geeinigt und hat der Arbeitgeber die Arbeitszeitverringerung nicht spätestens einen Monat vor deren gewünschtem Beginn schriftlich abgelehnt, verringert sich die Arbeitszeit in dem vom Arbeitnehmer gewünschten Umfang. Haben Arbeitgeber und Arbeitnehmer über die Verteilung der Arbeitszeit kein Einvernehmen nach Absatz 3 Satz 2 erzielt und hat der Arbeitgeber nicht spätestens einen Monat vor dem gewünschten Beginn der Arbeitszeitverringerung die gewünschte Verteilung der Arbeitszeit schriftlich abgelehnt, gilt die Verteilung der Arbeitszeit entsprechend den Wünschen des Arbeitnehmers als festgelegt. Der Arbeitgeber kann die nach Satz 3 oder Absatz 3 Satz 2 festgelegte Verteilung der Arbeitszeit wieder ändern, wenn das betriebliche Interesse daran das Interesse des Arbeitnehmers an der Beibehaltung erheblich überwiegt und der Arbeitgeber die Änderung spätestens einen Monat vorher angekündigt hat.

(6) Der Arbeitnehmer kann eine erneute Verringerung der Arbeitszeit frühestens nach Ablauf von zwei Jahren verlangen, nachdem der Arbeitgeber einer Verringerung zugestimmt oder sie berechtigt abgelehnt hat.

(7) Für den Anspruch auf Verringerung der Arbeitszeit gilt die Voraussetzung, dass der Arbeitgeber, unabhängig von der Anzahl der Personen in Berufsbildung, in der Regel mehr als 15 Arbeitnehmer beschäftigt.

Tab. 19: Arbeitszeiten Früh-, Spät- und Nachtdienst

Arbeitszeiten – Frühdienst: 7.7 + 0.5 Ruhepause = 8.2 Std. incl. Rüstzeit (= 7 Std. 42 Min. + 30 Min. = 8 Std. 12 Min.)			
Arbeitszeit	Beginn	Ende	Ruhep. Korridor
F 0	5:30	13:42	8:00 – 10:00
F 1	6:00	14:12	8:30 – 10:00
F 2	6:30	14:42	8:30 – 10:30
F 3	*6:45*	*14:57*	*8:30 – 10:30*
F 4	7:00	15:12	9:00 – 11:30
F 5	*7:12*	*15:24*	*9:30 – 11:30*
F 6	7:30	15:42	9:30 – 11:30
F 7	8:00	16:12	10:00 – 12:00
F 8	8:30	16:42	10:30 – 12:30
F 9	9:00	17:12	11:00 – 13:00
F 10	9:30	17:42	11:30 – 13:30
F 11	10:00	18:12	12:00 – 14:00

Tab. 19:
Arbeitszeiten Früh-,
Spät- und Nachtdienst
(Fortsetzung)

Arbeitszeiten – Spätdienst: 7.7 + 0.5 Ruhepause = 8.2 Std. incl. Rüstzeit (= 7 Std. 42 Min. + 30 Min. = 8 Std. 12 Min.)			
Arbeitszeit	Beginn	Ende	Ruhep. Korridor
S 0	11:18	19:30	14:30 – 16:30
S 1	11:48	20:00	14:30 – 16:30
S 2	12:00	20:12	14:30 – 16:30
S 3	12:18	20:30	14:30 – 16:30
S 4	12:30	20:42	15:30 – 17:30
S 5	12:48	21:00	15:30 – 17:30
S 6	13:00	21:12	15:30 – 17:30
S 7	13:10	21:22	16:00 – 18:00
S 8	13:20	21:32	16:00 – 18:00
S 9	13:30	21:42	16:00 – 18:00

Arbeitszeiten – Nachtdienst: 8.0 + 0.5 Ruhepause = 8.5 Std. incl. Rüstzeit (= 8 Std. + 30 Min. = 8 Std. 30 Min.)			
Arbeitszeit	Beginn	Ende	Ruhep. Korridor
N 0	21:00	05:30	00:00 – 01:30
N 1	21:15	05:45	00:00 – 01:30
N 2	21:30	06:00	00:30 – 02:00
N 3	21:45	06:15	00:30 – 02:00
N 4	22:00	06:30	00:30 – 02:00
N 5	21:53	06:23	00:30 – 02:00

Bei der Gestaltung der Arbeitszeit im Nachtdienst ist Vorsicht geboten. Hier gelten die gesetzlichen Vorschriften im Arbeitszeitgesetz, insbesondere der § 6 Arbeitszeitgesetz ist zu beachten. Dort steht folgendes:

ArbZG § 6 Nacht- und Schichtarbeit

(1) Die Arbeitszeit der Nacht- und Schichtarbeitnehmer ist nach den gesicherten arbeitswissenschaftlichen Erkenntnissen über die menschengerechte Gestaltung der Arbeit festzulegen.
(2) Die werktägliche Arbeitszeit der Nachtarbeitnehmer darf acht Stunden nicht überschreiten. Sie kann auf bis zu zehn Stunden nur verlängert werden, wenn abweichend von § 3 innerhalb von einem Kalendermonat oder innerhalb von vier Wochen im Durchschnitt acht Stunden werktäglich nicht überschritten werden. Für Zeiträume, in denen Nachtarbeitnehmer im Sinne des § 2 Abs. 5 Nr. 2 nicht zur Nachtarbeit herangezogen werden, findet § 3 Satz 2 Anwendung.

4.2 Berechnung der Sollarbeitszeiten

Hinweis: Die gesicherten arbeitswissenschaftlichen Erkenntnisse gehen von einer kurzen Zeit in der Nacht aus. Im Absatz 2 steht eindeutig, dass auch die Arbeitszeit für Nachtarbeitnehmer acht Stunden nicht überschreiten darf. Das Wort „sie kann" bedeutet nicht, dass sie auf 10 Stunden verlängert werden muss. Dies ist auch nicht mit dem Arbeitszeitgesetz vereinbar, weil keine Pufferzeit mehr bleibt und es sehr schnell zu Verstößen gegen die Höchstarbeitszeit von 10 Stunden kommt.

Bundesverfassungsgericht – Urteil des Ersten Senats vom 28. Januar 1992 aufgrund der mündlichen Verhandlung vom 1. Oktober 1991: – 1 BvR 1025/82, 1 BvL 16/83 und 10/91 –
Auf der Grundlage dieser Einschätzung bedarf Nachtarbeit im Rahmen von Arbeitsverhältnissen angesichts ihrer **nachgewiesenen Schädlichkeit für die menschliche Gesundheit** auch weiterhin einer gesetzlichen Regelung. Ihre unbeschränkte Freigabe ohne flankierende Maßnahmen würde gegen den objektiven Gehalt des Art. 2 Abs. 2 Satz 1 GG verstoßen. Welche Regelungen erforderlich sind, muss zunächst der Gesetzgeber selbst im Rahmen seines weiten Wertungs- und Gestaltungsfreiraums bestimmen. Soweit einzelne Gruppen von Arbeitnehmern besonders schutzbedürftig sind, kann sich aus dem objektiven Gehalt von Grundrechten die Pflicht zu weitergehender gesetzgeberischer Vorsorge ergeben. Die besondere Schutzbedürftigkeit von Arbeitnehmerfamilien mit kleinen Kindern darf aber nicht zum Anlass für ein frauenspezifisches Verbot, etwa für Mütter kleiner Kinder, genommen werden.

Hinweis: Es wird empfohlen, die Arbeit in der Nacht auf 8 Stunden zu beschränken. Es ist nicht einzusehen, dass gerade in der Nacht die Arbeitszeit am längsten ist.

Tab. 20: Arbeitszeiten Nachtdienst 9 Std.

Arbeitszeiten – Nachtdienst: 9.0 + 0.5 Ruhepause = 9.5 Std. incl. Rüstzeit (= 9 Std. + 30 Min. = 9 Std. 30 Min.)			
Arbeitszeit	Beginn	Ende	Ruhep. Korridor
N 0	20:00	05:30	00:00 – 01:30
N 1	20:15	05:45	00:00 – 01:30
N 2	20:30	06:00	00:30 – 02:00
N 3	20:45	06:15	00:30 – 02:00
N 4	21:00	06:30	00:30 – 02:00
N 5	20:53	06:23	00:30 – 02:00

Tab. 21: Beispiel Dienstplangestaltung

Stammdaten	
Verantwortlich	Pflegerische Bereichsleitung
Prozessauslöser	Pflegerische Zentrumsleitungen
Ziel/Zweck	• Reibungsloser Ablauf der Mitarbeiterverteilung in der Station/im Funktionsbereich • Deckung des Personalbedarfs • Sicherstellung der Patientenversorgung • Berücksichtigung des qualitativen und quantitativen Arbeitsanfall • Beachtung der gesetzlichen und tariflichen Vorgaben • Gewährleistung der Mitarbeiterzufriedenheit • Optimierung der Dienstplangestaltung zur Qualitätssicherung
Anwendungsbereich	alle pflegerischen Stationen und Funktionsbereiche
Schlüssel-Kennzahlen	Mitarbeiterbezogen: Die Mitarbeiter erhalten durch die festgelegte Struktur frühzeitige Planungssicherheit. Alle pflegerischen Stationen und Funktionsbereiche handeln einheitlich nach einem vereinbarten Schema. Institutionsbezogen: Durch die effiziente Dienstplanung werden die Aspekte der Wirtschaftlichkeit und die Sicherstellung der Patientenversorgung in besonderem Maße berücksichtigt. Die Definitionen und Verantwortlichkeiten sind klar benannt und jederzeit nachvollziehbar.
Strukturkriterien	
Beteiligte	Pflegerische Teamleitung, pflegerische Bereichsleitung
Dokumentation	Dienstplanformular

Mitgeltende Dokumente	<ul><li>geltender Urlaubsplan</li><li>Schülereinsatzmeldung</li><li>Personaleinsatzmeldung der weiterbildenden Einrichtungen</li><li>Kriterien zur Dienstplanerstellung/Abrechnung</li><li>Feste Termine der Station/Funktionseinheit, wie z. B. Fortbildungstermine</li></ul>	**Tab. 21:** Beispiel Dienstplangestaltung (Fortsetzung)
Vorgaben	<ul><li>Zielvorgaben und Vereinbarungen der pflegerischen Zentrumsleitung</li><li>Gesetzliche und tarifliche Vorgaben</li><li>Betriebsärztliche Vorgaben</li><li>Sollarbeitszeiten</li><li>Dienstzeitenpläne</li><li>Tagewoche</li></ul>	
Zeitpunkt	Fertigstellung des Monatsdienstplanes 4–6 Wochen vor Inkrafttreten, spätestens am 1. des Vormonats.	
Prozesskriterien		
Information der Mitarbeiter	Alle Mitarbeiter werden über die Einführung und Inhalte der Prozessbeschreibung „Dienstplangestaltung" im Rahmen von Teamsitzungen durch die jeweilige PTL und PBL informiert. Die Informationsweitergabe wird durch die PTL dokumentiert und festgehalten.	
Vorgehen	siehe Prozessablaufbeschreibung	
Ergebniskriterien	<ul><li>Vorgehensweise ist für alle Beteiligten transparent und nachvollziehbar</li><li>Gesetzliche und tarifliche Vorgaben sind beachtet</li><li>Ausfallquote < 15 %</li><li>Fehlerquote < 1 %</li><li>Keine geplanten Überstunden</li></ul>	
Literaturliste	<ul><li>Arbeitszeitrechtsgesetz</li><li>BAT/Tarifvertrag vom 20. Oktober 2004 – Beschäftigungspakt</li><li>Mutterschutzgesetz</li><li>Jugendarbeitsschutzgesetz</li><li>Krankenpflegegesetz</li><li>Schwerbehindertengesetz</li><li>Schreiben des Ministerium für Finanzen und Energie vom 04. Januar 2001</li></ul>	
Anlagen	<ul><li>Prozessablaufbeschreibung</li><li>Legende</li><li>Kriterien zur Dienstplanerstellung und Dienstplanabrechnung</li></ul>	

Tab. 21:
Beispiel Dienstplangestaltung
(Fortsetzung)

Verteiler	• alle pflegerischen Stationen und Funktionsbereiche	
Begriffe/ Abkürzungen	BAT Bundes-Angestelltentarifvertrag TVöD Tarifvertrag öffentlicher Dienst	
Erstellt: Datum/Version 1.0	Geprüft: Datum	Freigegeben: Datum
Name Ronald Kelm	Name/Abt	Name/Abt

Die gesamte Dokumentation ist geschlechtsneutral verfasst

5-Tage-Woche   Bei der 5-Tage-Woche sind
38,5 (tarifl. Wochenarbeitszeit)/5 (Tage je Woche, die gearbeitet werden müssen) = 7 Std. und 42 Minuten tägliche Arbeitszeit zu erbringen.

5,5-Tage-Woche   Bei der 5,5 Tage-Woche sind
38,5/5,5 = 7 Std. tägliche Arbeitszeit zu erbringen.

6-Tage-Woche   Bei der 6-Tage-Woche sind
38,5/6 = 6 Stunden und 24 Minuten tägliche Arbeitszeit zu erbringen.

4.3 Arbeitsschritte zum Dienstplan

- Abwesenheiten eintragen
  - Urlaubstage,
  - Fort- und Weiterbildung,
  - Kur,
  - Mutterschutz,
  - Arbeitsbefreiung,
  - Mitarbeiterwünsche.
- Nachtdienste besetzen:
  - 4 Nächte hintereinander maximal.
- Wochenenden und Wochenfeiertage besetzen
- Früh- und Spätdienste besetzen:
  - Mindestbesetzung festlegen.
- Überprüfung und Auszählung und eventuelle Korrektur:
  - Anzahl der Mitarbeiter im Früh- und Spätdienst,
  - Alle Nachtdienste besetzt,
  - Alle Wochenenddienste besetzt,
  - Mindestbesetzung gewährleistet,
  - Arbeitsstunden für jeden Mitarbeiter auszählen,
  - Freizeitausgleich für Überstunden gewähren,
  - Dienstplan mit Datum, Dienstplan aushängen, er ist dann verbindlich.

Dies ist nur ein Beispiel dafür, wie es sinnvoll gemacht werden kann. Jede Stationsleitung hat jedoch ihren persönlichen Stil, den Dienstplan zu schreiben, wobei es allerdings einiger Erfahrung bedarf, um schnell zu einem Dienstplan zu kommen. Empfehlenswert ist ein so genannter **Bürotag**, denn die Stationsleitung kann nicht voll mitarbeiten und den Dienstplan nebenbei schreiben.

Das Gleiche gilt auch für die Abrechnung der Dienstpläne, dies muss stets sorgfältig gemacht werden, damit die Mitarbeiter auch ihre Zeitzuschläge und Zulagen korrekt bezahlt bekommen. Jede Reklamation erfordert wieder wertvolle Zeit, um zu recherchieren und zu kontrollieren. Es kann auch zu Unmut bei den Mitarbeitern führen.

Praktische Übung: Erstellen Sie einen Dienstplan und beachten Sie die einzelnen Arbeitsschritte.
Eine Station der Abteilung für Unfall- und Wiederherstellungschirurgie führt 35 Planbetten. Es wird in der 5-Tage-Woche mit 13,5 Planstellen gearbeitet.
Folgende Mitarbeiter stehen Ihnen zur Verfügung:
Angela mit 19,25 Stunden in der Woche,
Sabine mit 19,25 Stunden nur im Nachtdienst,
Erika mit 38,5 Stunden in Wechselschicht,
Doris mit 38,5 Stunden in Wechseldienst,
Gerd mit 38,5 Stunden in Wechseldienst,
Ruth mit 38,5 Stunden nur im Frühdienst,
Helmut mit 38,5 Stunden überwiegend im Spätdienst,
Erna mit 38,5 Stunden im Wechselschichtdienst,
Holger mit 38,5 Stunden im Nachtdienst,
Matthias mit 38,5 Stunden in Wechselschicht,
Susanne mit 38,5 Stunden im Schichtdienst (Früh- und Spätdienst),
Marlis mit 38,5 Stunden im Spätdienst,
Anneliese mit 38,5 Stunden im Schichtdienst (Schwerbehinderung von 60 %),
Rosi mit 38,5 Stunden (im sechsten Monat schwanger),
Luise mit 19,25 Stunden (seit Monaten dauerkrank).

Tab. 22: Kriterien zur Dienstplanerstellung und Dienstplanabrechnung

Kriterien zur Dienstplanerstellung und Dienstplanabrechnung	
Kriterium	**Dienstplanung**
Sollarbeitszeit	• Im Dienstplan ist grundsätzlich die Sollarbeitszeit zu verplanen. • Bei der Dienstplanung müssen die arbeitsvertragsrechtlichen Stunden des Mitarbeiters eingehalten werden. • Bei ausscheidenden Mitarbeitern und Auszubildenden ist auf ein ausgeglichenes Überstundenkonto zu achten. • Es dürfen keine Überstunden an einem Urlaubstag anfallen. • Das Stundenguthaben aus den Vormonaten wird auf den aktuellen Dienstplan übertragen.

Tab. 22:
Kriterien zur Dienstplanerstellung und Dienstplanabrechnung (Fortsetzung)

Kriterien zur Dienstplanerstellung und Dienstplanabrechnung	
Kriterium	**Dienstplanung**
Schichtfolgen	• Als Schichtfolge ist eine Vorwärtsrotation (Früh-, Spät-, Nachtdienst) aus arbeitsmedizinischer Empfehlung zu berücksichtigen. • Bei der Dienstplangestaltung darf ein Wechsel von Spätdienst auf Frühdienst nicht geplant werden (§ 2 Abs. 1 ArbZG). Der Arbeitstag (Werktag) beginnt mit der Arbeitsaufnahme und endet 24 Std. später. Bei einem Wechsel von Spätdienst auf Frühdienst wird die tägliche Höchstarbeitsarbeitszeit nach § 3 ArbZG Satz 2 überschritten. Der Tarifvertrag vom 20. Oktober 2004 (Beschäftigungspakt) erlaubt jedoch in der Protokollerklärung des § 4 Nr. 8 diesen Schichtwechsel an Wochenenden. • Es sollen nicht mehr als 8 Dienste in Folge verplant werden, dies gilt auch für den Urlaub und für Krankenpflegeschüler. • Der Unterrichtstag zählt als Arbeitstag. • Es sollen nicht mehr als 4 Nachtdienste in Folge verplant werden. Nach einer Nachtschichtfolge ist eine Ruhezeit von 24 Std. plus 11 Std. zu planen. • Die sozialen Aspekte der Mitarbeiter sind unter Beibehaltung der betrieblichen Belange zu berücksichtigen.
Bereitschafts- und Rufbereitschaftsdienst	• Leistet der Mitarbeiter Bereitschaftsdienst der Stufe A/B, dürfen bis zu 7 Dienste im Monat gemacht werden. • Leistet der Mitarbeiter Bereitschaftsdienst der Stufe C/D, dürfen bis zu 6 Dienste im Monat gemacht werden. • Leistet der Mitarbeiter nur Rufdienst, dürfen bis zu 12 Rufbereitschaftsdienste im Monat gemacht werden.
Arbeitszeit/ Ruhezeit	• Nach dem Arbeitszeitgesetz darf in der Vorplanung die tägliche Arbeitszeit von 10 Stunden nicht überschritten werden. • Nach Spätdiensten muss darauf geachtet werden, dass 11 Stunden Erholungsphase eingehalten werden. Der geplante Frühdienst muss entsprechend später beginnen. • Ausnahmeregelungen sind im Rahmen des Beschäftigungspakts gegebenenfalls zu berücksichtigen.

Kriterien zur Dienstplanerstellung und Dienstplanabrechnung	
Kriterium	**Dienstplanung**
Mutterschutz/Kur	• Mitarbeiterinnen im Mutterschutz müssen in der gesamten Mutterschutzzeit (6 Wochen vor Termin und 8 Wochen nach Termin) im Dienstplan mit Arbeitstagen den Sollstunden entsprechend geplant werden. • Tritt ein Mitarbeiter eine Kur an, muss trotzdem ein Dienst hinterlegt werden.
Administrative Leitungstätigkeiten	• Da die administrativen Leitungstätigkeiten wie Dienstplan- Schreiben oder Abrechnen planbar sind, werden diese bereits in der Planung mit z. B. Bürozeit im Dienstplan hinterlegt.
Grundsatz	• Tausch oder Änderungen der geplanten Dienste sind nur in Absprache und mit Zustimmung der Teamleitung zulässig
Kriterium	**Dienstplanabrechnung**
Haftungsrechtliche Aspekte	• Die abgerechneten Dienstpläne müssen aus haftungsrechtlichen Gründen mindesten 5 Jahre aufgehoben werden. Verantwortlich ist die pflegerische Bereichsleitung. Ein Durchschlag wird nach dem Arbeitszeitgesetz 2 Jahre im jeweilgen Bereich unter Verschluss **aufgehoben**.
Urlaub/Krankheit	• Bei Erkrankung von Mitarbeitern muss dies vom ersten bis letzten Tag im Dienstplan gekennzeichnet sein, unabhängig davon, ob ein freier Tag oder ein freier Turnus vorliegt. • Alle Mitarbeiter müssen sich unbedingt vor Beendigung der Erkrankung gesund melden, auch wenn laut Dienstplan freie Tage vorliegen. • Da die Mitarbeiter für jeden durch Krankheit oder Urlaub ausgefallenen Arbeitstag einen Zulagenaufschlag erhalten, müssen die Arbeitstage im Dienstplan ersichtlich bzw. zählbar sein. Dies gilt nicht mehr für dauererkrankte Mitarbeiter, die aus der Gehaltsfortzahlung sind. • Stellt der Mitarbeiter den aufgenommenen Dienst wegen Erkrankung ein, werden im Dienstplan die Fehlstunden (z. B. –2 K) vermerkt. Diese müssen ebenfalls in die Ausfallstatistik einfließen.

Tab. 22: Kriterien zur Dienstplanerstellung und Dienstplanabrechnung (Fortsetzung)

Tab. 22:
Kriterien zur Dienstplanerstellung und Dienstplanabrechnung (Fortsetzung)

Kriterien zur Dienstplanerstellung und Dienstplanabrechnung	
Kriterium	**Dienstplanabrechnung**
Pausenregelung	• Bei einer täglichen Arbeitsleistung von 6–9 Std. muss eine Pause von 30 Minuten gewährleistet werden. Ab einer täglichen Arbeitsleistung von 9 Std. ist eine Pause von 45 Minuten zu gewährleisten. • Mindestens 15 Minuten Pause müssen zusammenhängend genommen sein, sonst beginnt die Pause von vorn. Spätestens nach 6 Stunden muss eine Pause gewährt bzw. genommen werden und ebenso darf nach der Pause nicht länger als 6 Stunden gearbeitet werden. • Der Pausenkorridor wird im Dienstplan entsprechend dokumentiert.
Administrative Vorgaben	• Es müssen der Vor- und Nachname, die Qualifikation und Vollkraft-Größe sowie die Tagewoche des Mitarbeiters im Dienstplan dokumentiert sein. • Die korrekte, vorgegebene Legende der Arbeitszeiten und der jeweilige Pausenkorridor ist im Dienstplan einzutragen. • Das aktuelle Stundenguthaben aus den Vormonaten ist auf dem aktuellen Dienstplan zu übertragen.
Urlaubsabrechnung	• Für die Dienstplanabrechnung sind Abweichungen von geplanten Urlaubstagen (siehe Prozess „Urlaubsplanung") analog der Urlaubsmeldung zu berücksichtigen und mit einem Urlaubsschein an die PBL zu melden.

Stundenabrechnung	• Überstunden sind auf Anordnung der PBL oder PTL geleistete Arbeitsstunden, die über die im Rahmen der regelmäßigen Arbeitszeit für die Woche dienstplanmäßig festgesetzten Stunden hinausgehen.
	• Es gilt: BAT § 17, d. h.:
	  a) Überstunden mit zuschlagpflichtigem Freizeitausgleich,
	  b) für Teilzeitkräfte bis 38,5 als Mehrarbeitsstunden.
	• An geplanten freien Tagen sollten keine Überstunden anfallen. Wenn dies unumgänglich ist, bitte im Dienstplan (mit Datum) oder als Anhang dokumentieren.

Tab. 22:
Kriterien zur Dienstplanerstellung und Dienstplanabrechnung (Fortsetzung)

Kriterien zur Dienstplanerstellung und Dienstplanabrechnung	
Kriterium	Dienstplanabrechnung
	• Wird im Ausnahmefall die tägliche Arbeitszeit von 10 Std. unumgänglich überschritten, ist dies im Dienstplan oder als Anhang an den Dienstplan zu dokumentieren. • Mitarbeiter, die aus anderen Bereichen in Ihrer Station bzw. Abt. aushelfen, werden ebenfalls mit im Dienstplan dokumentiert.
Ausfallstunden	• Berechnen Sie monatlich die Ausfallquote für Urlaub, Krankheit, Mutterschutz, Innerbetriebliche Fortbildung (IBF), Fortbildung (FB), Weiterbildung (WB) bei der Abrechnung. Formel: $$\frac{\text{Ausfall (in Stunden)} \times 100}{\text{Sollarbeitszeit aller}}$$ = **Ausfallquote in % Mitarbeiter pro Monat**
Arbeitsleistung im Bereitschaftsdienst/ Rufbereitschaftsdienst:	• Geht eine OP aus der Regelarbeitszeit in den Bereitschafts- bzw. Rufbereitschaftsdienst über oder beginnt direkt im Anschluss an die Regelarbeitszeit, ist dies mit Überstunden zu bewerten. Unmittelbar nach Anschluss dieser OP beginnt der Bereitschafts-/Rufbereitschaftsdienst. Diese Überstunden sind dann auch entsprechend mit z. B. Nachtdienstzuschlägen zu bewerten. Wird ein OP-Eingriff in der Regelarbeitszeit angemeldet, kann jedoch nicht direkt im Anschluss an die Regelarbeitszeit gemacht werden, z. B. Notfälle im Anästhesiebereich, handelt es sich um eine Arbeitsaufnahme im Bereitschafts-/Rufdienst. • Der RD wird mit 12,5 % der Überstundenvergütung bezahlt und bei Arbeitsleistung im RD mit der jeweiligen zuschlagspflichtigen Vergütung.

Tab. 22: Kriterien zur Dienstplanerstellung und Dienstplanabrechnung (Fortsetzung)

Kriterien zur Dienstplanerstellung und Dienstplanabrechnung	
Kriterium	**Dienstplanabrechnung**
Inanspruchnahme während des Bereitschaftsdienstes/Rufbereitschaftsdienst:	• Während eines Bereitschaftsdienstes oder Rufbereitschaftsdienstes von z. B. 11 Stunden muss eine durchgehende Ruhezeit von 5,5 Stunden eingehalten werden. Ist dies nicht der Fall, muss eine 11-stündige Ruhezeit erfolgen, und zwar dann ab dem Zeitpunkt des letzten Arbeitseinsatzes. Beträgt die Inanspruchnahme weniger als 5,5 Stunden, also die Ruhezeit mehr als 5,5 Stunden während des 11-stündigen Bereitschafts-/Rufbereitschaftsdienstes, kann im Anschluss an den Bereitschafts-/Rufbereitschaftsdienst die Regelarbeit wieder aufgenommen werden. Dauert ein Bereitschafts- bzw. Rufbereitschaftsdienst länger als z. B. 11 Stunden und die Inanspruchnahme ist weniger als die Hälfte dieser Dienste, kann die Regelarbeit im Anschluss an den Dienst ebenso wieder aufgenommen werden.
Schicht- und Wechselschichtzulagen	• Voraussetzung für folgende Schichtzulagen: a) Wechselschichtzulage 1 = 40 Stunden in 5 Wochen b) Schichtzulage 2 = 40 Stunden in 7 Wochen c) Schichtzulage 3, wenn a) und b) nicht zutrifft und der Beginn der ersten Schicht bis Ende der letzten Schicht mehr als 18 Stunden beträgt d) Schichtzulage 4, wenn a) und b) nicht zutrifft und der Beginn der ersten Schicht bis Ende der letzten Schicht zwischen 13 und 18 Stunden beträgt • Die für eine Wechselschichtzulage erforderlichen Nachtdienststunden müssen tatsächlich geleistet worden sein, Ausfälle durch Krankheit oder Urlaub sind nicht mitzuzählen.

Erstellt: Datum/Version 1.0	Geprüft: Datum	Freigegeben: Datum
Namen:	Name/Abt	Name/Abt

Die gesamte Dokumentation ist geschlechtsneutral verfasst

4.3 Arbeitsschritte zum Dienstplan

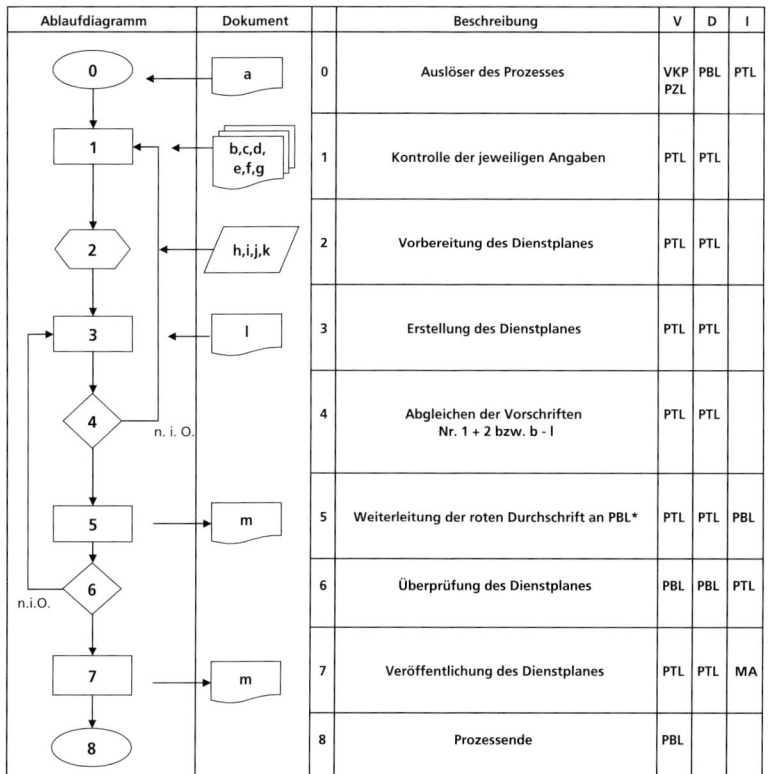

Abb. 9: Prozessablaufbeschreibung

* Gilt nicht für Stationen/Funktionsbereiche mit EDV-unterstützten Dienstplanprogrammen

Legende:

V	=	Verantwortung	c	=	Betriebsärztliche Vorgaben
D	=	Durchführung	d	=	Schülereinsatzmeldung
I	=	Information	e	=	Feste Termine der
VKP	=	Vorstand Krankenpflege und			Station/Funktionseinheit
		Patientenservice	f	=	geltender Urlaubsplan
PZL	=	Pflegerische Zentrumsleitung	g	=	Personaleinsatzmeldung
PTL	=	Pflegerische Teamleitung	h	=	Dienstzeiten
MA	=	Mitarbeiter	i	=	Sollarbeitszeit
n.i.O.	=	nicht in Ordnung	j	=	Tagewoche
			k	=	Kriterien zur Dienstplanerstellung
a	=	Zielvorgaben und Vereinbarungen der			und Dienstplanabrechnung
		pflegerischen Zentrumsleitung	l	=	Dienstplanformular
b	=	Gesetzliche und tarifliche Vorgaben	m	=	Dienstplan

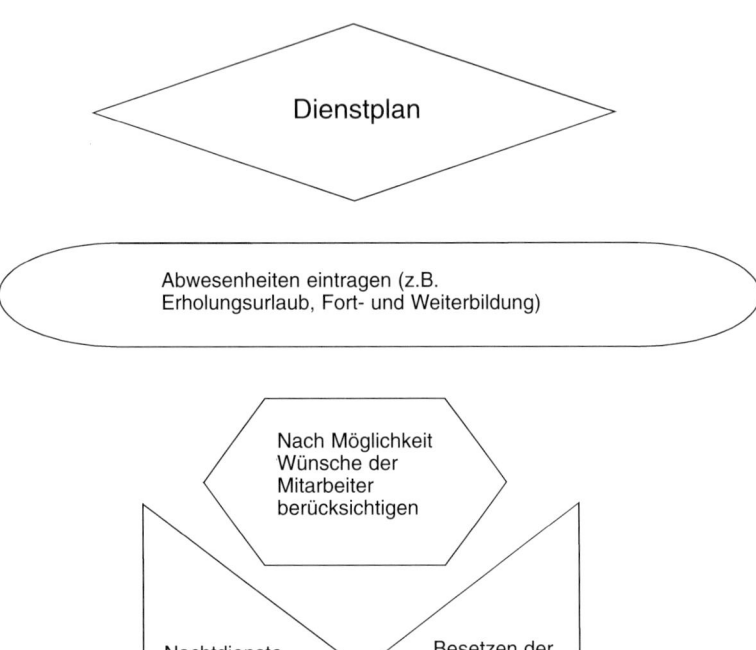

Abb. 10:
Der Dienstplan ist kein Freizeitplan

4.4 Längerfristige Planungen

8 Wochen sind empfehlenswert

Langfristige Planungen von mehr als einen Monat sind im Pflegedienst üblich. Empfehlenswert ist ein Zeitraum von acht Wochen, es erleichtert die Berechnung der Arbeitszeit.
Plötzlich eintretende Ereignisse, wie z. B. Erkrankung von Mitarbeitern, sind immer ein sachlicher Grund, den Dienstplan zu ändern. Einwände gegen langfristige Vorausplanung sind unbegründet, da Mitarbeiterwünsche auf lange Sicht berücksichtigt werden können. Planen Mitarbeiter ihre Freizeit, wird im Allgemeinen weniger getauscht. Darüber hinaus ist bei langfristigen Planungen der Abbau von Überstunden transparenter.

4.5 Verantwortung für den Dienstplan

In den meisten Stellenbeschreibungen für **Stationsleitungen** ist die Verantwortung für den Dienstplan festgeschrieben. Die Stationsleitung trägt für das, was sie plant, die Verantwortung, auch wenn in vielen Einrichtungen noch auf den Dienstplanformularen eine Unterschrift zur Genehmigung von der Pflegedienstleitung notwendig ist. Die Erfahrung zeigt, dass diese Unterschrift nur deklaratorischen Charakter hat, weil eben nicht genau die Besetzung geprüft wird und die Pflegedienstleitung nicht die Leistungsfähigkeit jedes Mitarbeiters kennt. Eine Stationsleitung muss gegenüber Mitarbeitern „Nein" sagen können. Da dies oft zu Konflikten im Team führt, ist es erforderlich, von Zeit zu Zeit in Mitarbeiterbesprechungen darauf hinzuweisen. Es muss verdeutlicht werden, warum nicht alle Wünsche erfüllt werden können. Transparente Regeln bei der Dienstplangestaltung, die auch gemeinsam im Team erarbeitet werden können, minimieren die Konflikte im Team. Dies bietet sich geradezu an, um die Arbeitsleistung und Motivation zu fördern.

Verantwortung heißt in diesem Fall, dass die Stationsleitung für die Folgen nach den einschlägigen gesetzlichen Bestimmungen haftet. Damit kommt eindeutig zum Ausdruck, dass die Dienstplangestaltung nicht an die Mitarbeiter übertragen werden kann. Dies schließt aber nicht aus, dass Mitarbeiter lernen können, wie die Dienstpläne geschrieben werden.

Auch wenn Mitarbeiter untereinander die Dienste tauschen, spielen haftungsrechtliche Aspekte eine Rolle. Daraus ergibt sich zwangsläufig die Regel, dass kein Tausch ohne Zustimmung der Stationsleitung möglich ist. Es hat in der Vergangenheit immer Situationen gegeben, in denen die Frage nach der Verantwortung für die Schichtbesetzung von Bedeutung war.

4.6 Verfahren bei Personalausfall

- Zunächst wird geprüft, ob eine **kurzfristige Dienstplanänderung** erforderlich ist. Wenn die **Mindestbesetzung** nicht unterschritten wird, ist dies nicht notwendig.
- Mitarbeiter, die länger frei hatten, machen **Überstunden/Mehrarbeit**. Die Stationsleitung kann das anordnen, sollte jedoch 24 Stunden im voraus geschehen.
- **Mitarbeiter von anderen Stationen** können kurzfristig aushelfen, dabei ist das Direktionsrecht zu beachten. Dies darf nur die zuständige Pflegedienstleitung anordnen.
- Kann der Personalausfall mit **Aushilfen** überbrückt werden? Darüber entscheidet die Stationsleitung im Einvernehmen mit der Pflegedienstleitung, falls sie schon über ein entsprechendes Budget verfügt.
- Gibt es eine **Rufbereitschaft** oder einen **„Stand-by"-Dienst**? Darüber sollte sich die Pflegedienstleitung mit dem Personalrat/Betriebsrat

verständigen. Dies könnte ein Modell für die Zukunft, insbesondere in Verbindung mit Arbeitszeitflexibilisierung, sein.

Merke: Personaleinsatzplanung ist eine nicht delegierbare Führungsaufgabe.

Tab. 23: Personalausfallmanagement

Personalausfallmanagement	
Stammdaten	
Verantwortlich	.....
Prozessauslöser	.....
Ziel/Zweck	Das Personalausfallmanagement dient der Sicherstellung der Patientenversorgung unter Berücksichtigung des qualitativen und quantitativen Arbeitsanfalls
Anwendungsbereich	Pflegerischer Bereich ...
Schlüssel-/ Kennzahlen	Mitarbeiterbezogen: Die Mitarbeiter erhalten durch die festgelegte Struktur ein hohes Maß an Planungssicherheit und Dienstplanstabilität. Alle Mitarbeiter handeln einheitlich nach einem vereinbarten Konzept. Institutionsbezogen: Durch den effizienten Personaleinsatz werden die Aspekte der Wirtschaftlichkeit, Optimierung der Arbeitszeiten und Sicherstellung der Patientenversorgung in besonderem Maße berücksichtigt. Die Verantwortlichkeiten sind klar definiert und jederzeit nachvollziehbar.
Strukturkriterien	
Beteiligte	Der erkrankte Mitarbeiter, die Stationsleitung (o. V. i. A), die Mitarbeiter des Pflegeteams, sowie ggfs. die **Stationsleitung** der benachbarten Pflegestation und die PDL.

Dokumentation	Grundsätzlich sind Krankmeldungen im Dienstplan durch die **Stationsleitung** zu dokumentieren Die Information der PDL erfolgt entweder per E-Mail durch die zuständige **Stationsleitung** oder in Form des Abfragekataloges, der in einem verschlossenen Briefumschlag für die **Stationsleitung** (o. V. i. A.) hinterlegt wird.	**Tab. 23**: Personalausfallmanagement (Fortsetzung)
Zeitpunkt	Die entsprechende Informationsweitergabe muss unmittelbar nach Erhalt der Krankmeldung erfolgen.	
Prozesskriterien		
Information der Mitarbeiter	Alle Mitarbeiter werden über die Einführung und Inhalte des Ausfallmanagements im Rahmen von Teamsitzungen durch die jeweilige **Stationsleitung** und PDL informiert. Die Informationsweitergabe wird durch die **Stationsleitung** dokumentiert und festgehalten.	
Vorgehen	• Mitarbeiter meldet sich telefonisch oder persönlich krank • Dokumentation im Rahmen des Abfragekataloges • Mitteilung an **Stationsleitung** (o. V. i. A.) weiterleiten • Information der PDL durch die **Stationsleitung** (o. V. i. A.)	
Inhalte des Abfragekataloges	• Wer meldet sich krank? • Datum/Uhrzeit • Dauer/Prognose • Liegt eine Arbeitsunfähigkeitsbescheinigung vor? • Zeitpunkt für weitere Krank-/Gesundmeldung ist immer der letzte Tag der Arbeitsunfähigkeit • Wer hat die Meldung aufgenommen?	
	Der Abfragekatalog ist übersichtlich und einheitlich für alle Pflegestationen des Bereiches..... . Durch die entsprechende Dokumentation ist der Verlauf der Krankmeldung zu jeder Zeit nachvollziehbar. Grundsätzlich wird bei zu verzeichnendem Personalausfall die individuelle Pflegesituation bei der Reorganisation der Dienste zu Grunde gelegt. Eine festgelegte Mindestbesetzung gibt es lediglich nur für den Nachtdienst. Vorgesehen ist, dass auf einer Ebene drei Mitarbeiter die Patientenversorgung übernehmen.	

Tab. 23:
Personalausfallmanagement
(Fortsetzung)

Ergebniskriterien	Durch den Abfragekatalog ist sichergestellt, dass der **Stationsleitung** (o. V. i. A.) die detaillierten und umfassenden Informationen für die notwendigen planerischen Maßnahmen zur Sicherstellung der Patientenversorgung zur Verfügung stehen. Gleichzeitig ist die Vorgehensweise für alle Beteiligten transparent und nachvollziehbar. Ein größtmögliches Maß an Planungssicherheit und Dienstplanstabilität ist somit gewährleistet.	
Literaturliste	R. Kelm (2003): Arbeitszeit- und Dienstplangestaltung in der Pflege. Stuttgart: Kohlhammer R. Kelm (2005): Personalmanagement in der Pflege, Band 1 + 2. Stuttgart: Kohlhammer Internet: http://www.bmi.bund.de http://bundesrecht.juris.de/bundesrecht/arbzg/ http://bundesrecht.juris.de/bundesrecht/betrvg/ www.sozial-mv.de/doku/ArbZG.pdf	
Anlagen	• Flussdiagramm • Abfragekatalog Krankmeldung (Bereich ....) • Legende	
Verteiler	Stationen:	
Erstellt: xx.xx.xxxx/ Version 1.0	**Geprüft:** xx.xx.xxxx	**Freigegeben:** xx.xx.xxxx
Name:	Name/Abt.	Name/Abt.

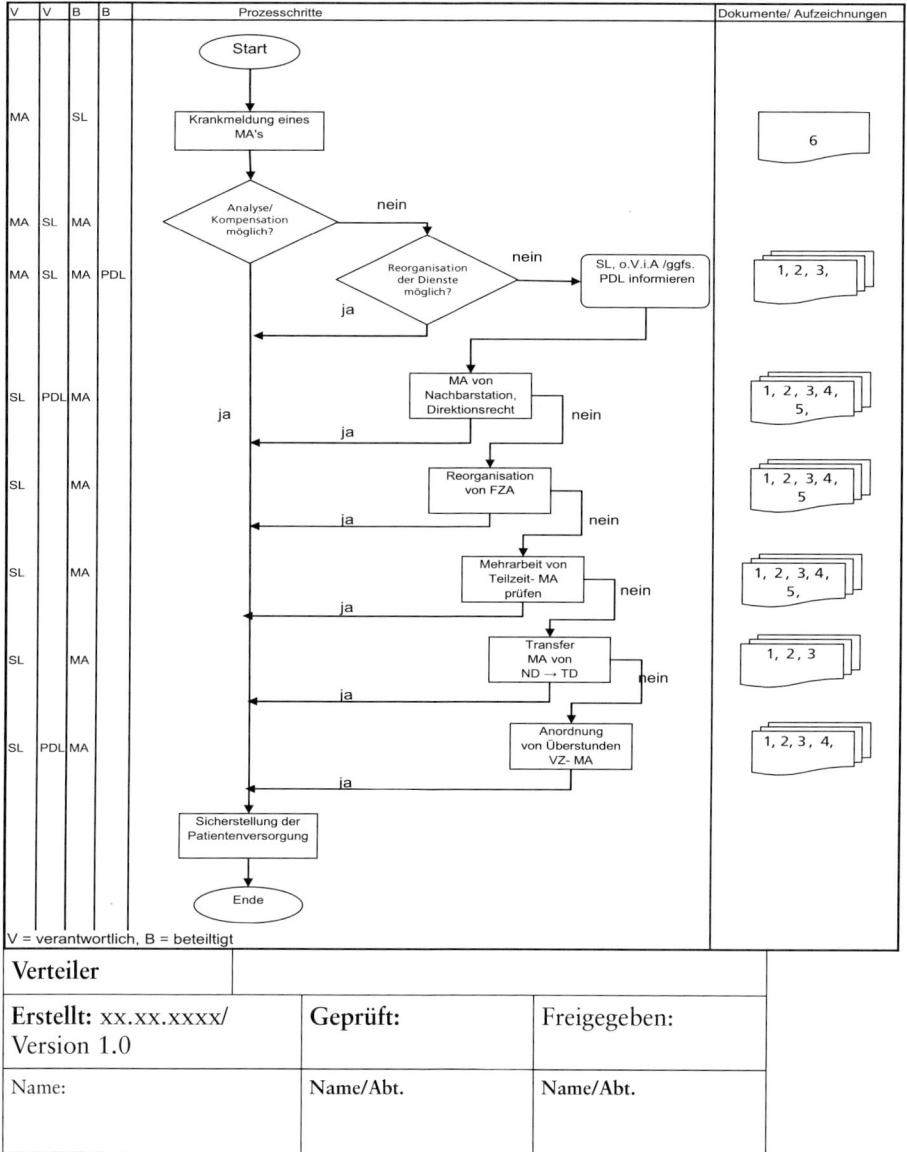

Abb. 11: Flussdiagramm Personalausfallmanagement

Abfragekatalog Krankmeldung (Bereich ...)

1. Wer meldet sich krank:

   _____

2. Wann erfolgte die Krankmeldung? Bitte Datum und Uhrzeit notieren.

   _____

3. Zeitraum der Arbeitsunfähigkeit: von/bis

   _____

4. Liegt eine Arbeitsunfähigkeitsbescheinigung vor?
   - Ja   (bitte unverzüglich an die PDL weiterleiten)
   - Nein

5. Dauer der Erkrankung/Prognose:

   _____

6. **Information an den erkrankten Mitarbeiter:**
   Der korrekte Zeitpunkt für eine Gesund- oder weitere Krankmeldung ist spätestens der letzte Tag der Arbeitsunfähigkeit!

7. Wer hat die Meldung auf-/angenommen (*nur examinierte Mitarbeiter*)?

   _____

Kiel, den

Legende:
Dokumente:

1. Dienstplan
2. Bundesangestelltentarifvertrag
3. Arbeitszeitgesetz
4. Arbeitszeit- und Dienstplangestaltung in der Pflege, R. Kelm
5. Personalmanagement in der Pflege Band 1 + 2, R. Kelm
6. Abfragekatalog Krankmeldung

Personen:
MA   = Mitarbeiter

Stationsleitung
PDL   = Pflegedienstleitung
o. V. i. A.   = oder Vertreter im Amt

4.7 Änderung des laufenden Dienstplans

1. Personalausfall.
2. Gesetzliche und tarifliche Ansprüche der Mitarbeiter (z. B. Nachtarbeitsverbot für werdende Mütter oder plötzlicher Tod eines Familienmitglieds).
3. Störungen des Betriebsablaufes durch übermäßigen Arbeitsanfall (z. B. Unfälle mit zahlreichen Verletzten und Grippewellen).

Unter anderem sind folgende Anweisungen rechtswidrig:

1. Mitarbeiter aus dem **Erholungsurlaub** zu holen.
2. Mitarbeiter aus dem „**Frei**" zu holen.
3. Mitarbeiter die **Höchstarbeitszeit** von 10 Stunden überschreiten zu lassen.
4. Mitarbeiter anzurufen und zum Dienst zu verpflichten.

Rechtswidrige Anweisungen

Auch wenn in der Praxis solche rechtswidrigen Praktiken immer wieder zu beobachten sind, muss diesen entschieden begegnet werden. Arbeitnehmern kann arbeitsrechtlich nicht gedroht werden, wenn sie sich weigern, eine rechtswidrige Anweisung zu befolgen!

> **Merke:** Anweisungen des Arbeitgebers sowie Vereinbarungen der Arbeitsvertragsparteien, etwa überlange Arbeitszeiten, unzulässige Nacht- und Wochenarbeit oder unzureichende Ruhepausen, verstoßen gegen ein im Arbeitszeitgesetz enthaltenes gesetzliches Verbot und sind nach § 134 BGB nichtig (BAG vom 28.1.71, DB 72,489, Zmarlik/Anzinger, Rn. 22).

4.8 Dienstplananalyse

Die Dienstplananalyse ist ein wichtiges und effektives Instrument, um **Schwachstellen** aufzuspüren. Außerdem können daraus bestimmte Schlussfolgerungen gezogen werden, um die **Qualität der Dienstpläne** zu verbessern. Auch die Frage der **Arbeitsablauforganisation** spielt dabei eine wesentliche Rolle. Es gibt immer noch Stationen, bei denen die Arbeitszeiten und die Arbeitsorganisation nicht übereinstimmen. Aus der Dienstplananalyse können auch Erkenntnisse über die Gründe von **Überstunden** einzelner Mitarbeiter und deren unregelmäßige Verteilung gewonnen werden. Daneben bietet die Analyse wichtige Punkte, um Quellen der **Mitarbeiterunzufriedenheit** aufzuspüren. Im Folgenden werden einige Anhaltspunkte dargestellt, um eine Dienstplananalyse durchzuführen.

Rechtliche Aspekte

- Werden gesetzliche Bestimmungen eingehalten oder gibt es Verstöße?
- Wird der geltende Tarifvertrag umgesetzt?
- Werden Dienst- und Betriebsvereinbarungen bei der Dienstplangestaltung umgesetzt?
- Sind die Arbeitszeiten, Ruhezeiten und Ruhepausen eingehalten?
- Werden die arbeitsvertraglichen Vereinbarungen einzelner Mitarbeiter eingehalten?
- Passen die Mitarbeitervereinbarungen nicht in die Ablauforganisation?

Formale Aspekte

- Ist das Dienstplanformular übersichtlich?
- Wie ist der Planungszeitraum? Wird er eingehalten?
- Entspricht die Wocheneinteilung der Tarifwoche?
- Gibt es drei Spalten pro Mitarbeiter?
- Ist eine Legende vorhanden und für alle nachvollziehbar?
- Wird der Dienstplan im Durchschreibeverfahren erstellt?
- Ist der Dienstplan mit Name und Datum unterschrieben?
- Wird der Dienstplan wie ein Dokument geführt?

Informationsgehalt über die Personaleinsatzplanung

- Lassen sich aus dem Dienstplan Rückschlüsse über eine sinnvolle Personaleinsatzplanung ziehen?
- Ist mithilfe des Dienstplanes eine aussagefähige Ausfallstatistik zu ermitteln?
- Wie sind die mitarbeiterbezogenen Angaben aufgeführt?
- Wie viele Überstunden sind angefallen?
- Wie oft musste der Dienstplan geändert werden?
- Welche behebbaren Defizite sind erkennbar?
- Sind die Arbeitszeiten und die Arbeitsablauforganisation aufeinander abgestimmt?
- Werden personelle Ressourcen verschwendet?

Arbeitsmedizinische Aspekte

- Wie werden arbeitsmedizinische Gesichtspunkte bei der Dienstplangestaltung berücksichtigt?
- Anzahl der Nachtwachen hintereinander?
- Anzahl der Arbeitstage pro Woche?

> **Hinweis:** Die Fürsorgepflicht des Arbeitgebers wird durch die Stationsleitung wahrgenommen!

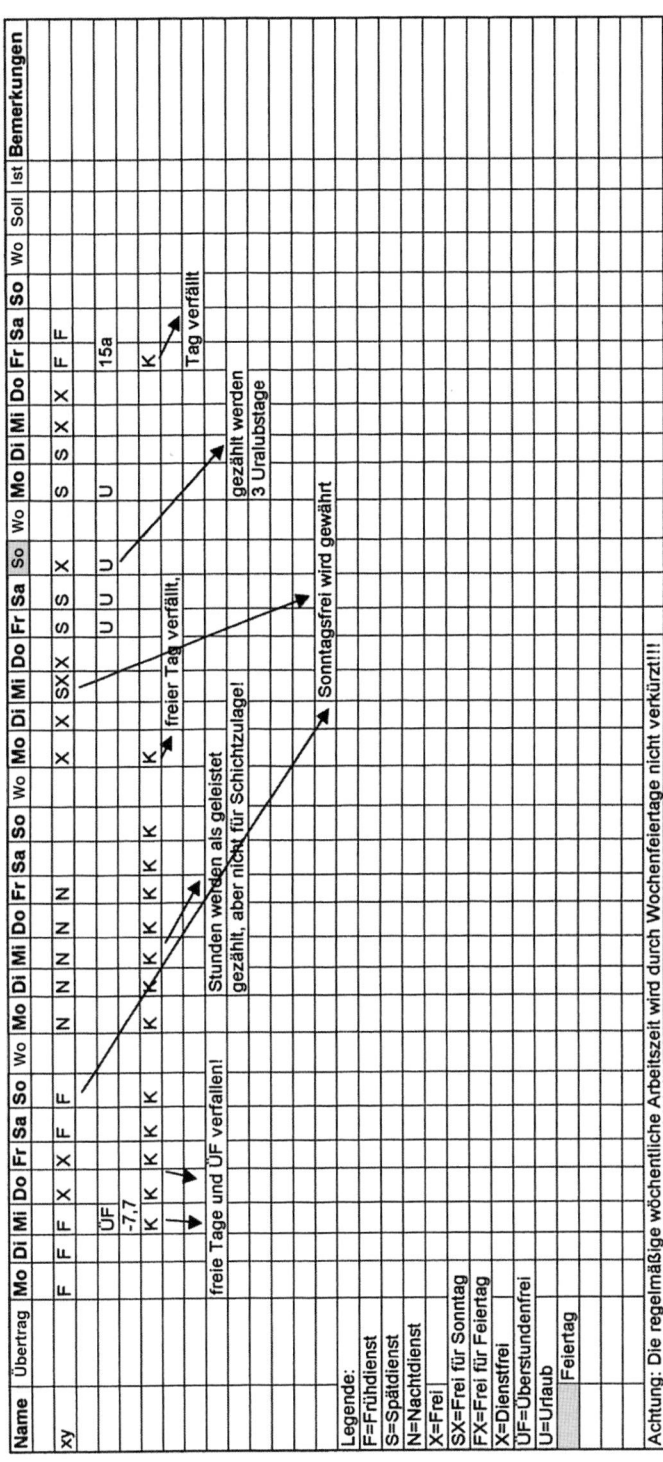

Tab. 24:
Fiktive Fortschreibung des Dienstplanes bei Krankheit und Urlaub

4.9 Ausfallstatistik

Darin sollen alle **Fehlzeiten** enthalten sein, bei denen eine **Lohnfortzahlung** besteht.

- Arbeitsunfähigkeit,
- Kuren,
- Mutterschutzfristen,
- Arbeitsbefreiung aus besonderen Gründen (§ 29 TVöD),
- Bildungsurlaub,
- Fort- und Weiterbildung,
- Freistellung für den Betriebsrat,
- Freizeitausgleich für die Arbeit an gesetzlichen Feiertagen,
- Erholungsurlaub, Zusatzurlaub und Sonderurlaub,
- Betriebsausflug,
- Freistellung zur Wehrdienstübung,
- Freistellung zu öffentlichen und ehrenamtlichen Aufgaben (z. B. Schöffe).

Dazu werden die Summen aller Jahresarbeitszeiten benötigt. Es werden alle Vollarbeitszeiten und Teilarbeitszeiten addiert, anschließend müssen alle Ausfallzeiten erfasst und zusammengezählt werden.

Den Ausfall in Prozent erhält man, indem die Arbeitszeiten und Ausfallzeiten in Stunden erfasst werden, die Ausfallzeiten mit 100 multipliziert und dann mit der Gesamtarbeitszeit dividiert werden.

Beispiel:
Gesamtjahresarbeitszeit aller Mitarbeiter: 480250 Stunden
Gesamtausfall: 84043,7 Stunden

$$\frac{84043,7 \text{ Stunden} \times 100}{480250 \text{ Stunden}} = 17,5 \text{ \% Ausfall}$$

4.10 Ausfall

Durch den Ausfall von Mitarbeitern, die sich in Mutterschutz oder Bildungsurlaub befinden, oder durch andere Fehlzeiten kann es zu einer Erhöhung des Personalbedarfs kommen. In den Vorgaben von Anhaltszahlen und in den Werten von Fallpauschalen und Sonderentgelten ist meist schon ein Personalausfall von 15 % berücksichtigt. Liegt der tatsächliche Personalausfall bei mehr als 15 %, muss die Differenz errechnet werden.

Für den Ausfall sind vier Begriffe von Bedeutung:
- Ausfallquote,
- Ausfallfaktor,
- korrigierte Ausfallquote,
- Nettoarbeitszeit.

4.10.1 Ausfallquote

Wie viel Prozent des ermittelten Ausfalls stehen in Bezug zur Bruttoarbeitszeit? Hierfür wird der Ausfall in Stunden ermittelt. Dann kann die Ausfallquote für eine Pflegekraft, eine Station oder Abteilung folgendermaßen berechnet werden:

$$\frac{\text{Ausfall (Stunden)} \times 100}{\text{Bruttoarbeitszeit (Stunden)}} = \text{Ausfallquote in Prozent}$$

Beispiel: Eine Pflegekraft hat einen Ausfall von 45 Tagen (Urlaub, Sonderurlaub und Krankheit) im Jahr. In der Einrichtung werden 5,5 Tage pro Woche mit je sieben Stunden pro Tag gearbeitet. Die Bruttoarbeitszeit beträgt im Jahr 1925 Stunden.
45 Tage x 7 Stunden = 315 Stunden

$$\frac{315 \text{ Stunden} \times 100}{1925 \text{ Stunden}} = 16{,}36 \text{ \% Ausfallquote}$$

4.10.2 Ausfallfaktor

Der Ausfallfaktor wird nach folgender Formel aus der Ausfallquote berechnet:
100 geteilt durch (100 minus Ausfallquote in Prozent) = Ausfallfaktor

Beispiel:
Ausfallquote beträgt 20 %
$$\frac{100}{100-20} = 1{,}25 \text{ (Ausfallfaktor)}$$

Das Ergebnis der Personalbedarfsrechnung wird mit dem Ausfallfaktor multipliziert, um den Personalbedarf zu ermitteln.

4.10.3 Korrigierter Ausfallfaktor

Der korrigierte Ausfallfaktor beinhaltet die Differenz zwischen dem eingerechneten und dem tatsächlichen Ausfall. Das Ergebnis aus der Personalbedarfsrechnung wird mit dem korrigierten Ausfallfaktor multipliziert.

Beispiel: Bei einem tatsächlichen Ausfall von 27 % beträgt der Ausfallfaktor 1,36, bei schon eingerechnetem Ausfall von 15 % beträgt der Ausfallfaktor 1,17. Nun wird der tatsächliche Ausfallfaktor 1,36 durch den bereits angenommenen Ausfallfaktor von 1,17 dividiert.

$$\frac{1{,}36 \text{ Ausfallfaktor}}{1{,}17 \text{ Ausfallfaktor}} = 1{,}16 \text{ korrigierter Ausfallfaktor}$$

4.10.4 Nettoarbeitszeit

Eine weitere Möglichkeit, den Ausfall zu ermitteln, besteht in der Berechnung der Nettoarbeitszeit.
Dabei wird der Ausfall in Stunden oder Prozent von der Bruttoarbeitszeit abgezogen. So lässt sich auch die Nettoarbeitszeit für einen Monat oder das ganze Jahr errechnen, um damit Überstunden in Personalstellen umzurechnen.

Beispiel:
20 % Ausfall bei 38,5 Stunden = 7,7 Stunden
38,5 Stunden – 7,7 Stunden = 30,8 Nettoarbeitszeit

Station mit 10 Planstellen hat einen Ausfall von 18 % in einem Jahr. Die Bruttoarbeitszeit beträgt 1925 Stunden. Insgesamt sind 4250 Überstunden angefallen.

Ermitteln Sie zuerst die Nettoarbeitszeit, dann teilen Sie die Überstunden durch die Nettoarbeitszeit:

$$\frac{1925 \text{ Stunden} \times 18\,\%}{100} = 346{,}5 \text{ Stunden}$$

1925 Stunden – 346,5 Stunden = 1578,5 Stunden Nettoarbeitszeit

$$\frac{4250 \text{ Überstunden}}{1578{,}5 \text{ Stunden Nettoarbeitszeit}} = 2{,}69 \text{ Stellen für Überstunden}$$

4.11 Arbeitsplatzmethode

Diese Berechnung ist Grundlage zur Ermittlung der Mindestbesetzung eines Arbeitsplatzes. Diese Methode wird dann eingesetzt, wenn keine andere Berechnung die Versorgung der Patienten oder die Besetzung des Arbeitsplatzes gewährleisten kann. Das wären z. B. kleine Pflegeeinheiten (Infektionsstationen), Nachtarbeitsplätze oder eine zentrale Schwesternrufanlage.
Für die Berechnung der Mindestbesetzung eines Arbeitsplatzes sind folgende Faktoren einzubeziehen:

- Zahl der Arbeitsplätze,
- Anzahl der zu besetzenden Tage in der Woche,
- Anzahl der zu besetzenden Stunden am Tag,
- Höhe des Ausfalls (oder die Nettoarbeitszeit),
- 38,5-Stunden-Woche.

$$\frac{\text{Arbeitsplätze} \times \text{Stunden/Tag} \times \text{Wochentage} \times \text{Ausfallfaktor}}{38{,}5 \text{ Stunden Wochenarbeitszeit}} = \text{Stellen}$$

Wird der Ausfallfaktor weggelassen, steht im Nenner die Nettoarbeitszeit.

> **Beispiel:**
> 12 Nachtarbeitsplätze sind für 10 Stunden/Tag an sieben Tagen in der Woche zu besetzen. Der Ausfallfaktor beträgt 20 %.
>
> Ohne Nettoarbeitszeit:
>
> $$\frac{12 \text{ Nachtarbeitsplätze} \times 10 \text{ Std.} \times 7 \text{ T.} \times 1{,}25 \text{ Ausf.}}{38{,}5 \text{ Stunden wöchentliche Arbeitszeit (brutto)}} = 27{,}27 \text{ Stellen}$$
>
> Mit Nettoarbeitszeit:
>
> $$\frac{12 \text{ Nachtarbeitsplätze} \times 10 \text{ Stunden} \times 7 \text{ Tage}}{30{,}8 \text{ Stunden wöchentliche Arbeitszeit (netto)}} = 27{,}27 \text{ Stellen}$$

Die in Tab. 25 abgebildete Personalbedarfsberechnung ist eine von vielen Möglichkeiten. Sie allein dient nicht für eine allgemeine Personalberechnung.

Frühdienst	7,7		Brutto JAZ	1.923,40 std.	
Spätdienst	7,7		NJAZ 15%	1.634,89 std.	
Nachtdienst	9		NJAZ 20%	1.538,72 std.	
Mo - Fr	**Besetzung**	**Std. / Tag**	**Std. / Woche**		
Frühdienst	10	77,0	385,0		5
Spätdienst	6	46,2	231,0		52
Nachtdienst	5	45,0	225,0		
Summe		168,2	841,0		43732,0
Sa + So	**Besetzung**	**Std. / Tag**	**Std. / Woche**		
Frühdienst	6	46,2	92,4		2
Spätdienst	6	46,2	92,4		
Nachtdienst	5	45,0	90,0		
Summe		137,4	274,8		14289,6
			Gesamt		58021,6

Personalbedarf bei :	VK
15% Ausfall	35,49
16% Ausfall	35,91
17% Ausfall	36,34
20% Ausfall	37,71

Tab. 25:
Personalberechnung nach der Arbeitsplatzmethode
Errechnet nach dem durchschnittlichen Besetzungsprofil über 3 Monate

Legende:
Brutto JAZ = Brutto-Jahresarbeitszeit
NJAZ = Netto-Jahresarbeitszeit
VK = Vollzeitkräfte

4.12 Arbeitsaufgaben

Fragen

1. Die Ausfallquote beträgt 16,36 %, wie hoch ist der Ausfallfaktor?
2. Errechnen Sie den korrigierten Ausfallfaktor bei einer tatsächlich errechneten Ausfallquote von 16,36 und einem im Stellenplan berücksichtigten Ausfallfaktor von 15 %.
3. Eine zentrale Schwesternrufanlage soll rund um die Uhr besetzt werden, Übergabezeiten fallen nicht an. Die Ausfallquote wird vorerst mit 15 % festgelegt. Errechnen Sie den Ausfallfaktor und wie viele Stellen für diesen Arbeitsplatz nötig sind.
4. Eine kleine Intensiveinheit mit sechs Betten kommt mit 9,5 Stellen nicht mehr aus. Wie könnten Sie den erforderlichen Pflegepersonalbedarf nach der Arbeitsplatzmethode berechnen? Es gilt die 38,5-Stunden-Woche.

Dazu müssen folgende Dinge geklärt sein:
- Wie viele Mitarbeiter braucht die Intensiveinheit pro Schicht? (2 Mitarbeiter pro Schicht)
- Wie lange sind die Übergabezeiten? (20 Minuten Übergabe)
- Wie hoch ist die derzeitige Ausfallquote? (20 % Ausfallquote)

Rechnen Sie bitte mit der Netto- und Bruttoarbeitszeit.
25 Stunden (24 Stunden plus 3 x 20 Minuten Übergabe) mit 2 Mitarbeitern pro Tag sieben mal in der Woche.

Lösungen

1. $\dfrac{100}{100 - 16{,}36} = \dfrac{100}{83{,}64} = 1{,}19$ Ausfallfaktor

2. $\dfrac{1{,}19}{1{,}17} = 1{,}01$ korrigierter Ausfallfaktor

3. $\dfrac{1 \times 24 \times 7 \times 1{,}7}{38{,}5} = 5{,}13$ Stellen

   $\dfrac{1 \times 24 \times 7}{32{,}72} = 5{,}10$ Stellen

4. Ausfallfaktor: 1,25

   Nettoarbeitszeit: $\dfrac{2 \times 25 \times 7}{30{,}8} = 11{,}36$ Stellen

   Bruttoarbeitszeit: $\dfrac{2 \times 25 \times 7 \times 1{,}25}{38{,}5} = 11{,}36$ Stellen

4.13 Zusammenfassende Informationen

Der Dienstplan dient als ...

1. Juristisches Dokument
   - Bei Haftungsprozessen
   - Bei Arbeitsgerichtsprozessen
2. Führungs- und Organisationsinstrument
   - Anwesenheitskontrolle
   - Ausfallzeiten
   - Pflegequalitätssicherung
   - Abrechnungsgrundlage
     – Soll-/Ist-Stunden
     – Überstunden
     – Nachtarbeitsstunden
     – Erholungsurlaub
     – Zeitzuschläge
   - Personaleinsatzplanung
     – Qualitativ (Qualifikation)
     – Quantitativ (Anzahl/Schicht)

Dienstpläne sind Dokumente

- Sie besitzen eine einheitliche und vollständige Legende.
- Sie sind für Dritte verständlich und nachvollziehbar geschrieben.
- Dienstpläne werden so geführt, dass weder überschrieben, radiert, übermalt oder überklebt wird.
- Eintragungen werden nur von dazu berechtigten Personen vorgenommen!

Für die Prüfung ambulanter und stationärer Pflegedienste gelten folgende Hinweise als verbindlich: **Sozialgesetzbuch XI, § 1 Soziale Pflegeversicherung und § 80 Maßstäbe und Grundsätze zur Sicherung und Weiterentwicklung der Pflegequalität**

I Grundlagen der Qualitätsentwicklung

Der gesetzliche Auftrag der Pflegekassen, eine bedarfsgerechte und gleichmäßige, dem allgemein anerkannten Stand medizinisch-pflegerischer Erkenntnisse entsprechende pflegerische Versorgung der Versicherten zu gewährleisten, erfordert eine kontinuierliche Weiterentwicklung der Qualität. Maßstab dafür sind u. a. die folgenden im SGB XI genannten Grundsätze:

- die Leistungen der Pflegeversicherung sollen helfen, ein möglichst selbständiges und selbstbestimmtes Leben zu führen,
- die Leistungen der Pflegeversicherung sind darauf auszurichten, die körperlichen, geistigen und seelischen Kräfte des Pflegebedürftigen wiederzugewinnen und zu erhalten (aktivierende Pflege),
- die Leistungen der Pflegeversicherung sollen ein Leben in Würde ermöglichen,

- die Leistungen der Pflegeversicherung sollen die Pflegebereitschaft von Angehörigen, Nachbarn, Ehrenamtlichen und Selbsthilfegruppen erhalten und fördern,
- die Leistungen der Pflegeversicherung sind mit anderen Leistungen (ärztliche Behandlung, rehabilitative Maßnahmen) zu koordinieren,
- auf religiöse Bedürfnisse der Versicherten ist Rücksicht zu nehmen.

Darüber hinaus sind insbesondere die unten aufgeführten, für die Pflegeeinrichtung verbindlichen Regelungen zu berücksichtigen:

- Versorgungsverträge nach § 72 SGB XI,
- Rahmenverträge nach § 75 Abs. 1 SGB XI,
- Gemeinsame Grundsätze und Maßstäbe nach § 80 SGB XI,
- Leistungs- und Qualitätsvereinbarungen mit Pflegeheimen nach § 80a SGB XI,
- §§ 112 ff. SGB XI,
- sonstige bundes- und landesrechtliche Regelungen.

Die Aufgaben der MDK, die diesen im Zusammenhang mit der Umsetzung der Pflegeversicherung übertragen wurden, dienen in verschiedener Hinsicht der Entwicklung und Sicherung der Qualität von Pflegeleistungen. Sie wirken auf Landesebene (§ 75 Abs. 1 SGB XI) bei der Gestaltung der Rahmenverträge mit, in denen wesentliche Struktur- und Prozessqualitätselemente festgelegt werden. Sie beraten in den Landespflegeausschüssen (§ 92 Abs. 2 SGB XI) sachverständig in Fragen der Infrastrukturgestaltung und können von den Pflegekassen beim Abschluss von Versorgungsverträgen (§ 72 SGB XI) beteiligt werden. Sie können in unterschiedlichen Funktionen an regionalen Arbeitsgemeinschaften zur Entwicklung der Qualität (§ 12 SGB XI) teilnehmen und tragen damit zur Vernetzung bei. Der MDS ist bei der Gestaltung der Gemeinsamen Grundsätze und Maßstäbe zur Qualität und Qualitätssicherung sowie für die Entwicklung eines einrichtungsinternen Qualitätsmanagements nach § 80 SGB XI beteiligt. Im Mittelpunkt der hier vorliegenden Anleitung stehen die Aufgaben nach §§ 112 ff. SGB XI.

4.2 Nimmt die verantwortliche Pflegefachkraft ihre Aufgaben wahr?

a) Umsetzung des Pflegekonzeptes,
b) Organisation der fachlichen Planung, Durchführung und Evaluation der Pflegeprozesse,
c) Organisation für fachgerechte Führung der Pflegedokumentation an dem Pflegebedarf orientierte Dienstplanung der Pflegekräfte,
d) regelmäßige fachgerechte Durchführung der Dienstbesprechungen innerhalb des Pflegedienstes,
e) ausreichende Zeit für die Aufgaben der verantwortlichen Pflegefachkraft.

4.4 Liegen geeignete Dienstpläne für die Pflege vor?

a) dokumentenecht (z. B. kein Bleistift, keine Überschreibungen, kein Tipp-Ex, keine unleserlichen Streichungen),
b) Soll-, Ist- und Ausfallzeiten,
c) Zeitpunkt der Gültigkeit,

d) vollständige Namen (Vor- und Zunamen),
e) Qualifikation,
f) Umfang des Beschäftigungsverhältnisses (Wochen- oder Monatsarbeitszeit),
g) Legende für Dienst- und Arbeitszeiten,
h) Datum,
i) Unterschrift der verantwortlichen Person.

Dienstpläne haben Dokumentencharakter und sind mit dokumentenechtem Stift zu führen. Aus ihnen müssen alle Eintragungen zweifelsfrei nachvollziehbar sein. Überschreibungen, Überklebungen und Retuschierungen dürfen nicht vorgenommen werden.

Prüfanleitung zum Erhebungsbogen zur Qualitätsprüfung im Pflegedienst – ambulant

Die Mitarbeiter sollten an der Dienstplangestaltung beteiligt werden. Die Dienstpläne sollen für alle Mitarbeiter einsehbar sein.
Die Frage ist anhand aktueller und zurückliegender Dienstpläne zu beantworten. Die Anforderungen gelten auch für Dienstpläne, die per EDV erstellt werden.
In die Prüfung sind in der Regel Dienstpläne von zwei bis drei Monaten einzubeziehen. Die Anforderungen gelten auch für Dienstpläne, die per EDV erstellt werden.

4.5 Liegen geeignete Einsatz-/Tourenpläne vor?

a) Datum der Gültigkeit,
b) tageszeitliche Zuordnung von Mitarbeitern zu Pflegebedürftigen,
c) Angabe der verantwortlichen Person

Zur Umsetzung der Einsatz- und Tourenpläne sind verschiedene Möglichkeiten (z. B. EDV-System, Stecktafeln, Magnettafeln) gegeben. Einsatz- und Tourenpläne konkretisieren den Dienstplan und enthalten Aussagen darüber, welche Mitarbeiter wann (Datum und tageszeitliche Zuordnung) Leistungen erbringen.

4.6 Wird die ständige Erreichbarkeit und Einsatzbereitschaft des

Pflegedienstes (Rund-um-die-Uhr auch an Sonn- und Feiertagen) sichergestellt?
Wenn ja, wie?

Die Frage ist mit ja zu beantworten, wenn:
– für die von der Pflegeeinrichtung versorgten Pflegebedürftigen ständig eine Pflegefachkraft telefonisch erreichbar und einsatzbereit ist.

Literatur:
Doni C., Gresch U. (1997): Pflegehandbuch. Reutlingen
Hellige B., Holler G. (1994): Leitfaden zu Neuordnung des Pflegedienstes. Schriftenreihe des Bundesministeriums für Gesundheit, Bd. 31 Baden-Baden

MDK-Anleitung zur Prüfung der Qualität nach den §§ 112, 114 SGB XI in der stationären Pflege – 10. November 2005

4.4 Liegen geeignete Dienstpläne für die Pflege vor?

a) dokumentenecht (z. B. kein Bleistift, keine Überschreibungen, kein Tipp-Ex, keine unleserlichen Streichungen)
b) Soll-, Ist- und Ausfallzeiten
c) Zeitpunkt der Gültigkeit und Einsatzort
d) vollständige Namen (Vor- und Zunamen)
e) Qualifikation
f) Umfang des Beschäftigungsverhältnisses (Wochen- oder Monatsarbeitszeit)
g) Legende für Dienst- und Arbeitszeiten
h) Datum
i) Unterschrift der verantwortlichen Person
j) Übergabezeiten und Zeiten für Teambesprechungen

Dienstpläne haben Dokumentencharakter und sind mit dokumentenechtem Stift zu führen. Aus ihnen müssen alle Eintragungen zweifelsfrei nachvollziehbar sein. Überschreibungen, Überklebungen und Retuschierungen dürfen nicht vorgenommen werden.
Die Mitarbeiter sollten an der Dienstplangestaltung beteiligt werden. Die Dienstpläne sollen für alle Mitarbeiter einsehbar sein.
Die Dienstübergabe ist ein Informations- und Kommunikationsinstrument für die Mitarbeiter der verschiedenen Dienstschichten mit dem Zweck, eine sachgerechte und kontinuierliche Versorgung zu gewährleisten. Der Träger der Einrichtung und dessen ausführende Organe haben Sorge zu tragen, dass die Informationsvermittlung zwischen den verschiedenen Schichten und Dienstzeitmodellen reibungslos sowie in einem ausreichenden zeitlichen Rahmen sichergestellt werden kann.
Es sind ausreichende Übergabezeiten innerhalb der regulären Dienstzeit einzuplanen. Das erforderliche Zeitbudget beziehungsweise die jeweils vorgesehene Informationsübermittlung ist u. a. abhängig von der Pflegeorganisation, der Größe des Wohnbereiches und dem Bewohnerklientel.
Bekannte Arbeitszeitmodelle ermöglichen zwischen Früh- und Spätdienst eine ausführlichere und zwischen den anderen Diensten eine kürzere Übergabe. Dies muss auch bei flexiblen Arbeitszeitmodellen gewährleistet werden. Übergaberegelungen müssen allen Mitarbeitern bekannt sein.
Zunehmend Bedeutung finden Übergabeformen wie z. B. Übergabe am Bett unter Einbezug der Pflegedokumentation, oder per EDV generierten Übergabeprotokollen. Findet eine Übergabe im herkömmlichen Sinn statt, sollten vermeidbare Störungen vermieden werden und allen Beschäftigten der Einrichtung die Übergabezeiten bekannt sein.
Die rechtliche Verpflichtung zum Führen von Dienstplänen ergibt sich aus § 13 Abs. 1 Nr. 3 Heimgesetz in der Fassung vom 05.11.2001 sowie aus den Rahmenverträgen nach § 75 Abs. 1 SGB XI zur vollstationären Pflege.
„Der Träger hat nach den Grundsätzen einer ordnungsgemäßen Buch- und Aktenführung Aufzeichnungen über den Betrieb zu machen und die Qualitätssicherungsmaßnahmen und deren Ergebnisse so zu dokumentieren, dass sich aus ihnen der ordnungsgemäße Betrieb des Heimes ergibt. Insbesondere muss ersichtlich werden: (...) der Name, der Vorname, das Geburtsdatum, die Anschrift und die Ausbildung der Beschäftigten, deren regelmäßige Arbeitszeit, die von ihnen in dem Heim ausgeübte

Tätigkeit und die Dauer des Beschäftigungsverhältnisses sowie die Dienstpläne (...)." (§ 13 Abs. 1 Heimgesetz).
In die Prüfung sind in der Regel Dienstpläne von zwei bis drei Monaten einzubeziehen. Die Anforderungen gelten auch für Dienstpläne, die per EDV erstellt werden.

4.5 Ist durch die Personaleinsatzplanung eine kontinuierliche Pflege und Versorgung der Bewohner gegeben?

a) Kontinuität in der Pflege von Montag bis Freitag tagsüber gegeben
b) Kontinuität in der Pflege nachts gegeben
c) Besetzung an Wochenenden/Feiertagen mit Wochentagen vergleichbar
d) Kontinuität in der sozialen Betreuung gegeben
e) Kontinuität in der hauswirtschaftlichen Versorgung gegeben

Anhand der Dienstpläne ist zu bewerten, ob die Personalbesetzung kontinuierlich ist.

- Kontinuität in der Pflege von Montag bis Freitag tagsüber gegeben: Hier ist zu bewerten, ob Schwankungen zwischen den Wochentagen oder zwischen Früh- und Spätdiensten vermieden werden.
- Kontinuität in der Pflege nachts gegeben: Hier ist zu bewerten, ob immer mindestens eine Pflegefachkraft anwesend ist und Schwankungen zwischen verschiedenen Nächten vermieden werden.
- Besetzung an Wochenenden/Feiertagen mit Wochentagen vergleichbar: Eine vergleichbare Besetzung ist gegeben, wenn die Besetzung am Wochenende die Besetzung in der Woche nicht wesentlich unterschreitet.
- Kontinuität in der sozialen Betreuung gegeben: Hier ist zu bewerten, ob soziale Betreuung zu unterschiedlichen Tageszeiten und auch am Wochenende angeboten wird.
- Kontinuität in der hauswirtschaftlichen Versorgung gegeben: Hier ist zu bewerten, ob die hauswirtschaftliche Versorgung täglich gewährleistet ist.

Klinik für Chirurgie
Pflegedienstleitung

Am Wasserturm 1
22523 Hamburg

Betr.: Dienstanweisung zur Dienstplangestaltung

Sehr geehrte Damen und Herren,
mit heutigen Datum möchte ich Sie bitten, bei der Dienstplangestaltung zukünftig die nachfolgenden Bestimmungen zu beachten und in die Praxis umzusetzen.
Bei Fragen oder einzelnen schwierigen Situationen wenden Sie sich bitte an die Pflegedienstleitung.

Grundsätze der Dienstplangestaltung:
1. Die Anzahl der aufeinanderfolgenden Nachtdienst sollte möglichst gering gehalten werden, in der Regel sind nicht mehr als vier Nachtdienste hintereinander einzuplanen. Bei Personalausfällen kann davon nur in Ausnahmefällen abgewichen werden.

Übersicht 4:
Muster einer Dienstanweisung zur Dienstplangestaltung

2. Nach einer Nachschichtfolge ist eine Ruhezeit von mindestens 24 Stunden einzuplanen.
3. Ungünstige Schichtfolgen sind zu vermeiden, es ist immer eine Vorwärtsrotation (Früh-, Spät- und Nachtdienst) zu planen.
4. Es sind nicht mehr als 7 Dienste hintereinander zu verplanen. Dann muss ein freier Tag folgen.
5. Der Dienstplan ist von der verantwortlichen Stationsleitung oder Vertretung zu unterschreiben. Damit wird er für alle Mitarbeiter verbindlich, es gilt die eingetragene Schichtform. Tausch oder Änderung sind nur mit Zustimmung der Stationsleitung gebilligt.
6. Die Stationsleitung ist verpflichtet einen gleichmäßigen quantitativen Personaleinsatz sicherzustellen.
7. Für jeden Arbeitsbereich sind durch die Stationsleitung realistische Minimalbesetzungen zu definieren und mit der Pflegedienstleitung abzustimmen. Den Mitarbeiterinnen und Mitarbeitern ist dies bekannt zu geben.
8. Überstunden sind zu vermeiden, sie dürfen nur in dringenden Fällen von der leitenden Pflegekraft angeordnet werden. Die Stationsleitung sollte dies so früh wie möglich den betroffenen Mitarbeiterinnen und Mitarbeitern bekannt geben. Die Pflegedienstleitung ist darüber unverzüglich zu informieren.

Bei Personalausfällen hat die Stationsleitung nach folgender Prioritätenliste vorzugehen:

1. Es erfolgt kein Ersatz, wenn die Minimalbesetzung nicht unterschritten wird und kein dringender Bedarf vorhanden ist.
2. Es sind arbeitszeitneutrale Schichtwechsel für die betroffenen Mitarbeiterinnen und Mitarbeiter vorzunehmen. Sie bekommen an einen in der Zukunft liegenden Tag frei, an dem die Minimalbesetzung nicht unterschritten wird. Dies sollte möglichst zeitnah geschehen, soweit es die betrieblichen Belange zulassen.
3. Mitarbeiterinnen und Mitarbeiter werden zusätzlich eingesetzt und erhalten einen zeitnah gelegenen freien Arbeitstag.
4. Die Arbeitszeit der anwesenden Mitarbeiter ist auf die maximal zulässige Arbeitszeit von 10 Stunden täglich zu verlängern.
5. Bei Teilzeitbeschäftigten können nur Mehrarbeitsstunden angeordnet werden, soweit die arbeitsvertraglich zulässig ist.
6. Wenn der Personalausfall mit den o. g. Maßnahmen nicht zu beheben ist, muss sofort die Pflegedienstleitung informiert werden.
7. Allein die Pflegedienstleitung ist im Rahmen des Direktionsrechtes berechtigt Mitarbeiter kurzfristig aus anderen Arbeitsbereichen abzuziehen.
8. Der Einsatz von Aushilfen oder Zeitarbeitsfirmen erfolgt nur durch die Pflegedienstleitung.

Diese Dienstanweisung ist von allen Stationsleitungen zu unterschreiben. Eine Kopie erhält die Pflegedienstleitung.
Bei Verstößen gegen diese Bestimmungen muss mit arbeitsrechtlichen Konsequenzen gerechnet werden.

Hamburg, den 1.10.2000   Pflegedienstleiter

Fälle

Fallbeispiel A:
Krankenschwester Helga Klever kommt zum Frühdienst. Oberschwester Hildegard Stramm meint, heute seien genug Kolleginnen da und schickt Helga nach Hause, damit sie Überstunden abbummelt.
1. Darf sie das?
2. Was macht Helga?

Fallbeispiel B:
Krankenschwester Frieda Fleißig kommt zum Frühdienst. Die Stationsleitung Petra Planlos empfängt sie mit den Worten:
„Geh' schnell nach Hause und schlaf' – Du musst heute zum Nachtdienst wiederkommen!"
Frieda will aber ausgerechnet heute ins Kino ...
Was kann sie tun?

Fallbeispiel C:
Wie der Krankenpfleger Dieter Durchblick dem Dienstplan entnehmen kann, ist für ihn am 4.6. und 5.6.1995 (Pfingstsonntag und Pfingstmontag) Freizeitausgleich für geleistete Überstunden angeordnet. Auf Nachfrage wird ihm in der Personalverwaltung erklärt, eigentlich sei beabsichtigt gewesen, ihn an den Pfingsttagen zur Arbeitsleistung heranzuziehen. Mithin sei sehr wohl ein Freizeitausgleich an einem Sonntag und einem Wochenfeiertag möglich.
Der Angestellte trägt die Angelegenheit der Personalratsvorsitzenden vor.
Diese fragt sich, ob die Rechtsauffassung der Dienststelle im Einklang mit den tariflichen Vorschriften steht.

Stichwort Zeitbedürfnisse

Bitte denken Sie einmal an Ihren Tagesablauf und kennzeichnen Sie die Zeitanteile für
- Arbeitszeit,
- Wegezeit,
- Freizeit, in der Sie Pflichten erledigen,
- Freizeit,
- Schlafen,

in einem Tortendiagramm.

Denken Sie jetzt einmal darüber nach, wie Ihr idealer Tagesablauf aussehen würde und zeichnen Sie diesen wieder in Form eines Tortendiagramms.

Tab. 26: Dienstplangestaltung

Dienstplangestaltung	
Stammdaten	
Verantwortlich	Pflegerische Bereichsleitung
Prozessauslöser	Vorstand Krankenpflege und Patientenservice Pflegerische Zentrumsleitungen
Ziel/Zweck	• Reibungsloser Ablauf der Mitarbeiterverteilung in der Station/im Funktionsbereich • Deckung des Personalbedarfs • Sicherstellung der Patientenversorgung • Berücksichtigung des qualitativen und quantitativen Arbeitsanfall • Beachtung der gesetzlichen und tariflichen Vorgaben • Gewährleistung der Mitarbeiterzufriedenheit • Optimierung der Dienstplangestaltung zur Qualitätssicherung
Anwendungsbereich	alle pflegerischen Stationen und Funktionsbereiche
Schlüssel-/Kennzahlen	Mitarbeiterbezogen: Die Mitarbeiter erhalten durch die festgelegte Struktur frühzeitige Planungssicherheit. Alle pflegerischen Stationen und Funktionsbereiche handeln einheitlich nach einem vereinbarten Schema. Institutionsbezogen: Durch die effiziente Dienstplanung werden die Aspekte der Wirtschaftlichkeit und die Sicherstellung der Patientenversorgung in besonderem Maße berücksichtigt. Die Definitionen und Verantwortlichkeiten sind klar benannt und jederzeit nachvollziehbar.
Strukturkriterien	
Beteiligte	Pflegerische Teamleitung, pflegerische Bereichsleitung
Dokumentation	Dienstplanformular

Tab. 26:
Dienstplangestaltung
(Fortsetzung)

Mitgeltende Dokumente	• geltender Urlaubsplan • Schülereinsatzmeldung • Personaleinsatzmeldung der weiterbildenden Einrichtungen • Kriterien zur Dienstplanerstellung/Abrechnung • Feste Termine der Station/Funktionseinheit, wie z. B. Fortbildungstermine
Vorgaben	• Zielvorgaben und Vereinbarungen der pflegerischen Zentrumsleitung • Gesetzliche und tarifliche Vorgaben • Betriebsärztliche Vorgaben • Sollarbeitszeiten • Dienstzeitenpläne • Tagewoche
Zeitpunkt	Fertigstellung des Monatsdienstplanes 4–6 Wochen vor Inkrafttreten, spätestens am 1. des Vormonats.
Prozesskriterien	
Information der Mitarbeiter	Alle Mitarbeiter werden über die Einführung und Inhalte der Prozessbeschreibung „Dienstplangestaltung" im Rahmen von Teamsitzungen durch die jeweilige PTL und PBL informiert. Die Informationsweitergabe wird durch die PTL dokumentiert und festgehalten.
Vorgehen	siehe Prozessablaufbeschreibung
Ergebniskriterien	• Vorgehensweise ist für alle Beteiligten transparent und nachvollziehbar • Gesetzliche und tarifliche Vorgaben sind beachtet • Ausfallquote < 15 % • Fehlerquote < 1 % • Keine geplanten Überstunden
Literaturliste	• Arbeitszeitrechtsgesetz • BAT/Tarifvertrag vom 20. Oktober 2004 – Beschäftigungspakt • Mutterschutzgesetz • Jugendarbeitsschutzgesetz • Krankenpflegegesetz • Schwerbehindertengesetz • Schreiben des Ministerium für Finanzen und Energie vom 04. Januar 2001
Anlagen	• Prozessablaufbeschreibung • Legende • Kriterien zur Dienstplanerstellung und Dienstplanabrechnung

Tab. 26: Dienstplangestaltung (Fortsetzung)

Verteiler	• alle pflegerischen Stationen und Funktionsbereiche	
Begriffe/ Abkürzungen	BAT	Bundes-Angestelltentarifvertrag
Erstellt: Datum/Version 1.0	Geprüft: Datum	Freigegeben: Datum
Name	Name/Abt	Name/Abt

Die gesamte Dokumentation ist geschlechtsneutral verfasst

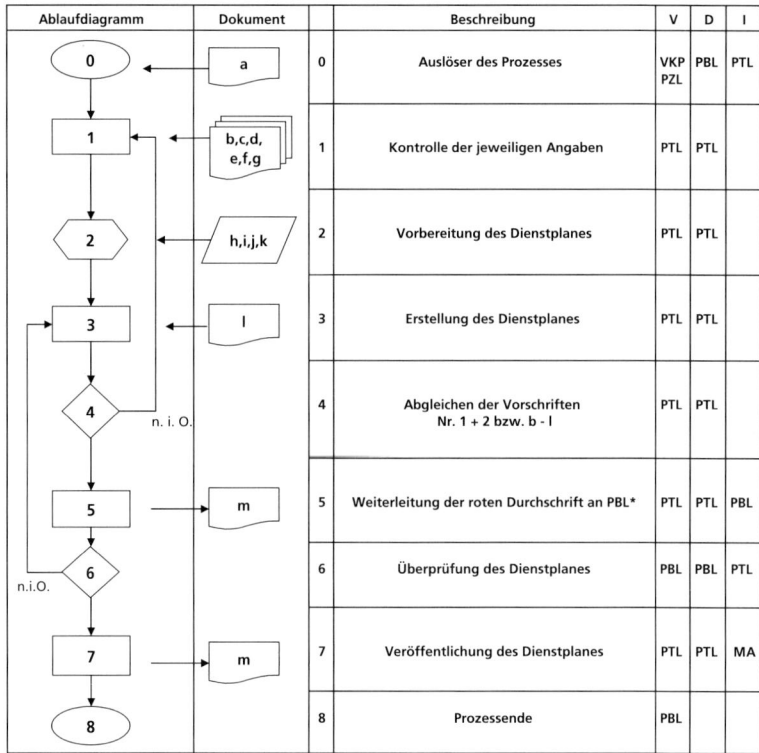

Abb. 12: Prozessablaufbeschreibung

* Gilt nicht für Stationen/Funktionsbereiche mit EDV-unterstützten Dienstplanprogrammen

Legende:
- V = Verantwortung
- D = Durchführung
- I = Information
- VKP = Vorstand Krankenpflege und Patientenservice
- PZL = Pflegerische Zentrumsleitung
- PTL = Pflegerische Teamleitung
- MA = Mitarbeiter
- n.i.O. = nicht in Ordnung

- a = Zielvorgaben und Vereinbarungen der pflegerischen Zentrumsleitung
- b = Gesetzliche und tarifliche Vorgaben
- c = Betriebsärztliche Vorgaben
- d = Schülereinsatzmeldung
- e = Feste Termine der Station/Funktionseinheit
- f = geltender Urlaubsplan
- g = Personaleinsatzmeldung
- h = Dienstzeiten
- i = Sollarbeitszeit
- j = Tagewoche
- k = Kriterien zur Dienstplanerstellung und Dienstplanabrechnung
- l = Dienstplanformular
- m = Dienstplan

Bereitschaftsdienste: Im Neuen steckt die Chance
Effizienzsteigerung durch neue Arbeitszeitmodelle

Krankenhäuser sind gezwungen, ihre Bereitschaftsdienste neu zu organisieren – so will es das Gesetz[12] seit Jahresbeginn. Allein, viele Häuser haben die Dienste noch nicht nach den neuen rechtlichen und tariflichen Regelungen umgestellt. Gründe hierfür gibt es vor allem zwei: In den Personalabteilungen reichen die arbeitsrechtlichen Kenntnisse oft nicht aus, zudem sind die Bereitschaftsdienststunden deutlich teurer geworden. Durch die Änderungen im Tarifvertrag (TVöD und TV Marburger Bund) ist für eine Arbeitsleistung von 40 bis 49 % (die für Ärzte oft übliche Bereitschaftsdienst-Stufe III) zukünftig eine Vergütung von 90 % zu zahlen. Meldungen wie diese lassen die Krankenhausleitungen hochschrecken:

- Die Studie des Deutschen Krankenhausinstituts (DKI) von 2004 errechnet für den Bedarf an zusätzlichen Ärzten eine Zahl von 18.700 Vollkräften oder
- die Deutsche Krankenhausgesellschaft (DKG) erwartet im Zuge der Änderung des Arbeitszeitgesetzes für 2007 Mehrkosten in Höhe von 1,3 Milliarden Euro.

Der Zwang zur Veränderung bedeutet jedoch auch die Chance, neue Arbeitszeitmodelle zu entwickeln, die den gesetzlichen und tariflichen Anforderungen entsprechen, wirtschaftlich vertretbar sind und auch den betrieblichen Arbeits- und Gesundheitsschutz berücksichtigen. Dieser Aspekt allerdings wird derzeit häufig übersehen.

Im folgenden Artikel zeigen wir am Beispiel der OP-Organisation für den Funktionsdienst OP und Anästhesie im Krankenhaus auf, wie die prognostizierten Kostensteigerungen vermieden werden können: Die Bereitschaftsdienste werden entsprechend der neuen gesetzlichen Vorgaben umgestellt und mit einer effizienten Arbeitsorganisation verbunden.

Die bisherigen Vorschriften im Arbeitszeitgesetz sind zum Jahresende 2006 ausgelaufen. Seit 2007 gilt die Regelung der Tarifvertragsparteien, die zu einer wesentlich höher gewerteten Arbeitszeit führt. Die Bereitschaftsdienststufe ergibt sich nach den durchschnittlich anfallenden Arbeitsleistungen (von mindestens drei dokumentierten Monaten), die wie folgt als Arbeitszeit gewertet werden:

Arbeitsrechtliche Grundlagen

Bereitschaftsdienst-stufen	Arbeitsleistung	Anzurechnende Arbeitszeit *)
Stufe I	bis zu 25 %	60 %
Stufe II	über 25 % bis 40 %	75 %
Stufe III	über 40 % bis 49 %	90 %
Vollarbeit	Über 49 %	100 %

Tab. 27: Bereitschaftsdienststufe nach Arbeitsleistung

*) Dies kann in Freizeitausgleich oder in Bezahlung erfolgen. An Feiertagen werden zusätzlich 25 % Arbeitszeit angerechnet.

---

[12] Entscheidung des Europäischen Gerichtshofs zum Bereitschaftsdienst vom 3. Oktober 2000 und die Übergangsregelung im Arbeitszeitgesetz bis zum 31. Dezember 2006

Der Bereitschaftsdienst umgerechnet in Arbeitszeit pro Stunde ergibt folgende Übersicht:

Tab. 28: Bereitschaftsdienst in Arbeitszeit pro Stunde

Bereitschaftsdienststufen	Arbeitsleistung	Anzurechnende Arbeitszeit *)
Stufe I	max. 15 Min. pro Std.	36 Min. pro Std.
Stufe II	max. 24 Min. pro Std.	45 Min. pro Std.
Stufe III	max. 29,4 Min pro Std.	54 Min. pro Std.
Vollarbeit	Über 49 %	60 Min.

Eine durchschnittliche Arbeitsleistung in der Bereitschaftsstufe III ist aus Arbeitgebersicht – wenn diese regelmäßig anfällt – wirtschaftlich nicht sinnvoll. Für knapp 30 Minuten geleisteter Arbeit im Bereitschaftsdienst ist eine Vergütung von 90 % zu bezahlen. In diesen Fällen sollte Ablauf- und Zeitorganisation überprüft werden: Sind alternative Arbeitszeitmodelle betriebswirtschaftlich günstiger?

Grundsätzlich gilt, dass Bereitschaftsdienst nur angeordnet werden darf, wenn die durchschnittliche Arbeitsleistung unter 49 % liegt. Die arbeitszeitlichen Höchstgrenzen sind genau definiert worden. Allerdings gibt es hier Unterschiede in den Tarifverträgen Marburger Bund und TVöD. Während die Höchstgrenze bei der täglichen Arbeitszeit inkl. Bereitschaftsdienst für Ärzte bei 18 Stunden liegt, gelten für alle anderen Berufsgruppen 13 bzw. 16 Stunden.

Tab. 29: Höchstarbeitszeiten für alle Berufsgruppen (außer Ärzte)

Bereitschaftsdienststufen	maximale **tägliche** Arbeitszeit (inkl. Bereitschaftsdienst)	maximale **wöchentliche** Arbeitszeit (inkl. Bereitschaftsdienst)
Stufe I	16 Stunden	58 Stunden
Stufe II	13 Stunden	54 Stunden
Stufe III	13 Stunden	54 Stunden

Nur mit dem Abschluss einer Betriebs- oder Dienstvereinbarung kann unter folgenden Voraussetzungen die tägliche Arbeitszeit – ausschließlich der Pausen – maximal 24 Stunden betragen:

- Prüfung alternativer Arbeitszeitmodelle,
- Belastungsanalyse gemäß § 5 ArbSchG und
- ggf. daraus resultierende Maßnahmen zur Gewährleistung des Gesundheitsschutzes

Bei der Prüfung alternativer Arbeitszeitmodelle sind die Interessen abzuwägen: Was brauchen die Patienten? Welche wirtschaftlichen Aspekte sind zu berücksichtigen? Und welche Bedürfnisse haben die Mitarbeiter, die in Umbruchphasen oft ihren Besitzstand wahren wollen. Eines ist sicher: Eine vorrangige Orientierung der Arbeitszeitorganisation an den

Mitarbeitern ist nicht mehr zeitgemäß und kann die langfristige Existenz des Krankenhauses nachhaltig schädigen.

Für Ärzte gelten abweichende Regelungen, insbesondere im Hinblick auf die 24-Stunden-Dienste. Die tägliche Arbeitszeit darf bei Bereitschaftsdiensten, die ausschließlich an Samstagen, Sonn- und Feiertagen erfolgen, maximal 24 Stunden betragen, wenn dadurch für den einzelnen Arzt mehr freie Wochenenden und Feiertage zur Verfügung stehen.

Die Zuweisung der Bereitschaftsdienststufen erfolgt durch die Betriebsparteien in einer Betriebs- oder Dienstvereinbarung. Für die Ärzte gilt zusätzlich: Die Zuweisung zu den Stufen des Bereitschaftsdienstes erfolgt durch eine schriftliche Nebenabrede zum Arbeitsvertrag. Die Nebenabrede ist mit einer Frist von drei Monaten jeweils zum Ende eines Kalenderhalbjahres kündbar. Die errechnete Arbeitszeit einschließlich etwaiger Zeitzuschläge kann bis zum Ende des dritten Kalendermonats auch durch entsprechende Freizeit ausgeglichen werden.

In einem Krankenhaus der Grund- und Regelversorgung (270 Planbetten, 6 Fachabteilungen) und einem OP-Bereich mit vier Sälen sollten für den Funktionsdienst eine Bereitschaftsdienstregelung entworfen werden, die sich in einer Betriebsvereinbarung niederschlägt.

Ausgangslage

Die aktuelle Personalausstattung im Operationsdienst lag bei einem Stellenplan von 17 VK bei 15,33 VK und in der Anästhesie bei 8,70 Vollkräften (Plan: 9,5 VK). Die variablen Bruttopersonalkosten Rufbereitschaft, Bereitschaftsdienst, Überstunden lagen bei ca. 183.000 Euro. Bei durchschnittlichen Kosten pro Vollkraft von 43.000 Euro entspricht dies umgerechnet 4,25 zusätzlichen Vollkräften. Dies ist für ein Krankenhaus dieser Größenordnung überproportional hoch. Insgesamt umfasst der Funktionsdienst „Anästhesie und Operationsdienst" rechnerisch somit 28,28 Vollkräfte.

Die Arbeitszeiten waren wie folgt:

Montag bis Freitag		
07:30 bis 15:42	7,7 Stunden	OP und Anästhesie
08.30 bis 16.42	7,7 Stunden	OP und Anästhesie
16.12 bis 07.30	15,3 Stunden Bereitschaftsdienst Stufe C (neu Stufe II)	Arbeitszeit in Stunden 11,475 abzüglich 7,7 Stunden Freizeitausgleich (**3,775 Stunden kamen zur Auszahlung**)
16.12 bis 07.30	Rufbereitschaft	2. OP-Pflegepflegekraft (alle geleisteten Std. wurden als Überstunden ausbezahlt)

Tab. 30: Arbeitszeiten OP/Anästhesie

Tab. 30:
Arbeitszeiten OP/Anästhesie (Fortsetzung)

	Montag bis Freitag		
	Wochenende/Feiertage		
Samstag	08.00 bis 08.00 Uhr	24 Stunden Bereitschaftsdienst Stufe C (neu Stufe II)	Bewertung als Arbeitszeit 18 Stunden **Auszahlung 18 Stunden**
Sonntag	08.00 bis 07.30 Uhr	23,5 Stunden Bereitschaftsdienst Stufe C (neu Stufe II)	Bewertung als Arbeitszeit 17,625 Std. abzüglich 7,7 Std. Freizeitausgleich **(9,925 Stunden kamen zur Auszahlung)**

Die Ausfallquote liegt im Durchschnitt bei 18,6 %. Sie ist überdurchschnittlich hoch, was auch mit der überlangen Arbeitszeit im Zusammenhang stehen kann.

Neues Arbeitszeitmodell

Zu Beginn wurden die Arbeitsabläufe analysiert und dahin gehend überprüft, wie hoch die Arbeitsleistung im Bereitschaftsdienst ist. Hierbei ist zu empfehlen, die Arbeitsleistung im Bereitschaftsdienst der letzten sechs Monate zu überprüfen. Im OP ist dies anhand der vorliegenden Dokumentationen der Operateure und Anästhesisten sehr gut möglich. Diese Untersuchung ist notwendig, um einen sinnvollen Beginn und Ende der Regelarbeitszeit zu ermitteln und sicherzustellen, dass die personellen Ressourcen den Arbeitsanfall abdecken. In dem untersuchten Krankenhaus stellte sich heraus, dass der durchschnittliche Arbeitsanfall bis 21 Uhr bei 100 % lag. Der Rufbereitschaftsdienst wurde regelhaft im Anschluss an die reguläre Dienstzeit in Anspruch genommen. Ein wesentlicher Grund hierfür waren festgestellte Defizite im OP-Management. Insbesondere die Wechselzeiten und die Wartezeiten (Patienten, Operateure) waren zu lang. Die bisherige Regelung der Bereitschafts- und Rufbereitschaftsdienste war rechtlich unzulässig. Und es entspricht auch nicht mehr dem Arbeitsanfall und ist eindeutig unwirtschaftlich, wie die Analyse der Personalkosten zeigte.

Bei dem neuen Arbeitszeitmodell musste die 13- bzw. 16-Stunden-Regelung des TVöD berücksichtigt werden sowie der regelmäßige Arbeitsanfall bis weit nach 21 Uhr. Die Einführung eines Schichtdienstes war notwendig. Es ergibt sich zukünftig folgendes Arbeitszeitmodell für den Funktionsdienst OP und Anästhesie[13] bei einer 5-Tagewoche:

Tab. 31:
Arbeitszeitmodell OP/Anästhesie bei 5-Tagewoche

06.48 bis 15.00 Uhr	Früh	7,7 Stunden
08.00 bis 16.12 Uhr	Früh	7,7 Stunden
09.00 bis 17.12 Uhr	Früh	7,7 Stunden

---

[13] TVöD § 45 Abs. 2 Besonderer Teil Krankenhäuser: Stufe A/B 16 Stunden täglich, Stufe C/D 13 Stunden täglich

14.30 bis 22.42 Uhr	Spät	7,7 Stunden	
22.42 bis 07.00 Uhr	BD Nacht	8,3 Stunden Bereitschaftsdienst Stufe I = 60 % = 4,98 Std. anzurechnende Arbeitszeit abzüglich Freizeitausgleich 7,7 Std. = – 2,72 Std.	
06.48 bis 19.00 Uhr	BD WE	12,2 Stunden Bereitschaftsdienst Stufe I 60 % = 7,32 Std. anzurechnende Arbeitszeit	
09:00 bis 14:00 Uhr	Samstag	5 Stunden	
18.48 bis 07.00 Uhr	BD WE	12,2 Stunden Bereitschaftsdienst Stufe I 60 % = 7,32 Std. anzurechnende Arbeitszeit	

Tab. 31:
Arbeitszeitmodell OP/Anästhesie bei 5-Tagewoche (Fortsetzung)

Es gelten jetzt für alle Beschäftigen die gleichen Arbeitszeiten, da eine Trennung zwischen Anästhesie und OP nicht notwendig ist. Mittels der Aufzeichnungen im Bereitschaftsdienst konnte eine Arbeitsleistung von mehr als 25 % nach 21 Uhr nicht nachgewiesen werden. Als Folge wird die Bereitschaftsdienststufe von Stufe II auf Stufe I abgesenkt. Es zeigte sich des Weiteren, dass der Arbeitsanfall für den Rufbereitschaftsdienst viel zu hoch und deshalb ein zweiter Bereitschaftsdienstplatz eingerichtet werden musste. Der Bereitschaftsdienst wird von Montag bis Freitag auf 8,3 Stunden reduziert. Am Samstag wird aufgrund des regelmäßigen Arbeitsanfalls in der Zeit von 9 bis 14 Uhr Vollarbeit eingeplant und mit Bereitschaftsdienst auf eine Arbeitszeit von insgesamt 12,2 Stunden festgelegt. Für den Sonntag wurde ein reiner Bereitschaftsdienst festgelegt.

Nach dem neuen Arbeitszeitmodell ergibt sich folgendes Besetzungsprofil für den Funktionsdienst im OP:

Bezahlte Arbeitsstunden in der Woche OP				
			BD Stufe I	60 %
	Früh 9 MA	Spät 2 MA	2 MA Anwesenheit	2 MA Vergütung
Gesamt Stunden	356,5	77	170,6	102,36
Bezahlte Arbeitsstunden in der Woche Anästhesie				
			BD Stufe I	60 %
	Früh 5 MA	Spät 1 MA	1 MA Anwesenheit	2 MA Vergütung
Gesamt Stunden	197,5	38,5	85,3	51,18

Tab. 32:
Besetzungsprofil Funktionsdienst OP

Insgesamt zeigt sich, dass die Umsetzung der Bereitschaftsdienstregelungen zu keiner Personalaufstockung beim Funktionsdienst geführt hat. Es ergibt sich mit dem neuen Arbeitszeitmodell ein Personalbedarf von 26,75 Vollkräften (inkl. der Umrechnung der Bereitschaftsdienstvergütung). **Im Ergebnis werden jetzt rechnerisch 1,53 weniger Vollkräfte bezahlt. Zusätzlich sind wesentliche Elemente einer flexiblen und zeitgemäßen Arbeitszeitorganisation eingeführt worden.**

Zusammenfassung Die Umsetzung der neuen Regelungen erfordert eine neue Dienstplangestaltung. Für Krankenhäuser ergeben sich hieraus Chancen: Neben der Umsetzung der arbeitszeitrechtlichen Bestimmungen können sie Personalkosten einsparen und zusätzlich etwas für den Arbeits- und Gesundheitsschutz zu tun. Der Bereitschaftsdienst beginnt in vielen Krankenhäusern standardgemäß um 16 Uhr, obwohl der durchschnittliche Arbeitsanfall deutlich über 49 % Arbeitsleistung liegt. Dies trifft besonders auf den OP-Bereich, einem der personalkostenintensivsten Bereiche im Krankenhaus, zu und macht ihn unnötig teuer, da Bereitschaftsdienste ausbezahlt werden.

Die neuen Arbeitszeiten stoßen teilweise auf Widerstand bei den Beschäftigten, da Gehaltseinbußen akzeptiert werden müssen. Der alte Konflikt in der Arbeitswelt „mehr Freizeit oder mehr Geld" tritt wieder hervor. Insgesamt ist es jedoch möglich, die Personalkosten für Bereitschaftsdienst, Rufbereitschaft und Überstunden deutlich zu senken. Durch die neuen Modelle können mit dem gleichem Personalkostenbudget neue Mitarbeiter eingestellt werden und es gibt bessere Voraussetzungen zur Ausweitung der Betriebszeiten.

4.14 Arbeitswissenschaftliche Empfehlungen zur Gestaltung von Schichtarbeit

Mit dem Arbeitszeitgesetz ist auch die Berücksichtigung arbeitswissenschaftlicher Empfehlungen bei der Schichtplangestaltung verbindlich geworden.
Problematisch ist hier nach wie vor die zum großen Teil noch fehlende Erforschung vieler Schichtmodelle (z. B. Dauernachtarbeit, Dauerwochenendschichten).
So ist es heut noch nicht möglich, endgültige Bewertungen für das Bevorzugen oder das Vernachlässigen bestimmter Schichtmodelle zu geben. Hier sollten in der Einrichtung auch unbedingt die Erfahrungen betroffener Mitarbeiter zum Tragen kommen.
Einige Empfehlungen sind aber heute durchaus anerkannt und sollten richtungweisend behandelt werden:

- Die Frühschicht sollte möglichst spät beginnen.
- Lange Schichtblöcke sollten vermieden werden.
- Der Wechsel der Schichten sollte im „Vorwärtsrhythmus" erfolgen.
- Möglichst wenige Nachtarbeitsschichten am Stück, danach sollte Freizeit folgen.

- Arbeits- und Freizeitphasen sollten durchmischt werden.
- Möglichkeiten zum Übergang in Teilzeitarbeit und auf „Nichtschichtarbeit".
- Bevorzugung der Kurzrotation.

4.15 Literatur

Francis, Dave/Young, Don: Mehr Erfolg im Team, 1996

5 Erholungsurlaub

Funktion

Der Erholungsurlaub dient der **Erholung** und im weiteren arbeitsrechtlichen Sinne der **Erhaltung der Arbeitskraft**. Er soll die selbstbestimmte Freizeitgestaltung der Mitarbeiter fördern. Während des Erholungsurlaubs ist der Angestellte von der Arbeitsleistung suspendiert, er braucht sich auch nicht bereithalten und seine Anschrift dem Arbeitgeber mitteilen, um im Bedarfsfall die Arbeit wieder aufzunehmen. Hat der Angestellte Urlaub, so darf er nicht am Rufbereitschafts- oder Bereitschaftsdienst teilnehmen.

> **Hinweis:** Der Urlaubsanspruch ist ein Anspruch des Arbeitnehmers auf Freistellung von der Arbeit.

Vergütung

Jeder Angestellte hat Anspruch auf Erholungsurlaub unter Zahlung der **Urlaubsvergütung**. Die Urlaubsvergütung besteht aus der Grundvergütung, dem Ortszuschlag sowie Funktionszulagen. Die unständigen Bezügebestandteile wie Zeitzuschläge, Überstundenvergütung, Vergütung für Rufbereitschaft- und Bereitschaftsdienst sowie die Schicht- und Wechselschichtzulage werden als Aufschlag gezahlt. Der Aufschlag errechnet sich aus dem Durchschnitt der Bezügebestandteile des vergangenen Kalenderjahres. Dafür müssen erst die letzten 12 Monate alle unständigen Bezügebestandteile zusammen gerechnet werden. In der Praxis sieht dies folgendermaßen aus:

$$\frac{\Sigma \text{ der unständigen Bezügebestandteile (aller 12 Monate)}}{12} = \text{Durchschnitt}$$

5.1 Urlaubsanspruch

Wann besteht Anspruch?

Der Urlaubsanspruch kann erst nach Ablauf von **sechs Monaten nach der Einstellung** geltend gemacht werden, es sei denn, der Mitarbeiter scheidet vorher aus. **Jugendliche** können ihren Anspruch schon nach **drei Monaten** geltend machen. Während der Probezeit kann Urlaub nur in Ausnahmefällen genommen werden, und nur der Anspruch, der schon entstanden ist. Endet die Wartezeit erst im Laufe des folgenden Kalenderjahres, so ist der Urlaub bis zum Ende des laufenden Kalenderjahres anzutreten. Das Urlaubsjahr ist immer das Kalenderjahr. Der Urlaub soll grundsätzlich zusammenhängend gewährt werden, auf Wunsch der Angestellten kann er auch in zwei Teilen genommen werden. Diese Vorschrift wird heute allerdings von den meisten Mitarbeitern als überholt angesehen. Ein Urlaubsteil muss mindestens zwei zusammenhängende Wochen betragen. Dies soll die Zerstückelung des Urlaubs verhindern, damit die Angestellten einmal einen Anspruch haben, sich über einen längeren Zeitraum zu erholen.

Schwerbehinderte Menschen haben Anspruch auf einen bezahlten zusätzlichen Urlaub von fünf Arbeitstagen im Urlaubsjahr; verteilt sich die regelmäßige Arbeitszeit des schwerbehinderten Menschen auf mehr oder weniger als fünf Arbeitstage in der Kalenderwoche, erhöht oder vermindert sich der Zusatzurlaub entsprechend. Soweit tarifliche, betriebliche oder sonstige Urlaubsregelungen für schwerbehinderte Menschen einen längeren Zusatzurlaub vorsehen, bleiben sie unberührt (SGB IX, Rehabilitation und Teilhabe behinderter Menschen vom 19. 6. 2001, BGBl. I, S. 1045, § 125 Zusatzurlaub).

Schwerbehinderung

5.1.1 Berechnung des Urlaubsanspruchs

Seit dem 1.1.1995 gilt in ganz Deutschland § 3 Abs. 1 BUrlG. Danach beträgt der jährliche **gesetzliche** Mindesturlaub 24 Werktage (inkl. Samstag). Für den Bereich des Öffentlichen Dienstes gilt der TVöD, der günstigere Regelungen enthält.

Mindesturlaub

Der Erholungsurlaub des Angestellten, dessen durchschnittliche regelmäßige Arbeitszeit auf fünf Arbeitstage in der Kalenderwoche verteilt ist (5-Tage-Woche), beträgt gemäß § 26 Abs. 1:

Bis zum vollendeten 30. Lebensjahr	Bis zum vollendeten 40. Lebensjahr	Nach vollendetem 40. Lebensjahr
26 Arbeitstage	29 Arbeitstage	30 Arbeitstage
Anzahl der Urlaubstage bis zum vollendeten 30. Lebensjahr	Anzahl der Urlaubstage bis zum vollendeten 40. Lebensjahr	Anzahl der Urlaubstage nach vollendetem 40. Lebensjahr
31	35	36
30	33	35
29	32	33
27	30	32
26	29	30
25	28	29
23	26	27
22	25	26
21	23	24
20	22	23
18	20	21
17	19	20
16	17	18
14	16	17
13	15	15
12	13	14

Tab. 33: Anzahl der Urlaubstage bei Angestellten

Tab. 33:
Anzahl der Urlaubstage bei Angestellten (Fortsetzung)

Anzahl der Urlaubstage bis zum vollendeten 30. Lebensjahr	Anzahl der Urlaubstage bis zum vollendeten 40. Lebensjahr	Anzahl der Urlaubstage nach vollendetem 40. Lebensjahr
10	12	12
9	10	11
8	9	9
7	7	8
5	6	6

$$\frac{\text{Durchschnitt Urlaubstage der Station x Anzahl der Mitarbeiter}}{\text{Arbeitstage/Jahr}}$$

Beispiel:

$$\frac{25 \times 14}{260} = 1{,}35$$

Diese Zahl nennt die Anzahl der Mitarbeiter, die Urlaub nehmen müssen.

Der Anspruch richtet sich nach den gesetzlichen oder tariflichen Bestimmungen. Es muss im Einzelfall dort genau nachgelesen werden. Arbeitsvertraglich kann auch eine günstigere Vereinbarung getroffen werden. Dies ist nach dem **Günstigkeitsprinzip** zulässig.

Sonderurlaub

Der Urlaub vermindert sich um 1/12 für jeden vollen Kalendermonat eines Sonderurlaubs. Es gibt eine Ausnahme: Die Verminderung tritt nicht bei einer **beruflichen Fort- oder Weiterbildung** ein, wenn der Arbeitgeber ein betriebliches Interesse an der Fort- und Weiterbildung anerkannt hat. Dies muss er schriftlich dem Angestellten mitteilen. Anderer Sonderurlaub über diesen Zeitpunkt hinaus mindert den Urlaubsanspruch entsprechend der 1/12-Regelung.

Ruhendes Arbeitsverhältnis

Ruht das Arbeitsverhältnis wegen Gewährung von Rente oder der Ableistung von Grundwehrdienst, Zivildienst oder Erziehungsurlaub wird ebenfalls um 1/12 für jeden vollen Kalendermonat gekürzt.

Beispiel: Verminderung des Urlaubsanspruchs bei Einstellung mitten im laufenden Urlaubsjahr:
Beginn des Arbeitsverhältnisses: 01.06.2000
Urlaubsanspruch (Gesamtjahr): 30 Arbeitstage
Zusatzurlaub: 4 Arbeitstage
Gesamturlaubsanspruch: 34 Arbeitstage

Kürzung:

$$\frac{34 \text{ Urlaubstage}}{12 \text{ Monate}} \times 5 \text{ Monate} = 14{,}16 \text{ Urlaubstage weniger}$$

Urlaubsanspruch = 34 UT – 14,16 UT (5 Monate) = 19,84 Urlaubstage
entspricht = 20 Urlaubstagen

> **Übungsaufgabe:**
> Andrea Kaiser, 26 Jahre alt, beginnt am 1. Mai 2000 als Krankenschwester auf einer Operativen Intensivbehandlungsstation im Allgemeinen Krankenhaus Hamburg. Während der Probezeit erhält sie die Kündigung. Zum 30. September scheidet sie aus dem Arbeitsverhältnis aus.
> Welchen Urlaubsanspruch hat sie?
> Beginn des Arbeitsverhältnisses: 01.05.2000
> Ende des Arbeitsverhältnisses: 30.09.2000
> Urlaubsanspruch (Gesamtjahr): 26 Arbeitstage
>
> **Kürzung:**
> $$\frac{26 \text{ Urlaubstage}}{12 \text{ Monate}} \times 7 \text{ Monate} = 15{,}16 \text{ Urlaubstage weniger}$$
>
> Urlaubsanspruch = 26 UT – 15,16 UT (5 Monate) = 10,84 Urlaubstage
> entspricht = 11 Urlaubstagen

5.1.2 Urlaubsliste

Die Bedeutung der Urlaubsliste ist in vielen Bereichen im Pflegedienst **völlig unklar.** Die Urlaubsliste unterscheidet sich im Wesentlichen vom Urlaubsplan dadurch, dass sie keine Richtlinien enthält, nach denen der Urlaub während des Urlaubsjahres gewährt werden soll. Die Urlaubsliste dient nur dem Zweck, die **Urlaubswünsche** der Arbeitnehmer für den Urlaub **festzustellen.** Sie wird ausgegeben oder im Umlauf herumgegeben. Jeder Mitarbeiter trägt seine Wünsche ein, ohne dass damit nun schon sofort die Urlaubszeit festliegt. Der Eintrag in die Urlaubsliste muss als Antrag des Arbeitnehmers gewertet werden, den Urlaub zu diesem eingetragenen Zeitpunkt zu erhalten. Es ist rechtlich von Bedeutung, dass die Arbeitnehmer eine Antwort auf ihre Eintragung erhalten. Die Liste muss von der Stationsleitung in einem bestimmten Zeitrahmen bearbeitet werden. Der Urlaubsplan muss bis zum 31. Dezember fertig sein. Daraus ergibt sich die Notwendigkeit, die Urlaubsliste bis spätestens zum 1. Dezember zu bearbeiten.

Bedeutung

> **Hinweis:** Eine nicht bearbeitete Urlaubsliste ist kein Urlaubsplan!

5.1.3 Urlaubsplan

Im November des Vorjahres wird für jede Station ein Urlaubsplan aufgestellt. Es sollte sehr frühzeitig eine **Urlaubsbesprechung** stattfinden, damit noch Zeit bleibt, um Konflikte zu klären. Bei Problemen, die nicht innerhalb der Station oder Abteilung zu klären sind, ist der Betriebsrat und Personalrat und die verantwortliche Pflegedienstleitung zu beteiligen. Letztere muss besonders darauf achten, dass die betrieblichen Belange berücksichtigt werden.

Trifft die Pflegedienstleitung keine Entscheidung, muss sie mit einer Abmahnung rechnen.

Um den geregelten Arbeitsablauf zu gewährleisten und die Bedürfnisse der Mitarbeiter zu berücksichtigen, ist ein Urlaubsplan aufzustellen. Die Mitarbeiter müssen sich auf die Urlaubsplanung verlassen können. Der Urlaubsplan muss bis zum 31. Dezember genehmigt sein, da das Urlaubsjahr das Kalenderjahr ist. Jeder Arbeitsbereich sollte eine Urlaubsbesprechung durchführen und die Termine aller Mitarbeiter aufeinander abstimmen.

Es muss festgelegt werden, wie viele Mitarbeiter zur gleichen Zeit in den Urlaub gehen. Bei der Anzahl wird nicht zwischen Vollzeit- und Teilzeitangestellten unterschieden, es zählen nur Personen.

Merke: Dabei darf die Anzahl 1/5 aller Mitarbeiter nicht überschritten werden, sonst kann ein Personalausfall nicht mehr kompensiert werden!

Wie viele Mitarbeiter müssen in Urlaub gehen?

$$\frac{\text{Anzahl der Mitarbeiter} \times 6}{52}$$

Zu beachten ist auch die Ausfallzeit im jeweiligen Arbeitsbereich. Die **Zahl von 1/5** ist besonders streng auszulegen! Denn der Betriebsablauf muss auch bei Krankheitsausfällen noch gewährleistet werden. Es kommt in der betrieblichen Praxis immer wieder vor, dass zu viele Mitarbeiter auf einmal in den Urlaub gehen. Ist das der Fall, so muss von mangelnder Führungskompetenz ausgegangen werden.

Genehmigung

Im Urlaubsplan sind alle Mitarbeiter einzutragen, der gesamte Urlaubsanspruch ist zu verplanen. Der Urlaubsplan wird der Pflegedienstleitung zur Genehmigung und dem Personalrat/Betriebsrat zur Mitbestimmung vorgelegt, erst dann gilt er als genehmigt.

Bei der Festlegung der zeitlichen Lage des Erholungsurlaubes sind die Wünsche der Mitarbeiter zu berücksichtigen. Alle Mitarbeiter müssen ihren gesamten Urlaub in den Urlaubsplan eintragen lassen. Hier sind die sozialen Gesichtspunkte zu berücksichtigen (vgl. auch § 7 Bundesurlaubsgesetz).

Soziale Gesichtspunkte sind: Lebensalter, Dauer der Betriebszugehörigkeit, Alter und Anzahl der schulpflichtigen Kinder sowie der sonstigen Familienangehörigen, Berufstätigkeit des Ehegatten oder Lebenspartners mit der Notwendigkeit der Abstimmung des Urlaubes, Gesundheit der Mitarbeiter.

Lebensalter	Betriebszuge-hörigkeit	Alter	Anzahl der schulpflichtigen Kinder bzw. Gesundheit des Arbeitnehmers
Marion Meier			
Peter Schmitt			

Tab. 34: Soziale Gesichtspunkte

Die sozialen Gesichtspunkte werden nebeneinander gestellt und zusammengezählt. Wer die meisten Punkte bekommt, hat den Vorrang. Der Begriff „soziale Gesichtspunkte" ist dabei weit zu fassen und umfasst auch sonstige Fragen, die den Erholungszweck im Einzelfall besonders fördern können. Zu beachten ist schließlich auch die Verteilung des Erholungsurlaubes in den Vorjahren, da es nicht zumutbar ist, bestimmte Mitarbeiter stets auf die schlechtere Urlaubszeit zu verweisen. Niemand hat Anspruch, immer im gleichen Zeitraum seinen Erholungsurlaub zu nehmen, auch wenn er schulpflichtige Kinder hat.

Festlegung der zeitlichen Lage

Die Festlegung erfolgt grundsätzlich durch Erklärung des Arbeitgebers. Die Urlaubswünsche der Mitarbeiter müssen insoweit zurücktreten, als **dringende betriebliche Belange** entgegenstehen. Dringende betriebliche Belange sind nicht nur zwingende Betriebserfordernisse, die eine Ablehnung der Urlaubswünsche der Mitarbeiter geradezu notwendig machen. Maßgeblich ist eine Abwägung der beiderseitigen Interessen.

Betriebliche Gründe

Wird der Antrag auf Gewährung von Erholungsurlaub abgelehnt, so hat der Arbeitnehmer die Möglichkeit, das zuständige **Arbeitsgericht** anzurufen. In eiligen Fällen kann der Arbeitnehmer auch einen Antrag beim Arbeitsgericht auf Erlass einer einstweiligen Verfügung stellen. Die einstweilige Verfügung ist zu erlassen, wenn anders eine rechtzeitige Durchsetzung des Urlaubsanspruchs unter Berücksichtigung der Urlaubswünsche des Arbeitnehmers nicht gewährleistet ist, auch wenn dadurch der Urlaubswunsch des Arbeitnehmers nicht nur gesichert, sondern befriedigt wird. Das Arbeitsgericht entscheidet dann im so genannten Eilverfahren. Der Antrag muss nicht durch einen Rechtsanwalt gestellt werden. Es gibt in jedem Arbeitsgericht eine Antragsannahmestelle; dort sitzen Rechtspfleger, die den Antrag aufnehmen und beraten. Vorzulegen sind der Arbeitsvertrag, der Personalausweis und der Nachweis, dass der Antrag auf Erholungsurlaub abgelehnt wurde. Der Antrag auf Erlass einer einstweiligen Verfügung wird vom Rechtspfleger formuliert, es ist in jedem Fall eine eidesstattliche Versicherung abzugeben.

Ablehnung von Urlaub

Anwendungsfälle

1. Der Arbeitgeber widerruft den Urlaub, den er bereits genehmigt hatte und über den der Arbeitnehmer bereits disponiert hat (z. B. Buchung einer Urlaubsreise).
2. Bei unmittelbar bevorstehendem Ende des Arbeitsverhältnisses verweigert der Arbeitgeber dem Arbeitnehmer den noch bestehenden Urlaub.

Gründe für Einschaltung von Arbeitsgerichten

Hinweis: Ein einmal genehmigter Urlaub ist einseitig nicht widerrufbar. Eine Rückberufung aus dem Erholungsurlaub ist rechtlich nicht zulässig.

Eine **Änderung** des Urlaubs auf **Wunsch des Mitarbeiters** ist möglich, soweit die betrieblichen Belange es zulassen und andere Mitarbeiter dadurch keine Nachteile in Kauf nehmen müssen. Die Stationsleitung kann nur in Abstimmung mit der Pflegedienstleitung über eine solche Änderung entscheiden. Die Änderung muss im Einzelfall wieder dem Betriebsrat oder Personalrat zur Mitbestimmung vorgelegt werden. insbesondere dann, wenn es sich um eine strittige Angelegenheit handelt, weil die Zustimmung des Betriebs- oder Personalrats Wirksamkeitsvoraussetzung ist.

Tab. 35: Urlaubsplanung

Urlaubsplanung	
Stammdaten	
Verantwortlich	Pflegerische Bereichsleitung/pflegerische Teamleitung
Prozessauslöser	Pflegerische Zentrumsleitung MLZ K2
Ziel/Zweck	Um den geregelten Arbeitsablauf im Pflegedienst in den einzelnen Kliniken zu gewährleisten und die Bedürfnisse der Mitarbeiter zu berücksichtigen, ist ein Jahresurlaubsplan aufzustellen. Die Verantwortung für den Urlaubsplan obliegt der pflegerischen Teamleitung. Der Erholungsurlaub dient der selbstbestimmten Freizeitgestaltung der Mitarbeiter und im weiteren Sinne der Erhaltung der Arbeitskraft.
Anwendungsbereich	MLZ K2 Zentrum für Operative Medizin, pflegerischer Bereich
Schlüssel-/Kennzahlen	Mitarbeiterbezogen: Die Mitarbeiter erhalten durch die festgelegte Struktur frühzeitige Planungssicherheit. Alle Stationen bzw. Mitarbeiter handeln einheitlich nach einem vereinbarten Schema. Institutionsbezogen: Durch die effiziente Urlaubsplanung werden die Aspekte der Wirtschaftlichkeit, die Optimierung der Urlaubsansprüche und die Sicherstellung der Patientenversorgung in besonderem Maße berücksichtigt.

Tab. 35:
Urlaubsplanung
(Fortsetzung)

		Die Definitionen und Verantwortlichkeiten sind klar benannt und jederzeit nachvollziehbar.
Strukturkriterien		
Beteiligte		Mitarbeiter, pflegerische Teamleitung, pflegerische Bereichsleitung, pflegerische Zentrumsleitung
Dokumentation		Im Urlaubsplan sind alle Mitarbeiter einzutragen, insbesondere ist der gesamte Urlaubsanspruch zu verplanen. Im Urlaubsplan muss enthalten sein: • Der Urlaubsanspruch. • Die vereinbarte Arbeitszeit und die Tagewoche. • Die Urlaubstage sind im Dienstplan zu nummerieren.
Zeitpunkt		Der Urlaubsplan ist spätesten bis zum 30.11. d. J. über die pflegerischen Bereichsleitungen, der pflegerischen Zentrumsleitung zur Genehmigung vorzulegen.
Prozesskriterien		
Information der Mitarbeiter		Alle Mitarbeiter werden über die Einführung und Inhalte der Prozessbeschreibung „Urlaubsplanung" im Rahmen von Teamsitzungen durch die jeweilige PTL und PBL informiert. Die Informationsweitergabe wird durch die PTL dokumentiert und festgehalten.
Vorgehen		Die pflegerische Teamleitung legt schriftlich fest, wie viele Mitarbeiter gleichzeitig in den Urlaub gehen können (siehe Formel). Dies muss mit der pflegerischen Bereichsleitung abgestimmt werden. Es gehen nur Personen in den Urlaub, dabei wird nicht unterschieden zwischen Teilzeit- und Vollzeitkräften. Die Teamleitungen vertreten sich stationsübergreifend untereinander. • **Das Urlaubsjahr ist das Kalenderjahr.** • **Formel für Berechnung lautet:** Anzahl der Mitarbeiter X 6 Wochen : 52 Wochen = Anzahl der Mitarbeiter die gleichzeitig in den Urlaub gehen müssen bzw. dürfen. • Jede Station oder Funktionsabteilung führt unter der Leitung der pflegerischen Teamleitung eine Urlaubsbesprechung durch. Zum Zeitpunkt der Besprechung muss die Urlaubsliste erstellt sein.

Tab. 35:
Urlaubsplanung
(Fortsetzung)

	• Bei der Festlegung der zeitlichen Lage des Erholungsurlaubes sind die Wünsche der Mitarbeiter zu berücksichtigen. • Im Urlaubsplan sind die sozialen Gesichtspunkte zu berücksichtigen. • Die Festlegung des Erholungsurlaubs erfolgt grundsätzlich durch Erklärung und Genehmigung, über die pflegerische Bereichsleitung, die pflegerische Zentrumsleitung. • Der Urlaubsplan muss, soweit der Personalrat diesen als Dokument geführten Plan anfordert, dem Personalrat zur Mitbestimmung vorgelegt werden.
Ergebniskriterien	• Ein einmal genehmigter Erholungsurlaub ist einseitig nicht widerrufbar. • Eine Änderung des Urlaubs auf Wunsch des Mitarbeiters ist grundsätzlich möglich, soweit die betrieblichen Belange dies zulassen. Bis zu einer Dauer von fünf Werktagen kann die pflegerische Teamleitung über eine solche Änderung alleine entscheiden.
Fußnote	Soziale Gesichtspunkte sind vor allem: Lebensalter, Dauer der Betriebszugehörigkeit, Alter und Zahl der schulpflichtigen Kinder sowie der sonstigen Familienangehörigen, Berufstätigkeit des Ehegatten oder Lebenspartners mit der Notwendigkeit der Abstimmung des Urlaubes und die Gesundheit der Mitarbeiter.
Anlagen	Keine
Verteiler	alle Stationen/Funktionsbereiche im Zentrum für Operative Medizin (MLZ K2)
Erstellt: 17.08.2005/Version 1.0	Geprüft: 25.08.2005	Freigegeben: Ronald Kelm
Name:	Name/Abt. PZL MLZ/K 2	Name/Abt. PZL MLZ/K2

Die gesamte Dokumentation ist geschlechtsneutral verfasst

Arbeitnehmer muss bei Urlaubsplanung Rücksicht auf betriebliche Belange nehmen

Ein Arbeitnehmer muss bei seiner Urlaubsplanung grundsätzlich Rücksicht auf betriebliche Belange nehmen. Die gilt selbst dann, wenn er schulpflichtige Kinder hat und deshalb auf die Schulferien angewiesen ist. Ein Angestellter einer Reinigungsfirma hatte am 25. Juni einen vierwöchigen Urlaub antreten wollen. Seinen Urlaubswunsch hatte er mit dem Hinweis auf seine beiden schulpflichtigen Kinder sowie den bereits genehmigten Urlaub seiner Ehefrau begründet. Der Arbeitgeber hatte ihm jedoch erst ab den 2. Juli Urlaub geben wollen. Die Firma hatte dagegen mit termingebundenen Reinigungsaufträgen und der angespannten Per-

sonalsituation während der Sommermonate argumentiert. Außerdem habe das Unternehmen bereits in den zurückliegenden Jahren stets den Urlaubswünschen des Arbeitnehmers entsprochen.
Die Richter des Arbeitsgerichts in Frankfurt a. M. urteilten: Ein Arbeitnehmer habe keinen Anspruch auf eine uneingeschränkte Erfüllung seiner Urlaubswünsche. Dies gelte selbst dann, wenn der Arbeitnehmer schulpflichtige Kinder habe und deshalb auf die Schulferien angewiesen sei. Eine Interessenabwägung müsse immer auch betriebliche Belange der Firma berücksichtigen. Deshalb könne der Arbeitgeber von ihm verlangen, seinen Urlaub erst am 2. Juli anzutreten (7 Ga 103/01, Arbeitsgericht Frankfurt a. M.).

Hat der Arbeitgeber seinem Arbeitnehmer den Urlaub einmal gewährt, so ist er daran gebunden und nicht berechtigt, den Urlaubenden wieder zurückzurufen.
Diese gesetzliche Vorschrift des § 1 Bundesurlaubsgesetzes (BUrlG) kann auch nicht durch eine individuelle Vereinbarung in der sich der Arbeitnehmer verpflichtet, auf Verlangen den Urlaub abzubrechen, umgangen werden. Ein Erholungsurlaub ist dann nicht gewährleistet, wenn der Arbeitnehmer trotz Freistellung ständig damit rechnen muss, zur Arbeit abgerufen zu werden, entschied das Bundesarbeitsgericht (BAG 2000-06-20 9 AZR 405/99).

Kein Rückruf aus dem Urlaub

Der Resturlaub eines Arbeitnehmers verfällt nach Ablauf des Jahres auch ohne ausdrückliche vertragliche Vereinbarung nicht, sondern wird kraft Gesetzes auf das nächste Kalenderjahr übertragen.
Dies entschied kürzlich das LAG in Mainz. Denn nach Ansicht der Richter ergebe sich schon „aus der Natur der Sache", dass nicht genommener Urlaub auf das nächste Jahr übertragen werden müsse. Dies gelte auch dann, wenn der Arbeitnehmer weder einen Urlaubsantrag gestellt habe oder sonst wie entsprechende Urlaubswünsche geäußert habe (LAG Mainz, 1999-09-02, 4 Sa 547/99).

Resturlaub wird automatisch ins neue Jahr übertragen

5.1.4 Verbot der Erwerbstätigkeit im Urlaub

Verboten ist jede Erwerbstätigkeit, die dem Urlaubszweck zuwiderläuft. Damit ist festgelegt, dass nicht nur eine Tätigkeit in einem Arbeitsverhältnis oder Dienstverhältnis verboten ist, sondern auch jede Tätigkeit, die als selbständige Tätigkeit in einem freien Beruf oder als Gewerbetätigkeit oder in einem Werkvertrag dem Urlaubszweck zuwiderläuft. Die Erwerbstätigkeit ist jede Arbeit, die auf einen Erwerb abzielt, wobei die Vergütung keineswegs in Geld oder geldwerten Dingen zu liegen braucht, sondern auch in anderen Gegenleistungen bestehen kann.
Nicht jede Arbeit, die danach als Erwerbstätigkeit anzusprechen ist, wird aber von dem Verbot betroffen sein, sondern nur solche, die dem Urlaubszweck der Erholung zuwiderläuft.
Leistet ein Arbeitnehmer dem Verbot der Erwerbstätigkeit während des Urlaubs zuwider, so verstößt diese Tätigkeit gegen ein gesetzliches Verbot im Sinne von § 134 BGB. Ein über die Urlaubstätigkeit abgeschlossener Vertrag muss damit als nichtig angesehen werden.

Hinweis: Die verbotwidrige Tätigkeit ist ein Verstoß gegen die allgemeinen arbeitsvertraglichen Nebenpflichten und ist ein Grund zur Kündigung. Bei einer Tätigkeit im Konkurrenzunternehmen sogar ein Grund zur fristlosen Kündigung.

5.1.5 Mitteilung der Urlaubsanschrift

Im Pflegedienst ist es verbreitet, dem Arbeitgeber die Urlaubsanschrift mitzuteilen. In der Praxis ist die Frage immer wieder relevant, inwieweit der Arbeitnehmer verpflichtet ist, seine Urlaubsanschrift mitzuteilen. Dies kann nur nach Lage des Einzelfalles beurteilt werden. Da nach den allgemeinen Grundsätzen des Urlaubsrechts ein Rückruf aus dem Urlaub unzulässig ist, muss die Urlaubsanschrift dem Arbeitgeber nicht mitgeteilt werden. Schon gar nicht, wenn der Arbeitgeber kein berechtigtes Interesse daran hat. Während der Urlaubszeit muss der Arbeitgeber immer mit Betriebsablaufstörungen rechnen, wie sie durch Krankheit verursacht werden. Dies ist ein Grund für eine sorgfältige Urlaubsplanung, rechtfertigt aber in keinem Fall den Rückruf aus dem Urlaub. Der Arbeitgeber hat sich auf Personalausfall einzustellen, er trägt das wirtschaftliche Risiko des Unternehmens.

5.1.6 Krankheit im Urlaub

Der Arbeitnehmer ist verpflichtet, auch im Urlaub seine Erkrankung unverzüglich anzuzeigen und den Nachweis der Erkrankung durch ein **ärztliches Attest** zu belegen. Auf Verlangen des Arbeitgebers kann vom ersten Tag der Arbeitsunfähigkeit an auch ein amtsärztliches Zeugnis verlangt werden. Dies kam in den letzten Jahren häufiger vor als die meisten Mitarbeiter vermuten, um den Missbrauch zu verhindern.
Nach der Erkrankung muss der Erholungsurlaub neu festgesetzt werden, soweit die **betrieblichen Belange** es zulassen und andere Mitarbeiter nicht im Urlaubsplan stehen und den Vorrang haben. Wird der Angestellte vor Antritt des Urlaubs arbeitsunfähig, so braucht er den Urlaub nicht anzutreten. Er muss aber anschließend seine **Arbeitsfähigkeit** anzeigen und zunächst seine Arbeitskraft wieder zur Verfügung stellen.
Der Urlaub ist dann erneut festzulegen, der Angestellte ist nicht berechtigt, einseitig den Urlaub zu ändern oder erneut festzulegen. Sein Erholungsurlaub verlängert sich nicht automatisch um die Tage der Arbeitsunfähigkeit, so dass der Arbeitnehmer insgesamt länger abwesend sein kann. Das einseitige und eigenmächtige „Anschließen" des Resturlaubs durch den Arbeitnehmer stellt in der Regel eine Arbeitsvertragsverletzung dar und kann ein Grund zur außerordentlichen Kündigung durch den Arbeitgeber sein.

Übertragbarkeit des Urlaubs

Der Urlaub ist bis spätestens zum Ende des Kalenderjahres zu nehmen (Urlaubsjahr). Der Urlaub ist nur in Ausnahmefällen übertragbar in das nächste Kalenderjahr. Bis zum 31.03. des folgenden Kalenderjahres kann der Urlaub unter Angabe von Gründen übertragen werden. Bis zum 31.05. des folgenden Kalenderjahres kann der Urlaub nur aus betrieblichen oder persönlichen Gründen (Arbeitsunfähigkeit oder Schutzfristen nach den Mutterschutzgesetz) übertragen werden.

> **Hinweis:** Der Erholungsurlaub, der nicht innerhalb der gesetzlichen und tariflichen Fristen genommen wurde, verfällt.
> Teilzeitbeschäftigte erhalten anteilig den gleichen Urlaub wie vollbeschäftigte Angestellte.

5.1.7 Urlaubsanspruch bei Maßnahmen der medizinischen Vorsorge oder Rehabilitation

In § 7 BUrlG ist bestimmt, dass der Urlaub zu gewähren ist, wenn der Arbeitnehmer dies im Anschluss an eine Maßnahme der medizinischen Vorsorge oder Rehabilitation vom Arbeitgeber verlangt. Damit geht in diesem Fall der Wunsch des Arbeitnehmers vor und diesem können weder betriebliche Gründe noch die Wünsche anderer Arbeitnehmer entgegenstehen. Das gilt auch bei Betriebsferien.
Der Arbeitnehmer muss den Wunsch eindeutig äußern. Die Schriftform ist nicht erforderlich, es genügt, dass der Arbeitnehmer sich dem Arbeitgeber oder dessen Vertreter (z. B. die Stationsleitung) gegenüber eindeutig äußert.
Die Äußerung kann vor oder auch unmittelbar nach der medizinischen Vorsorge oder Rehabilitation geschehen.

> **Hinweis:** Die Formulierung, dass der Urlaub im Anschluss an die Kur oder medizinischen Vorsorgemaßnahme verlangt werden muss, bedeutet keinen unmittelbaren, nahtlosen Anschluss an das Ende der Vorsorge- oder Rehabilitationsmaßnahme.

Richtig ist insoweit die Formulierung in § 10 Abs. 1 Nr. 2 BUrlG, dass ein Anschluss auch noch vorliegt, wenn dies binnen 14 Tagen erfolgt. Was für die Anschlussmaßnahme festliegt, gilt auch für den anschließenden Urlaub.

5.1.8 Übertragung des Erholungsurlaubs

Das Urlaubsjahr ist gemäß § 1 BUrlG und § 26 I TVöD das Kalenderjahr. Der Erholungsurlaub ist grundsätzlich im Urlaubsjahr zu gewähren bzw. zu nehmen. Er ist an das Urlaubsjahr gebunden, muss auf bestimmte Tage des Urlaubsjahres festgelegt sein und innerhalb des Urlaubsjahres auch genommen werden. Es gilt allgemein der Rechtssatz des Urlaubsrechts, dass in Ausnahmefällen der Urlaub auf das nächste Urlaubsjahr übertragen wird.

Urlaubsjahr ist das Kalenderjahr

§ 26 Erholungsurlaub

Protokollerklärung zu Absatz 1 Satz 6:
Der Urlaub soll grundsätzlich zusammenhängend gewährt werden; dabei soll ein Urlaubsteil von zwei Wochen Dauer angestrebt werden.

(2) Im Übrigen gilt das Bundesurlaubsgesetz mit folgenden Maßgaben:
a) Im Falle der Übertragung muss der Erholungsurlaub in den ersten drei Monaten des folgenden Kalenderjahres angetreten werden. Kann der Erholungsurlaub wegen Arbeitsunfähigkeit oder aus betrieblichen/dienstlichen Gründen nicht bis zum 31. März angetreten werden, ist er bis zum 31. Mai anzutreten.
b) Beginnt oder endet das Arbeitsverhältnis im Laufe eines Jahres, erhält die/der Beschäftigte als Erholungsurlaub für jeden vollen Monat des Arbeitsverhältnisses ein Zwölftel des Urlaubsanspruchs nach Absatz 1; § 5 BUrlG bleibt unberührt.
c) Ruht das Arbeitsverhältnis, so vermindert sich die Dauer des Erholungsurlaubs einschließlich eines etwaigen Zusatzurlaubs für jeden vollen Kalendermonat um ein Zwölftel.
d) Das nach Absatz 1 Satz 1 fort zu zahlende Entgelt wird zu dem in § 24 genannten Zeitpunkt gezahlt.

Das BAG steht seit 1982 in ständiger Rechtsprechung auf dem Standpunkt, dass der Urlaubsanspruch befristet erwächst und mit Ablauf des Urlaubsjahres grundsätzlich erlischt. Eine Übertragung des Urlaubs ist nach § 7 Abs. 3 Satz 2 BUrlG ausnahmsweise möglich, wenn dringende betriebliche oder in der Person liegende Gründe vorliegen. Die in der Person liegenden Gründe müssen weder dringend noch zwingend sein. Schon sachliche Gründe sollen ausreichen (z. B. Arbeitsunfähigkeit des Arbeitnehmers) oder die Durchführung eines Familienurlaubes.
Verhindert der Arbeitgeber den Urlaubsanspruch des Arbeitnehmers trotz dessen rechtzeitiger Geltendmachung auch im Übertragungszeitraum, so erlischt der Urlaubsanspruch mit Ablauf des Übertragungszeitraumes. An die Stelle des ursprünglichen Urlaubs tritt dann ein Schadensersatzanspruch auf Gewährung von Urlaub in entsprechender Höhe.

Es gilt dann der Grundsatz: Alter Erholungsurlaub geht vor, damit er nicht verfällt.

Urlaubsrecht

Mit Urteil vom 20. Juni 2000 (9 AZR 405/99) hat das Bundesarbeitsgericht (BAG) folgenden Leitsatz aufgestellt:

Hat der Arbeitgeber den Arbeitnehmer zur Erfüllung des Anspruchs auf Erholungsurlaub (§ 1 BUrlG) freigestellt, kann er den Arbeitnehmer nicht aufgrund einer Vereinbarung aus dem Urlaub zurückrufen. Eine solche Abrede verstößt gegen zwingendes Urlaubsrecht und ist rechtsunwirksam (§ 13 BUrlG).

Bei diesem Urteil ging es einerseits um Schadensersatzforderungen des Arbeitgebers und die Frage, welcher Teil des Arbeitsentgeltes, das als Urlaubsgeld gezahlt wird, pfändbar ist und um die Frage, ob ein Arbeit-

nehmer, der sich freiwillig verpflichtet hat, bei Bedarf den Urlaub abzubrechen und die Arbeit wieder aufzunehmen, seine arbeitsvertraglichen Pflichten verletzt, wenn er den Urlaub dann doch nicht abbricht.
Diese Ausführungen beschränken sich allein auf die letzte Frage, da wir sie für unsere Mitglieder als wichtiger erachten. Ein Fazit erübrigt sich angesichts der eindeutigen Urteilsbegründung.

Der klagende Arbeitnehmer arbeitete seit Oktober 1996 in der Firma als Software-Entwickler. Ende 1997 verhängte sein Arbeitgeber Urlaubssperre; ein Resturlaub von 15 Tagen aus 1997 wurde auf 1998 übertragen. Im 1. Quartal 1998 vereinbarten Arbeitgeber und Arbeitnehmer, dass dieser Resturlaub im ganzen Jahr 1998 in Anspruch genommen werden kann. Im April 1998 kündigte der Arbeitnehmer seinen Vertrag zum Ende Juni 1998 und beantragte Urlaub für Mai und Juni 1998, der vom Arbeitgeber bewilligt wurde. Der Arbeitnehmer hatte zu der Zeit einen Anspruch auf 15 Tage Resturlaub aus 1997 gemäß Vereinbarung, 15 Tage Urlaub aus 1998 und Freistellung für ca. 100 geleistete Überstunden. Außerdem wurde festgelegt, welche Arbeiten der Arbeitnehmer bis dahin noch erledigen sollte. Im Urteil wird eine Dokumentation benannt, welche der Arbeitnehmer erstellte und abgab. Eine Woche später wurde er schriftlich aufgefordert, an einem bestimmten Termin, der wohl in der zugesagten Urlaubszeit lag, zur Erledigung weiterer zugesagter Arbeiten im Büro zu erscheinen. Dieser Aufforderung folgte der Arbeitnehmer nicht. In der weiteren Folge des Geschehens kam es dann zur fristlosen Kündigung durch den Arbeitgeber und Geltendmachung eines Schadenersatzanspruches, den der Arbeitgeber durch Einbehaltung des Gehaltes bis zur Höhe des Pfändungsfreibetrags schon einmal teilweise mit dem Gehalt aufrechnete.
Der Arbeitnehmer klagte sowohl gegen die Kündigung als auch gegen die Einbehaltung des Gehaltes. Er gewann in beiden Fragen, wobei nachfolgend, wie bereits erwähnt, nur auf die Frage des Rückrufes aus dem Urlaub eingegangen wird.

„Einen Anspruch des Arbeitgebers gegen den Arbeitnehmer, seinen Urlaub abzubrechen oder zu unterbrechen, gibt es nach dem BUrlG (Bundesurlaubsgesetz – Anm. d. Verf.) nicht (...). Ob dennoch bei unvorhersehbaren und zwingenden Notwendigkeiten, welche einen anderen Ausweg nicht zulassen' (...) ein solcher Anspruch bestehen könnte, bedarf keiner Erörterung des Senats. Die Beklagte (der Arbeitgeber – Anm. d. Verfassers) hat hierfür keine Tatsachen vorgetragen."
„Nach § 1 BUrlG schuldet der Arbeitgeber dem Arbeitnehmer Erholungsurlaub. Zur Erfüllung dieses gesetzlichen Anspruchs hat er den Arbeitnehmer von der Arbeit freizustellen. Dem Arbeitnehmer ist uneingeschränkt zu ermöglichen, anstelle der geschuldeten Arbeitsleistung die ihm aufgrund des Urlaubsanspruchs zustehende Freizeit selbstbestimmt zu nutzen. Das ist dann nicht gewährleistet, wenn der Arbeitnehmer trotz Freistellung ständig damit rechnen muss, zur Arbeit abgerufen zu werden. Eine derartige Arbeitsbereitschaft lässt sich mit der Gewährung des gesetzlichen Erholungsurlaubs nicht vereinbaren. Der Anspruch des Arbeitnehmers wird in diesem Fall nicht erfüllt (...)."
„Ein Arbeitgeber muss sich daher vor der Urlaubserteilung entscheiden, ob er dem Arbeitnehmer den beantragten Urlaub gewährt oder den Ur-

laubswunsch des Arbeitnehmers etwa wegen dringender betrieblicher Belange iSv. (im Sinne von – Anm. des Verf.) § 7 Abs. 1 BUrlG ablehnt. Hat der Arbeitgeber den Arbeitnehmer freigestellt, also die Leistungszeit bestimmt, in der der Urlaubsanspruch des Arbeitnehmers iSv. § 362 Abs. 1 BGB erfüllt werden soll, und das dem Arbeitnehmer mitgeteilt, hat der Arbeitgeber als Schuldner des Urlaubs die für die Erfüllung dieses Anspruchs erforderliche Leistungs-/Erfüllungshandlung iSv. § 7 Abs. 1 BUrlG vorgenommen (...). An diese Erklärung ist der Arbeitgeber gebunden und kann den Arbeitnehmer nicht aus dem Urlaub zurückrufen."

„Eine Vereinbarung, in der sich der Arbeitnehmer gleichwohl verpflichtet, den Urlaub abzubrechen und die Arbeit wieder aufzunehmen, verstößt gegen § 13 Abs. 1 BUrlG; sie ist rechtsunwirksam. Danach kann von § 1 BUrlG weder durch die Tarifvertragsparteien noch durch eine einzelvertragliche Abrede abgewichen werden. Hierfür ist es unerheblich, ob der Urlaub von vornherein im Einvernehmen mit dem Arbeitnehmer unter Vorbehalt gewährt wird oder ob er zunächst vorbehaltlos bewilligt wird und sich der Arbeitnehmer erst zeitlich später – vor Urlaubsantritt – verpflichtet, dem Arbeitgeber auf dessen Verlangen zur Verfügung zu stehen. In beiden Fällen bewirkt das vereinbarte Recht des Arbeitgebers zum Rückruf des Arbeitnehmers aus dem Urlaub, dass der Arbeitnehmer für die Dauer der Freistellung entgegen § 1 BUrlG nicht uneingeschränkt von seiner Arbeitspflicht befreit wird. Das kann rechtswirksam nicht vereinbart werden."

„Zu Recht hat das Landesarbeitsgericht die Unwirksamkeit der Abrede für die gesamte Zeit der Freistellung angenommen und nicht zwischen der Freistellung zur Erfüllung des gesetzlichen Urlaubsanspruchs des Klägers (der Arbeitnehmer – Anm. des Verf.) und der weiteren Freistellung zur Erfüllung des vertraglichen Urlaubsanspruchs und des Überstundenausgleichs unterschieden."

„Der gesetzliche Resturlaub des Klägers für 1997 von fünf Urlaubstagen (gesetzlicher Jahresurlaub = 20 Tage in der Fünftagewoche, von denen der Kläger 1997 bereits 15 Tage erhalten hatte. Der arbeitsvertragliche Urlaub betrug jedoch 30 Tage. – Anm. d. Verf.) war aufgrund der gesetzlichen Befristung mit dem 31. März 1998 nach § 7 Abs. 3 Satz 2 BUrlG erloschen (...). Der nach Maßgabe von § 13 Abs. 1 BUrlG geschützte Urlaubsanspruch beschränkte sich damit auf zehn Arbeitstage für 1998 (...). Für die über diese Zeitspanne hinausgehende Freistellung hätten die Parteien daher an sich nach dem Grundsatz der Vertragsfreiheit (§§ 241, 305 BGB) vereinbaren können, daß die Beklagte den Kläger aus dem Urlaub abrufen kann. Da die Erfüllung des Anspruchs auf den gesetzlichen Mindesturlaub nicht von dem Zufall abhängen darf, oder Arbeitgeber von einem ihm eingeräumten Rückrufrecht Gebrauch macht, hätte die Beklagte hierfür vorab festlegen müssen, in welchem Zeitabschnitt innerhalb der Monate Mai und Juni 1998 der gesetzliche Urlaubsanspruch des Klägers erfüllt werden sollte. Das hat sie indessen unterlassen und statt dessen dem Kläger insgesamt ‚Urlaub' erteilt."

5.1.9 Urlaubsanspruch und Kündigung

Besonders praxisrelevant ist die Frage, welchen Einfluss der Kündigungsschutzprozess auf den Urlaubsanspruch des Arbeitnehmers hat.

Grundsätzlich bleibt es dabei, dass der Urlaubsanspruch an das Urlaubsjahr gebunden ist. Der Arbeitnehmer muss den Urlaub verlangen, erst danach ist der Arbeitgeber zur Gewährung des Urlaubs verpflichtet. Hat der Arbeitnehmer rechtzeitig vor Ablauf des Urlaubs- jahres bzw. vor Ablauf des Übertragungszeitraumes die Gewährung von Urlaub beim Arbeitgeber verlangt, ist der Arbeitgeber diesem Verlangen aber nicht nachgekommen, so befindet er sich in Verzug. Der Arbeitgeber muss dann Schadensersatz leisten. Der Schadensersatz richtet sich je nach Einzelfall auf Urlaubsgewährung oder Urlaubsabgeltung.

> **Merke:** Nach ständiger Rechtsprechung des BAG ist der Urlaubsanspruch nach § 7 BUrlG Abs. 4 ein Ersatz für wegen Beendigung des Arbeitsverhältnisses nicht mehr erfüllbaren Urlaubsanspruch. Er entsteht, ohne dass es dafür weitere Handlungen des Arbeitgebers oder Arbeitnehmers bedarf, mit der Beendigung des Arbeitsverhältnisses. Zu diesem Zeitpunkt wandelt sich der noch nicht erfüllte Urlaubsanspruch des Arbeitnehmers um.

5.2 Zusatzurlaub für Wechselschichtarbeit, Schichtarbeit und Nachtarbeit

§ 27 Zusatzurlaub

(1) Beschäftigte, die ständig Wechselschichtarbeit nach § 7 Abs. 1 oder ständig Schichtarbeit nach § 7 Abs. 2 leisten und denen die Zulage nach § 8 Abs. 5 Satz 1 oder Abs. 6 Satz 1 zusteht, erhalten
a) bei Wechselschichtarbeit für je zwei zusammenhängende Monate und
b) bei Schichtarbeit für je vier zusammenhängende Monate
einen Arbeitstag Zusatzurlaub.
(2) Im Falle nicht ständiger Wechselschicht- oder Schichtarbeit (z. B. ständige Vertreter) erhalten Beschäftigte des Bundes, denen die Zulage nach § 8 Abs. 5 Satz 2 oder Abs. 6 Satz 2 zusteht, einen Arbeitstag Zusatzurlaub für
a) je drei Monate im Jahr, in denen sie überwiegend Wechselschichtarbeit geleistet haben, und
b) je fünf Monate im Jahr, in denen sie überwiegend Schichtarbeit geleistet haben.
(3) Im Falle nicht ständiger Wechselschichtarbeit und nicht ständiger Schichtarbeit im Bereich der VKA soll bei annähernd gleicher Belastung die Gewährung zusätzlicher Urlaubstage durch Betriebs-/Dienstvereinbarung geregelt werden.
(4) Zusatzurlaub nach diesem Tarifvertrag und sonstigen Bestimmungen mit Ausnahme von § 125 SGB IX wird nur bis zu insgesamt sechs Ar-

beitstagen im Kalenderjahr gewährt. Erholungsurlaub und Zusatzurlaub (Gesamturlaub) dürfen im Kalenderjahr zusammen 35 Arbeitstage nicht überschreiten. Satz 2 ist für Zusatzurlaub nach den Absätzen 1 und 2 hierzu nicht anzuwenden. Bei Beschäftigten, die das 50. Lebensjahr vollendet haben, gilt abweichend von Satz 2 eine Höchstgrenze von 36 Arbeitstagen; § 26 Abs. 1 Satz 3 gilt entsprechend.
(5) Im Übrigen gilt § 26 mit Ausnahme von Absatz 2 Buchst. b entsprechend. Protokollerklärung zu den Absätzen 1 und 2:
Der Anspruch auf Zusatzurlaub bemisst sich nach der abgeleisteten Schicht- oder Wechselschichtarbeit und entsteht im laufenden Jahr, sobald die Voraussetzungen nach Absatz 1 oder 2 erfüllt sind. Für die Feststellung, ob ständige Wechselschichtarbeit oder ständige Schichtarbeit vorliegt, ist eine Unterbrechung durch Arbeitsbefreiung, Freizeitausgleich, bezahlten Urlaub oder Arbeitsunfähigkeit in den Grenzen des § 22 unschädlich.

Besonderer Teil Krankenhäuser (BT-K) – § 53 Zusatzurlaub

Beschäftigte erhalten bei einer Leistung im Kalenderjahr von mindestens
150 Nachtarbeitsstunden 1 Arbeitstag
300 Nachtarbeitsstunden 2 Arbeitstage
450 Nachtarbeitsstunden 3 Arbeitstage
600 Nachtarbeitsstunden 4 Arbeitstage
Zusatzurlaub im Kalenderjahr. Nachtarbeitsstunden, die in Zeiträumen geleistet werden, für die Zusatzurlaub für Wechselschicht oder Schichtarbeit zusteht, bleiben unberücksichtigt. § 27 Abs. 4 findet mit der Maßgabe Anwendung, dass Erholungsurlaub und Zusatzurlaub insgesamt im Kalenderjahr 35 Tage, bei Zusatzurlaub wegen Wechselschichtarbeit 36 Tage, nicht überschreiten. § 27 Abs. 5 findet Anwendung.

Der Zusatzurlaub wird als **Ausgleich** für die gesundheitlichen Belastungen der Wechselschicht, Schichtarbeit und Nachtarbeit gewährt. Damit haben die Tarifvertragsparteien im öffentlichen Dienst anerkannt, dass diese Arbeitsbedingungen eine besondere Belastung für die Beschäftigten im Pflegedienst und anderen Bereichen sind.
Es werden drei Fallgruppen für den Urlaubsanspruch unterschieden:

Fallgruppen

1. Wechselschichtarbeit und gleichgestellte Schichtarbeit,
2. Nachtarbeit im Rahmen von Schichtarbeit und gleichgestellte Arbeit zu unregelmäßigen Zeiten,
3. sonstige Nachtarbeit.

Berechnung

Der Anspruch auf Zusatzurlaub richtet sich nach der Anzahl der Tage, an denen der Angestellte tatsächlich in dieser Schichtform gearbeitet hat. **Berechnungsgrundlage** ist das vergangene Urlaubsjahr, nicht das laufende Urlaubsjahr!
Für die übrigen Fälle werden nur die tatsächlich geleisteten Nachtarbeitsstunden als Grundlage der Berechnung herangezogen. Bei der Berechnung wird nur die erbrachte Arbeitsleistung des vergangenen Kalenderjahres bei demselben Arbeitgeber zu Grunde gelegt.

5.2 Zusatzurlaub für Wechselschichtarbeit, Schichtarbeit und Nachtarbeit

Übersicht 5:
Muster einer Dienstanweisung

Klinik für Chirurgie
Pflegedienstleitung
47111 Musterstadt

Dienstanweisung

Um den geregelten Arbeitsablauf im Pflegedienst der Klinik für Chirurgie zu gewährleisten und die Bedürfnisse der Mitarbeiter zu berücksichtigen, ist ein Urlaubsplan aufzustellen. Die Verantwortung für den Urlaubsplan liegt bei der Stationsleitung. Die Stationsleitung hat im Rahmen ihrer Stellenbeschreibung die Aufgabe, in Absprache mit der Pflegedienstleitung einen Urlaubsplan zu erstellen.

Der Erholungsurlaub dient der Erholung und im weiteren Sinne der Erhaltung der Arbeitskraft der Mitarbeiter im Pflegedienst sowie der selbstbestimmten Freizeitgestaltung der Mitarbeiter.

1. Das Urlaubsjahr ist das Kalenderjahr.
2. Der Urlaubsplan ist bis zum 01.12.2000 der Pflegedienstleitung zur Genehmigung vorzulegen.
3. Jede Station oder Funktionsabteilung führt unter Leitung der Stationsleitung eine Urlaubsbesprechung durch. Zum Zeitpunkt der Besprechung muss die Urlaubsliste erstellt sein.
4. Im Urlaubsplan sind alle Mitarbeiter einzutragen, insbesondere der gesamte Urlaubsanspruch ist zu verplanen.
5. Bei der Festlegung der zeitlichen Lage des Erholungsurlaubes sind die Wünsche der Mitarbeiter zu berücksichtigen.
6. Im Urlaubsplan sind die sozialen Gesichtspunkte zu berücksichtigen (vergleiche bitte § 7 Bundesurlaubsgesetz). Soziale Gesichtspunkte sind vor allem: Lebensalter, Dauer der Betriebszugehörigkeit, Alter und Zahl der schulpflichtigen Kinder sowie der sonstigen Familienangehörigen, Berufstätigkeit des Ehegatten oder Lebenspartners mit der Notwendigkeit der Abstimmung des Urlaubes und die Gesundheit der Mitarbeiter.
7. Die Festlegung des Erholungsurlaubs erfolgt grundsätzlich durch Erklärung und Genehmigung der Pflegedienstleitung.
8. Ein einmal genehmigter Erholungsurlaub ist einseitig nicht widerrufbar.
9. Eine Änderung des Urlaubs auf Wunsch des Mitarbeiters ist grundsätzlich möglich, soweit die betrieblichen Belange dies zulassen. Bis zu einer Dauer von fünf Werktagen kann die Stationsleitung über eine solche Änderung alleine entscheiden.
10. Der Urlaubsplan muss dem Personalrat zur Mitbestimmung vorgelegt werden.

Musterstadt, Datum   Unterschrift Pflegedienstleitung

Beschäftigungsende

Endet das Arbeitsverhältnis während des Bemessungszeitraumes, so besteht kein Anspruch auf Zusatzurlaub. Löst ein Beschäftigter sein Arbeitsverhältnis im folgenden Jahr, so hat er Anspruch nach der 1/12-Regelung für jeden vollen Beschäftigungsmonat. Es ist völlig unabhängig von den Anspruchsvoraussetzungen des § 27 TVöD; der Zusatzurlaub muss gewährt werden, wenn im vergangenen Kalenderjahr die notwendige Arbeitsleistung erbracht wurde. Die Arbeitsleistung kann nur anhand des Dienstplanes festgestellt werden. Dabei ist zu prüfen, welche der Absätze des § 27 Anwendung finden. Zu beachten ist, dass im gleichen Zeitraum die aufgeführten Absätze nur alternativ Anwendung finden können.

> **Hinweis:** Angestellte, die das 50. Lebensjahr im Urlaubsjahr vollendet haben, erhalten einen Arbeitstag mehr Zusatzurlaub. Das 50. Lebensjahr muss im Jahr erreicht werden, in dem der Zusatzurlaub zu gewähren ist.

Der § 27 Abs. 4 TVöD begrenzt die Anzahl der Zusatzurlaubstage auf maximal sechs Arbeitstage.

Tab. 36: Zusatzurlaub im Bereich der kommunalen Arbeitgeber

Bei der 5-Tage-Woche an mindestens	Bei der 6-Tage-Woche an mindestens	Im Urlaubsjahr
87 Arbeitstage	104 Arbeitstage	1 Arbeitstage
130 Arbeitstage	156 Arbeitstage	2 Arbeitstage
173 Arbeitstage	208 Arbeitstage	3 Arbeitstage
195 Arbeitstage	234 Arbeitstage	4 Arbeitstage

Umfang des Zusatzurlaubs:
Der Zusatzurlaub entspricht bei entsprechender Arbeitsleistung im Kalenderjahr dem Bereich Bund/Länder.

§ 53 Zusatzurlaub (BT-K)

Beschäftigte erhalten bei einer Leistung im Kalenderjahr von mindestens
150 Nachtarbeitsstunden 1 Arbeitstag
300 Nachtarbeitsstunden 2 Arbeitstage
450 Nachtarbeitsstunden 3 Arbeitstage
600 Nachtarbeitsstunden 4 Arbeitstage
Zusatzurlaub im Kalenderjahr. Nachtarbeitsstunden, die in Zeiträumen geleistet werden, für die Zusatzurlaub für Wechselschicht oder Schichtarbeit zusteht, bleiben unberücksichtigt. § 27 Abs. 4 findet mit der Maßgabe Anwendung, dass Erholungsurlaub und Zusatzurlaub insgesamt im Kalenderjahr 35 Tage, bei Zusatzurlaub wegen Wechselschichtarbeit 36 Tage, nicht überschreiten. § 27 Abs. 5 findet Anwendung.

5.2.1 Zusatzurlaub für Teilzeitbeschäftigte

Für nicht-vollbeschäftigte Angestellte, die Nachtarbeit im Rahmen von Schichtarbeit und gleichgestellte Arbeit zu unregelmäßigen Zeiten oder sonstige Nachtarbeit leisten, sind die geforderten Nachtarbeitsstunden entsprechend ihrer arbeitsvertraglich vereinbarten Wochenarbeitszeit zu kürzen. Dabei werden tariflich **zwei Fälle** hinsichtlich der Verteilung der wöchentlichen Arbeitszeit geregelt: Verteilung der wöchentlichen Arbeitszeit auf **fünf** oder **mehr** Tage.

Umrechnungsformel:
Mindeststundenzahl für Vollbeschäftigte multipliziert mit der arbeitsvertraglich vereinbarten Wochenarbeitszeit für Teilzeitbeschäftigte, dividiert durch 38,5 bzw. 40 (ist die durchschnittliche wöchentliche Arbeitszeit im Westen bzw. Osten).

Beispiel:
Für Nachtarbeit im Rahmen von Schichtarbeit und gleichgestellter Arbeit zu unregelmäßigen Zeiten bei einer Arbeitszeit von 19,25 Stunden wöchentlich ergibt sich nach § 27 TVöD folgender Anspruch an Zusatzurlaub:

TVöD
110 x 19,25 : 38,5 = 55 Arbeitsstunden
220 x 19,25 : 38,5 = 110 Arbeitsstunden
330 x 19,25 : 38,5 = 165 Arbeitsstunden
450 x 19,25 : 38,5 = 225 Arbeitsstunden

Die errechneten Arbeitsstunden treten an die Stelle der Mindeststundenzahl für Vollbeschäftigte; der Umfang des Zusatzurlaubs gilt entsprechend. Kommt es zu einer Änderung der Wochenarbeitszeit innerhalb des Urlaubsjahres, so ist eine durchschnittliche Wochenarbeitszeit für das Urlaubsjahr zu berechnen.

Fallbeispiel: Eine Angestellte arbeitet fünf Monate 32 Stunden und sieben Monate 28 Stunden wöchentlich. Im Jahresdurchschnitt ergibt sich folgende wöchentliche Arbeitszeit:
(5 x 32 + 7 x 28) : 12 = 29,66.

5.2.2 Verteilung der wöchentlichen Arbeitszeit auf weniger als fünf Tage

Erbringt ein Angestellter seine Arbeitsleistung an weniger Tagen als in der 5-Tage-Woche, so vermindert sich der Zusatzurlaub für jeden zusätzlichen arbeitsfreien Tag um 1/260 gegenüber der 5-Tage-Woche. Die Verminderung des Zusatzurlaubs erfolgt in gleicher Weise wie beim Erholungsurlaub.

Umrechnungsformel:
Mindeststundenzahl für Vollbeschäftigte multipliziert mit der arbeitsvertraglich vereinbarten Wochenarbeitszeit, dividiert durch 38,5 bzw. 40. Errechnete Nachtarbeitsstundenzahl multipliziert mit dem Minderungsfaktor ergibt den Umfang der Kürzung.

Beispiel:
Ein Teilzeitbeschäftigter mit 19,25 Stunden wöchentlicher Arbeitszeit hat 351 Nachtarbeitsstunden in Schichtarbeit oder gleichgestellter Arbeit zu unregelmäßigen Zeiten in der 4-Tage-Woche geleistet.
Dies bedeutet gegenüber der 5-Tage-Woche, dass pro Woche ein zusätzlicher freier Tag anfällt; bezogen auf das Jahr ergibt dies 52 Tage (1 Tag x 52 Wochen= 52 Tage). Der Zusatzurlaubsanspruch vermindert sich für diese freien Tage um 1/260 : 4 x 52/260 = 0,8.
Der eigentliche Anspruch von 4 Tagen vermindert sich also um 0,8 Tage:
4 – 0,8 = 3,2 Tage.
Durch die Rundungsvorschrift erhält die Teilzeitbeschäftigte somit 3 Tage Zusatzurlaub.

5.2.3 Weitere Ansprüche auf Zusatzurlaub

Neben dem Anspruch auf Zusatzurlaub wegen Wechselschicht-, Schicht- und Nachtarbeit gelten für Angestellte bei der Gewährung eines Zusatzurlaubs hinsichtlich des Grundes und des Umfangs sinngemäß die für **Beamte** des Arbeitgebers jeweils maßgebenden Bestimmungen.
Diese Bestimmungen sind im öffentlichen Dienst:

1. Im Bereich des **Bundes**: Verordnung über den Erholungsurlaub von Bundesbeamten und Richtern;
2. Im Bereich der **Länder**: Urlaubsverordnungen für Beamte;
3. Im Bereich der **Gemeinden**: Bestimmungen des Landesbeamtenrechts, auch dann, wenn der Arbeitgeber keine Beamten beschäftigt.

Die beamtenrechtlichen Bestimmungen sehen im Wesentlichen in folgenden Fällen einen Zusatzurlaub vor:

Hinweis: Bitte die jeweils geltenden Bestimmungen lesen!

- Tätigkeiten mit **infektiösem** Material,
- Pflegerische Betreuung **ansteckend** Kranker,
- Tätigkeiten in der **Tuberkulosefürsorge**,
- Tätigkeiten, die dem Einfluss **ionisierender Strahlen** oder Neutronen ausgesetzt sind,
- Sonstige Tätigkeiten, die in ihrer Art als **gesundheitsschädlich** oder -gefährdend anerkannt sind.

Dieser Zusatzurlaub ist in erster Linie für gesundheitsgefährdende Arbeiten als Ausgleich für die anerkannten Belastungen zu verstehen.

Hinweis: Weiter gibt es Zusatzurlaub für Schwerbehinderte, die mindestens 50 % MdE erhalten haben, und für politisch Verfolgte; dies sind in der Regel die Opfer des Nationalsozialismus.

5.2.4 Höchstgrenzen für den Zusatzurlaub

Nach den Vorschriften des Tarifvertrags gelten folgende Höchstgrenzen für den Zusatzurlaub (vergleiche auch § 28 TVöD):

1. Zusatzurlaub bis zu insgesamt **fünf Arbeitstagen** im Urlaubsjahr;
2. Gesamturlaub (= Erholungsurlaub + Zusatzurlaub) **maximal 35** Arbeitstage im Urlaubsjahr.

> **Hinweis:** Ausgenommen von dieser Höchstgrenze sind nur Zusatzurlaubsansprüche nach dem Schwerbehindertengesetz sowie Vorschriften über Zusatzurlaub für politisch Verfolgte.

Hinsichtlich des **Zusatzurlaubes** für **Wechselschicht-, Schicht- und Nachtarbeit** gilt:

- Der Gesamturlaub von 35 Arbeitstagen darf nicht überschritten werden.
- Die Begrenzung des Zusatzurlaubes auf maximal fünf Arbeitstage darf nicht überschritten werden.
- Die genannten Höchstgrenzen gelten für eine Arbeitszeitverteilung in der 5-Tage-Woche.
- Sie verändern sich bei einer anderweitigen Verteilung der wöchentlichen Arbeitszeit:
  - Bei mehr als fünf Tagen ergibt sich eine Erhöhung, bei weniger als fünf Tagen eine Verminderung der Höchstgrenzen.
  - Die Berechnung erfolgt gleich der Berechnung des Erholungsurlaubsanspruchs (siehe auch Kapitel 5.1.1 ab Seite 161).

5.3 Sonderurlaub

Die meisten Tarifverträge sehen in irgendeiner Form Sonderurlaub vor. Im TVöD ist der Sonderurlaub in § 28 geregelt. Während eines Sonderurlaubs nach § 28 besteht das Arbeitsverhältnis fort. Es ruht allerdings die Pflicht des Angestellten zur Leistung der Arbeit und andererseits die Pflicht des Arbeitgebers zur Zahlung der Vergütung.

Der Erholungsurlaub und unter Umständen auch der Zusatzurlaub vermindern sich um 1/12 für jeden vollen Kalendermonat eines Sonderurlaubs.

Ein Sonderurlaub hat die Nichtberücksichtigung der Zeit des Sonderurlaubs als Beschäftigungszeit zur Folge. Es sei denn, der Arbeitgeber hat ausdrücklich vor Antritt ein betriebliches Interesse an der Beurlaubung schriftlich anerkannt.

Der Anspruch auf Sonderurlaub setzt die tatsächliche **Betreuung** und/oder **Pflege**   Anspruch

- mindestens eines Kindes unter 18 Jahren oder

- eines nach ärztlichem Gutachten pflegebedürftigen sonstigen Angehörigen voraus und
- dass dringende betriebliche Belange der Gewährung nicht entgegenstehen.

Der Begriff der **Pflegebedürftigkeit** in § 50 knüpft nicht an die Begriffsdefinition der Pflegeversicherung an. Pflegebedürftigkeit liegt auch vor, wenn keine Leistungen der Pflegeversicherung beansprucht werden können.

Dauer

Der erstmalige Sonderurlaub ist auf bis zu fünf Jahre zu befristen. Er kann verlängert werden. Der Antrag muss sechs Monate vor Ablauf des Sonderurlaubs gestellt werden.

Sonderurlaub ohne Fortzahlung der Vergütung kann bei Vorliegen eines wichtigen Grundes gewährt werden, wenn die **betrieblichen Verhältnisse** es zulassen. Die Entscheidung ist nach billigem Ermessen zu treffen (§ 315 BGB).

Die betrieblichen Verhältnisse müssen das Fernbleiben der Angestellten von der Arbeit gestatten. Eine **Interessenabwägung** des Arbeitgebers, ob und wie lange der Sonderurlaub gewährt werden kann, hat zu erfolgen. Im Zweifel muss er dies sachlich begründen.

Der Arbeitgeber ist nicht verpflichtet, einer vorzeitigen Beendigung des Sonderurlaubs zuzustimmen. Dies kann er frei entscheiden; es hängt auch davon ab, ob ein Arbeitsplatz frei ist. Wenn er befristet jemanden für den Sonderurlaub eingestellt hat, ist es in der Regel unmöglich.

Hinweis: Hinsichtlich der Zahlung der Krankenbezüge empfiehlt sich eine ausdrückliche Vereinbarung, wonach der Sonderurlaub durch eine Arbeitsunfähigkeit unterbrochen wird.

Keine Versicherungs- und Beitragspflicht

In der **Sozialversicherung** endet mit Beginn des Sonderurlaubs die Versicherungs- und Beitragspflicht. Der Angestellte kann sich für die Zeit des Sonderurlaubs freiwillig in der gesetzlichen Krankenversicherung und in der Rentenversicherung versichern.

Bei der **Fort- und Weiterbildung** im Sinne von Nr. 7 der Sonderregelung 2a BAT handelt es sich nicht um Sonderurlaub. Sie ist eine tarifvertraglich vereinbarte Freistellung von der Arbeitsleistung zur Teilnahme an der Fort- oder Weiterbildung.

Dem Angestellten, soweit er freigestellt werden muss, ist für die notwendige Fort- oder Weiterbildung die bisherige Vergütung fortzuzahlen und die Kosten der Fort- oder Weiterbildung sind vom Arbeitgeber zu tragen. Die Maßnahme der Fort- oder Weiterbildung muss vom Arbeitgeber im Rahmen der Personalentwicklung und der Qualitätssicherung veranlasst sein. Sie führt dann zu einer Bindung an den Betrieb, ist bei vorzeitiger Beendigung des Arbeitsverhältnis mit einer Rückforderung der Kosten für die Maßnahme verbunden.

Allerdings ist die Teilnahme des Angestellten an einer Fortbildungs- oder Weiterbildungsmaßnahme auf eigenen Wunsch ein wichtiger Grund, einen Sonderurlaub zu beantragen und zu gewähren. Dies kann nur aus dringenden betrieblichen Gründen abgelehnt werden.

6 Der Dienstplan und die Arbeitsorganisation

6.1 Einführung eines patientenorientierten Pflegesystems

Die Arbeitsorganisation in der Krankenpflege ist in der Bundesrepublik Deutschland nach wie vor häufig nach dem Prinzip der **Funktionspflege** organisiert. Die „zaghaft verstreuten" Änderungsversuche hin zur Gruppenpflege, patientenorientierteren Arbeitsabläufen und mehr Partizipation der Beschäftigten entsprechen bei weitem nicht dem gesellschaftlichen Standard, wo neue Formen der Arbeitsorganisation anerkannt sind und es in der Arbeitswelt bereits um weitergehende Konzepte wie Humankapital, Corporate identity oder Unternehmensleitbilder geht. Die Arbeitsbedingungen im Krankenhaus sind erstaunlich zeitstabil. Die Funktionspflege schränkt den Entscheidungsspielraum für die Mehrzahl der Beschäftigten ein und überlastet gleichzeitig die Stationsleitung mit Koordinierungsaufgaben.

1. Die Funktionspflege ist als **dysfunktional für die Arbeitsmotivation** zu bewerten. Pflegekräfte lehnen sie ab, da ihr Gestaltungsinteresse unberücksichtigt bleibt und Normen der Berufsausübung ungenügend umgesetzt werden können.
2. Die Funktionspflege ist hinsichtlich der **Effektivität als dysfunktional** zu bewerten, wie der Indikator „Pflegefehler" zeigt. Zeitökonomische Vorteile der Funktionspflege sind als zumindest zweifelhaft anzusehen (Elkeles 1994).

Probleme der Funktionspflege

Die **Ablauforganisation** auf den Stationen muss überprüft werden, weil in der Pflege-Personal-Regelung (PPR) klare Vorgaben bezüglich der Arbeitsabläufe definiert werden, d. h., eine an einem ganzheitlichen Pflegekonzept orientierte Pflege muss realisiert werden. Auch sind die Krankenhäuser verpflichtet, das Krankenpflegegesetz umzusetzen und mit der Pflegeplanung zu arbeiten.

Bei der **Arbeitsplatzanalyse** sollen Einzelaktivitäten daraufhin überprüft werden, ob sie den Tätigkeitsprofilen zuzuordnen sind, und ggf. muss überlegt werden, ob einzelne Tätigkeiten von anderen Berufsgruppen wahrgenommen werden können. Hier ist der Einsatz von **Pflegesekretärinnen** ernsthaft zu prüfen. In den letzten Jahren hat der administrative Aufwand in der Pflege erheblich zugenommen. Zahlreiche gesetzliche Vorgaben sind zu beachten und Mitarbeiter des ärztlichen Dienstes bemühen sich, Ihre Aufgaben an die Pflegenden zu delegieren.

Da eine an einem ganzheitlichen Pflegekonzept orientierte Pflege nicht in der Funktionspflege geleistet werden kann, muss ein patientenorientiertes Pflegesystem eingeführt werden. Diese Entscheidung muss von der Pflegedienstleitung getragen werden. Empfehlenswert ist ein Beschluss der Krankenhausleitung herbeizuführen, damit für alle Berufsgruppen das Ziel klar ist.

6.2 Maßnahmen zur Veränderung der Pflegeorganisation

Es muss Klarheit darüber geschaffen werden, nach welcher Pflegeorganisation zukünftig gearbeitet werden soll. Es wäre notwendig, sich an einem **Pflegemodell** zu orientieren und ein **Pflegeleitbild** zu erarbeiten. Ferner ist die Erstellung einer schriftlichen Organisationsanalyse und eines Soll-Ablaufplanes erforderlich. Der tägliche Arbeitsablauf der Station wird durch die nachfolgenden Kriterien erfasst:

Zeitgebundene Tätigkeiten
- Tätigkeiten müssen sofort oder zu einem bestimmten Zeitpunkt durchgeführt werden bzw. können hinsichtlich ihres zeitlichen Auftretens nicht beeinflusst werden.

Zeitlich ungebundene Tätigkeiten
- Die Aufgabenerfüllung ist nicht zeitgebunden, sondern kann dem Arbeitsanfall auf der Station angepasst werden. Hier stellt sich die Frage, wann Patienten gewaschen werden müssen und zu welchem Zeitpunkt die tägliche Visite zu erfolgen hat.

Analyse
Diese Analyseschritte zur Bestimmung des Soll-Arbeitsablaufs müssen sorgfältig erfolgen, es sind mehrere Tage einzuplanen, damit ein vernünftiger Durchschnitt ermittelt werden kann. In der Krankenpflege ist die Arbeitsbelastung sehr unterschiedlich und nicht zeitgebunden.

- Festlegung der **Mindestbesetzung** nach Qualifikation und Anzahl.
- Einführung eines **veränderten Pflegeorganisationsmodells**, wie Gruppenpflege, Zimmer- oder Bereichspflege, je nach baulichen und personellen Bedingungen. Damit verbunden sollte auch der Wechsel von der funktionellen zur patientenorientierten Pflege sein.
- Veränderung der **Kooperation** mit anderen Leistungsbereichen: So können z. B. die Essenszeiten mit der Küche neu festgelegt werden, Visitenzeiten verändert und Zeiten für ärztliche Anordnungen festgelegt werden.
- **Einführung zentraler Dienste** zur Arbeitsentlastung des Pflegepersonals.

Die Ausgestaltung dieses Prozesses hängt im Wesentlichen von den personellen und strukturellen Bedingungen der Stationen ab. Dort, wo diese Veränderungen bereits durchgeführt wurden, hat sich gezeigt, dass die Pflegequalität und die Arbeitszufriedenheit der Beschäftigten gestiegen ist. Vor dem Hintergrund der anhaltenden gesundheitspolitischen Veränderung ist es auf jeden Fall notwendig, die pflegerischen Leistungen transparent zu machen und alle personellen Ressourcen effizient und effektiv einzusetzen.

6.3 Inhaltliche Dimension der Arbeitstätigkeit

Üblicherweise wird zur Klassifizierung des Arbeitsinhalts in der Pflegetätigkeit eine Aufgabengliederung benutzt, die vier Funktionen unterscheidet (nach Eichhorn):

1. Die **Grundpflege** schließt alle diejenigen Tätigkeiten des Pflegepersonals ein, die der Befriedigung der Grundbedürfnisse und der Bedürfnisse der psychischen und sozialen Betreuung der Patienten dienen. Beispiele: Betten, Lagern, Hilfeleisten, Körperpflege, Gespräche. Die Grundpflege entspricht der Klassifizierung „A" für „Allgemeine Pflege in der Pflege-Personal-Regelung (PPR)".
2. Die **Behandlungspflege** betrifft die Bedürfnisse der Patienten nach Krankenhausbehandlung (Diagnostik und Therapie). Beispiele: Blasenspülungen, Versorgen von Wunden, Ausführen von Infusionen. Die Behandlungspflege ist in der PPR unter der Rubrik „S" klassifiziert.
3. Die **Verwaltung** und **Versorgung** beinhaltet alle Tätigkeiten, die notwendig sind, um die allgemeine Versorgung der Pflegeeinheiten sicherzustellen und um einen geregelten Ablauf der pflegerischen Arbeit zu gewährleisten. Das Führen der Pflegedokumentation kann nicht als Verwaltungstätigkeit bezeichnet werden, da diese die unmittelbaren Pflegemaßnahmen und deren Wirkung dokumentiert.
4. Die **Hausarbeit** umfasst alle mit der Pflege arbeitsorganisatorisch untrennbar verbundenen hauswirtschaftlichen Tätigkeiten, die zur Erhaltung der Sauberkeit und zur Sicherung der allgemeinen Hygiene im unmittelbaren Patientenbereich und zur persönlichen Versorgung der Patienten notwendig sind. Das Anreichen von Getränken und die Hilfe bei der Nahrungsaufnahme sind keine hauswirtschaftlichen Tätigkeiten; sie gehören zur pflegerischen Versorgung der Patienten.

Gliederung der Aufgaben

Diese vier Kategorien eignen sich für eine Arbeitsablaufanalyse, wenn auch die Trennung der Tätigkeiten in einzelnen Situationen Schwierigkeiten bereiten kann. Als wichtiges Instrument zur Separation der Tätigkeiten bietet sich die PPR an. Sie ist ein **Instrument zur Leistungserfassung** und macht damit die Pflegetätigkeit transparenter. In der Zukunft wird die PPR nur noch zur internen Leistungserfassung Anwendung finden, da sie rechtlich nicht mehr relevant ist. Die Krankenpflege verfügt bis dato leider über kein anderes anerkanntes Messinstrument zur Leistungserfassung, was sich hoffentlich in der Zukunft ändern wird.

PPR

6.4 Leitfragen zur Arbeitsablaufanalyse

Personalausstattung:

- Wie ist die aktuelle Personalausstattung?
- Welche Qualifikationen haben die Mitarbeiter?
- Entspricht sie dem anfallenden Arbeitsanfall?

Personalsituation: Stand Februar 2004   15,63 Stellen sind besetzt

Tab. 37: Personalsituation 2004

Bruttoarbeitszeit:	2406,00 Stunden
Ausfallzeit:	169,40 Stunden

Tab. 37:
Personalsituation 2004
(Fortsetzung)

Ausfallquote:	7,04 %
13 Vollzeitstellen	6 Teilzeitstellen
im Einzelnen: • 7 Krankenschwestern • 2 Krankenpfleger	*im Einzelnen:* • 1 Krankenpflegehelferin (0,75 VK) • 2 Krankenschwestern (je 0,5 VK) • 1 Pflegehelfer (0,5 VK) • 1 Krankenpflegehelfer (0,25 VK) • 1 Krankenschwester (0,125 VK) (Kapovaz)

Personalsituation: Stand März 2004   15,63 Stellen sind besetzt

Bruttoarbeitszeit:	2766,90 Stunden
Ausfallzeit:	323,40 Stunden
Ausfallquote:	11,69 %
13 Vollzeitstellen	6 Teilzeitstellen
im Einzelnen: • 7 Krankenschwestern • 2 Krankenpfleger	*im Einzelnen:* • 1 Krankenpflegehelferin (0,75 VK) • 2 Krankenschwestern (je 0,5 VK) • 1 Pflegehelfer (0,5 VK) • 1 Krankenpflegehelfer (0,25 VK) • 1 Krankenschwester (0,125 VK) (Kapovaz)

Personalsituation: Stand April 2004   16,13 Stellen sind besetzt

Bruttoarbeitszeit: 2483,00 Stunden
Ausfallzeit: 662,20 Stunden
Ausfallquote: 26,67 %

13 Vollzeitstellen	7 Teilzeitstellen
im Einzelnen: • 7 Krankenschwestern • 2 Krankenpfleger	*im Einzelnen:* • 1 Krankenpflegehelferin (0,75 VK) • 3 Krankenschwestern (je 0,5 VK) • 1 Pflegehelfer (0,5 VK) • 1 Krankenpflegehelfer (0,25 VK) • 1 Krankenschwester (0,125 VK) (Kapovaz)

> **Arbeitsaufgabe:**
> Bitte prüfen Sie, ob diese Berechnung für eine chirurgische Intensivstation mit 10 Betten realistisch ist.

Personalsituation: Stand Mai 2005 **36,21 Stellen** sind besetzt

20 Vollzeitstellen, 27 Teilzeitstellen = 47 Mitarbeiter

Tab. 38: Personalsituation 2005

Bruttoarbeitszeit:	5577,00 Stunden		
Ausfallzeit:	1458,50 Stunden		
Ausfallquote:	23,62 %		
davon durch Krankheit:		472,50 Stunden =	8,47 %
durch Urlaub:		760,00 Stunden =	13,63 %
durch Schule (z. B. Weiterbildung):		38,50 Stunden =	0,69 %
durch Fortbildungen (IBF):		46,20 Stunden =	0,83 %

> **Arbeitsaufgabe:**
> Bitte diskutieren Sie die Ursachen für die krankheitsbedingte Ausfallquote.

Einarbeitung neuer Mitarbeiter:
- Werden neue Mitarbeiter nach einen Konzept eingearbeitet?
- Wird die Einarbeitung überwacht?
- Werden Mitarbeitergespräche geführt und Feedback gegeben?

Die Mitarbeiter wurden befragt, wie sie mit ihrer Einarbeitung zufrieden waren. Sie benoteten dies mit der **Note 2,1.**

Ergänzende Bemerkungen der Mitarbeiter:
- „intensive, fachlich gute Einarbeitung"
- „schwierige Einarbeitungspartner, zu wenig Kontrollmöglichkeiten"
- „1–2 Einarbeitungspartner"
- „Rücksichtnahme auf eingeschränkte Arbeitsleistung"
- „ich hatte 3 Monate Zeit, mich einzufinden, und jeder hatte ein offenes Ohr für mich"
- „keine Aussage möglich, da vor 30 Jahren"
- „es gab z. T. keine einheitlichen Ziele"
- „meine 2 Einarbeiter waren sehr gut, haben sich auch gut ergänzt, allerdings kamen manchmal andere Kollegen negativ dazwischen"
- „Beatmungsgeräte, Kramer hätte man zusätzlich schriftlich kurz formulieren können! Schwer, dies in kurzer Zeit zu lernen"
- „Hatte vorher Berufserfahrung"
- „Meine Einarbeitung liegt mehr als 20 Jahre zurück und war so mäßig, wie es auch heute noch sein kann. Die Qualität ist immer von der Einarbeitungsperson abhängig!"

Leistungsfähigkeit der Mitarbeiter:
- Erhalten die Mitarbeiter regelmäßig eine Beurteilung?
- Gibt es Feedbackgespräche?

Personalführung und Arbeiten im Team:
- Wie ist der Führungsstil der Stationsleitung?
- Werden neue Ideen der Mitarbeiter aufgenommen und umgesetzt?
- Gibt es regelmäßige Teambesprechungen?

Beschreiben Sie den Führungsstil Ihrer Stationsleitung: *(eine Befragung zur Teamleitung war aufgrund der Neustrukturierung nicht mehr möglich)*

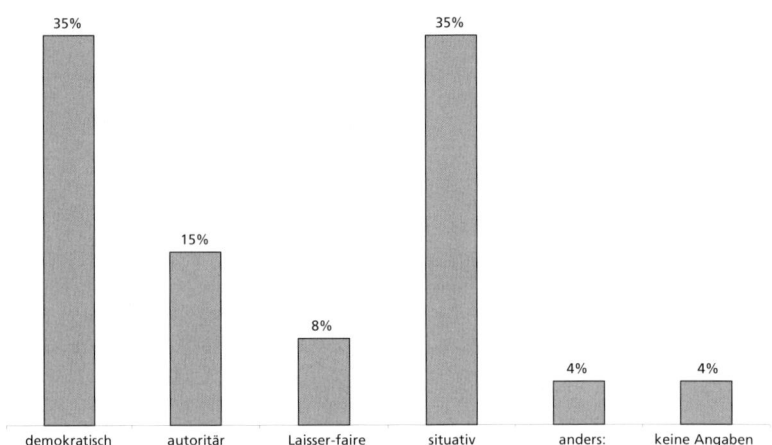

Abb. 13: Befragung zum Führungsstil der Stationsleitung

Anleitung von Schülern:
- Werden die Schüler überwacht?
- Gibt es Mentoren auf der Station?

Ausstattung mit Arbeitsmitteln:
- Wie ist die Ausstattung mit Pflegehilfsmitteln?
- Welche Anschaffungen sind notwendig, um die Arbeitsorganisation zu verbessern?

Arbeitszeiten und Dienstplangestaltung:
- Ist eine Dienstplananalyse notwendig?
- Stimmen die Arbeitszeiten mit der Ablauforganisation überein?

Die Arbeitszeiten sind grundsätzlich festgelegt. Die Varianten werden abhängig vom jeweiligen Arbeitsanfall bzw. der tagesaktuellen Personalsituation gewählt. Die nachfolgend aufgezählten Dienstvarianten beziehen sich auf die tatsächlich genutzten Dienstzeiten der Station.

	Dienstzeiten			Übergabe-zeiten
Frühdienst	F 1	F 2	F 5	
	06:00 bis 14:12	06:30 bis 14:42	07:12 bis 15:24	13:00 bis 13:45
Spätdienst	S 1	S 3	S 6	
	11:48 bis 20:00	12:18 bis 20:30	13:00 bis 21:12	20:45 bis 21:12
Nachtdienst	N 3			
	20:45 bis 06:15			06:00 bis 06:15

Tab. 39: Dienstvarianten der tatsächlich genutzten Dienstzeiten

Die Übergabezeit beträgt in diesem Beispiel mittags von 13.00 bis 13.45 Uhr, also insgesamt 45 Minuten. Die Frage für den Leser ist nun, warum ist die Besetzung in der Zeit von 11.48 bis 14.42 Uhr so hoch? Hier liegt offensichtlich ein Führungs- und Organisationsproblem der Leitung vor.

Frühdienst				Spätdienst			
Arbeitszeit	Beginn	Ende	Ruhep. Korridor	Arbeitszeit	Beginn	Ende	Ruhep. Korridor
F 0	05:30	13:42	08:00 -10:00	S 0	11:18	19:30	14:30 -16:30
F 1	06:00	14:12	08:30 -10:00	S 1	11:48	20:00	14:30 -16:30
F 2	06:30	14:42	08:30 -10:30	S 2	12:00	20:12	14:30 -16:30
F 3	06:45	14:57	08:30 -10:30	S 3	12:18	20:30	14:30 -16:30
F 4	07:00	15:12	09:00 -11:30	S 4	12:30	20:42	15:30 -17:30
F 5	07:12	15:24	09:30 -11:30	S 5	12:48	21:00	15:30 -17:30
F 6	07:30	15:42	09:30 -11:30	S 6	13:00	21:12	15:30 -17:30
F 7	08:00	16:12	10:00 -12:00	S 7	13:10	21:22	16:00 -18:00
F 8	08:30	16:42	10:30 -12:30	S 8	13:20	21:32	16:00 -18:00
F 9	09:00	17:12	11:00 -13:00	S 9	13:30	21:42	16:00 -18:00
F 10	09:30	17:42	11:30 -13:30				
F 11	10:00	18:12	12:00 -14:00				

Tab. 40: Offizielle zur Verfügung stehende Arbeitszeiten

Nachtdienst			
Arbeitszeit	Beginn	Ende	Ruhep. Korridor
N 0	20:00	05:30	00:00 - 01:30
N 1	20:15	05:45	00:00 - 01:30
N 2	20:30	06:00	00:30 - 02:00
N 3	20:45	06:15	00:30 - 02:00
N 4	21:00	06:30	00:30 - 02:00

Arbeitszeiten – Frühdienst
7.7 + 0.5 Ruhepause = 8.2 Std. incl. Rüstzeit
(= 7 Std. 42 Min. + 30 Min. = 8 Std. 12 Min.)

Arbeitszeiten – Spätdienst
7.7 + 0.5 Ruhepause = 8.2 Std. incl. Rüstzeit
(= 7 Std. 42 Min. + 30 Min. = 8 Std. 12 Min.)

Arbeitszeiten – Nachtdienst
9.0 + 0.5 Ruhepause = 9.5 Std. incl. Rüstzeit
(= 9 Std. + 30 Min. = 9 Std. 30 Min.)

Arbeitsaufgabe:
Bitte diskutieren Sie die angebotenen Arbeitszeiten und prüfen Sie, ob diese richtig eingesetzt werden.

Besetzungsprofil: Errechnetes durchschnittliches Besetzungsprofil anhand der geplanten Dienstpläne von Februar bis April 2004. Aufgelistet sind hier nur examiniertes Krankenpflegepersonal ohne Krankenpflegeschüler und Praktikanten.

Tab. 41:
Laut geplantem Dienstplan durchschnittliche Mitarbeiteranzahl

im Februar:

Montag bis Freitag			Wochenenden		
Dienst-varianten	Mitarbeiteranzahl		Dienst-varianten	Mitarbeiteranzahl	
	Errechnet	Summe		Errechnet	Summe
F1	2,36	2	F1	2,71	3
F2	0,79	1	F2	0,42	0
F5	0,86	1	F5	0,42	0
S1	0,36	0	S1	0,14	0
S3	0,93	1	S3	0,28	0
S6	1,86	2	S6	2,42	2
N3	2,0	2	N3	2,0	2

im März:

Montag bis Freitag			Wochenenden		
Dienst-varianten	Mitarbeiteranzahl		Dienst-varianten	Mitarbeiteranzahl	
	Errechnet	Summe		Errechnet	Summe
F1	2,07	2	F1	2,88	3
F2	1,07	1	F2	0,88	1
F5	1,07	1	F5	0,63	1
S1	0,50	1	S1	0,13	0
S3	1,14	1	S3	0,50	1
S6	1,64	2	S6	1,75	2
N3	2,0	2	N3	2,0	2

im April:

Montag bis Freitag			Wochenenden		
Dienst-varianten	Mitarbeiteranzahl		Dienst-varianten	Mitarbeiteranzahl	
	Errechnet	Summe		Errechnet	Summe
F1	2,50	3	F1	3,25	3
F2	0,79	1	F2	0,50	1
F5	0,57	1	F5	0,13	0
S1	0,14	0	S1	0,00	0
S3	0,93	1	S3	0,38	0
S6	1,86	2	S6	2,26	2
N3	2,0	2	N3	2,0	2

Gesamtsumme Februar bis April 2004:

Montag bis Freitag			Wochenenden		
Dienst-varianten	Mitarbeiteranzahl		Dienst-varianten	Mitarbeiteranzahl	
	Errechnet	Summe		Errechnet	Summe
F1	2,31	2	F1	3,21	3
F2	0,88	1	F2	0,65	1
F5	0,83	1	F5	0,39	0
S1	0,33	0	S1	0,08	0
S3	1,0	1	S3	0,39	0
S6	1,79	2	S6	2,31	2
N3	2,0	2	N3	2,0	2

Tab. 41: Laut geplantem Dienstplan durchschnittliche Mitarbeiteranzahl (Fortsetzung)

Ist eine Standard-/Mindestbesetzung geregelt?

Laut Angaben der Stationsleitung und der Teamleitung wird **standardmäßig** in folgender Besetzung gearbeitet:

Frühdienst:	6 examinierte Pflegekräfte
	1 Schwesternhelferin im Außendienst
Spätdienst:	6 examinierte Pflegekräfte
Nachtdienst:	5 examinierte Pflegekräfte

An Wochenenden und Feiertagen:

Frühdienst:	5 examinierte Pflegekräfte
Zwischendienst:	1 examinierte Pflegekraft (F10)
Spätdienst:	5 examinierte Pflegekräfte
Nachtdienst:	5 examinierte Pflegekräfte

Bei einer **Mindestbesetzung** wird in folgender Besetzung gearbeitet:

Frühdienst:	5 examinierte Pflegekräfte
	1 Schwesternhelferin im Außendienst
Zwischendienst:	1 examinierte Pflegekraft (F10)
Spätdienst:	5 examinierte Pflegekräfte
Nachtdienst:	5 examinierte Pflegekräfte

An Wochenenden und Feiertagen:

Frühdienst:	5 examinierte Pflegekräfte
Spätdienst:	5 examinierte Pflegekräfte
Nachtdienst:	4 examinierte Pflegekräfte

> **Arbeitsaufgabe:**
> Überprüfen Sie, ob diese Mindestbesetzung für eine Intensivstation mit 10 Betten ausreichend ist.

6 Der Dienstplan und die Arbeitsorganisation

Abb. 14: Graphische Darstellung des Besetzungsprofils (Mo. bis Fr.) in einem Zeitraum von 3 Monaten

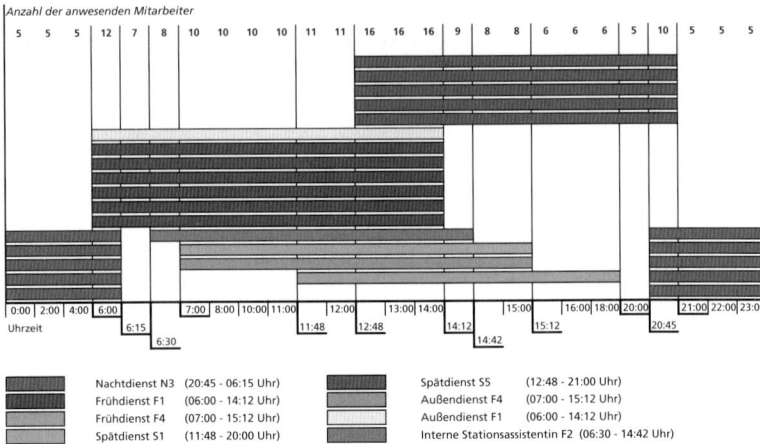

Abb. 15: Graphische Darstellung des Besetzungsprofils (Wochenende und Feiertage) in einem Zeitraum von 3 Monaten

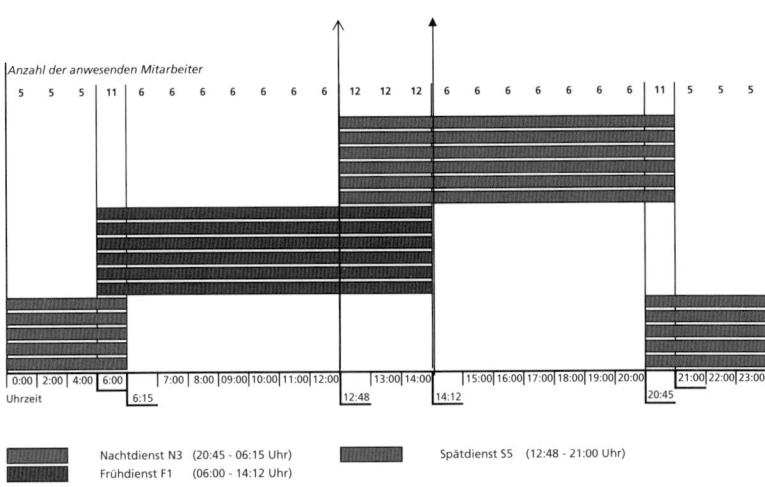

Was machen die Mitarbeiter in der Zeit von 12.48 bis 14.12 Uhr am Wochenende?
Insgesamt eine Zeitspanne von 1 Stunde und 22 Minuten?

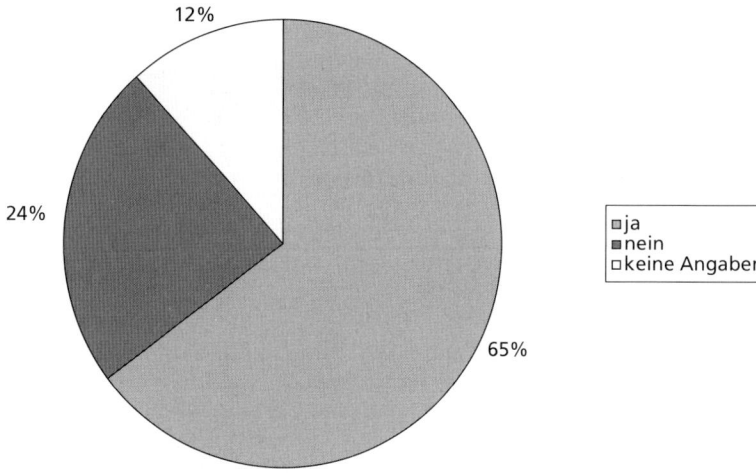

Abb. 16:
Beurteilung der Mitarbeiter, ob sie mit den Arbeitsabläufen innerhalb der drei Schichten zufrieden seien:

Pflegedokumentation:
- Wie wird die Pflegedokumentation geführt?
- Sind alle Mitarbeiter gründlich eingewiesen worden?
- Sind allen Mitarbeitern die rechtlichen Konsequenzen bekannt?
- Wo kann die Dokumentation verbessert werden?
- Kann anhand der Pflegedokumentation eine sinnvolle und zügige Übergabe erfolgen?
- Werden regelmäßige Pflegeberichte geschrieben?
- Wird mit der Pflegeplanung gearbeitet?
- Sind alle Stammblätter der Patienten ausgefüllt?
- Gibt es für jeden Patienten ein Aufnahmegespräch?
- Wer führt es durch?
- Welche Konsequenzen werden daraus gezogen?
- Sind alle Pflegemaßnahmen dokumentiert?
- Erfolgt täglich eine Einstufung nach der PPR?

Dienstübergaben:
- Wie ist die Qualität der Übergaben?
- Welche Zeit wird pro Patient benötigt?
- Wird die Pflegedokumentation benutzt?
- Reicht die Zeit für die Übergabe aus?

Pflegequalität:
- Welche Maßnahmen der Qualitätssicherung werden stationsgebunden durchgeführt?
- Ist ein Verständnis im Team für dieses Thema vorhanden?
- Gibt es Qualitätskontrollen?

Kooperation mit anderen Berufsgruppen:
- Wie sind die Visitenzeiten auf der Station?
- Sind sie regelmäßig zur gleichen Zeit?
- Wer nimmt an der Visite teil?
- Sind auch andere Berufgruppen beteiligt?
- Wer arbeitet die Visite aus?

- Wie viel Zeit wird dafür benötigt?
- Nehmen auch Schüler daran teil?
- Wie ist der Informationsfluss zwischen Ärzten und Pflegepersonal in der Visite?

Auszüge aus einer Arbeitsablaufanalyse

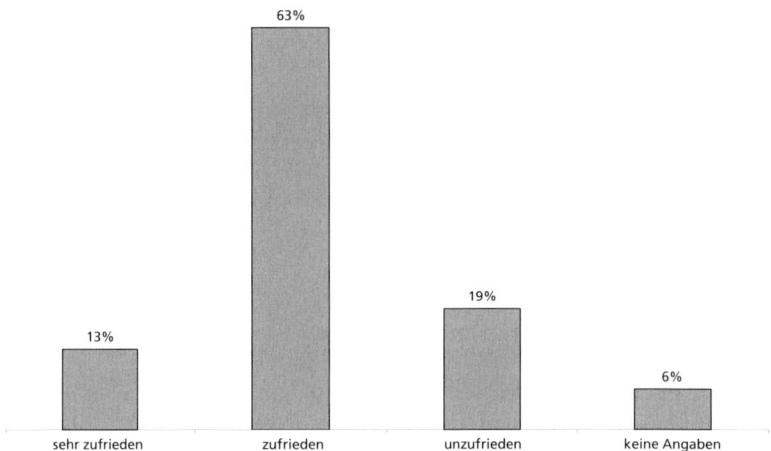

Abb. 17: Bewertung der befragten Mitarbeiter über die Zufriedenheit der Dienstplangestaltung

Begründungen für die Bewertungen

- „Wünsche werden gut berücksichtigt, gute Möglichkeiten zum Diensttausch"
- „Es wird immer versucht, die Wünsche aller Mitarbeiter und die Bedürfnisse der Station zu berücksichtigen"
- „Wünsche werden berücksichtigt, Tausch mit Mitarbeitern von Leitungsseite möglich. Uhrzeiten für mich persönlich super"
- „Als Vollkraft in einer Woche 3x Nachtdienst und Frühdienste und Spätdienste in Folge → Kein geregelter Rhythmus"
- „Es gibt einen Wunschplan, der teilweise berücksichtigt wird, teilweise nicht!"
- „Wünsche werden nach Möglichkeit berücksichtigt, wird nicht als Machtinstrument missbraucht"
- „Allerdings nur, wenn der Wunschdienstplan berücksichtigt wird" [Bewertung = zufrieden]
- „Wünsche werden berücksichtigt, Nachtdienste klappen fast immer, meist ausgewogene Besetzung"
- „Auf Wünsche wird eingegangen"
- „Wechselnd, manchmal werden Wünsche gar nicht berücksichtigt und manchmal hat man den Eindruck ‚Bloß schnell fertig werden'"
- „Spätdienst bis 21 Uhr, es dürfen nur 8 Dienste am Stück gearbeitet werden? auseinandergezogene freie Tage!" [Bewertung = unzufrieden]
- „Häufig zu geringe Personalberechung"
- „Wichtig Spätdienst-Frühdienst-Wechsel"

Was bestimmt die Arbeitsorganisation?

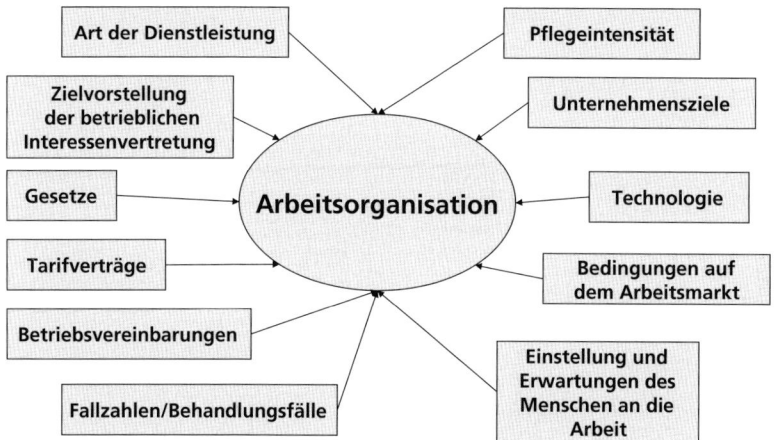

Abb. 18:
Was bestimmt die Arbeitsorganisation?

Abb. 19:
Arbeitsaufwand und Belastungsmessung und Vergleich

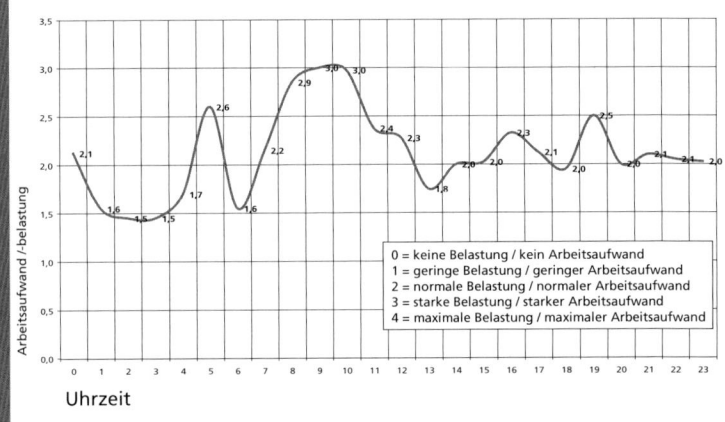

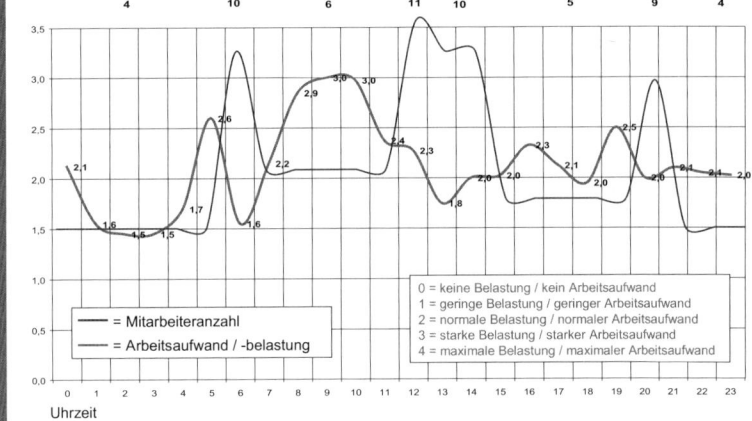

Arbeitsaufgabe: Führen Sie bitte auf Ihrer Station eine Arbeitsablaufanalyse durch und orientieren Sie sich an den Leitfragen. Das Ergebnis stellen Sie auf einer Mitarbeiterbesprechung dem Team vor und diskutieren Sie es.

6.5 Begriffsdefinition „Bereichspflege"

Zimmerpflege

> **Definition: Zimmerpflegesystem** bedeutet, dass einzelne Zimmer der/dem jeweiligen Pflegenden zu Dienstbeginn zugeordnet bzw. untereinander verteilt werden.

Die Zahl der Zimmer richtet sich nach ihrer Größe bezüglich der darin befindlichen Anzahl der Patienten. Weiterhin wird die Zahl der zu betreuenden Patienten von deren Pflegeintensität bestimmt. Das kann zur Folge haben, dass die Zimmer nicht aneinander grenzen und über die Station verteilt sind. In der Praxis wird angestrebt, die Zimmer aus organisatorischen Gründen en bloc zu halten, um lange Wege zu vermeiden.

Bereichspflege

> **Definition:** Bei der **Bereichspflege** wird eine große Station (30–40 Patienten) in verschiedene, zusammenhängende Bereiche unterteilt.

Die Größe richtet sich ebenfalls nach der Anzahl der Patienten und ihrer Pflegebedürftigkeit. Da die Zimmer immer nebeneinander liegen, erweist sich dieses System arbeitsorganisatorisch als günstig, da auch hier lange Wege vermieden werden. Sollte sich ein Ungleichgewicht in zwei benachbarten Bereichen ergeben, so wird üblicherweise ein angrenzendes Zimmer an den weniger belasteten Bereich abgegeben. Wer von den sich im Dienst befindlichen Pflegenden in welchem Bereich arbeitet, wird zu Schichtbeginn festgelegt.

Gruppenpflege

Gruppenpflege war ursprünglich abhängig von baulichen Gegebenheiten. Inzwischen wird sie aber auch in Krankenhäusern, die nicht speziell für die Gruppenpflege gebaut worden sind, praktiziert.

> **Definition:** Fälschlicherweise wird von **Gruppenpflege** gesprochen, wenn eine große Station in zwei Hälften geteilt wird, um gezieltere Zuständigkeit zu erreichen und die Zahl der Patienten, die ein Pflegender bzw. eine Pflegende zu betreuen hat, zu reduzieren. Ändert sich die Arbeitsorganisation nicht, spricht man richtigerweise von einer **Kleinstation**; besonders dann, wenn die Stationsleitung ihren Aufgabenbereich für beide Gruppen beibehält, aber auch, wenn nunmehr für beide Gruppen je eine Gruppenleitung eingesetzt wird, die aber im Sinne der Stationsleitung agiert. Mehrere Gruppen mit jeweils 16 bis 18 Patienten bilden eine Abteilung.

Die Pflegegruppe gilt dem ursprünglichen Konzept nach als selbständige und Verantwortung tragende Einheit. Die Gruppenleitungen sind einer Abteilungsleitung unterstellt. Idealerweise am Vortag, sonst zu Arbeitsbeginn, verteilt der Gruppenpfleger bzw. die Gruppenschwester in Absprache mit den anderen Teammitgliedern entweder Zimmer oder Aufgaben – wobei wiederum die Anzahl der Patienten/-innen und deren Pflegebedürftigkeit maßgeblich sind (vgl. Schlettig/von der Heide 1995). In dieser Arbeitsweise lassen sich deutliche Gemeinsamkeiten beobachten. Es wird klar, dass erhebliche Auswirkungen auf die Arbeitsorganisation zu erwarten sind und die patientenorientierte Arbeitsorganisation in besserer Koordination der Pflegemaßnahmen sinnvoll an die Bedürfnisse der Patienten anknüpfen kann. Es besteht jedoch das Risiko, dass gerade in der Anfangsphase die Arbeitsabläufe wieder funktional organisiert werden, d. h. kombinierbare Tätigkeiten in einzelne Schritte zerlegt werden, wie z. B. den Blutdruck und den Puls zu messen. **Notwendige Pflegemaßnahmen** sollen **zusammenhängend** durchgeführt werden. Die Verteilung der anfallenden Arbeit auf einer Pflegestation gehört zu den originären Aufgaben der Stationsleitung, was auch entsprechend im Dienstplan zu berücksichtigen ist. Die Einführung einer neuen Pflegeorganisation bedarf einer gründlichen Vorbereitung unter Einbeziehung und Beteiligung der Mitarbeiter. Es sind einzelne Arbeitsschritte erforderlich.

Bevor eines der o. g. Pflegesysteme eingeführt wird, ist es notwendig, eine sorgfältige Analyse zu erheben.

6.6 Arbeitsschritte zur Einführung der Bereichspflege

Die Umsetzung einer neuen Pflegeorganisation ist weder eine bequeme noch leichte Angelegenheit. Wie jede Maßnahme einer Organisationsentwicklung rüttelt sie an liebgewonnenen Gewohnheiten und festgefahrenen Verhaltensmustern. Aber nur Organisationen, die „in Bewegung bleiben", können den sich ständig ändernden Anforderungen ihrer Umgebung anpassen. Auch und besonders die Krankenhäuser und andere Einrichtungen im Gesundheitswesen müssen sich der Frage der Wettbewerbsfähigkeit und damit auch der Erhaltung der Arbeitsplätze stellen. Jede derart gravierende Änderung wie bei der Umsetzung völlig neuer Arbeitsorganisationen schafft bei den Betroffenen Unsicherheiten und Ängste. So muss ein notwendiger Strategiewechsel allen Betroffenen auch in seinen Zusammenhängen erkennbar sein.

Im Folgenden sollen mögliche **Arbeitsschritte zur Einführung der Bereichspflege** aufgezeigt werden.
Die Einführung muss als Prozess betrachtet werden, ist fortlaufend zu begleiten und mit den Mitarbeitern in Teambesprechungen zu reflektieren. Hierbei bieten sich die Regeln des „Feedbacks" an:

Schritte zur Eingliederung der Bereichspflege

- **Problemerkennung** und **Ist-Analyse**,
- **Zielfindung** mit den Mitarbeitern,

- **Orientierung** in der Klinik,
- **Verhandlung** mit der Leitung,
- **Entscheidung** mit den anderen Beteiligten wie z. B. den Ärzten,
- **Umsetzung** in die Praxis unter Anleitung der Stationsleitung,
- Fortlaufende **Beurteilung** und **Optimierung**.

Die Einbeziehung der Mitarbeiter in den Prozess

Mitarbeiter lassen sich erfahrungsgemäß unter anderem durch folgende Maßnahmen für eine Einführung der Bereichspflege motivieren:

- **Erweiterung** ihrer Handlungsspielräume und Förderung ihrer eigenen Verantwortung,
- **Transparenz** der Entscheidungen der Pflegedienstleitung und der Führungskräfte,
- **Abbau** von Hierarchien,
- **Gespräche** mit den Mitarbeitern über die eigentlichen Arbeitsinhalte und auch über etwaige Unzufriedenheiten,
- Rasche und konsequente **Umsetzung** angekündigter Maßnahmen.

Maßnahmen für die Mitarbeiter

Weitere mögliche Instrumente der Einbeziehung von Mitarbeitern sind:

- Mitwirkung bereits bei der Ist-Analyse,
- Mitarbeiterbefragungen mithilfe von Fragebögen,
- Teilnahme an den Projektteamsitzungen ab einem bestimmten Zeitpunkt,

Einbeziehung der Mitarbeiter

Teilnahme der Mitarbeiter an der Bewertung der gemachten Erfahrungen mit einem neuen Pflegeorganisationsmodell.
Es muss deutlich werden, warum die Änderung der Arbeitsorganisation erforderlich ist.
Ich empfehle aus eigener Erfahrung, zunächst mit einen **Probelauf** zu beginnen. Jede Dienstübergabe sollte genutzt werden, um Störungen zu besprechen. Wichtig ist aus meiner Sicht, dass die Stationsleitung hinter der Entscheidung steht und auch selbst motiviert ist, diese in die Praxis umzusetzen.
Einen Königsweg bei der Einführung der Bereichspflege gibt es leider nicht.
Um überhaupt eine neue Pflegeorganisation einzuführen, müssen bestimmte Aspekte in der Pflegeorganisation überprüft werden, beispielhaft soll dies an den folgenden Themen dargestellt werden. Aus Platzgründen konzentriere ich mich auf die Pflegedokumentation, die Dienstübergabe und die Pflegequalität. Sie sollen Anhaltspunkte geben, um eine sinnvolle Diskussion in Gang zu bringen.

Probelauf

6.7 Pflegedokumentationssystem

Das Pflegedokumentationssystem ist ein **Hilfsmittel zur schriftlichen Fixierung** von zu leistenden bzw. bereits geleisteten Arbeitsaufgaben. Es erhöht die Transparenz der Informationen für alle Pflegekräfte, behebt systematische Informationsstaus bei der Stationsleitung, und jede Pflegefachkraft kann über die frei ausliegenden Planetten alle für die Pflegearbeit notwendigen Informationen und ärztlichen Anordnungen erhalten.

Ziel Ziel der Pflegedokumentation ist es, klare Arbeitsabläufe zu schaffen und ein Arbeitsmittel mit Rationalisierungseffekt zur Verfügung zu stellen. Die Kontrolle der ordnungsgemäßen Ausführung obliegt den Stationsleitungen und der Pflegedienstleitung im Rahmen ihrer Organisations- und Führungsaufgaben.

Inhalt der Pflegedokumentation

In der Pflegedokumentation sind folgende Formblätter enthalten:

Formblätter
- Stammblatt,
- Pflegeanamnese mit Informationssammlung,
- Pflegeplanung,
- Pflegebericht,
- Ärztliches Verordnungsblatt (Visite),
- Leistungserfassung/Nachweis der Pflegemaßnahmen,
- Pflegeüberleitungsbogen.

Eintragungen in die Pflegedokumentation

- Alle Formulare sind **fortlaufend** zu nummerieren.
- Eintragungen sind mit **Kugelschreiber** vorzunehmen (dokumentengerecht).
- **Korrekturen** sind sauber durchzustreichen, so dass die vorherige Eintragung noch lesbar ist.
- **Korrekturflüssigkeit** darf nicht verwendet werden.
- **Eintragungen**, auch Änderungen, sind mit Datum und Handzeichen zu versehen. **Namensliste** mit Handzeichen liegt vor.
- Informationen und Beobachtungen sollen **objektiv**, genau und von den Bedürfnissen der Patienten ausgehend formuliert werden.
- Eintragungen erfolgen **zeitnah** nach jedem Einsatz.
- **Kooperation** (mit Patienten, Angehörigen, Ärzten u. a.) muss erkennbar sein.
- Ärztliche **Diagnosen** und **Verordnungen** müssen ärztlicherseits eingetragen oder zumindest gegengezeichnet werden (Kelm 1993).

Aufbewahrung der Dokumentation (Datenschutz)

Es muss gewährleistet sein, dass alle an der Pflege Beteiligten die Dokumentation einsehen können. Gleichzeitig müssen die Daten vor dem Zugriff Unbefugter geschützt sein.

Archivierung

Alte Formulare und das Dokumentationssystem werden mindestens 10 Jahre archiviert.

Verpflichtung der Mitarbeiter zur Dokumentation

Alle Mitarbeiter sind zur Dokumentation verpflichtet. Sie werden in das Pflegedokumentationssystem eingeführt und im Umgang geschult.

Informationen und Einbeziehen von Patienten und Bezugspersonen

Patienten und deren Bezugspersonen werden über den Sinn und Zweck der Dokumentation informiert und wenn möglich einbezogen.

Kontrolle

Regelmäßige Kontrollen der Dokumentationsmappen erfolgen in einrichtungsintern festgelegten Abständen durch die Stations- oder Pflegedienstleitung.

6.8 Dienstübergabe

Definition und Ziele

> **Definition:** Die **Dienstübergabe** ist ein Instrument für die Arbeitsschichten mit dem Zweck, den kontinuierlichen Arbeitsablauf zu gewährleisten.

Für die Dienstübergabe in Krankenhäusern und Pflegeeinrichtungen gilt, dass über jeden Patienten bzw. jede Patientin pflegerelevante Informationen so umfassend gegeben werden, dass die Kontinuität der Pflege und die Sicherheit des Patienten gewährleistet ist.

Störfaktoren

- Telefongespräche
- Transport von Patienten zu und von den verschiedenen Funktionsabteilungen
- Klingeln der Patienten
- Kommen und Gehen von Personen
- Zwischenzeitliche ärztliche Anordnungen
- Räumliche Situation (kleiner Raum, keine Sitzgelegenheiten)
- Visiten

Äußere Störungen

- Unpünktlichkeit der Mitarbeiter
- Unbeteiligtsein der Mitarbeiter
- Privatgespräche
- Kaffee- und Kneipenstimmung
- Unkonzentrierte und unstrukturierte Berichterstattung

Innere Störungen

Welche Bedeutung hat die Dienstübergabe für die Pflegenden, die Qualität der Pflege und die Arbeitsablauforganisation?

Die Qualität der Dienstübergabe gibt Auskunft über den Stellenwert der Pflege innerhalb der systematischen Beziehungen eines Stationsteams im Krankenhaus und innerhalb einer Abteilung sowie über die Qualität der Organisation des Pflegedienstes:

Bedeutung

- Die Wertschätzung der Pflege im System Krankenhaus zeigt sich unter anderem darin, ob die Mitarbeiter anderer Bereiche der Pflege **störungsfreie Zeiten** für die Dienstübergabe zugestehen.
- Die Organisation und die Art der Dienstübergabe lassen Rückschlüsse auf den **Stil der Mitarbeiterführung** und die **Einstellung zu beruflichen Aufgaben** zu. (Wird die Dienstübergabe im Monolog, Dialog oder in einem gemeinsamen Gruppengespräch geführt?).
- Die Dienstübergabe gibt Auskunft darüber, was für eine **Auffassung das Pflegepersonal von Pflege** hat, über das, was bei der Übergabe für berichtenswert erachtet wird: Beinhaltet sie nur die Weitergabe ärztlicher Anordnungen, werden pflegerische Fragen gestellt oder Pflegeprobleme und Maßnahmen in der Gruppe besprochen?

6.9 Maßnahmen zur Sicherung der Pflegequalität

Definition: Nach Prof. Donabedian ist **Pflegequalität** der Grad das erreichten Erfolgs der Pflege, der mit verantwortlichem Gebrauch von Mitteln und Leistungen erreicht wird.
Harrington und Kaniecki (vgl. Kelm 1993) definieren Pflegequalität als das Maß an Übereinstimmung zwischen erbrachter Pflege und den bestehenden Kriterien für diese Pflege.

Pflegequalität setzt Engagement, Begeisterung und fachliche Kompetenz voraus. Für Pflegequalität gibt es keine Rezepte, schon deshalb nicht, weil Wissen und Phantasie sich nicht festschreiben lassen. Qualität bedeutet auch, den Pflegeprozess im Fluss zu halten, ihn nie formelhaft erstarren zu lassen. (Schöniger, Ute, in: K3/91)
Pflegequalität ist das Ergebnis der notwendigen pflegerischen Intervention, bezogen auf die pflegerischen Ziele, unter Berücksichtigung der vorhandenen Rahmenbedingungen. (Thiel, Berhard, in: K9/90)

Pflegedokumentation

Die schriftliche Dokumentation der Pflege hat den Zweck, **alle Informationen**, die zur Pflege und Behandlung der Patienten notwendig sind, **übersichtlich**, **vollständig** und **rational darzustellen**. Alle Pflegehandlungen und ärztlichen Diagnostik- und Behandlungsschritte müssen in der Dokumentation schriftlich fixiert werden. Dadurch wird es möglich, schnell und vollständig alle notwendigen Informationen über den Pflegebedarf, die Pflegeziele, die Pflegemaßnahmen und die diagnostischen und therapeutischen Maßnahmen zu erhalten. Eine gut geführte Dokumentation sichert somit die Kontinuität der Pflege in einem Schichtbetrieb über 24 Stunden. Eine exakte Dokumentation dient auch der rechtlichen Absicherung.

Die Einführung des Pflegeprozesses

Die Verwirklichung des ganzheitlichen Pflegekonzepts, das emotionale, soziale, physische und wirtschaftliche Bedürfnisse der Patienten berücksichtigt und dabei das Maß des Notwendigen nicht überschreiten soll, erfordert die Einführung des Pflegeprozesses.

Nur mit diesem Instrument wird es möglich, Ressourcen der Patienten zu ermitteln, Pflegeprobleme zu definieren, Pflegeziele zu formulieren, Maßnahmen zu planen und den Erfolg der Maßnahmen im Sinne der Qualitätssicherung zu bewerten.

Der Erhalt und die Entwicklung der beruflichen Qualifikation

Um in die Standardentwicklung und die Qualitätssicherung einsteigen zu können, bedarf es einer ausreichenden fachlichen Qualifikation der Pflegenden.

In der PPR werden für die innerbetriebliche Fortbildung (IBF) pro Patient drei Minuten täglich angerechnet. Die Pflegenden müssen über die Grundausbildung hinaus kontinuierlich eine berufsfachliche und persönlichkeitsbildende Qualifikation erwerben, um fachlich kompetent, engagiert und zuverlässig pflegen zu können. Die IBF soll so gestaltet sein, „dass eine stationäre Selbstprüfung der Pflegequalität möglich ist" (§ 13 GSG; Besonderer Teil S. 202, Fassung vom 26.10.1992).

Um eine an einem ganzheitlichen Pflegekonzept orientierte Pflege realisieren zu können, müssen folgende Kriterien erfüllt werden:

- Berücksichtigung der Bedürfnisse der Patienten,
- Einbeziehung der Familie und des sozialen Umfeldes,
- Entwicklung von Beziehungen zwischen Patienten und Pflegenden,
- Förderung der Selbstständigkeit.

In der berufspädagogischen Diskussion werden folgende Kompetenzfelder unterschieden, über die Pflegende verfügen müssen:

Kompetenzfelder der Pflegenden

- **Selbstkompetenz** (Autonomie im Hinblick auf die Reflexionsfähigkeit),
- **Sachkompetenz** (fachliche Kenntnisse),
- **Sozialkompetenz** (Kooperations- und Kommunikationsfähigkeit).

Die IBF soll sich an den konkreten Zielen orientieren. Bei der Auswahl von Mitarbeitern zur Teilnahme an Fortbildungen der IBF soll der Bedarf der Stationen ermittelt werden, der der IBF bzw. der Pflegedienstleitung mitgeteilt werden muss. Nicht alle Wünsche der Mitarbeiter können dabei berücksichtigt werden.

Pflegestandards

> **Definition: Pflegestandards** sind allgemeingültige und akzeptierte Normen, die den Aufgabenbereich und die Qualität der Pflege definieren.
> Pflegestandards legen themen- oder tätigkeitsbezogen fest, was die Pflegeperson in einer konkreten Situation leisten soll und wie diese Leistung auszusehen hat (vgl. Stoesser 1996).

Aus dieser Definition ergibt sich eine Vielzahl von Ansprüchen und Anforderungen an die Leistungsfähigkeit von Pflegestandards.

In der Pflegepraxis ist zu beobachten, dass mit den vorhandenen Pflegestandards nicht adäquat umgegangen wird und den Mitarbeitern oft der Sinn nicht klar genug ist. Es gehört zu den Führungsaufgaben der Stationsleitung, zu überprüfen, ob mit den vorhandenen Pflegestandards auch korrekt gearbeitet wird. Wenn es dort Defizite gibt, müssen die Mitarbeiter nachgeschult werden.

6.10 Einsatz von Stationssekretärinnen im täglichen Stationsablauf

Mögliche Aufgaben

Durch den immer größeren administrativen Aufgabenbereich der Pflegekräfte ist es sinnvoll, über eine Entlastung in diesem Bereich nachzudenken. Diese Aufgaben könnten mit der Einführung einer Stationssekretärin auf diese übertragen werden. Es können dieser Stationssekretärin zahlreiche Aufgaben zugewiesen werden, so z. B. die Annahme und Weitergabe von Informationen jeglicher Art, die Verantwortung für das Telefon. Auch sollte sie (so genannte) Laufwege erledigen, wie z. B. das Besorgen von Röntgenbildern, Wegbringen von Untersuchungsmaterialien in die dafür vorgesehenen Laboratorien und vieles mehr. Die Stationssekretärin muss eine gute Kommunikations- und Organisationsfähigkeit besitzen, da sie mit ihrem Verhalten zu einer guten Zusammenarbeit mit anderen Berufsgruppen beiträgt. Um die Ablauforganisation zu fördern, ist die Stationssekretärin für das Absprechen von Terminen, Einhaltung von Terminen, Vorbereiten von Dokumentationssystemen für Neuaufnahmen und Entlassungen verantwortlich. Durch einen reibungslosen Ablauf wird außer der Patientenzufriedenheit und der Qualitätssicherung ein wirtschaftlicheres Arbeiten ermöglicht. Deshalb muss die Arbeitszeit der Stationssekretärin der Arbeitsablauforganisation angepasst sein. Dadurch wird in den meisten Fällen die Dienstzeit der Stationssekretärin von 7.30 bis 16.00 Uhr sein. Die Stationssekretärin ist verpflichtet, alle wichtigen Vorkommnisse hinsichtlich der übertragenen Aufgaben und des Verantwortungsbereiches an das Pflegepersonal weiterzugeben und hat den Anweisungen des Pflegepersonals korrekt nachzukommen. Eine Stationssekretärin sollte als Mindestvoraussetzung für diese Tätigkeit eine Arzthelferin sein. Die Stelle der Stationssekretärin ist auch eine Chance für erkrankte Mitarbeiter (z. B. mit Schwerbehinderung), weiter im Pflegedienst zu arbeiten. Die Besetzung einer solchen Stelle mit einer erkrankten Mitarbeiterin aus der eigenen Einrichtung hat auch einen betriebswirtschaftlichen Vorteil: Es ist keine Einarbeitung nötig, sie kennt die Einrichtung und deren Personen, sie weiß, wie das Dokumentationssystem zu führen ist, etc. Auch muss sie neu eingeführten Arbeitsmitteln offen und lernwillig gegenüberstehen, so zum Beispiel Einführung von EDV mit einem Krankenhausinformationssystem.

Auszüge aus einer Stellenbeschreibung für eine Stationssekretärin:
- Kurven und Formulare für die Patientenaufnahme anlegen.
- Kurven und Formulare für die Patientenentlassung aussortieren.
- Bei Patientenentlassungen Kurven und Befundmappen ordnen und dem ärztlichem Dienst zum Diktieren hinlegen.
- Besorgung von alten Krankenakten.
- Telefondienst.
- Innerbetriebliche Terminbestellung.
- Formulare für Untersuchungen vorbereiten.
- Konsile vorbereiten.
- Post.
- Befunde abfragen.
- Befunde einsortieren.

Die Aufgaben der Stationsleitung bei der Arbeitsorganisation und Dienstplangestaltung:
- Die Planung des **Personaleinsatzes** auf der Station.
- Die Planung und Überwachung der **Arbeitszeiten** im Rahmen der betriebsinternen Vorgaben und der gesetzlich vorgeschriebenen Arbeitszeit nach den Bedürfnissen der Station. Es darf nur soviel Arbeitszeit verplant werden, wie die einzelnen Mitarbeiter der Station oder Abteilung pro Monat tatsächlich zur Verfügung stehen. Die Sollarbeitszeit ist einzuhalten.
- Kann **Überstunden** anordnen, wenn es aus dringenden betrieblichen Gründen erforderlich ist und informiert sofort die Pflegedienstleitung darüber.
- Die Stationsleitung kann den bereits erstellten Dienstplan nur unter bestimmten Voraussetzungen ändern.
- Die Aufstellung des **Urlaubsplans** unter Beachtung der Dienstanweisung oder Betriebsvereinbarung.
- **Überwachung** der **Einarbeitung** neuer Mitarbeiter.
- Durchführung der regelmäßigen **Mitarbeiterbeurteilungen** nach Vorgaben der Pflegedienstleitung.
- Die Durchführung der regelmäßigen monatlichen **Mitarbeiterbesprechungen**, dabei werden Informationen bezüglich der Pflege und der Arbeitsorganisation weitergegeben. Ein Protokoll wird angefertigt, um alle nicht-anwesenden Mitarbeiter zu informieren. Diese müssen das Protokoll gegenzeichnen, damit sichergestellt ist, dass sie die Informationen erhalten haben.
- Die inhaltliche und formelle **Leitung der Dienstübergaben** ist Aufgabe der Stationsleitung.
- Die Einführung neuer **Pflegemethoden** vorantreiben und die Mitarbeiter anleiten.
- Die **Teilnahme** der Stationsleitung an **Projektgruppen**, und wenn notwendig die Leitung der Projektgruppen übernehmen.
- Die Führung von **Statistiken** zur Pflegeintensität der Patienten.
- Die **Koordination der Arbeitsabläufe** auf der Station darf mit denen der anderen Arbeitsbereichen nicht kollidieren, z. B. Reinigungsdienst, Physiotherapie oder auch Funktionsbereiche wie Labor und Röntgen.

- **Termine** mit dem Bereich Diagnostik und Therapie müssen nach Absprache erfolgen.

> **Die Teamarbeit ist mit einfachen Maßnahmen der Teamentwicklung zu fördern.**
> - Atmosphäre der Offenheit und des Vertrauens schaffen.
> - Konstruktiver Umgang mit Konflikten im Team ist zu schaffen.
> - Der kreative Umgang mit Problemen ist zu üben.
> - Eine aktive Gestaltung des Problemlösungsprozesses ist anzustreben.
> - Die Konfliktbereitschaft und Konfliktlösefähigkeit der Teammitglieder ist zu fördern.
> - Die Gruppenmitglieder sollten für gruppendynamische Prozesse sensibilisiert werden.

6.11 Literatur

Schlettig, Hans-Joachim/von der Heide, Ursula 1995: Bezugspflege
Elkeles, Thomas 1994: Arbeitsorganisation in der Krankenpflege
Kelm, Ronald 1993: Qualitätssicherung (Projektarbeit)
Möller, Kerstin 1999: bfw Hamburg, unveröffentlichtes Skript
Stoesser, Adelheid von 1994: Pflegestandards

7 Arbeitszeitflexibilisierung und Arbeitszeitmodelle

„Wer nicht mit der Zeit geht, geht mit der Zeit."
Michael Gorbatschow

Die Arbeit von Menschen ist ein kostbares Gut. Dies gilt besonders für Krankenhäuser und andere Einrichtungen im Gesundheitswesen, in denen die Personalkosten bis zu 60 % der festen Kosten darstellen und in den letzten Jahren die zur Verfügung stehenden Mittel durch zahlreiche Gesetze und Verordnungen zur Kostendämpfung im Gesundheitswesen eingeschränkt werden. Dies umso mehr, als die Krankenhäuser in einem Konkurrenzkampf geraten sind und zum Teil auch in ihrer Existenz bedroht sind.

Die Arbeitszeiten in Einrichtungen des Gesundheitswesens orientierten sich bisher nicht konsequent genug an den Bedürfnissen der Patienten und Bewohnern. „Die Arbeitszeitorganisation und Personaleinsatzplanung erfolgen in den Krankenhäusern nach tradierten Mustern, die in anderen Unternehmen kaum mehr zu finden sind. Man kann sagen, dass, sich die Krankenhäuser von modernen Methoden der betrieblichen Arbeitszeitgestaltung weitgehend ferngehalten haben" (Kutscher 1996).

Ausgehend von diesen Tatsachen müssen im Personalbereich dringend neue Strategien der **Arbeitszeitgestaltung** entwickelt und umgesetzt werden. Die Erwartungen an solche Neugestaltungen sind sehr hoch, aber auch sehr verschiedenartig: **Aufgaben-** und **kundenorientierte Arbeitszeiten** sollen die betrieblichen Abläufe effizienter machen und die Produktivität der Arbeit erhöhen, **flexible Arbeitszeiten** sollen es den Arbeitnehmern ermöglichen, sich „zeitsouverän" zu verhalten, Belastungen der Mitarbeiter, z. B. durch Wechselschichten, so gering wie möglich zu halten, Patienten rund um die Uhr in stets gleichbleibender hoher Qualität zu versorgen, durch individuell oder kollektiv **verkürzte Arbeitszeiten** wird eine Verringerung der Arbeitslosigkeit erhofft, und nicht zuletzt sollen qualifizierte Mitarbeiter durch **familienfreundliche Arbeitszeiten** der Einrichtung erhalten bleiben.

Neue Strategien

In der Arbeitszeitpolitik der vergangenen Jahre stand die Verkürzung der Arbeitszeit nicht zuletzt mit beschäftigungspolitischen Argumenten im Vordergrund. Mit der Verkürzung der Arbeitszeit verfolgten insbesondere die Gewerkschaften das Ziel, vorhandene Arbeitsplätze zu sichern und neue Arbeitsplätze zu schaffen. Während in dieser Hinsicht die reine Arbeitszeitverkürzung eine wesentliche Funktion einnahm und einnimmt, kam ihr bezüglich der Humanisierung des Arbeitslebens und der allgemeinen Verbesserung der Lebensqualität eine vergleichsweise geringe Bedeutung zu.

Hier entfalten die beiden anderen grundlegenden Dimensionen von Arbeitszeitstrukturen ihre wesentliche Funktion. Neben der **Dauer** fanden

Drei Dimensionen

allerdings die **Lage** und die **Verteilung** der Arbeitszeit bislang weniger Aufmerksamkeit. In der Diskussion um veränderte Arbeitszeitstrukturen wird jedoch nachdrücklich darauf verwiesen, dass eine Verbesserung der Arbeitsbedingungen und eine „Mehrung des zeitlichen Wohlstands" um so günstiger ausfällt, je besser es gelingt, die drei verschiedenen Dimensionen der Arbeitszeit in koordinierter Form zu verändern.

Dies muss auch der Ansatz in der betrieblichen Arbeitszeitgestaltung sein um die personellen Ressourcen effektiv zu nutzen.

7.1 Arbeitszeitforderungen der ver.di

Für die Arbeit im Betrieb ist es notwendig, die Forderungen zur Arbeitszeit der Gewerkschaft zu kennen.

1. Die **regelmäßige wöchentliche Arbeitszeit** beträgt 38,5 Stunden (40 Stunden) und höchstens 45 Stunden. In die Höchstarbeitszeit sind Überstunden und tatsächliche Arbeitsleistung im Bereitschaftsdienst und in der Rufbereitschaft einzubeziehen.
2. Die **tägliche Arbeitszeit** muss im Durchschnitt 7,7 Stunden (7 Stunden, 42 Minuten) bzw. 8 Stunden betragen.
3. Arbeitnehmerinnen und Arbeitnehmer haben nach Beendigung der täglichen Arbeitszeit eine **ununterbrochene Ruhezeit** von mindestens 11 Stunden.
4. Für die Berechnung des Durchschnitts der regelmäßigen wöchentlichen Arbeitszeit ist ein **Zeitraum** festzulegen. Dieser Zeitraum kann bis zu 52 Wochen betragen. Wird ein Zeitraum von 52 Wochen festgelegt, ist grundsätzlich das Kalenderjahr für die Berechnung der durchschnittlichen wöchentlichen Arbeitszeit zu Grunde zu legen. Aus betrieblichen Gründen kann ein vom 1. Januar abweichender Beginn festgelegt werden.
5. In jeder Woche sind **zwei zusammenhängende arbeitsfreie Tage** zu gewähren.
6. Die **Verlängerung** der regelmäßigen wöchentlichen Arbeitszeit (Arbeitsbereitschaft) ist nicht mehr zu vereinbaren.
7. **Bereitschaftsdienst** darf nur angeordnet werden, wenn zu erwarten ist, dass die Zeit der Arbeitsleistung höchstens 25 v. H. des Bereitschaftsdienstes beträgt. **Rufbereitschaft** darf nur angeordnet werden, wenn erfahrungsgemäß nur in Ausnahmefällen Arbeit anfällt. Rufbereitschaft und Bereitschaftsdienst dürfen nur jeweils **einmal wöchentlich geleistet werden**. Zum Zwecke der Vergütungsberechnung wird die Zeit des Bereitschaftsdienstes mit 50 v. H. und die Zeit der Rufbereitschaft mit 25 v. H. als Arbeitszeit gewertet. Bei Arbeitseinsätzen in der Rufbereitschaft hat der Arbeitgeber die Fahrtkosten des zumutbaren Verkehrsmittels zu übernehmen.
8. In Verwaltungen bzw. Betrieben, deren Aufgaben **Sonntags-, Feiertags-, Wechselschicht-, Schicht- oder Nachtarbeit** erfordern, kann dienstplanmäßig und betriebsüblich gearbeitet werden. Bei Sonntags- und Feiertagsarbeit müssen jedoch im Monat zwei Sonntage arbeits-

frei sein. Die dienstplanmäßige bzw. betriebsübliche Arbeitszeit an einem Sonntag ist durch eine entsprechende zusammenhängende Freizeit an einem anderen Werktag auszugleichen.
9. Die **wöchentliche Arbeitszeit** ist um die dienstplanmäßige bzw. betriebsübliche **Arbeit an Wochenfeiertagen,** auch wenn sie auf einen Sonntag fallen, zu reduzieren.
10. Die **Arbeitszeit beginnt und endet an der Arbeitsstelle,** bei wechselnden Arbeitsstellen an der jeweils vorgeschriebenen Arbeitsstelle oder am Sammelplatz.
11. **Nachtarbeit** ist die Arbeit zwischen 20 und 6 Uhr.
12. **Wechselschichtarbeit** ist die Arbeit nach einem Schichtplan, der einen regelmäßigen Wechsel der täglichen Arbeitszeit in Wechselschichten vorsieht, bei dem die Arbeitnehmerin bzw. der Arbeitnehmer durchschnittlich längstens nach Ablauf eines Monats neu zur Nachtschicht (Nachtschichtfolge) herangezogen wird. Wechselschichten sind wechselnde Arbeitsschichten, in denen ununterbrochen bei Tag und Nacht, werktags, sonn- und feiertags gearbeitet wird.
13. **Schichtarbeit** ist die Arbeit nach einem Schichtplan, der einen regelmäßigen Wechsel der täglichen Arbeitszeit in Zeitabschnitten von längstens einem Monat vorsieht.

7.2 Rechtliche Grundlagen flexibler Arbeitszeitgestaltung

Grundsätzlich hat es die **betriebliche Arbeitszeitgestaltung** mit vier Regelungsebenen zu tun:

Regelungsebenen

- **Arbeitsschutzvorschriften** (Arbeitszeitgesetz, Mutterschutzgesetz, Bundesurlaubsgesetz ...),
- **Individualarbeitsrecht** (Arbeitsvertrag, Bürgerliches Gesetzbuch ...),
- **Mitbestimmungsrecht** (Betriebsverfassungsgesetz, Bundespersonalvertretungsgesetz ...),
- **Kollektives Arbeitsrecht** (Tarifvertragsgesetz, Tarifvertrag ...).

Interessant zu beobachten ist hier, dass trotz der beschriebenen hohen und unterschiedlichen Erwartungen und der zum Teil recht gegensätzlichen Auffassungen der an der Arbeitszeitgestaltung beteiligten Akteure – Management, Betriebs- bzw. Personalräte, Mitarbeiter, Arbeitgeberverbände und Gewerkschaften sowie Politiker – eine breite Übereinstimmung darüber herrscht, dass die Arbeitszeiten insgesamt flexibler, individueller und betriebsbezogener gestaltet werden müssen.

Für **tarifgebundene Betriebe** ist in jedem Falle die Vereinbarkeit der Neugestaltung der betrieblichen Arbeitszeitregelungen mit den geltenden Tarifverträgen zu prüfen, bei **nicht-tarifgebundenen Betrieben** müssen insbesondere die bestehenden Arbeitsverträge untersucht werden.

7.3 Zeitorientierung und Ergebnisorientierung

Bislang wird Arbeitszeit nur für sich betrachtet und zu wenig in Verbindung mit ihrem eigentlichen Zweck analysiert und gestaltet. Dieses führt zu einer lediglich zeitorientierten Umgangsweise und Vernachlässigung der gewünschten Ergebnisse. Als Auswirkung ist eine Zeitverbrauchsmentalität zu sehen, d. h., Arbeitszeitverbrauch wird gleichgesetzt mit qualitativer Arbeit.

Gegen eine reine Zeitorientierung spricht auch die angebliche Unfähigkeit, dann nicht arbeiten zu können, wenn keine Arbeit da ist. Ferner wird als Leistungsmaßstab lediglich der Ressourcenverbrauch angewendet. Zeitorientierung lenkt ab vom Wesentlichen: der Arbeitsaufgabe und den Zielen.

> **Kennzeichen zeitorientierter Arbeitszeitgestaltung:**
> - Mangelnde Patienten- und Arbeitsauftragsorientierung,
> - Belohnung von Arbeitszeitverbrauch,
> - Arbeitszeitplanung ist häufig zu starr,
> - Steuerung der Arbeitszeiten ausschließlich durch Führungskräfte,
> - gegenseitiges Arbeitszeitmisstrauen.

Der eigentliche Zweck betrieblicher Arbeitszeitgestaltung besteht darin, einen Rahmen für die Erledigung bestimmter Arbeitsaufgaben in einer für alle Beteiligten akzeptablen Form bereitzustellen. Dauer und Verteilung der Arbeitszeit müssen sich nach den Erfordernissen der jeweiligen Arbeitsaufgabe richten und nicht umgekehrt.

Um von einer Zeit- zur Ergebnisorientierung zu kommen, sind neue flexible Arbeitszeitregelungen unerlässlich.

7.4 Arbeitszeitflexibilisierung

Über das Thema Arbeitszeitflexibilisierung wird in der Pflege noch zu wenig diskutiert und nach Lösungen gesucht. In der Regel sind die Mitarbeiter in den Pflegeeinrichtungen der Meinung, dass sie einen Dienstplan haben und mehr Flexibilität nicht möglich ist. Es ist auch weit verbreitete Ansicht, dass die personelle Mindestbesetzung schon erreicht ist. Dies ist aber nicht überall der Fall. Zunächst ist zu klären, was eigentlich unter Arbeitszeitflexibilisierung zu verstehen ist.

> **Definition:** Ist entweder die zeitliche Lage oder die Zeitdauer oder beides permanent veränderbar, so ist eine **flexible Arbeitszeit** möglich.

Offene und halboffene Systeme

Diese Definition signalisiert schon, dass auch die Mitarbeiter über die Lage und die Zeitdauer mitbestimmen können. Die Veränderung der

Arbeitszeit erfolgt einseitig durch den Arbeitgeber oder Arbeitnehmer oder durch beide Seiten. Bei der Arbeitszeitflexibilisierung handelt es sich um **offene** Systeme, die andauernde Gestaltungsmöglichkeiten beinhalten. Man kann auch **beschränkt flexible Arbeitszeitmodelle** unterscheiden, die zwar Flexibilisierungsoptionen enthalten, aber nicht permanent veränderbar sind. Das bedeutet in der Praxis, dass weitere Flexibilisierungsmöglichkeiten entfallen und das System wieder erstarrt, wenn von der Optionen zur Abänderung Gebrauch gemacht worden ist. Diese Art der Systeme werden als **halboffen** bezeichnet z. B. Mehr- oder Überstunden sowie Schichtarbeit. Es lässt sich in quantitativer Hinsicht feststellen, dass das Flexibilisierungspotenzial mit zunehmender Arbeitszeitverkürzung wächst. Um das quantitative Flexibilisierungspotenzial festzustellen, ist von dem jeweiligen Bemessungszeitraum, der Tages- oder Wochen- oder Jahresarbeitszeit, auszugehen und hiervon die verkürzte Arbeitszeit abzuziehen, um das quantitative Flexibilisierungspotenzial zu ermitteln.

Quantitatives Flexibilisierungspotenzial

Die Formel lautet:

| Bemessungszeitraum − Arbeitszeit = Flexibilisierungspotenzial |

Es ist im Krankenhaus und anderen Pflegeeinrichtungen auch schon Praxis, die Arbeitszeit zu flexibilisieren. Allerdings ist es in erster Linie den Teilzeitbeschäftigten vorbehalten. Teilzeitbeschäftigte werden meistens mit sehr unterschiedlichen Arbeitszeiten beschäftigt, arbeiten auch zu oft noch in einer täglichen Arbeitszeit von 7,7 Stunden, die Arbeitszeit könnte auch in Stunden verbraucht werden, zum Beispiel der Einsatz von Teilzeitbeschäftigten in der Hauptarbeitszeit. Dieser Einsatz wäre aber aus betriebswirtschaftlichen Gründen wünschenswert. Der Einsatz der Teilzeitbeschäftigten sollte sich an den betrieblichen Notwendigkeiten – insbesondere am Arbeitsanfall – orientieren. Teilzeitbeschäftigung ist aber per se noch kein flexibles Arbeitszeitmodell, jedenfalls nicht so, wie es in der Praxis vorkommt. Es ist auch festzustellen, dass gerade die Teilzeitbeschäftigten im Gesundheitswesen überdurchschnittlich oft zu außerplanmäßiger Arbeitsleistung herangezogen werden, wenn es zum unvorhersehbaren Personalausfall kommt. Dies ist auch ein massiver Eingriff in die selbstbestimmte Freizeitgestaltung der Beschäftigten.

Teilzeitbeschäftigte

Es muss einmal klar gestellt werden, dass es keine sozialverträglichen Arbeitszeiten in einem Contibetrieb geben kann. Eine Pflegeeinrichtung muss 24 Stunden Dienstleistungen anbieten. Die Beschäftigten sollten dies bei der Berufswahl bereits bedacht haben. Bei der sich verändernden Freizeitkultur ist überhaupt nicht mehr genau festzulegen, was familienfreundliche Arbeitszeiten sind. Es zeichnet sich gerade auch in Einrichtungen des Gesundheitswesens ab, dass es immer mehr Singlehaushalte gibt und vermutlich in Zukunft noch mehr geben wird. Die Interessen der Beschäftigten sind sehr differenziert und kontrovers, dies zeigen die Erfahrungen mit der Einführung neuer Arbeitszeitmodelle.

Es gibt keine sozialverträglichen Arbeitszeiten

Die Einführung der **Kernarbeitszeit** ist bis heute nicht überall akzeptiert worden, was die Untersuchungen der Hans-Böckler-Stiftung an der Uni-Klinik in Freiburg gezeigt haben.

Mögliche Vorteile flexibler Arbeitszeit für die Beschäftigten

- Anpassung der Lage der Arbeitszeit an individuelle Bedürfnisse,
- Erweiterung der Verfügungsmöglichkeiten über die eigene Arbeitszeit,
- Anpassung der Arbeitszeit an den individuellen Lebensrhythmus,
- Verringerung von Verkehrsproblemen durch Anpassung der Arbeitszeit an die Verkehrslage,
- Anpassung der Arbeitszeit an unterschiedliche Lebensphasen (Kindererziehung),
- Vereinbarkeit von Familie und Beruf,
- verstetigtes Einkommen,
- Integration von Randbelegschaften,
- Freiraum für Fort- und Weiterbildung,
- mehr Möglichkeiten ehrenamtlicher Tätigkeiten,
- Steigerung der Arbeitszufriedenheit.

Mögliche Vorteile flexibler Arbeitszeit für den Arbeitgeber

- Bessere Ausnutzung der Betriebsanlagen,
- Abbau von Überstundenzuschlägen,
- Erhöhung der Arbeitsmotivation,
- höhere Bindung der Beschäftigten an das Unternehmen,
- besseres Betriebsklima,
- bessere Position auf dem Arbeitsmarkt,
- Anpassung des Personalstandes an die Auslastung,
- längere Bindung von Erfahrung und Wissen und besserer Austausch zwischen den Generationen (Altersteilzeit),
- Erhöhung der Qualifikation,
- Steigerung der Produktivität,
- Steigerung der Qualität.

Um überhaupt eine Arbeitszeitflexibilisierung umzusetzen, ist zunächst zu prüfen, wie viele Mitarbeiter mit welcher Qualifikation zu welchem Zeitpunkt des Tages an welchem Arbeitsplatz benötigt werden.

Es gibt gewisse **Spielregeln bei der Arbeitszeitflexibilisierung:**
- Abweichungen vom Grundmodell,
- Arbeitszeitkonten,
- reguläre Arbeitszeit-Überstunden-Mehrarbeit,
- Gleitzeit und Kernarbeitszeiten,
- usw.

Bei allen Arbeitszeitveränderungen ist zunächst mit Widerstand der Beschäftigten zu rechnen, es gibt aber auch sehr viele Beispiele dafür, dass gerade die Mitarbeiter Motoren der Arbeitszeitveränderung waren. Zunächst muss aber geprüft werden, welche Anforderungen an die vorgegebenen Arbeitszeiten zu stellen sind und ob sie überhaupt noch zur betrieblichen Praxis passen. Vielerorts wird immer wieder deutlich, dass die Arbeitsablauforganisation nicht mit den vorgegebenen Arbeitszeiten übereinstimmt, was viel Frustrationen bei den Mitarbeitern und Patienten bedeutet und auch eine häufige Ursache für geleistete Überstunden oder Mehrarbeit darstellt. Überstunden sind teuer und greifen in die selbstbestimmte Freizeitgestaltung der Beschäftigten ein. Die ist aus wirtschaftspolitischer Sicht nicht hinzunehmen. Auch werden Überstunden von den Gewerkschaften zu Recht bekämpft, um neue Arbeitsplätze zu schaffen.

7.5 Abgrenzung von Überstunden bzw. Mehrarbeit bei flexibler Arbeitszeit

Grundsätzlich ist zu sagen, dass sich flexible Arbeitszeiten und Überstunden bzw. Mehrarbeitsstunden gegenseitig im Wege stehen. „Flexibilität" durch Überstunden erhöht das Gefühl der „Zumutung" bei Mitarbeitern, erhöht die Kosten durch entsprechende Zuschläge und führt durch die finanzielle „Belohnung" der Mitarbeiter wieder zu einen stark zeitorientierten Verhalten.

Flexible Arbeitszeiten und Überstunden sind nicht miteinander vereinbar

Bei der Gestaltung einer flexiblen Arbeitszeit sollten die **Regelungen für Überstunden** klar definiert werden:

1. Überstunden kommen nur in Frage, wenn der Arbeitsanfall nicht mehr im Rahmen der flexiblen Arbeitszeit (hier z. B. vereinbarte Rahmenbedingungen eines Zeitkontos) bewältigt werden kann oder wenn es zu personellen Engpässen kommt.
2. Überstunden sind genehmigungspflichtig durch die Führungskräfte.
3. Geleistete Überstunden sind finanziell abzugelten.

Regeln für Überstunden

7.6 Schicht- und Dienstplangestaltung im Krankenhaus

Der Weg zum „passenden" Schicht- bzw. Dienstplan führt über mehrere Schritte:

Erstellung eines Dienstplans

1. Der jeweilige **Besetzungsbedarf** muss erhoben werden.
2. Die Entscheidung über die **Arbeitszeitgrundmuster** und der ergänzenden **Flexibilitätsregeln** hinsichtlich Besetzungszeit, Besetzungsstärke und Arbeitszeit muss getroffen werden.
3. Für jedes Arbeitszeitmuster ist die **Brutto-** und **Nettobesetzungszahl** zu errechnen. Hier ist auch die Frage zu beantworten, wie die Abwesenheitszeiten bei der Konstruktion des Arbeitszeitsystems berücksichtigt werden sollen.
4. Das geeignete **Besetzungsverhältnis** muss ermittelt werden.
5. Abschließend erfolgt die eigentliche **Konstruktion des Schichtplanes/ Dienstplanes** für einen vorgegebenen Zeitraum.

7.7 Arbeitszeitmodelle

Zunächst müssen wir unterscheiden zwischen individuellen und kollektiven Arbeitszeitmodellen. Kollektive Arbeitszeitmodelle beziehen sich auf Gruppen und Betriebe.

7.7.1 Individuelle Arbeitszeitmodelle

Die individuellen Arbeitszeitmodelle verpflichten den Arbeitnehmer arbeitsvertraglich, nur einen Teil der tariflichen Arbeitszeit zu leisten. Eine Sonderform sind Altersteilzeit und das Job-Sharing.

Job-Sharing

> **Definition:** Beim **Job-Sharing** wird eine von bisher einer Person eingenommene Stelle auf zwei oder mehr Personen übertragen, die im Außenverhältnis dem Arbeitgeber gemeinsam für die Aufgabenerfüllung verantwortlich sind.

Aus betrieblicher Sicht soll eine Steigerung der Arbeitsleistung erzielt werden.

Altersteilzeit

> **Definition:** Die **Altersteilzeit** ist eine neue gesetzliche und tarifliche Regelung, bei der unter bestimmten Bedingungen Arbeitnehmer ab 55 Jahre in ein Teilzeitarbeitsverhältnis wechseln.

Die Verminderung des Einkommen und der Rentenansprüche wird durch Zuschüsse der Bundesanstalt für Arbeit erheblich verringert. Außerdem tragen die Arbeitgeber nach dem Tarifvertrag über Altersteilzeit einen Teil des Einkommensverlustes. Bedingung bei der Altersteilzeit ist, das für je zwei Arbeitnehmer, die diese Regelung in Anspruch nehmen, ein neuer Mitarbeiter eingestellt wird.

Teilzeitarbeit

Teilzeitarbeit wird oft als flexible Form der Arbeitszeitgestaltung bezeichnet. Dies ist jedoch nicht zutreffend. Bei der Teilzeitarbeit handelt es sich vielmehr um eine Arbeitszeitverkürzung ohne Lohnausgleich. Allein aus der Tatsache, dass ein Arbeitnehmer teilzeitbeschäftigt ist, folgt weder, dass die **Lage** der Arbeitszeit noch die **Dauer** einseitig veränderbar ist. Die Teilzeit ist daher grundsätzlich keine Form flexibler Arbeitszeitgestaltung.

> **Definition:** Gemäß § 2 Abs. 2 Satz 1 Gesetz über Teilzeit und befristete Arbeitsverträge (Teilzeit- und Beschäftigungsgesetz – TzBG) sind Arbeitnehmer **teilzeitbeschäftigt**, wenn deren regelmäßige wöchentliche Arbeitszeit kürzer ist als die regelmäßige wöchentliche Arbeitszeit vergleichbarer vollzeitbeschäftigter Arbeitnehmer.

Spezifische Arbeitsschutzgesetze sind nicht zu beachten, allerdings ist nach dem BeschFG die unterschiedliche Behandlung gegenüber vollzeitbeschäftigten Arbeitnehmern untersagt.
Entscheidend für die Einführung der Teilzeitarbeit ist die **einzelvertragliche Vereinbarung** zwischen Arbeitnehmer und Arbeitgeber.
Ein besonderes Flexibilisierungspotenzial ist mit der Teilzeitarbeit nur verbunden, wenn sie mit anderen Arbeitszeitformen, wie zum Beispiel der Gleitzeit oder Arbeitszeitkonto, kombiniert wird. In den Pflegeberufen ist die Teilzeitarbeit sehr verbreitet, da dort gerade über 80 % Frauen beschäftigt werden.

Job-Enlargement

> **Definition: Job-Enlargement** bedeutet Aufgabenvergrößerung bzw. Aufgabenerweiterung.

Es liegt dann vor, wenn gleichartige, miteinander in Beziehung stehende Arbeitsaufgaben zu einer größeren Gesamtaufgabe zusammengefasst werden. Im Gesundheitswesen ist Job-Enlargement noch nicht sehr verbreitet, sollte aber gerade in den Funktionsabteilungen praktiziert werden.

Job-Enrichment

> **Definition: Job-Enrichment** bedeutet Organisierung der Arbeit in dem Sinne, dass Erfolgserlebnisse für das Ergebnis der eigenen Tätigkeit des Arbeitnehmers zustandekommen, und auf diese Art und Weise eine höhere Identifikation mit der Tätigkeit erreicht wird.

Job-Enrichment wird vor allem im Wege der Gruppenarbeit organisiert. Die Arbeitsgruppe arbeitet in einer Abfolge von wechselnden Tätigkeiten über einen längeren Zeitraum selbstständig und selbstverantwortlich. Die Gruppe ist, außer für die Herstellung, auch für die einwandfreie Funktion des hergestellten Produktes verantwortlich, was auch eine souveräne Arbeitszeitgestaltung beinhalten kann.

Job-Rotation

> **Definition:** Unter **Job-Rotation** versteht man den geplanten Arbeitsplatzwechsel von Mitarbeitern innerhalb eines Betriebes.

Der systematische Arbeitsplatzwechsel soll eine höhere Qualifizierung der Mitarbeiter bewirken, eine qualitative Personalreserve bilden und flexiblere Personaleinsatzplanungen ermöglichen. Es ist aber kein Modell zur Flexibilisierung der Arbeitszeit, auch wenn es leider oft als solches in der Praxis verkauft wird.

In den großen Krankenhäusern ein durchaus übliches Modell dar, um Mitarbeiter zu qualifizieren und neue Innovationen in die Abteilungen zu bringen.

7.7.2 Kollektive Arbeitszeitmodelle

Schichtmodelle

> **Definition:** Unter **Schichtarbeit** wird die Aufteilung der betrieblichen Arbeitszeit in mehrere Zeitabschnitte mit versetzten Anfangszeiten bzw. unterschiedlicher Lage sowie unterschiedlicher Dauer verstanden.

Die Schichtarbeit beinhaltet also die Möglichkeit, die Lage der Arbeitszeit – meist nur einmalig – zu verändern, so dass insoweit eine Option zur Abwandlung der hiernach wieder entgültig fixieren Arbeitszeit besteht. Schichtmodelle sind im Bereich des Krankenhauses durch die Notwendigkeit der 24-Stunden-Versorgung der Patienten für einige der Berufsgruppen das vorherrschende Arbeitszeit-Grundmodell. Üblich sind 2-, 3- und 4-Schichtmodelle. Ergänzt werden sie durch Dauernachtschichtmodelle, Wochenendschichtmodelle und Vertretungsschichtmodelle.

Die Schichtmodelle in der betrieblichen Praxis sind so verschiedenartig wie die Betriebe selbst.

Die Kreativität und Innovation an Schichtmodellen ist fast grenzenlos, und das ist für die Pflege auch sehr wünschenswert.

Mehrarbeit und Überstunden

> **Definition: Mehrarbeit** ist die über die arbeitsvertraglich vereinbarte Arbeitszeit (Teilzeit) geleistete Arbeit.

> **Definition: Überarbeit** ist die über die regelmäßige betriebliche Arbeitszeit hinaus geleistete Arbeit.

In den Arbeitsschutzgesetzen ist geregelt, in welchem Umfang Mehrarbeit überhaupt zulässig ist. Die wichtigsten Bestimmungen zum Arbeitsschutz sind im ArbZG und im JArbSchG enthalten.

Aus dem Arbeitsvertrag oder den Tarifverträgen ergibt sich, in welchem Umfang die Arbeitnehmer verpflichtet sind, Mehrarbeit oder Überstunden zu leisten.

Die Frage der Überstundenvergütung von Teilzeitbeschäftigten wurde mehrfach von BAG und dem Europäischen Gerichtshof entschieden.

Überstundenvergütung fällt im Bereich des TVöD erst an, wenn die Teilzeitbeschäftigten die über die regelmäßige durchschnittliche wöchentliche Arbeitszeit eines vollzeitbeschäftigten Arbeitnehmers hinausgehenden Arbeitsstunden erreichen und dies dienstplanmäßig nicht vorgesehen war.

Flexible Standard-Arbeitszeit

Als Alternative zur klassischen Gleitzeit wurde die flexible Standard-Arbeitszeit entwickelt.

Abb. 20:
Überstundeneisberg

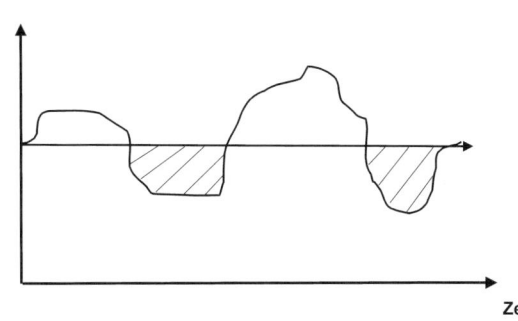

Abb. 21:
Höhen und Täler
(Quelle: Kutscher, Flexible Arbeitszeitgestaltung)

Definition: Hier werden grundsätzlich einzuhaltende tagesbezogene Standard-Arbeitszeiten vorgegeben.

Diese Soll-Arbeitszeit stellt nun nicht die tatsächliche Anwesenheit dar, sondern die Verrechnungsgrundlage. Erfasst werden lediglich die täglichen zeitlichen Abweichungen von der Soll-Arbeitszeit. Über der Kombination mit einem Zeitkonto werden die zulässigen Bereiche der Abweichung festgelegt.

Arbeitszeitkonto

Definition: Auf dem **Zeitkonto** werden die Abweichungen der tatsächlich geleisteten Arbeitszeit von der vertraglichen Arbeitszeit verbucht. Der Umfang dieser Plus- und Minusstunden sowie der Ausgleichszeitraum sind festgelegt. Es erfolgt kein Minder- oder Mehrentgelt.

Ursprünglich sind Zeitkonten erstmals im Rahmen der Gleitzeitarbeit eingeführt worden. Hier wurden die Zeitkonten meist zum Monatsende abgeschlossen und der Übertrag auf den Folgemonat eng begrenzt.
In flexiblen Arbeitszeitmodellen ist die Einführung von Zeitarbeitskonten ein unerlässliches Instrument. Am Beginn der Einrichtung von Arbeitszeitkonten steht die Entscheidung über dessen Laufzeit: Bei bestehender Tarifbindung kann dies die tariflich vorgegebene sein. Denkbar ist aber auch eine Verkürzung. Lediglich die Ausdehnung darüber hinaus ist ausgeschlossen.
Ohne Tarifbindung, oder wenn nur Teilzeitbeschäftigte betroffen sind, kann das Arbeitszeitkonto im Grunde beliebig lang angelegt werden.

Für die **Kontrolle** dieser Zeitkonten setzt sich in der Praxis zunehmend das „Ampelkonto" durch:

Ampelkonto

- **Grüner Bereich (ca. +/- 30 Stunden):** Im Rahmen dieses festgelegten Stundenkontingentes disponiert der Mitarbeiter eigenverantwortlich.
- **Gelber Bereich (ca. +/- 60 Stunden):** Der Mitarbeiter soll die Initiative ergreifen und möglichst bald in den grünen Bereich zurückkehren, die Führungskraft schaltet sich nur bei Notwendigkeit ein.
- **Roter Bereich (über +/- 60 Stunden):** Dieser Bereich darf nur vorübergehend und mit Genehmigung der Führungskraft genutzt werden. Er muss schnellstmöglich wieder verlassen werden.

Jahresarbeitszeiten/Langzeitarbeitszeiten/Lebensarbeitszeiten

Grundsatz Arbeitszeitkonto

In manchen Unternehmen wird versucht, Zeitguthaben in ein Langzeit- oder Lebensarbeitszeitkonto zu überstellen. Vor allem die hochqualifizierten Mitarbeiter, von denen lange Anwesenheitszeiten erwartet werden, sollen nicht durch „gekappte" Plusstunden demotiviert werden. Auch die Auszahlung von Überstunden soll hier vermieden werden.
So betrachtet, scheinen diese Modelle einer flexiblen und ergebnisorientierten Gestaltung der knappen Ressource Arbeitszeit nicht dienlich zu sein. Allerdings existieren auch alternative Modelle, die von einer be-

stimmten Ansparphase und einer darauf folgenden Freizeitphase geprägt und damit wieder überlegenswert sind.

Die Forderungen der Gewerkschaft ver.di zum Arbeitszeitkonto

Auf **Wunsch der Arbeitnehmerin bzw. des Arbeitnehmers** wird ein Arbeitszeitkonto eingerichtet. In diesem Fall beträgt die jährliche Arbeitszeit 2002 Stunden (38,5 Stunden x 52 Wochen) – im Tarifgebiet Ost 2080 Stunden (40 Stunden x 52 Wochen). Die jährliche Höchstarbeitszeit beträgt 2340 Stunden (45 Stunden x 52 Wochen).

Die über die tarifvertraglich festgelegte zu leistende jährliche Arbeitszeit hinausgehenden Arbeitsstunden bis zur Höchstdauer von 2340 Stunden sind am Jahresende zum Ausgleich der Arbeitszeit auf ein Arbeitszeitkonto zu übertragen.

Für ein Arbeitszeitkonto gelten folgende Bedingungen:
1. Dem Arbeitszeitkonto werden jedes Jahr 7,7 Stunden für den in § 15a BAT/BAT-O, MTB 11, MTL II/MTArb-O und § 14a BMT-G II/BMT-G-O geregelte Arbeitszeitverkürzung durch freien Tag gutgeschrieben.
2. Auf dem Arbeitszeitkonto können bis zu 600 Stunden angesammelt werden. Es darf jedoch nicht mehr als 40 Minusstunden aufweisen.
3. Auf die jährliche Arbeitszeit werden der Erholungsurlaub, der Sonderurlaub, die Feiertage, die Arbeitsbefreiung und die Arbeitsunfähigkeit mit der dienstplanmäßigen bzw. betriebsüblichen Arbeitszeit, mindestens jedoch mit 7,7 Stunden (7 Stunden, 42 Minuten) bzw. 8 Stunden, angerechnet und auf dem Arbeitszeitkonto als geleistete Arbeitszeit verbucht.
4. Über das Arbeitszeitkonto verfügen die Angestellten, Arbeiterinnen und Arbeiter individuell und eigenständig. Es kann vom Arbeitszeitkonto jedoch nur ein Zeitausgleich von mindestens der Hälfte der täglichen Arbeitszeit in Anspruch genommen werden. Für die Dauer des Zeitausgleichs werden die Urlaubsvergütung bzw. der Lohn gezahlt.
5. Arbeitnehmerinnen und Arbeitnehmer, die von ihrem Arbeitszeitkonto mindestens 400 Stunden in Anspruch nehmen wollen, müssen dies drei Monate vor Antritt des Zeitausgleichs dem Arbeitgeber mitteilen. Ein Zeitausgleich von mindestens 200 Stunden ist acht Wochen und von mindestens 80 Stunden sechs Wochen vor Antritt des Zeitausgleichs dem Arbeitgeber mitzuteilen. Ein Zeitausgleich von mehr als drei Tagen ist eine Woche vor Inspruchnahme anzukündigen. Der Arbeitgeber kann dem beantragten Zeitausgleich nur aus dringenden dienstlichen bzw. betrieblichen Gründen widersprechen. **Widerspricht** der Arbeitgeber dem Zeitausgleich, der im Rahmen der Fristen beantragt worden ist, so erhält der Arbeitnehmer bzw. die Arbeitnehmerin ein Viertel des beantragten Zeitausgleichs vom Arbeitgeber zusätzlich gutgeschrieben. In solchen Fällen kann das Arbeitszeitkonto über die Höchstdauer von 600 Stunden hinaus Guthaben aufnehmen.
Der Widerspruch des Arbeitgebers gegen den mitgeteilten Zeitausgleich muss der Arbeitnehmerin bzw. dem Arbeitnehmer spätestens bis nach Ablauf der Hälfte der entsprechenden Frist schriftlich vorliegen.

Fristen

Der angemeldete Zeitausgleich von mindestens 400 Stunden ist dem Arbeitnehmer bzw. der Arbeitnehmerin innerhalb eines halben Jahres, der Zeitausgleich von mindestens 200 Stunden innerhalb von 4 Monaten und der Zeitausgleich von mehr als 80 Stunden innerhalb von 2 Monaten nach dem Widerspruch des Arbeitgebers zu ermöglichen. Tritt während des Zeitausgleichs eine Arbeitsunfähigkeit ein, so ist die voraussichtliche Dauer dem Arbeitgeber mitzuteilen. Die Dauer der Arbeitsunfähigkeit mindert das Arbeitszeitkonto nicht.
6. Zeitzuschläge für Überstunden werden auf Antrag des Arbeitnehmers bzw. der Arbeitnehmerin in Zeit umgerechnet und dem Arbeitszeitkonto gutgeschrieben.
7. Bei Beendigung des Arbeitsverhältnisses ist das angesammelte Zeitguthaben bis zum Ausscheiden in Anspruch zu nehmen. Reicht die Zeit nicht aus, das Arbeitszeitkonto auszugleichen, wird das restliche Zeitguthaben ausgezahlt. Dabei ist der Urlaubslohn bzw. die -vergütung zugrunde zu legen. Bei Tod der Arbeitnehmerin bzw. des Arbeitnehmers wird ein vorhandenes Zeitguthaben an die Anspruchsberechtigten ausgezahlt.
8. Bei Teilzeitbeschäftigten gelten die Regelungen zum Arbeitszeitkonto mit der Maßgabe, dass die jährliche Arbeitszeit und die Höchstarbeitszeit entsprechend dem Verhältnis der mit ihnen vereinbarten Arbeitszeit zur Arbeitszeit der Vollbeschäftigten festgelegt wird.

Gleitende Arbeitszeit

> **Definition:** Die **gleitende Arbeitszeit** ist eine Form der betrieblichen Arbeitszeitregelung, bei der Mitarbeiter die Möglichkeit eingeräumt bekommen, über die Lage ihrer persönlichen Arbeitszeit in begrenztem Umfang selbst zu entscheiden.

Die gleitende Arbeitszeit wird auch wieder unterschieden in einfache und qualifizierte Gleitzeit. Bei der einfachen Gleitzeit ist nur Beginn und Ende der täglichen Arbeitszeit variabel.

Kernarbeitszeit

Kernarbeitszeit ist ein Modell, um eine andere Arbeitszeit im Krankenhaus einzurichten, damit neue Pflegekräfte angeworben werden können. Sie ist auf dem Höhepunkt des Pflegenotstands in der Bundesrepublik entstanden. „Total normal" ist ein Schlagwort dafür geworden. Ziel dieser Modelle war es, auch für Pflegekräfte die 5-Tage-Woche als Regelarbeitszeit einzuführen und familienfreundliche Arbeitszeiten zu schaffen. In die Kernarbeitszeiten z. B. von 7.00 bis 16.00 Uhr, werden möglichst alle Routinetätigkeiten verlagert und so eine Entlastung und personelle Ausdünnung der anderen Schichten ermöglicht. Es erfordert aber eine Änderung der Arbeitsablauforganisation auf den Stationen und eine bessere Kooperation aller Berufgruppen im Krankenhaus und Pflegeeinrichtungen. Inzwischen ist aber durch mehrere Untersuchungen festgestellt worden, dass sie nicht, wie zunächst erhofft, angenommen wurde. Zuletzt hatte die Kernarbeitszeit wieder einen Schub bekommen, um das Arbeitszeitgesetz von 1996 umzusetzen. Da konnte plötzlich der Widerstand gegen diese Arbeitszeit beobachtet werden. Kernarbeitszeit ist in der betrieblichen Praxis immer noch sehr umstritten.

Viele Einwände konnten nicht entkräftet werden, wie z. B. Parkplatznot oder Rushhour. Bei diesem Modell wird das System von Früh- und Spätdiensten im Krankenhaus durch eine Zwischenschicht ergänzt. Diese Veränderungen dürfen nicht unterschätzt werden, da sie sehr konflikthaft sind. Es handelt sich in erster Linie um eine neue Schichtform und nicht um ein Arbeitszeitmodell.

Einwände

Natürlich schreibt das Arbeitszeitgesetz keine Kernarbeitszeit vor, aber ein Schichtwechsel von Spät- zum Frühdienst kollidiert mit dem ArbZG. Wenn bei der Dienstplangestaltung nicht eine starke Reduzierung der möglichen Dienstabfolgen oder der Übergang zu starren Schichtsystemen in Kauf genommen werden soll, muss ein Kerndienst angeboten werden. Das bedeutet, dass auch unter den aktuellen Bedingungen die Kernarbeitszeit ein **positives und geeignetes „Arbeitszeitmodell"** für eine Pflegestation sein kann. Voraussetzung ist, dass der Kerndienst von den Teammitgliedern gewünscht wird und sich die Arbeitsabläufe vor allem im Zusammenhang mit den anderen Klinikbereichen anpassen lassen. Für viele Beschäftigte sind erhöhte Arbeitsbelastung, Arbeitsengpässe und Überstunden eine tägliche Erfahrung.

> **Hinweis:** Durch die Arbeitszeitgestaltung lässt sich hier allerdings wenig ausrichten. Einen starken Einfluss auf die Arbeitsbelastung und die Arbeitsengpässe hat die Qualität der Zusammenarbeit zwischen den Stationen und anderen Klinikbereichen.

Der Pflegedienst befindet sich weitgehend in einer einseitig abhängigen Position und muss sich um die anderen Bereiche organisieren. Die Kernarbeitszeit ändert an diesen Missständen auch nichts.

Selbstbestimmte Arbeitszeit

> **Definition:** Bei der **selbstbestimmten Arbeitszeit** wird eine Trennung von Betriebs- und Arbeitsstätte vorgenommen. Der Mitarbeiter kann sich seine Zeit an der Arbeitsaufgabe orientiert völlig selbstständig einteilen. Telearbeit oder Arbeit am Computer zu Hause sind möglich.

Bei der so genannten Heimarbeit wird die Arbeitsstätte frei gewählt (z. B. die Wohnung) und der Auftrag gegen ein bestimmtes Entgelt ausgeübt.

Kapazitätsorientierte variable Arbeitszeit

> **Definition:** Dies ist Arbeitszeitvariante, bei der die Mitarbeiter weder den Zeitpunkt noch den Umfang ihrer Arbeitsleistung genau kennen, sondern jeweils aus der Freizeit zu Arbeitsleistung abgerufen werden.

Durch das Beschäftigungsförderungsgesetz ist diese Arbeitszeitvariante sehr stark eingeschränkt worden. In den Krankenhausleitungen und ambulanten Pflegediensten gibt es aber eine zunehmende Tendenz zu dieser Form der Arbeitszeitgestaltung.

7.7.3 Arbeitszeitmodelle zur Umsetzung des Arbeitszeitgesetzes

Pflichten aus dem Arbeitszeitgesetz

Das seit dem 1.1.1996 gültige Arbeitszeitgesetz legt den Krankenhäusern und Pflegeeinrichtungen umfangreiche Pflichten zur Neugestaltung der Arbeitszeiten auf. Auf der einen Seite müssen sie mit gedeckelten und teilweise sogar reduzierten Budgets auskommen, auf der anderen Seite verlangt das Arbeitszeitgesetz Korrekturen an den Dienstplänen, die in vielen Fällen nicht ohne zusätzlichen Personaleinsatz und den entsprechenden Mehrkosten umzusetzen sind. Die Krankenhäuser haben zur Umsetzung der gesetzlichen Vorgaben des Arbeitszeitgesetzes eine Reihe von Modellen, Konzepten und Strategien entwickelt. Insbesondere für den Pflegedienst liegen bereits praktische Erfahrungen über entsprechende Arbeitszeitmodelle vor. Das Pflegemanagement wie auch die Betriebs- und Personalräte sind bis zum heutigen Tage aber an vielen Orten in der Bundesrepublik nicht in der Lage gewesen, angemessene Lösungen zu finden. In der Praxis finden sich insbesondere im Hinblick auf die Ruhepause im Nachtdienst zahlreiche rechtswidrige Arbeitszeitmodelle.
Dieser bedauerliche Zustand führt immer wieder zu Konflikten in den Betrieben.
Die Rahmenbedingungen hierfür werden durch das Arbeitszeitgesetz vom 06. Juni 1994 neu bestimmt. Sie umzusetzen ist Aufgabe des Pflegemanagements.

> Das **Arbeitszeitgesetz** enthält Regelungen über
> - Höchstgrenzen für die tägliche Arbeitszeit,
> - Mindestruhezeiten während der Arbeit,
> - Mindestruhezeiten nach Beendigung der Arbeit.

Darüber hinaus finden die tarifvertraglichen Regelungen bzw. die Arbeitsvertragsrichtlinien und andere Bestimmungen weiterhin Anwendung.
Kritisch muss hier angemerkt werden, dass auch in der Praxis viele tarifliche Bestimmungen nicht tarifgerecht angewendet werden bzw. wurden. Diese Rechtsgrundlagen werfen zahlreiche Fragen zur Auslegung auf. Die Probleme bei der praktischen Umsetzung im Krankenhausbereich sind unübersehbar.
Es sind also Praxismodelle gefragt, an die man sich bei der Umsetzung anlehnen kann. Es muss betont werden, dass in jedem Fall die individuellen Gegebenheiten der einzelnen Einrichtungen bei der Nachahmung berücksichtigt werden müssen. Es lohnt sich aber, über Praxismodelle Informationen zu beschaffen und in den Betrieben zu diskutieren.

Abb. 22:
Grundmuster Arbeitszeitmodelle (nach Linnenkohl u. a. 1992)

Es ist eine große Herausforderung für das Management, Modelle zu finden, die auf Akzeptanz bei den Mitarbeitern stoßen. Sie sollen patientenfreundlich und gleichzeitig kostenneutral sein.

Die Betriebs- und Personalräte müssen ihren Gestaltungsauftrag und die Mitbestimmungsrechte wirksam wahrnehmen und eigene Modelle und Konzepte erarbeiten. Dabei haben sie die Interessen der Beschäftigten zu berücksichtigen. Es ist nicht möglich, allen Interessen gerecht zu werden, es wird in der Praxis immer zu Konflikten kommen. Die Interessenlage der Beschäftigten ist sehr differenziert und zum Teil auch kontrovers.

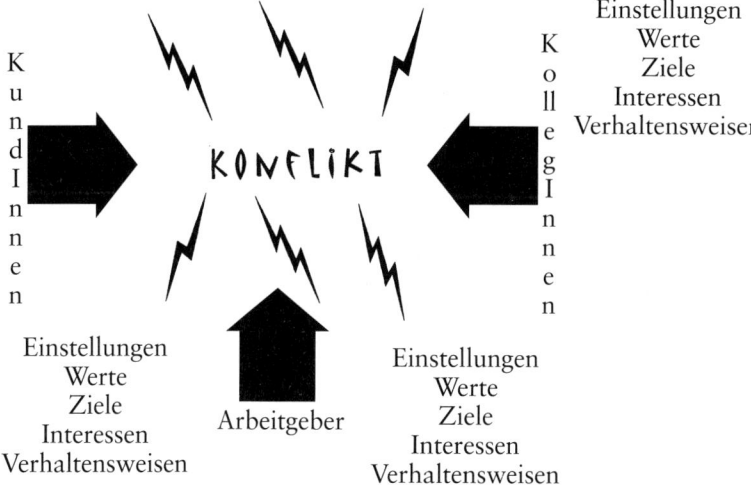

Abb. 23: Konflikt

Wir können in der Pflege aber die Veränderungen in der Gesundheitspolitik positiv sehen, denn der Druck löst Innovationen, Kreativität und Phantasie aus. Wir werden zum Nachdenken und Handeln gezwungen.

Die Modelle die hier vorgestellt werden, sind wie folgt zu bezeichnen:

- 4-Stunden-Pausenspringerschicht im Nachtdienst,
- Einführung eines pausenfreien 6-Stunden-Nachtdienstes,
- stationsübergreifender Nachtdienst,
- Flexibilität durch ein „Stand-by-Modell",
- durchlaufende Regeldienstpläne zur Vereinfachung der Personaleinsatzplanung.

7.7.3.1 4-Stunden-Pausenspringer im Nachtdienst

Bei diesem Modell handelt es sich um eines von fünf Modellen, wie sie in den Harzkliniken diskutiert und ausprobiert wurden.

Das Kreiskrankenhaus Goslar ist eine **Akutklinik** mit ca. 350 Betten. Es stehen folgende Fachabteilungen zur Verfügung: Innere Medizin, Allgemein- und Gefäßchirurgie, Unfall- und Wiederherstellungschirurgie, Gynäkologie und Geburtshilfe. Das Kreiskrankenhaus verfügt über Belegabteilungen: HNO, Augenheilkunde, Mund- und Kieferchirurgie.

Der Nachtdienst hat eine Länge von neun Stunden. Somit ist eine Ruhepause von 30 Minuten zu gewähren. Bei 16 Stationen einschließlich des Neugeborenenzimmers und des Kreißsaales bedeutet dies einen Gesamtverbrauch von acht Stunden. Da bis zur Umsetzung des ArbZG die Nachtwachen keine Ruhepausen erhielten (!), entstand ein Budget, das der Wertigkeit von acht Stunden pro Nacht entsprach.

Für die Gewährung der Ruhepause ergibt sich ein definierter Zeitfaktor, der durch den Beginn und das Ende der Pausenzeit festgelegt wird.

Der Anspruch auf eine Ruhepause ergibt sich aus der geplanten Nachtdienstlänge.

Merke: Die Länge des Pausenkorridors wird bestimmt durch die Dauer und die Einteilung der zu gewährenden Pausenzeit.

Beispiel: Für die Anwesenheit während der Nacht von 9,5 Stunden (hier: 21.00 Uhr bis 6.30 Uhr), einschließlich der Pause von 0,5 Stunden, ergibt sich ein Pausenkorridor von 3,5 Stunden.

Da gemäß § 4 ArbZG nach spätestens 6 Stunden eine Ruhepause zu gewähren ist, liegt der Beginn der ersten Pause (Pausenkorridor) bei 00.00 Uhr und das Ende der letzten Pause bei 3.30 Uhr.

Dies bedeutet, dass ein Pausenspringer in dieser Zeit fünf Stationen ablösen kann.

3,5 Stunden: 0,5 Stunden Pause + je 12 Minuten Übergabezeit vor und nach der Pause.

Die bisher budgetierte Hauptnachtwache löst in der Nacht ebenfalls fünf Stationen ab.

Die Ruhepausen für die Hebammen werden dadurch ermöglicht, dass der diensthabende Gynäkologe die Pausenablösung übernimmt. Hierdurch muss keine zusätzliche Hebamme zur Pausenablösung eingesetzt werden.

Als die Pflegedirektion vor der Umsetzung des ArbZG stand, stellte sie sich einige Fragen: Ist die Umsetzung im Krankenhaus überhaupt möglich? Wie setzen andere Kliniken das ArbZG um? Welche Schritte zur Umsetzung des Gesetzes sind notwendig?

Dies war aber der Auftrag des Gesetzgebers und somit vorgegeben. Allerdings waren eine Bestimmungen sehr unübersichtlich und wurden in der Fachpresse kontrovers diskutiert. Dazu mussten die Kommentare gelesen werden und Experten befragt werden.

Es war sehr hilfreich und interessant, neue Sichtweisen zu erfahren.

Personalressourcen für den Pausenspringer

1. Es gab zum einen Erziehungsurlauberinnen, die sich bereit erklärten, vier- bis fünfmal im Monat den Pausenspringer-Dienst abzuleisten.
2. Die zweite Gruppe konnte aus den Nachtwachen rekrutiert werden, die durch die Reduzierung ihrer Arbeitszeit zusätzliche Dienste ableisten wollten.
3. Für einige Mitarbeiter im Tagdienst erschien die Möglichkeit, einen verkürzten Nachtdienst zu absolvieren, attraktiver, als 9- oder wie früher üblich 10-stündige Nachtwachen zu leisten.
4. Eine weitere personelle Ressource, über die einige Kliniken verfügten, waren Mitarbeiterinnen anderer Berufsgruppen, die in ihrem „früheren" Berufsleben als examinierte Pflegekraft tätig waren. Diese interessierten Mitarbeiterinnen konnten durch ein Einarbeitungskonzept im Rahmen von Nebentätigkeit am Pausenspringer-Dienst teilnehmen.
5. Zu prüfen war weiterhin, ob in Einzelfällen Pflegekräfte der Bereitschaftsdienste (OP, Anästhesie) als personelle Ressource an den Pausenablösungen des allgemeinen Pflegedienstes teilnehmen konnten.

Auswirkungen des Modells auf die Beschäftigten und das Unternehmen

Es handelt sich bei diesem Pausenspringer-Modell im Nachtdienst sicher um eine eher unkonventionelle Umsetzung des ArbZG. Die veränderten Wert- und Normsysteme der Mitarbeiter bewegen sich parallel zu den gesetzlichen Rahmenbedingungen und müssen entsprechend von den Führungskräften begleitet werden.

Durch die Umsetzung der Ruhepausenregelung wird den gesetzlichen Rahmenbedingungen nach dem ArbZG entsprochen.

7.7.3.2 Einführung eines pausenfreien 6-Stunden-Nachtdienstes

Auf der Basis dieses Modells wurden verschiedene Varianten entwickelt. Es kam auf eine **höchstmögliche Flexibilität** an. So konnten auf den entsprechenden Stationen die Beschäftigten dafür gewonnen werden, entsprechende späte Spätdienste abzudecken. Es wurde in einem Modell ein Dienst mit sechs Stunden, in dem anderen mit vier Stunden Arbeitszeit verwirklicht.

Bedenken der Beschäftigten

Die Bedenken der Beschäftigten sind wie folgt darzustellen:
- Einbußen bei der Wechselschichtzulage,
- Verlust von Zuschlägen für Nachtarbeit,
- Verminderung bei der Pflegequalität und Versorgung der Patienten,
- Angst, einen anderen Arbeitsbereich übernehmen zu müssen,
- zu kurze Übergabezeiten,
- Angst vor unbekannten Patienten,
- Angst vor fremden Fachgebieten,
- Zunahme juristischer Probleme,
- längere Arbeitszeit oder kürzerer Nachtwachenzeit,
- öfter in der Nachtwache,
- Umstellungsschwierigkeiten nehmen zu,
- mehr Probleme in der Familie,
- Aufgabe von Gewohnheiten,
- Zweifel an der Durchführbarkeit des Rechts.

7.7.3.3 Stationsübergreifender Nachtdienst

Das Arbeitszeitgesetz wurde für den Nachtdienst in der **allgemeinen Pflege** in einen Berliner Krankenhaus mit 729 Betten und 24 Stationen zu je 34 bis 36 Betten wie folgt umgesetzt:

- Die unterschiedlichen medizinischen Fachabteilungen haben zwischen zwei und vier Stationen.
- Aus dem neuen Stellenpool der PPR wurden pro Station 0,5 Vollkräfte (VK) für einen zusätzlichen Nachtdienst vorgehalten.
- Bisher hatte der Nachtdienst eine Länge von 9,3 Stunden (Beginn 21.27 Uhr, Ende 6.45 Uhr), der die bezahlte Ruhepause beinhaltete. Nach der neuen Regelung ergibt sich eine Dauer von 8,8 Stunden Arbeitszeit ohne Ruhepause.
- Jede medizinische Abteilung stellt intern einen Springerdienst, der den regulären Nachtdienst zur Pause ablöst.
- Die erste Pause darf nicht vor 0.30 Uhr beginnen, die letzte Pause muss um 3.30 Uhr beginnen.
- Die Pause beträgt 30 Minuten, jeweils fünf Minuten Übergabezeit vor und nach der Pause.
- In der Zeit der Ablösung werden keine Routinearbeiten (z. B. Medikamente stellen, Aufräumarbeiten, Ablage, Labor stellen usw.) erledigt. Der Springer ist nur für die akut anfallenden Arbeiten zuständig.
- Der Springer verbringt den Rest seiner Arbeitszeit auf seiner Station, auf der er von den anderen Nachtwachen um Hilfe angerufen werden kann.
- Die Pausenregelung erfolgt durch einen zusätzlichen Nachtdienst pro Abteilung.

Neben der Umsetzung des Arbeitszeitgesetzes hat diese Regelung als weitere Ergebnisse gebracht:

Ergebnisse
- Besseres Verständnis untereinander, z. B. Wochenstation, Kinderzimmer.
- Abteilungsintern: Hilfestellung in Notsituationen.
- Arbeitszeiteinsparung und damit Überstundenabbau:

- pro Monat/Station 30 x 0,5 Std. = 15 Std.,
- pro Jahr/Station 12 x 15 Std. = 180 Std.,
- entspricht im Jahr 24 Diensten.

Die Beschäftigten kritisierten vor allem, dass der Nachtdienst entweder durch die Ruhepause verlängert oder bei verkürztem Nachtdienst auch weniger Freizeitausgleich zur Verfügung steht. Außerdem bestanden Befürchtungen in Bezug auf die Gewährung des Nachtdiensturlaubs.
Die Arbeitszeit im Nachtdienst wurde auf maximal neun Stunden verkürzt. Die zu gewährende Ruhepause von 30 Minuten wird in zwei Teilen von je 15 Minuten gewährt.
Damit ist es möglich, den gesetzlichen Ansprüchen zu genügen.

> **Hinweis:** Der Nachtdienst sollte allgemein nicht länger als neun Stunden dauern! Zu berücksichtigen ist die Länge der Ruhepause, die dann 45 Minuten betragen muss.

Auch hier war zu beobachten, dass der größte Widerstand von den Beschäftigten kam, insbesondere die Dauernachtwachen haben versucht, gegen diese Modell anzugehen.
Die Dauer des Nachtdienstes muss sich an den betrieblichen Notwendigkeiten orientieren und muss die Pflegequalität halten bzw. verbessern.

7.7.3.4 Flexibilität durch ein „Stand-by-Modell"

Dieses Modell ist besonders geeignet, mit dem **Personalausfall** in der betrieblichen Praxis adäquat umzugehen, es bezieht sich auf den Nachtdienst sowie auch den Spätdienst.

Antwort auf den Personalausfall

Es handelt sich um eine **Privatklinik** mit 264 Betten. Sie umfasst die Fachabteilungen der Unfall-, Gefäß- und Allgemeinchirurgie. Des weiteren verfügt sie über eine acht Betten umfassende Intensivstation, die ein 4-Betten-Aufwachraum angegliedert ist. Die OP-Abteilung umfasst drei aseptische OP-Säle und einen septischen OP-Saal. OP und Ambulanz sind 24 Stunden besetzt.
In der Klinik stellte sich immer wieder das Problem: Was tun, wenn plötzlich jemand, z. B. die Schichtleitung, ausfällt?
Was bedeutet Stand-by?

Von **Fluggesellschaften** ist der Stand-by bereits bekannt: Ist einem geplanten Flug nicht die aus Sicherheitsgründen vorgeschriebene Mindestcrew anwesend, so darf das Flugzeug nicht starten. Die Fluggesellschaft hätte enorme finanzielle Verluste. Der Stand-by deckt nur **akut eintretende Ausfälle** von Personal ab und ist nicht als globaler Krankenersatz gedacht.
Es ist also hier der nicht vorhersehbare Personalausfall eingeplant. Warum sollte dies im Klinikbereich nicht möglich sein?
Für die Einführung des Stand-by müssen einige Grundvoraussetzungen erfüllt sein.

Nur möglich bei akut eintretenden Ausfällen

Personalbesetzung

Nur examinierte Pflegekräfte

Um auch die Schichtleitungen abdecken zu können, kamen für die Teilnahme am Stand-by nur examinierte Pflegekräfte in Frage. Diese deckten sowohl den Ausfall von examinierten Kräften als auch Vakanzen von pflegerischen Hilfspersonal ab.

Daraus resultierend benötigt man mindestens 15 examinierte Pflegekräfte, um bei zwei Teilnahmetagen pro Monat und Pflegekraft für jeden Tag einen Stand-by einteilen zu können. Eine weitere Variante besteht darin, dass sich pro Tag zwei Mitarbeiter im Stand-by für das ganze Haus befinden.

Bauliche Voraussetzungen

Stationen können zusammengefasst werden

Es ist nicht notwendig, jede einzelne Station mit einem eigenen Stand-by auszustatten. Je nach vorheriger Analyse der Häufigkeit von Ausfallzeiten auf einzelnen Abteilungen können auch mehrere Stationen zusammengefasst werden.

In o. g. Hause wurden immer **zwei Stationen pro Stockwerk** für den Fall des Stand-by zusammengefasst. Jeweils eine Hälfte des Monats wurde von der Station A und die andere Hälfte von der Station B gestellt. Daraus ergibt sich wieder der Bedarf von 15 examinierten Pflegekräften. Ein weiterer Vorteil der Zusammenfassung mehrerer Stationen zu einer Dienstgruppe ist, dass jede Station auch nur einen Teil des Monats im Dienstplan belastet ist.

Ablauf des Stand-by im Pflegedienst

Wie schon beschrieben, bilden zwei Stationen eine Abteilung. Täglich befindet sich je Abteilung eine examinierte Pflegekraft im Stand-by. Die Einteilung erfolgt durch die Stationsleitung bzw. dessen Vertretung in den Dienstplänen.

Aus den Gesamtdienstplänen werden formlose Stand-by-Dienstpläne erstellt und in sämtlichen, die jeweiligen Abteilungen betreffenden Stationen verteilt.

Besonderheiten bilden hier Feiertage wie Weihnachten, Silvester, Ostern sowie Pfingsten. Da hier jeweils in der Regel an einem der beiden Feiertage gearbeitet wird, kann am zweiten Feiertag kein Stand-by verlangt werden. In diesen Fällen wird der Stand-by ausgesetzt.

Bei den am Dienst-Tage bekannt werdenden akuten Ausfällen einer oder mehrerer Pflegekräfte auf einer Station steht die für die betreffende Abteilung eingeteilte Stand-by-Pflegekraft bereit.

Es kommt auch noch die Variante in Betracht, bei der zwei Mitarbeiter im Stand-by sind und sieben Stationen im Hause abdecken. Diese Mitarbeiter werden dann wahlweise auf allen Stationen eingesetzt. Voraussetzung hierfür ist ein einheitlicher Pflegestandard im gesamten Haus. Die gleiche Aufteilung in den Räumlichkeiten und das gleiche Einräumen der Arbeitsmaterialien erleichtern den Einsatz auf allen Stationen erheblich. Dies sollte heute in allen Kliniken sowieso selbstverständlich sein, um personelle und zeitliche Ressourcen zu sparen.

Jede zum Stand-by eingeteilte Pflegekraft muss unter einer privaten Telefonnummer erreichbar sein und wird dort zur Arbeitsleistung abgerufen. Es ist aber auch sehr sinnvoll, ein Mobiltelefon zur Verfügung zu stellen. Die Zeiten, in denen eine eingeteilte Pflegekraft zu Hause für den Abruf bereit sein muss, sollten so gewählt werden, dass mindestens eine Stunde Überlappung für den Beginn der eigentlichen Schichtzeiten erreicht und die Maximalzeit für einen Anfahrtsweg berücksichtigt wird. So ist sichergestellt, dass auch Pflegekräfte, die sich aus nicht-vorhersehbaren Gründen nicht entschuldigt haben bzw. entschuldigen konnten, planmäßig ersetzt werden können.

Alarmierungszeiten

In der Klinik sind die täglichen Alarmierungszeiten wie folgt:
- 11.30–13.00 Uhr für den Spätdienst und
- 19.00–20.30 Uhr für den Nachtdienst.

Da sich im Frühdienst, bedingt durch die Anzahl der eingeteilten Pflegekräfte, ein Personalausfall nicht so negativ auswirkt, wie es gerade beim Nachtdienst der Fall wäre, wurde hier ein Einsatz durch Stand-by ausgeklammert.
Die Stand-by-Pflegekraft hat sicherzustellen, dass sie im Falle einer Alarmierung innerhalb der Alarmierungszeit den jeweiligen Dienst antreten kann.
Die Alarmierung erfolgt immer durch die **schichtführende Pflegekraft** des Früh- bzw. Spätdienstes für die darauf folgende Arbeitsschicht.
Die zuständige Schichtführung ist verantwortlich für die volle Einhaltung der Stationsbesetzung und der damit verbundenen Gewährleistung der Pflegequalität. Sie ist zur Alarmierung der Stand-by-Pflegekraft verpflichtet.
Teilnehmer am Stand-by sind grundsätzlich alle auf den Stationen eingesetzten examinierten Pflegekräfte der Klinik mit Ausnahme der Dauernachtwachen.

Die Stand-by-Regelungen

1. Jede examinierte Pflegekraft einer Station hat an **zwei Tagen im Monat** am Stand-by teilzunehmen.
2. Einer der beiden Stand-by-Tage fällt auf einen Tag, an denen die Pflegekraft zum **Dienst eingeteilt** ist. Der andere Stand-by-Tag fällt auf einen **freien Tag** der Pflegekraft. Wird sie alarmiert, muss sie kommen. Nach Möglichkeit sollen die beiden Stand-by-Tage hintereinander eingeplant werden. Ist dies aus dienstplantechnischen Gründen nicht möglich, so muss der nach dem Stand-by-Tag unmittelbar folgende Arbeitstag wenigstens mit einen späteren Spätdienst beginnen, da sonst nach einem Einsatz in der Nacht keine Ruhezeitmöglichkeit bestehen würde. Bei zwei aufeinander folgenden Tagen des Stand-by ist die Freistellung von der Arbeitsleistung kein Problem.

3. Verantwortlich für die Einteilung zum Stand-by ist die jeweilige **Stationsleitung** bzw. deren Vertretung. Der gesonderte Stand-by-Plan muss bis zum 20. einen Monats bei der Pflegedienstleitung vorliegen.
4. Der zweite Stand-by-Tag muss auf einen **freien Tag** gelegt werden, da sonst der Stand-by zu einem Geschäft werden könnte. Da aber nun jeder daran interessiert ist, möglichst nicht gerufen zu werden, hat der pädagogische Effekt untereinander auch die angestrebte Reduktion der Krankheitsfälle zur Folge.

Wie wird Stand-by vergütet?

Ausgleich

Sofern die Pflegekraft in einem Monat einmal an einem ihrer beiden Stand-by-Dienste in Anspruch genommen wird und eine Schicht arbeitet, erhält sie hierfür keine zusätzliche Vergütung, da dieser Tag ja bereits im Gesamtmonatssoll abgegolten ist.

Bei einer zweiten Inanspruchnahme wird die geleistete Arbeit voll als Mehrarbeit oder Überstunde ausgeglichen. Nach Möglichkeit soll der Ausgleich in **Freizeit** während des Folgemonats erfolgen.

Sofern dies nicht möglich ist, erfolgt eine Vergütung mit der **Überstundenvergütung** und nur nach Einzelfreigabe durch die Pflegedienstleitung. Wird der Mitarbeiter nicht gerufen, verbleibt es bei einem freien Tag. Der Mitarbeiter war insgesamt nur drei Stunden in Stand-by-Rufbereitschaft.

Arbeitsrechtliche und tarifliche Voraussetzungen

Da durch die Freistellung zum Stand-by de facto eine Arbeitszeitverkürzung bei vollem Lohnausgleich vornimmt, sind solche Schritte unbedingt mit dem Träger der Klinik und dem Betriebsrat abzustimmen.

Das seit 1.1.1996 geltende Arbeitszeitgesetz mit seinen vorgeschriebenen Ruhezeiten und den Maximal-Arbeitszeiten muss ebenfalls berücksichtigt werden.

Eine Analyse der akuten Ausfallzeiten und den damit verbundenen Mehrkosten für Aushilfen bzw. geleisteten Überstunden hat ergeben, dass selbst durch die Freistellung zum Stand-by Kosten für Personal eingespart werden können. Zu sehen ist eindeutig der Rückgang der Ausfallzeiten durch Krankheit. Dieser resultiert hauptsächlich aus den pädagogischen Effekten, die die Modalitäten des Stand-by mit sich bringen.

Es ist empfehlenswert, den Stand-by-Dienst in die Arbeitsverträge aufzunehmen.

Dazu kann folgende Formulierung in die Arbeitsverträge aufgenommen werden:

Übersicht 6:
Muster für Formulierung im Arbeitsvertrag

> **§ 5 Arbeitszeit und Stand-by-Dienst**
> 1. Die regelmäßige wöchentliche Arbeitszeit beträgt – ausschließlich der Ruhepausen – im Durchschnitt von vier Wochen 38,5 Stunden.
> 2. Beginn und Ende der Arbeitszeit werden durch die Dienstpläne der Klinik geregelt. Die Dienstpläne werden immer über einen Zeitraum von acht Wochen geschrieben und zum jeden ersten des Monats bekannt gegeben.
> 3. In dringenden Fällen können beim Vorliegen betrieblicher Erfordernisse von der Klinik – über die regelmäßige wöchentliche Arbeitszeit hinaus – Mehrarbeit oder Überstunden angeordnet werden.
> 4. Der Mitarbeiter ist verpflichtet, auf Anordnung der Klinik Nachtarbeit zu leisten, soweit die Dienstpläne eine solche vorschreiben, und sofern er zum Pflegedienst gehört, ist der Mitarbeiter verpflichtet an der Stand-by-Rufbereitschaft teilzunehmen.

Zusammenfassung

- Der Stand-by deckt nur akut anfallende Vakanzen der Stationen ab.
- Die Qualität kann durch den Einsatz von examinierten Fachkräften gleichbleibend hoch gehalten werden.
- Die Kostenminimierung durch Einsparung bei der Lohnfortzahlung im Krankheitsfall und Einsparung von Aushilfen ist ein betriebswirtschaftlicher Effekt.
- Absolut planbare Freizeit für die Mitarbeiter im Pflegedienst.
- Abruf des Stand-by erfolgt durch die Stationen selbst. Die Pflegedienstleitung muss nicht eingeschaltet werden.
- Die Station bekommt qualitativ gut ausgebildetes Pflegepersonal und wird nicht durch Aushilfskräfte belastet, die ggf. zusätzlichen Anleitungsaufwand verursachen.
- Die geplante Bereitstellung zum Stand-by kann wie der normale Dienst auch über Wochen und Monate voraus im Dienstplan berücksichtigt werden.

7.7.3.5 Durchlaufende Regeldienstpläne zur Vereinfachung der Personaleinsatzplanung

Es handelt sich in diesem Fall um die **Intensivpflegestation der Anästhesiologischen Klinik** am Universitätsklinikum. Die Station verfügt über neun Intensivtherapiebetten und ist als reine „Beatmungsstation" zu betrachten. Die Krankheitsbilder sind sehr vielseitig. Sie erstrecken sich von selektiven Narkoseausleitungen nach großen operativen Eingriffen über Zustandsbilder der generalisierten Sepsis unterschiedlicher Genese und Polytraumata bis hin zu Patienten mit Lungenversagen, die eines Spezialbehandlungsverfahrens bedürfen (NO-Beatmung, ELCA). Die Abteilung verfügt über 43 Planstellen, wovon ca. ein Viertel in Teilzeitstellen unterschiedlicher Wertigkeit von 25 bis 75 % der regelmäßigen wöchentlichen Arbeitszeit umgesetzt sind.

Qualifikationen und Schichtbesetzung

Da in der Klinik die Fachweiterbildung für Intensiv und Anästhesie angeboten wird, verfügt das Pflegepersonal über unterschiedliche Qualifikationen. Außerdem findet die Weiterbildung berufsbegleitend in der Arbeitszeit statt. Dieses Angebot führt natürlich technischen Erschwernissen bei der Dienstplangestaltung und zu einer Erhöhung der Ausfallzeit.

Die vorgegebene Struktur, sei es die Pflege- und Behandlungsintensität oder auch die veraltete bauliche räumliche Situation, erfordern eine Schichtstärke von mindestens sieben Mitarbeitern rund um die Uhr, und dies an sieben Tagen in der Woche, um die neun vorhandenen Betten zu versorgen. Zusätzlich wird die Kernarbeitszeit pro Tag benötigt, um tägliche Arbeitsspitzen abzufangen. Dieser Dienst gewährt, zusammen mit der Schichtleitung, zusätzlich die Pausenablösung in den beiden Tagesschichten.

Arbeitsablauforganisatorische Gegebenheiten erfordern eine zweistündige Überlappungszeit zwischen Früh- und Spätdienst.

Dienstplangestaltung modifizieren

Für die Monatsdienstplangestaltung, wie sie bis zum 31.12.1995 durchgeführt wurde, war ein enormer Zeitaufwand und zum Teil eine immense Denkanstrengung der Dienstplaner erforderlich, um auch nur in etwa ausgeglichene Dienstpläne aufzustellen.

Diese Dienstpläne waren dann, zum Teil auch saisonal bedingt, schon in der Vorplanung mit Mehrarbeitsstunden behaftet. Die zu leistenden Mehrarbeitsstunden wurden dann nur noch von Mitarbeiter zu Mitarbeiter umgeschichtet. Die Dienstpläne wurden als Wunschdienstpläne erstellt, d. h. um die Wünsche der Mitarbeiter herum.

Dadurch war es natürlich schon vorprogrammiert, dass viel Unmut und Unruhe durch die Dienstplangestaltung entstand.

Die Dienstplaner waren mit ihrer doch recht großartigen Leistung immer noch unzufrieden und benötigten teilweise bis zu acht Arbeitstage, um einen durchführbaren Dienstplan zu erstellen!

Die Mitarbeiter selbst waren natürlich ebenfalls sehr unzufrieden, da sie relativ viel Arbeitsstunden arbeiten mussten. Sie konnten ihr Plus-Stundenkonto gerade noch so halten oder mussten es anwachsen lassen.

Dies sind Gründe genug, eine innovative Form der Dienstplangestaltung zu finden, wobei die zu leistenden Dienste gleichmäßig auf alle Beschäftigten zu verteilen sind.

Die Ausfallzeit war zu hoch, die Teilnehmerzahl an der Fachweiterbildung musste reduziert werden.

Berücksichtigung arbeitsmedizinischer Aspekte

Schichtarbeit ist belastend

Grundsätzlich ist davon auszugehen, dass **Schichtarbeit belastend** ist und die Gesundheit beansprucht. Besonders Mitarbeiter, die schon länger im Beruf sind, werden durch die kurzen Wechsel zwischen Spät- und Frühschicht beeinträchtigt.

Es war klar, dass die Schichtwechsel immer vorwärts erfolgen sollen (Früh-, Spät- und Nachtdienst). So sind dann auch die Ruhezeiten garantiert!

In dem Dienstplanmodell sind folgende Überlegungen, die auf arbeitsmedizinische Untersuchungen basieren, berücksichtigt worden:

1. Eine Arbeitsphase (Anzahl der Arbeitstage hintereinander) soll keinesfalls sieben Tage überschreiten. Anzustreben ist eine Arbeitsphase von fünf Tagen mit anschließend zwei freien Tagen.
2. Es sollen maximal drei Nachtdienste aufeinanderfolgend geplant werden.

> **Hinweis:** Die Arbeitszeitwünsche der Beschäftigten stehen häufig konträr zu einem unter arbeitsmedizinischen Gesichtspunkten zu befürwortenden Dienstplan. Das gilt für den Schaukeldienst ebenso wie für die Bildung langer Freizeit- und damit Arbeitsblöcke. Es gibt diese Zielkonflikte im Pflegebereich sehr häufig. Es ist die Aufgabe der Stationsleitung, arbeitsmedizinische Erkenntnisse bei der Dienstplangestaltung zu berücksichtigen.

Konstruktion von Regeldienstplänen mit Mindestbesetzung und Tagesprofilen

Bei jeder Dienstplangestaltung ist es unabdingbar, sich über den Arbeitsanfall an den einzelnen Wochentagen Gedanken zu machen. Anhand der so gewonnenen Ergebnisse können dann so genannte **Tageprofile der Mindestbesetzung** erstellt werden.

Diese Tagesprofile sind unter Berücksichtigung von Arbeitszeitwünschen der Mitarbeiter in Dienste aufzuteilen.

Wie oben bereits beschrieben, sind durch verschiedene strukturelle Gegebenheiten die Leitungen nicht in der Lage, die Schichtstärke zu reduzieren. Der einzige Ansatzpunkt ist die Überlappungszeit zwischen Früh- und Spätdienst. Die Kernarbeitszeit ist als unumgänglich anzusehen, sie wird von den Mitarbeitern als Arbeitszeit gewünscht.

Ermittlung der Besetzungszahl

Die Besetzungszahl kann über die Formel: Besetzungszahl

> Rechnerische wöchentliche Besetzungszeit : eingeteilte Arbeitszeit

berechnet werden.

Die Besetzungszahl muss in einen nächsten Schritt in einen naheliegenden ganzzahligen Bruch umgewandelt werden. Dieses Verhältnis spiegelt die Anzahl der Mitarbeiter in Bezug auf die abzudeckenden Arbeitsplätze wider.

Die Berücksichtigung von Teilzeitstellen

Bei der Intensivstation sind von den vorhandenen 40 Planstellen 75 % von Vollzeitmitarbeitern und 25 % von Teilzeitmitarbeitern besetzt. Die eingeteilten Dienste werden im gleichen Verhältnis auf die Mitarbeiter verteilt.

> **Hinweis:** Die Anzahl der teilzeitbeschäftigten Mitarbeiterinnen sollte 25 % in einem Arbeitsbereich niemals übersteigen.

Daraus ergibt sich für 30 Vollzeitmitarbeiter ein 30-Wochen-Grunddienstplan, in welchem jeder Dienst genau fünfmal eingeteilt wird.
Für die Teilzeitmitarbeiter wird parallel dazu ein 10-Wochen-Dienstplan erstellt, in welchem jeder zu erfüllende Dienst genau zweimal auftritt.
Der einzuteilende Kerndienst kann bei der Festlegung der Dienstpläne, da er an der Gesamtzahl der abzudeckenden Dienste verschwindend gering ist, unberücksichtigt bleiben und wird erst bei der abschließenden Feinjustierung der Dienstpläne zugeteilt.

Gestaltungsbeispiel

30:5-Grunddienstplan für die Vollzeitkräfte:

In dem Gestaltungsbeispiel ist ein 30:5-Grunddienstplan dargestellt. Der Dienstplan läuft über 30 Wochen und jeder einzuteilende Dienst ist genau fünfmal vertreten.
In diesem Dienstplan sind die Schichten aus arbeitsmedizinischer Sicht vorwärts-rotierend eingeteilt, dadurch wird außerdem die – nach dem Arbeitszeitgesetz zu beachtende – Ruhezeit eingehalten.
Die 6., 12., 24., 30. Woche ist als Vertretungswoche für andere Mitarbeiter vorgesehen.

Die durchschnittlich eingeteilte Arbeitszeit (ohne die Vertretungswoche) beträgt 29,75 Stunden/Woche. Bei einer arbeitsvertraglichen Arbeitszeit von 38,5 bzw. 40 Stunden/Woche beträgt die Vertretungsreserve 8,75 Stunden/Woche bzw. 72 %.
Die noch zu leistende Arbeitszeit wird dann bei der Endgestaltung im noch abzudeckenden Kerndienst verplant; außerdem wird für den Teilzeitplan, da dort das Vertretungspotenzial nur 7,3 % beträgt, noch eine Reserve benötigt.

Zusammenfassung

Bei der vorgestellten Form der Dienstplangestaltung ist sowohl für die Planerstellung als auch für die Mitarbeiter ein Umdenkungsprozess erforderlich. Dieser Prozess beinhaltet auch, dass sehr viel mehr Klarheit und Durchschaubarkeit der Dienstpläne für jeden einzelnen Angehörigen des Teams gegeben ist. Die anfallenden Dienste werden gleichmäßig von allen Mitarbeitern übernommen. Dies reduziert die Konflikte im Team. Nach einem Zeitraum von 30 Wochen für Vollzeitkräfte hat jeder Mitarbeiter die gleichen Dienste geleistet. Es kommt zu keiner Begünstigung

oder Benachteiligung der Mitarbeiter. Die Dienstpläne werden ausgewogen und gerechter.
Ein wesentlicher Kritikpunkt der Mitarbeiter ist der lange Planungszeitraum und die dadurch vermeintlich entstehende Starrheit, was aus meiner Sicht nicht zutrifft. Denn durch die Einbringung der Vertretungswoche und evtl. flexiblen Austausch einzelner Planungswochen unter den Mitarbeitern sind kurzfristig Änderungen möglich und dadurch auch eine gewisse Flexibilität gegeben.
Durch die kurzen Dienstblöcke von drei bis sechs Arbeitstagen, die zuvor bisweilen bis zu 12 Dienste lang waren, denke ich, dass das gesamte Team mehr Zufriedenheit gewinnen könnte und dadurch nicht so stark mit Arbeit überlastet werden würde. Zu hoffen ist außerdem, dass die Stressbelastung in dem Arbeitsbereich reduziert werden kann.

7.8 Methodisches Vorgehen zur Flexibilisierung der betrieblichen Arbeitszeit

Die 6-Phasen-Methode

1. **Analysephase:**
- Analyse des Ist-Zustandes (z. B. Stand der Arbeitsorganisation)
- Ziele des Unternehmens bzw. Betriebes (Soll-Zustand)
2. **Orientierungs- und Suchphase** (z. B. Grundmodelle der Arbeitszeit)
3. **Entscheidungsphase:**
- Bewertung der Grundmodelle auf den Hintergrund der eigenen Unternehmensziele
- Entwicklung eines eigenen optimalen Flexibilisierungsmodelles
4. **Planungsphase:**
- Maßnahmen zur Umsetzung des Flexibilisierungsmodells unter Berücksichtigung der Beteiligungsrechte des Betriebsrates als Planungspartner
5. **Implementierungsphase:**
- Einführung des Flexibilisierungsmodelles
6. **Evaluationsphase:**
- Überprüfung und Auswertung der Erfahrungen mit dem eingeführten Flexibilisierungsmodell; gegebenenfalls Änderung oder Korrekturen!

Umsetzung betrieblicher Arbeitszeitmodelle

Die Umsetzung einer flexiblen Arbeitszeitgestaltung ist weder eine bequeme noch leichte Angelegenheit. Wie jede Maßnahme einer Organisationsentwicklung rüttelt sie an liebgewonnenen Gewohnheiten und festgefahrenen Verhaltensmustern. Aber nur Organisationen, die „in Bewegung bleiben", können den sich ständig ändernden Anforderungen ihrer Umgebung gerecht werden.
Jede derart gravierende Änderung wie bei der Umsetzung vielleicht völlig neuer Arbeitszeiten ruft bei den Betroffenen Unsicherheiten und Ängste hervor. So muss ein notwendiger Strategiewechsel allen Betroffenen auch

Abb. 24:
Grunddienstplan für Teilzeitkräfte

Dienstplan

Seite:

Station:__________Monat:__________Jahr:______Arbeitstage:______

Berechnung Sollarbeitszeit				
Arbeitszeit in Stunden	1\1	3\4	1\2	1\4
täglich				
wöchentlich				

Zeitraum für Ruhepausen
: Frühdienst
: Kernarbeitszeit
: Spätdienst
: Nachtdienst

Name: Vorname: Qualifikation:	Übertr. Vormonat	Woche 1							Wochenarbeitszeit	Woche 2							Wochenarbeitszeit	Woche 3						
		F	F												F	F								
				S	S	S												S	S					
										N	N									N	N			
		Woche 6								Woche 7								Woche 8						
		F	F																			F	F	F
				S	S																			
						N	N	N						N	N	N								

© Kelm/Nink

Datum:__________ Unterschrift:________________ Abgerechnet

Abb. 25:
Grunddienstplan für Vollzeitkräfte

Dienstplan

Seite:

Station:__________Monat:__________Jahr:______Arbeitstage:______

Berechnung Sollarbeitszeit				
Arbeitszeit in Stunden	1\1	3\4	1\2	1\4
täglich				
wöchentlich				

Zeitraum für Ruhepausen
: Frühdienst
: Kernarbeitszeit
: Spätdienst
: Nachtdienst

Name: Vorname: Qualifikation:	Übertr. Vormonat	Woche 1							Wochenarbeitszeit	Woche 2							Wochenarbeitszeit	Woche 3						
		F	F												F	F								
				S	S	S												S	S					
										N	N									N	N			
										Woche 7								Woche 8						
										F									F	F				
											S	S									S	S		
													N	N									N	N
		Woche 11																Woche 13						
					F	F																	F	F
							S	S																
																		N	N					
		Woche 16								Woche 17														
				F	F	F																		
							S	S																
														N	N	N								
		Woche 21								Woche 22								Woche 23						
												F	F											
		S	S																				S	S
				N	N									N	N	N								
		Woche 26								Woche 27								Woche 28						
							F	F												F	F			
										S	S													
		N	N									N	N									N	N	N

© Kelm/Nink

Datum:__________ Unterschrift:________________ Abgerechnet

7.8 Methodisches Vorgehen zur Flexibilisierung der betrieblichen Arbeitszeit

Beginn und Ende der Arbeitszeit
- :F1 = Frühdienst
- :F2 = Frühdienst
- :KA = Kernarbeitszeit
- :S1 = Spätdienst
- :S2 = Spätdienst
- :N = Nachtdienst

X = Freier Tag	FW = Frei für Wochenfeiertag
K = Krank	FÜ = Frei für Überstunden
U = Urlaub	ZU = § 48a BAT Zusatzurlaub
BU = Bildungsurlaub	AB = Arbeitsbefreiung (§ 52 BAT)
SU = Sonderurlaub	MS = Mutterschutz
St = Studientag	FB = Fortbildung

Überstunden in roter Schrift eintragen

Hinweis: Tausch oder Änderungen nur mit Zustimmung der Stationsleitung

am: _____ Unterschrift: _____

Beginn und Ende der Arbeitszeit
- :F1 = Frühdienst
- :F2 = Frühdienst
- :KA = Kernarbeitszeit
- :S1 = Spätdienst
- :S2 = Spätdienst
- :N = Nachtdienst

X = Freier Tag	FW = Frei für Wochenfeiertag
K = Krank	FÜ = Frei für Überstunden
U = Urlaub	ZU = § 48a BAT Zusatzurlaub
BU = Bildungsurlaub	AB = Arbeitsbefreiung (§ 52 BAT)
SU = Sonderurlaub	MS = Mutterschutz
St = Studientag	FB = Fortbildung

Überstunden in roter Schrift eintragen

Hinweis: Tausch oder Änderungen nur mit Zustimmung der Stationsleitung

am: _____ Unterschrift: _____

in seinen Zusammenhängen erkennbar sein. Auch und besonders die Krankenhäuser und andere Einrichtungen im Gesundheitswesen müssen sich der Frage der Wettbewerbsfähigkeit und damit auch der Frage der Erhaltung der Arbeitsplätze stellen.

7.9 Aufgaben der Geschäftsleitung

Die Geschäftsleitung muss sich klar zur Flexibilisierung der Arbeitszeit mit allen Facetten und allen Schwierigkeiten bekennen. Flexibilisierung bedeutet auch die Bereitschaft, den Stand der Dinge immer wieder in Frage zu stellen und neue Lösungen zu entwickeln.

Vertrauen ist notwendig

Von Seiten der Leitung muss auch ein **Vertrauensvorschuss** in Mitarbeiter und Führungskräfte vorhanden sein. Eine Arbeitszeitflexibilisierung mit 100 %iger Kontrolle des Einzelnen ist weder durchführbar noch im Sinne der „gemeinsamen Aktion".

Des weiteren ist es eine wichtige Aufgabe der Geschäftsleitung, im Umsetzungsprozess die angemessene **Geschwindigkeit** zu bestimmen.

Ziel sollte die Schaffung eines Klimas sein, durch das Entscheidungsfreude, Mut zum Risiko und zu unkonventionellen Lösungen gefördert wird.

7.10 Mitbestimmung des Betriebs- bzw. Personalrats

Der Betriebsrat bestimmt mit

Sämtliche Regelungen, die die Verteilung der vertraglichen Arbeitszeit der Mitarbeiter betreffen, unterliegen faktisch immer der **betrieblichen Mitbestimmung**. Alle Entscheidungen, die das Kerngebiet der flexiblen Arbeitszeitgestaltung betreffen, müssen in Betrieben mit Betriebs- bzw. Personalrat unter Einbeziehung der Mitarbeitervertretung erfolgen.

Besonders sensibel sind Arbeitszeitprojekte in Unternehmen, in denen sich die Beziehung zwischen Management und Mitarbeitervertretung nach einem Macht-Gegenmacht-Modell eingespielt hat. Sicher wird durch den Abbau von Formalien, der mit einer ergebnisorientierten Änderung der Arbeitszeit einhergeht, auch eine potentielle Reichweite und Eingriffstiefe der Mitbestimmungsrechte verringert. Empfehlenswert ist, von Anbeginn in einem Projektteam, das die neuen Arbeitszeitmodelle vorbereitet, an einem Tisch zu sitzen.

Idealerweise kann bereits der Prozess der Meinungsbildung gemeinsam erfolgen, dieses setzt allerdings ein hohes Maß an gegenseitigem Vertrauen und den Willen zur vertrauensvollen Zusammenarbeit voraus.

7.11 Einbeziehung der Mitarbeiter

Ohne die frühzeitige Einbeziehung der betroffenen Beschäftigten macht sich das Projektteam unnötig die Arbeit schwer. Da die Gestaltung der Arbeitszeit unmittelbar die restliche Freizeit bestimmt, sollten die Mitarbeiterinnen von Anfang an ihre Vorschläge einbringen.

Mitarbeiter lassen sich erfahrungsgemäß unter anderem durch folgende Maßnahmen für eine Flexibilisierung der Arbeitszeit motivieren:

Vorteile für die Mitarbeiter

- Erweiterung ihrer Handlungsspielräume und Förderung ihrer eigenen Verantwortung.
- Transparenz der Entscheidungen der Geschäftsleitung und der Führungskräfte.
- Abbau von Hierarchien.
- Gespräche mit den Mitarbeitern über die Arbeitsinhalte und etwaige Unzufriedenheiten.
- Rasche und konsequente Umsetzung angekündigter Maßnahmen.
- Weitere mögliche Instrumente der Einbeziehung von Mitarbeitern sind:
  - Mitwirkung bereits bei der Ist-Analyse.
  - Mitarbeiterbefragungen mit Hilfe von Fragebögen.
  - Teilnahme an den Projektteam-Sitzungen ab einem bestimmten Zeitpunkt.
  - Teilnahme der Mitarbeiter an der Bewertung der gemachten Erfahrungen mit einem neuen Modell.

7.12 Beispiel für einen möglichen Ablauf eines Arbeitszeitneugestaltungsprozesses

1. Problemerkennung und Ist-Analyse im Betrieb.
2. Zielfindung unter Einbeziehung der Beschäftigten.
3. Orientierung in den Modellen.
4. Verhandlung mit den Beteiligten.
5. Entscheidung mit der Geschäftsleitung und dem Betriebsrat.
6. Umsetzung in die Praxis.
7. Fortlaufende Beurteilung und Optimierung des Prozesses.

7.13 Changemanagement

Die Pflege befindet sich aufgrund der Veränderungen in der Gesellschaft und im Gesundheitswesen in einem tiefgreifenden Wandel. Diese Veränderungen in der Gesellschaft bewirken, dass in der Zukunft andere und weiterreichende Anforderungen an Pflege gestellt werden als in der Vergangenheit.

Entwicklung im Krankenhaus heißt, bestimmte Strukturen oder Prozesse zu analysieren, um ihre Richtigkeit und Effizienz zu überprüfen und gegebenenfalls Veränderungen herbeizuführen.

Nicht selten brauchen diese Veränderungen frischen Wind, um die erforderlichen Anpassungen und Veränderungen anzupacken und durchzusetzen.

Dies bedeutet für die Führungskraft ein hohes Maß an Fort- und Weiterbildung. Flexibilität ist Grundvoraussetzung, um selbstständig neue Herausforderungen zu suchen und anzunehmen. Es gehen von der Führungskraft die entscheidenden Impulse zur Erneuerung aus, wobei nicht Lippenbekenntnisse alleine, sondern die tatsächlich gelebte Führungsarbeit massgeblich ist. Bedingung ist natürlich, dass das Ziel klar, nachvollziehbar und verbindlich durch die gesamte verantwortliche Spitze vorgegeben wird.

Es ist die Aufgabe der Führungskraft, die Balance in diesem dynamischen Erneuerungsprozess zu erhalten.

> **Definition: Changemanagement** bedeutet die permanente Veränderung.

Was ist Changemanagement?

Changemanagement stellt sowohl für die Organisation wie für die Mitarbeiter einen langfristig angelegten Entwicklungs- und Veränderungsprozess dar. Alle am Prozess Beteiligten tragen durch ihr Mitwirken und Einbringen ihrer praktischen Erfahrung dazu bei, Veränderungen herbeizuführen und den eigenen Lernprozess zu fördern.

Möglichkeiten von Veränderungsprozessen im Gesundheitswesen

- Organisationsentwicklung
- Pflegeprozess
- Qualitätszirkel
- Projektmanagement
- Pflegeplanung
- Pflegeleitbild
- Neue Pflegeorganisationsformen (Funktions-, Bereichs-, Bezugspflege)
- MbO
- Fortbildung und Weiterbildung
- Unternehmensanalyse (z. B. Riskmanagement)
- Pflegevisite
- Personalentwicklung.

Umgang mit Widerständen

In jedem Veränderungsprozess gilt Widerstand als natürliche Reaktion. Als **negativen Widerstand** bezeichnet man jegliche Kraft, die den Prozess beeinflusst.

Meistens beziehen sich Widerstände nicht auf die Veränderung an sich, sondern an den Wunsch, bestehende Verhältnisse zu sichern.

Hierbei wird oft Veränderung damit in Zusammenhang gebracht, dass die bisherigen Leistungen und Strukturen unberechtigt kritisiert werden. Die Betroffenen befürchten einen Machtverlust oder Einschränkungen ihrer persönlichen Freiheit.

Es werden Ängste vor dem Unbekannten freigesetzt. Die Umgestaltung bzw. die Verbesserung des Bestehenden fordert Flexibilität und Persönlichkeitsveränderung. Wenn diese Veränderung gegenüber den Betroffenen nicht transparent gemacht werden, entstehen Zweifel und Ängste, die Widerstände gegen Veränderungen hervorrufen und verstärken.

Oberste Priorität muss daher sein, Widerstände ernst zu nehmen und Ziele transparent zu machen.

Hilfreich hierbei kann sein, eine Gruppe von **Vertrauenspersonen** zu bilden. Diese Gruppe setzt sich aus gewählten Mitarbeitern der einzelnen Stationen zusammen. Deren Aufgabe ist es, zwischen Führungskräften und Mitarbeitern zu vermitteln, indem sie Widerstände oder bestehende Ängste der Mitarbeiter und Schwachstellen der Führungsebene darstellen. Eine allgemeine Maßnahme ist es, Informationsdefizite zwischen Mitarbeitern und Organisationsentwicklung durch frühstmögliche Partizipation entgegenzuwirken.

Dadurch können schwerwiegende Fehler der geplanten Veränderung vermieden und der Widerstand kontrollierbarer gelenkt werden.

Partizipation bedeutet Einbezug aller Betroffenen schon bei der Diagnose und bei der Entwicklung von Lösungen. Kreative Partizipation muss die Identifizierung, das Verständnis und die Neuformulierung von Problemen in den Vordergrund stellen.

Verschiedene Arten der Abwehrreaktion

Kampf: Es wird der Versuch unternommen, den „Gegner" physisch oder psychisch zu „zerstören". Dies ist möglich durch **direkte** Angriffe, beispielsweise in einem Wortgefecht, oder durch indirekte Attacken wie Verleumdung, Sabotage, Erpressung, Falschinformationen usw.

Flucht: Hier gilt als Grundprinzip der scheinbaren Konfliktlösung das Ausweichen.
Dieses Abwehrverhalten reicht von einfachem Vermeiden eines persönlichen Kontaktes über Gesuche um interne Stellenwechsel bis hin zur Kündigung.

Sich abfinden: Konflikte werden nicht verarbeitet. Es zeigen sich bei den betroffenen Mitarbeitern Reaktionen wie

- Verdrängen, Überspielen („Das ist alles nicht so schlimm"),
- Kompensieren („Dann konzentriere ich mich halt auf was anderes") bis hin zur
- Resignation („Es dauert ja nur noch einige Jahre, bis er pensioniert wird").

Solche Abwehrreaktionen können nur kurzfristig Hilfe bieten. Der Betroffene erhält Zeit, seine durch den Konflikt hervorgerufenen negativen Gefühle zu verarbeiten. Doch dies ist nur eine Scheinlösung.

Abb. 26:
Konsequenzen des Wandels

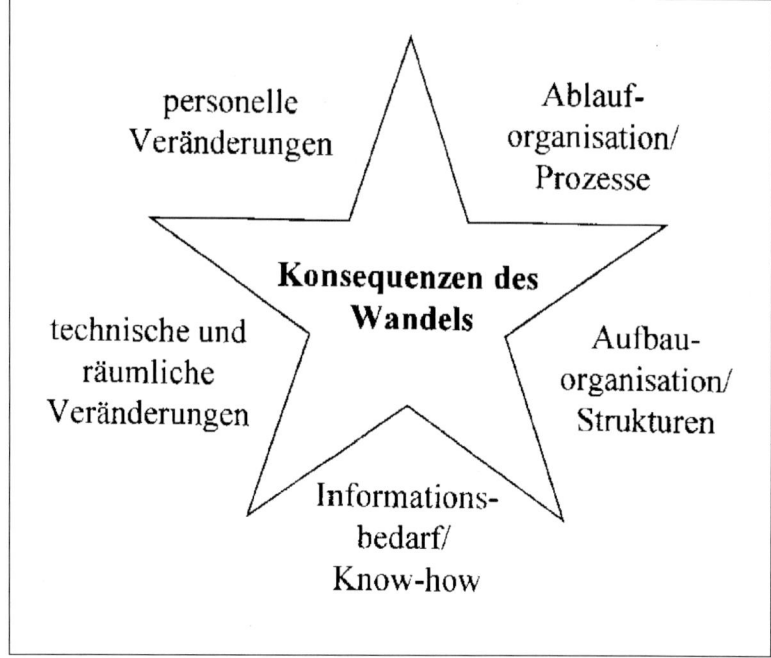

Das eigentliche Problem bleibt bestehen und wird nicht gelöst, was zur Folge hat, dass die produktive Zusammenarbeit zwischen den einzelnen Parteien weiterhin gestört bleibt.

Konsequenzen des Wandels

Alle Ebenen des Managements müssen sich darüber im Klaren sein, dass nicht nur Lenkung und Steuerung eines Systems erforderlich sind, sondern auch immer mit Konsequenzen verbunden sind. Diese Konsequenzen reichen von der Veränderung des menschlichen Denkens, Tuns und Handelns bis zur Anpassung und Veränderung von Strukturen (personell, räumlich, technisch).
Dabei bleiben Einschnitte im personellen Sektor meist nicht aus. Die personellen Konsequenzen, die den Erfolg der Zielvorstellung eines Unternehmens sichern, bringen ein hohes Maß an sozialer Verantwortung mit sich. Hierbei treffen die persönlichen Interessen der Mitarbeiter hart aufeinander. Es muss von den Berufsgruppen in den Krankenhäusern realisiert werden, dass sich die Arbeit am Patienten und am Sterbenden nicht völlig der finanz- und dienstleistungsorientierten Betrachtungsweise des unternehmerischen Denkens und Handelns entziehen kann.
Es kann festgehalten werden, dass die Konsequenz von Veränderungsprozessen im Krankenhaus zu einem großen Teil personell-struktureller oder personell-prozessualer Natur sind. Das letzte Mittel des Managements sollte immer sein, personelle Freisetzung oder Entlassung weitestgehend zu vermeiden. Dies demonstriert auch die seit Ende der 90er Jahre steigende Arbeitslosenrate in den Berufen des Gesundheitswesens.

Konflikte und Widerstand im Changemanagement

Da der Wandel in irgendeiner Form immer Konsequenzen mit sich bringt, ist es verständlich, dass Veränderungen auch immer potentielle Konfliktphasen sind.

Da jahrelange Strukturen in Frage gestellt werden, eingespielte Arbeitsabläufe verändert, Arbeitsgruppen neu gebildet, räumliche Veränderungen vorgenommen werden, ruft dieses bei den betroffenen Mitarbeiter häufig das Gefühl der Unsicherheit und der Angst aus. Diese Ängste müssen von den Führungskräften unbedingt ernst genommen, aufgefangen und bearbeitet werden.

Klar muss bei diesem Aspekt auch sein, dass die Widerstandsentwicklung nie ganz verhindert werden kann.

Es ist immer wieder erstaunlich, wie Mitarbeiter ein Gespür dafür entwickeln, welche Veränderungen vonnöten sind und welche Konsequenz die Verwirklichung der Maßnahme haben kann.

Es ist das direkte an der Front beteiligte Personal, das in der Regel über die strukturellen oder prozessualen Probleme eines Betriebes sehr genau Bescheid weiß.

Die sich daraus ergebenden Veränderungen scheitern jedoch meist an dem Interesse und am Widerstand oder an den negativen Befürchtungen im Hinblick auf die Konsequenzen.

> **Hinweis:** An den Grenzen der Identität, am einzigen Ort, wo Veränderung stattfinden kann, tauchen die Dämonen der Angst auf!

Ursachen für die Enstehung von sozio-emotionalen Problemen

- Strukturveränderungen werden als Kritik an der bisherigen Leistung wahrgenommen.
- Ein höheres Anforderungsprofil, dem Mitarbeiter unter Umständen nicht gewachsen sind, stellt bisherige Gewohnheiten in Frage.
- Veränderungen der Entscheidungsfreiräume und Nutzung von betrieblichen Ressourcen (Räume/Geräte) werden als Abwertung, Statusverschlechterung und Degradierung empfunden.
- Aufhebung von Arbeitsplätzen setzt Existenzängste frei (Arbeitsplatzverlust).
- Organisatorische Veränderungen stellen bisherige Rangordnungen in Frage; das kann Status- und Machtverlust bedeuten.
- Geplante Versetzung und Umgruppierungen bedeutet Verlust an sozialer Integration und Veränderung der Beziehungsstrukturen.
- Bereits getroffene Maßnahmen werden als Befehl empfunden, es findet keine Identifizierung mit der geplanten Veränderung statt.
- Die durch Gerüchte bekannt gewordenen anstehenden Massnahmen lösen Bedenken und Zweifel aus und führen zu einer brodelnden Gerüchteküche.
- Veränderungen lassen unterdrückte Konflikte eskalieren.

Personenbezogene oder im sozio-emotionalen Feld zu suchende Konflikte können durchaus sinnvolle und wichtige Veränderungsprozesse beeinträchtigen oder sogar lähmen. Es werden Argumente gegen den Wandel aus Patientensicht angebracht. („Das tut dem Patienten nicht gut!"). Hier ist Kompetenz und Sachverstand gefragt, um sachlich objektiv zu prüfen, ob solche Argumente gerechtfertigt sind.

Es ist also der Faktor Mensch, der einen wesentlichen Anteil an der Entstehung von Konflikten im Prozess des Wandels hat. Dabei gehören Konflikte ebenso zum Zusammenleben in Krankenhausorganisationen wie auch zum Veränderungsprozess.

Die positiven Seiten von Konflikten

Konflikte bergen in sich eine schöpferische und integrative Kraft, die durchaus positive Funktionen haben können:

- Konflikte helfen, die komplexen und widerspruchsvollen Umweltaspekte zu verarbeiten.

Tab. 42: Konfliktstrategien

STRATEGIE 1 **Konfliktunterdrückung**	STRATEGIE 2 **Konfliktlösung**	STRATEGIE 3 **Konfliktregelung**
Konfliktleugnung Behauptung der Harmonie	Anerkennung des Konflikts Harmonie als Ziel	Anerkennung des Konflikts Legitimation des Konflikts als Bestandteil der Unternehmensentwicklung
Konflikt als Störfaktor	Einteilung in Gut und Schlecht, Wahr und Falsch, Sieg des Guten und Richtigen	Gleichberechtigung der Konfliktparteien Konflikt als Dauererscheinung anerkannt Spielregeln im Vordergrund
Konsequenz: Gefahr der revolutionären Entladung unterdrückter Konflikte	Konsequenz: Diktatur des Guten und Richtigen	Konsequenz: Kompromiss im Vordergrund Veränderung in kleinen Schritten
Konflikte können durch verschiedene Maßnahmen auch zu verhindern versucht werden. Deshalb ist im Changemanagement die Strategie der Konfliktvermeidung und somit die Umgehung oder mögliche Abschwächung von Widerstandspotenzialen gegen die Maßnahmen des geplanten Wandels ebenfalls von großer Bedeutung.		

- Durch Konflikte werden Aggressionen sinnvoll abgeleitet und abgebaut.
- Konflikte sichern der Organisation die notwendige Flexibilität und Wandlungsfähigkeit.
- Konflikte sichern den betrieblichen Subsystemen die funktionsnotwendige Autonomie.

Die mit der Führung betrauten Personen stellen, in allen Belangen des Managements, eine Vorbildfunktion dar. Dieses prägt die Kultur des Konfliktverhaltens innerhalb eines Krankenhausunternehmens. Grundsätzlich können drei verschiedene Konfliktstrategien unterschieden werden (siehe Tabelle 42).

- Versuchen Sie, den Veränderungsprozess bei **denjenigen** einzupflanzen, bei denen Sie den **größten Widerstand** erwarten.
- Der Widerstand wird geringer, wenn die Betroffenen den Eindruck haben, dass ihre gegenwärtigen **Belastungen reduziert** werden.
- **Verbinden** Sie das Ziel der Veränderung mit den Ideen, Vorstellungen und Idealen derjeniger, die den größten Widerstand leisten könnten.
- Gestalten Sie ihr **Entwicklungsprojekt interessant**, vermitteln Sie dabei Neues, was den Widerstandleistenden Stärkung verleiht.
- Versuchen Sie die widerstandsleistende Gruppe **nicht zu beeinträchtigen**, sondern diese zu stärken.
- Der Widerstand wird um so geringer, je mehr es gelingt, **Betroffene in die Diskussion** und Vorbereitung einzubeziehen und damit ein Potenzial zur Problembearbeitung zu bilden.
- Die Problemlösung wird um so glaubhafter, je mehr es gelingt, die Lösung als **Produkt der Gruppe** vorzustellen.
- Überlegen Sie sich vorher stichhaltige **Einwände**, um Ängste und Fragen abbauen zu können.
- Nehmen Sie Probleme, die der Veränderungsprozess mit sich bringt, **ernst**.
- Versuchen Sie, Akzeptanz, Unterstützung und Vertrauen und vor allem Zuversicht auf der Basis des Veränderungsprojektes zu vermitteln.
- Mit Einführung der Maßnahme sollte der Prozess nicht abgeschlossen sein, sondern für eventuelle Anpassungsschwierigkeiten immer eine Tür offen stehen.
- Der **partizipative Führungsstil** hilft, eine positive, sachlich objektive Information über den Veränderungsprozess **transparent** zu machen. Dadurch sind die Mitarbeiter in den verschiedenen Stufen des Prozesswandels Träger der Veränderung und diesem Wandel nicht hilflos ausgeliefert. Trotz möglicher negativer Auswirkungen für den Einzelnen müssen die positiven Aspekte deutlich gemacht werden (Arbeitserleichterung, neue interessante Arbeitsfelder und Sicherung des Arbeitsplatzes). Es sollten keine unrealistischen Erwartungshaltungen aufgebaut werden, da diese bei Nichteintreten nur Enttäuschung und Widerstand auslösen.
- Zwei Aspekte müssen dem Changemanagement bewusst sein:
- Veränderungsprozesse brauchen Zeit,
- Strukturen lassen sich schnell ändern, Menschen jedoch nur langsam.

Phänomene des Wandels in der Pflege

- In allen Bereichen (Krankenhäuser, Altenheime, ambulanter Dienst) haben sich die Rahmenbedingungen geändert: Das **Durchschnittsalter** der Patienten/Bewohner ist gestiegen und damit meist auch der Grad der Pflegebedürftigkeit. Pflegestationen im Altenheim ähneln bezüg-

Rahmenbedingungen

lich den zu Betreuenden sehr den internen Stationen in Krankenhäusern. Derzeit sind jedoch weder Pflegende aus Krankenhäusern noch solche aus der Altenpflege darauf ausreichend auf diese Bedingungen vorbereitet. Den Krankenhäusern fehlt das Wissen über alte Menschen, und der Altenpflege fehlt Wissen über kranke Menschen. In der häuslichen Pflege werden beide Berufsgruppen unabhängig vom Alter der Patienten/Bewohner eingesetzt.

Pflegeinhalte
- **Theoretische Inhalte** und **Aufgaben** von Pflege haben sich verändert, z. B. ist Gesundheitsförderung und die Einbeziehung von Angehörigen Inhalt und Aufgabe jeder professionellen Pflege.

(Kinder-)Krankenschwestern
- Die Allgemeinen Krankenhäuser gehen dazu über, Kinderkrankenschwestern und Krankenschwestern **auswechselbar** einzusetzen. Auch in Altenheimen und in der Erwachsenenpflege werden Kinderkrankenschwestern eingesetzt. Eine scharfe Trennung zwischen den beiden Berufsgruppen ist oft nicht mehr möglich.
- Zurzeit läuft in Deutschland auch eine Diskussion über eine generalistische Pflegeausbildung. Das bedeutet, alle Ausbildungen (Krankenschwester, Altenpfleger und Kinderkrankenschwestern) sollen zusammengeführt werden.

Theorie- und ressourcengeleitete Pflege
- Die handlungsgeleitete und defizitorientierte Pflege wandelt sich zur theoriegeleiteten und ressourcenorientierten Pflege. Die Folge ist, dass nicht nur der Bewohner als zu pflegendes Individuum gesehen wird, sondern die Pflege erweitert sich auf das Umfeld des Bewohners mit seinen Bezugspersonen.

Struktur
- Es findet ein **struktureller Wandel** statt von überwiegend stationärer Pflege hin zur **häuslichen Pflege**. Dies wirkt auf das Pflegeverständnis verändernd ein.

Neue Tätigkeitsfelder
- Es gibt Veränderungen des Arbeitsmarktes: Durch Schließung von Krankenhäusern, Altenheimen und Sozialstationen sind Pflegende aufgerufen, sich neue Tätigkeitsfelder zu suchen, d. h. vom Krankenhaus zum Altenheim, vom Altenheim zur Sozialstation. Flexibilität und eine breite Berufsausbildung stehen ganz weit oben.

Sonstiger Arbeitsmarkt
- Es gibt verminderte Berufschancen auf dem offenen Arbeitsmarkt innerhalb der EU. Dort werden Altenpflege- und Kinderkrankenpflegeausbildung nicht als Pflegeausbildung anerkannt. Altenpfleger und Kinderkrankenschwestern können deshalb im Ausland nur als Pflegehilfskräfte arbeiten.

Lernen
- Alle professionell Pflegenden müssen ihr Wissen fortlaufend aktualisieren oder es sich neu aneignen (ca. alle drei Jahre). Daraus ergibt sich eine neue Schlüsselqualifikation: **lebenslanges Lernen!**
- Fachwissen hat nicht mehr so einen hohen Stellenwert wie früher.

Schlüsselqualifikationen
- Es geht eher darum, Schlüsselqualifikationen zu vermitteln, wie zum Beispiel Sozialkompetenz (Kontaktbereitschaft, Geduld, Fähigkeit zur Zusammenarbeit, Zuverlässigkeit), Kreativität, Problemlösungsfähigkeit, Konfliktfähigkeit und Methodenkompetenz. Alle diese Qualifikationen sind Voraussetzungen für professionelle Pflege.

Neue Aufgabenbereiche
- Für professionell Pflegende ergeben sich neue Aufgabenbereiche oder andere Schwerpunkte:
  - Steuerung des Pflegeprozesses, d. h. Anleiten, Beraten und Begleiten von Klienten und ihren Angehörigen in der Selbstpflege und der Laienpflege. Z. B. Beraten von Söhnen und Töchtern bei der Pflege

ihren pflegebedürftigen Eltern (Sozialkompetenz der professionell Pflegenden).
- Die Klienten weisen einen immer **höheren Pflegebedarf** und erhebliche Einschränkungen in der Alltagsbewältigung auf. Sehr häufig kommen dazu noch psychische Störungen (Demenz, Depressionen).
- Es ist ein Anstieg von **psychischen Auffälligkeiten** zu bemerken. Die Folge ist ein wachsender Bedarf an gerontopsychiatrischer und psychosozialer Betreuung.

- Wachsende Anforderungen stehen knapperen finanziellen Ressourcen gegenüber, was sich ungünstig auf das Personal niederschlägt: *Finanzielle Ressourcen*
  - Höherer Krankenstand,
  - Negative Arbeitsmotivation,
  - Negative Bleibemotivation der Pflegenden,
  - Burnout-Syndrom.

7.14 Literatur

Kutscher/Weidinger/Hoff: Flexible Arbeitszeitgestaltung. Wiesbaden 1996

Linnenkohl/Kilz/Rauschenberg/Reh: Arbeitszeitflexibilisierung. 140 Unternehmen und ihre Modelle. Verlag Recht und Wirtschaft, 1993.

Entwurf

Betriebsvereinbarung

zwischen
Klinik-GmbH
Am Krankenhaus 1
12345 Musterstadt

– nachfolgend „Klinik GmbH" –

und
dem Betriebsrat
Klinik GmbH
Am Krankenhaus 1
12345 Musterstadt

– nachfolgend „Betriebsrat" –

über die Arbeitszeit- und Dienstplangestaltung für die Arbeitsbereiche Pflege Funktionsdienst Anästhesie und Operationsdienst

Präambel

Flexibilität, Schnelligkeit und Qualität sind heute die zentralen Anforderungen an ein leistungsfähiges Unternehmen im Gesundheitswesen. Die vorliegende Betriebsvereinbarung über flexible Arbeitszeiten und Dienstplangestaltung ist gekennzeichnet durch die Bemühungen, wirtschaftliche Interessen der Klinik und die persönlichen Bedürfnisse des Mitarbeiters[14] zum Nutzen und Vorteil aller Beteiligten in einem Arbeitszeitmodell zu integrieren. Diese Vereinbarung soll einerseits den persönlichen Bedürfnissen der Beschäftigten nach selbstbestimmter Freizeitgestaltung gerecht werden, andererseits soll sie dazu führen, dass das Klinikum GmbH durch den flexibleren Personaleinsatz seine Leistungs- und Wettbewerbsfähigkeit erhält. Die vorhandenen und zukünftigen Arbeitszeiten richten sich nach den Arbeitsabläufen, die im Sinne der Patienten zu gestalten sind.

Die Bestimmungen im Arbeitszeitgesetz vom 06. Juni 1994 und im Tarifvertrag vom 13. September 2005 (TVöD) sollen praxisnah umgesetzt werden. Sie dienen insbesondere dem Arbeits- und Gesundheitsschutz der Arbeitnehmerinnen und Arbeitnehmer in der Klinik GmbH.

§ 1 Grundsätze und Ziele

Ziele dieser Betriebsvereinbarung sind

für die Klinik

---

[14] Soweit in dieser Betriebsvereinbarung eine männliche Form (z. B. „Mitarbeiter", „Praktikant") verwendet wird, stellt dies einen neutralen geschlechtsunabhängigen Ausdruck dar. Er dient der sprachlichen Vereinfachung und hat keinen diskriminierenden Charakter.

- eine bessere Anpassung der Betriebsabläufe an Nachfrageschwankungen und spezifische Kundenanforderungen,
- eine optimale, effektive und effiziente Steuerung *des Personaleinsatzes* und
- mehr Kapazitätsorientierte und flexible Einsatzmöglichkeiten zu gewährleisten sowie

für den Mitarbeiter
- eine stabile Beschäftigungslage und sichere Arbeitsplätze zu bewirken,
- erweiterte Planungsmöglichkeiten für den Einzelnen und ein höheres Maß
  an Eigenverantwortlichkeit bei der Festlegung der Lage der Arbeitszeit,
- familienfreundlichere Arbeitszeiten und flexible sozialverträglich gestaltete Teilzeitmodell zu fördern und
- eine verlässliche Planung ihrer Arbeitszeiten und Freizeiten zu gewährleisten.

Um den Beteiligten die Möglichkeit zu schaffen, die Wirkung und Nachhaltigkeit der in dieser Betriebsvereinbarung getroffenen Vereinbarungen zu überprüfen, aufgetretene Konflikte zu bearbeiten, Störungen zu vermeiden und sonstige Erfahrungen auszuwerten, führen Betriebsrat und Geschäftsführung regelmäßig gemeinsame Beratungen durch.

§ 2 Geltungsbereich

Die Betriebsvereinbarung gilt für alle Mitarbeiter, die Arbeitnehmer i. S. des § 5 Abs. 1 BetrVG der Klinik GmbH für die o. g. Arbeitsbereiche sind.

§ 3 Gesetzliche und tarifliche Rahmenbedingungen

Die Betriebsvereinbarung findet ihre Grenzen in gesetzlichen, tariflichen und arbeitsvertraglichen Bestimmungen.
Die Klinik GmbH und der Betriebsrat werden die Personalplanung und Personaleinsatzplanung regelmäßig im Rahmen der Beteilungsrechte nach § 92 BetrVG beraten.

§ 4 Arbeitszeit

Jede Form persönlicher Anwesenheit am Arbeitsplatz ist Arbeitszeit, auch ein Bereitschaftsdienst.
Die regelmäßige durchschnittliche wöchentliche Arbeitszeit beträgt 38,5 Stunden bezogen auf einen Zeitraum von 52 Wochen.

Die wöchentliche Höchstarbeitszeit **darf mit Bereitschaftsdienst der**
- Stufe A/B 58 Stunden
- Stufe C/D 54 Stunden

nicht überschreiten.

Die **tägliche Arbeitszeit** darf in den Stufen
- Stufe A/B 16 Stunden
- Stufe C/D 13 Stunden

nicht überschreiten.

Für Beschäftigte, mit denen Teilzeitarbeit nach § 11 TVöD vereinbart worden ist, verringert sich die wöchentliche Höchstarbeitszeit in demselben Verhältnis wie die Arbeitszeit dieser Beschäftigten zu der regelmäßigen Arbeitszeit der Vollbeschäftigten.

Für den Arbeitsbereich Operationsdienst und Anästhesie wird die Bereitschaftsdienststufe I festgelegt, Arbeitsleistung bis zu 25 %. Es werden nicht mehr als 8 Bereitschaftsdienste im Monat geleistet.

Der Beginn der Arbeitszeit von 07.00 bis 08.30 Uhr kann nach Absprache mit den Mitarbeitern flexibel gestaltet werden und richtet sich nach dem OP-Programm.

Nach Beendigung der täglichen Arbeitszeit ist eine ununterbrochene **Ruhezeit** von 11 Stunden zu gewähren. Bei einer geplanten Arbeitszeit von mehr als 6 Stunden ist eine unbezahlte Ruhepause von 30 Minuten, bei mehr als 9 Stunden Arbeitszeit eine weitere unbezahlte Ruhepause von 15 Minuten vorzusehen.

Die Ruhepausen werden im Dienstplan dokumentiert und werden nicht als Arbeitszeit vergütet.

Die Arbeitszeit von 21.00 Uhr bis 6.00 Uhr ist Nachtarbeit.

Die tägliche Arbeitszeit orientiert sich an den betrieblichen Erfordernissen und verteilt sich an den Wochentagen von montags bis freitags.

Die Bereitschaftsdienste und Arbeitszeiten sind in der Anlage 1 aufgeführt.

§ 5 Dienstplangestaltung

Der Dienstplan wird von der verantwortlichen Leitung spätestens 8 Wochen im Voraus erstellt und dem Betriebsrat zur Zustimmung vorgelegt. Er enthält pro Mitarbeiter folgende Punkte:

- Eine vollständige Legende mit Beginn und Ende der Arbeitszeiten;
- Einteilung für den Früh-/Spät-/Wochenenddienst;
- Einteilung für die Bereitschaftsdienste;
- wöchentliche Arbeitszeit, ausgehend von der individualvertraglich festgelegten Arbeitszeit;
- soweit geplant oder im Voraus festgelegt:
  – Dienstbesprechungen, Fort- und Weiterbildungen, Supervisionen, vom Arbeitgeber angeordnete dienstliche Veranstaltungen.

Die Dienstplanverantwortlichkeit liegt bei der zuständigen Leitung des Arbeitsbereichs.

Bei der Erstellung des Dienstplanes ist auf einen ausgeglichenen, qualitativen und quantitativen Personaleinsatz zu achten.

Dienste zu ungünstigen Zeiten und Bereitschaftsdienste sind grundsätzlich auf alle Mitarbeiter zu verteilen.

Vor jedem Wochenenddienst wird ein freier Tag eingeplant.

Die Wünsche der Mitarbeiter sind nach Abwägung der betrieblichen Erfordernisse zu berücksichtigen.

Bei der Dienstplangestaltung sind folgende Grundsätze zu beachten: Dienstpläne müssen 2 Jahre, haftungsrechtlich 5 Jahre aufgehoben werden. 2. Die Legende ist korrekt und vollständig zu führen. Ruhepausen

müssen eingetragen werden.
Ungünstige Schichtfolgen (Schaukeldienst) sind zu vermeiden.
Es ist eine Vorwärtsrotation (Früh-, Spät- und Bereitschafsdienst) zu planen.
Bei der Dienstplangestaltung sind die arbeitsvertraglichen Stunden zu beachten, d. h. nur die Sollarbeitszeit zu verplanen.
Es gilt der tarifliche Ausgleichszeitraum von 52 Wochen für Plus- und Minusstunden.
Monatlich ist von der Leitung die Ausfallquote bei der Abrechnung zu berechnen und im Dienstplan zu dokumentieren.

§ 6 Arbeitsform

Als Arbeitsform wird der Schichtdienst festgelegt. Schichtarbeit ist die Arbeit nach einem Schichtplan, der einen regelmäßigen Wechsel des Beginns der täglichen Arbeitszeit um mindestens zwei Stunden in Zeitabschnitten von längstens einem Monat vorsieht und die innerhalb einer Zeitspanne von mindestens 13 Stunden geleistet wird.
Alle Mitarbeiterinnen und Mitarbeiter in den o. g. Arbeitsbereichen leisten Bereitschaftsdienst.

§ 7 Arbeitszeitkonto

Kontengrenzen und Zeitzielvereinbarung

Für die flexible Steuerung der Arbeitszeit hat jeder Mitarbeiter ein persönliches Arbeitszeitkonto. Das Arbeitszeitkonto erfasst alle Arbeitsstunden des Mitarbeiters und wird im Dienstplan ausgewiesen.

Das Arbeitszeitkonto darf als Guthaben (Pluszeiten) maximal den **dreifachen Wert** der wöchentlichen arbeitsvertraglichen Arbeitszeit ansammeln. Das Arbeitszeitkonto darf als Minusstunden 40 Stunden ansammeln.

Es gilt das folgende Regelungsmodell:
1. Mehr als ein, weniger als drei Tage – 14 Werktage Vereinbarungsfrist
2. Mehr als drei, weniger als 10 Tage – 1 Monat Vereinbarungsfrist

Die Rückgängigmachung einer bereits geplanten und genehmigten Freizeitentnahme soll sich auf betriebliche Notsituationen i. S. des § 14 ArbZG beschränken und führt zu einer ergänzenden Zeitgutschrift in der Höhe von 10 % auf dem Zeitkonto. Berechnungsbasis ist hierbei die Anzahl der geplanten Freizeitstunden.

Das Arbeitszeitkonto muss bis zum 31. Dezember des Jahres ausgeglichen werden.

§ 8 Personaleinsatzplanung und Qualifikation

Für die Mitarbeiterinnen und Mitarbeiter des Operationsdienstes und Anästhesie/Intensivstation wird zur Anhebung der Qualifikation eine Rotation eingeführt. Daran hat jeder Mitarbeiter teilzunehmen. Der Rotationsplan wird von der verantwortlichen Führungskraft für ein Jahr erstellt und dem Betriebsrat zur Mitbestimmung vorgelegt.

Konflikte werden gemeinsam zwischen Pflegedienstleitung und Betriebsrat geregelt.

§ 9 Inkrafttreten, Geltungsdauer und Kündigungsfrist

1. Die Betriebsvereinbarung tritt am 1. März 2007 in Kraft. Die ersten sechs Monate sind Probezeit.
2. Sie kann frühestens nach einem Jahr vom Betriebsrat oder der Klinik schriftlich mit einer Frist von 3 Monaten zum Ende eines Kalendervierteljahres gekündigt werden.

Die Betriebsvereinbarung kann nur insgesamt gekündigt werden; Teilkündigungen sind unzulässig. Die gekündigte Betriebsvereinbarung gilt insgesamt fort, bis sie durch eine neue Regelung zwischen Betriebsrat und Klinik abgelöst worden ist.

Musterstadt, den ....

Für die Klinik GmbH: Für den Betriebsrat:

....
(Geschäftsführer)   (Betriebsratsvorsitzende)

Arbeitszeiten OP Anästhesie[15]
5 Tagewochen

07.00[16] bis 15.12 Uhr	Früh	7,7 Stunden
08.00 bis 16.12 Uhr	Früh	7,7 Stunden
09.00 bis 17.12 Uhr	Früh	7,7 Stunden
14.30 bis 22.42 Uhr	Spät	7,7 Stunden
22.42 bis 07.00 Uhr	BD Nacht	7,8 Stunden BD Stufe I 60 % = 4,98 Std.
07.00 bis 19.00 Uhr	BD WE	12 Stunden BD Stufe I 60 % = 7,2 Std.
19.00 bis 07.00 Uhr	BD WE	12 Stunden BD Stufe I 60 % = 7,2 Std.

Spätdienst +Bereitschaftsdienst = 16 Stunden

---

[15] § 45 Abs. 2 Besonderer Teil Krankenhäuser
[16] Stufe A/B 16 Stunden täglich

Entwurf einer Dienstvereinbarung für die nichtwissenschaftlichen Beschäftigten im Pflegedienst

Zwischen
dem Vorstand des Universitätsklinikums Musterstadt (UK Mst), für dieses handelnd der Kaufmännische Vorstand, Herr Mustermann,
– künftig: die Dienststelle – und
dem Personalrat (nW) für nichtwissenschaftliche Mitarbeiterinnen und Mitarbeiter des UK Mst, vertreten durch dessen Vorsitzenden, Herrn Müller
– künftig: der Personalrat (nW) –
wird auf Grundlage des § 57 Gesetz über die Mitbestimmung der Personalräte (Mitbestimmungsgesetz [Bundesland] – MBG [Bundesland]) folgende Dienstvereinbarung geschlossen:

Präambel

Diese Dienstvereinbarung findet generell ihre Grenzen in tariflichen und arbeitsvertraglichen Bestimmungen. Diese Vereinbarung soll einerseits den persönlichen Bedürfnissen der Beschäftigten nach selbstbestimmter Freizeitgestaltung gerecht werden, andererseits soll sie dazu führen, dass das UK Mst durch den flexibleren Personaleinsatz seine Leistungs- und Wettbewerbsfähigkeit erhält. Die vorhandenen und zukünftigen Arbeitszeiten richten sich nach den Arbeitsabläufen, die im Sinne der Patienten zu gestalten sind.
Die Bestimmungen im Arbeitszeitgesetz vom 06. Juni 1994 und im Tarifvertrag vom 20. Oktober 2004 sollen praxisnah umgesetzt werden. Sie dient insbesondere dem Arbeits- und Gesundheitsschutz der Arbeitnehmerinnen und Arbeitnehmer im Universitätsklinikum Musterstadt.

§ 1 Geltungsbereich

Persönlicher: Alle Mitarbeiter/innen im Pflege- und Funktionsbereich des UK Mst
Räumlicher: Medizinische Leistungszentren

§ 2 Dienstpläne

1. Die Dienstpläne müssen nach dem Arbeitszeitgesetz 2 Jahre, haftungsrechtlich 5 Jahre aufgehoben werden.
2. Die Legende ist korrekt und vollständig zu führen. Ruhepausen müssen eingetragen werden.
3. Bei der Planung ist auf einen ausgeglichenen, qualitativen und quantitativen Personaleinsatz zu achten. Ungünstige Schichtfolgen (Schaukeldienst) sind zu vermeiden. Es ist eine Vorwärtsrotation (Früh-, Spät- und Nachtdienst) zu planen.
4. Es sind nicht mehr als acht Dienste in Folge zu planen. Ein Unterrichtstag zählt als Arbeitstag.

5. Es dürfen nicht mehr als 4 Nachtdienste hintereinander verplant werden. Nach einer Nachtschichtfolge (3–4 Nächte) ist eine Ruhezeit von 24 Stunden plus 11 Stunden Ruhezeit zu verplanen. Einzelfallregelungen für Dauernachtwachen sollen möglichst sozialverträglich abgeschafft werden.
6. Bei der Dienstplangestaltung sind die arbeitsvertraglichen Stunden einzuhalten, d. h. nur die Sollarbeitszeit zu verplanen. Es gilt der tarifliche Ausgleichszeitraum von 52 Wochen für Plus- und Minusstunden.
7. Monatlich ist von der PBL die Ausfallquote bei der Abrechnung zu berechnen und im Dienstplan zu dokumentieren.
8. Der Dienstplan muss 6 bis 8 Wochen- spätestens 4 Wochen vor Monatsbeginn bei der PZL vorliegen.

§ 3 Arbeitszeit

1. Jede Form persönlicher Anwesenheit am Arbeitsplatz ist Arbeitszeit, auch ein Bereitschaftsdienst (bei Rufbereitschaftsdienst nur zählt nur die Zeit der Inanspruchnahme einschl. Wegezeit als Arbeitszeit).
2. Die regelmäßige durchschnittliche wöchentliche Arbeitszeit beträgt 38,5 Stunden bezogen auf einen Zeitraum von 52 Wochen.
3. Die wöchentliche Höchstarbeitszeit darf im Durchschnitt (4 Monate) 48 Stunden, die tägliche Arbeitszeit 10 Stunden (netto, ohne Ruhepausen) nicht überschreiten. Ausnahme siehe auch Punkt 8.
4. Nach Beendigung der täglichen Arbeitszeit ist eine ununterbrochene Ruhezeit von 11 Stunden zu gewähren, dies kann auf bis zu 9 Stunden reduziert werden (Schichtwechsel), wenn innerhalb eines Monats einen andere Ruhezeit auf 12 Stunden verlängert wird
5. Bei einer geplanten Arbeitszeit von mehr als 6 Stunden ist einen unbezahlte Ruhepause von 30 Minuten, bei mehr als 9 Stunden Arbeitszeit eine weitere unbezahlte Ruhepause von 15 Minuten vorzusehen.
6. Es gilt die 5-Tagewoche; aus betrieblichen Gründen kann auch eine 6-Tagewoche vereinbart werden, so wie im Beschäftigungspakt vereinbart.
7. Für Mitarbeiter im Schichtdienst werden Wochenfeiertage von der Sollarbeitszeit abgezogen.
8. Die Arbeitszeit kann auf bis zu zwölf Stunden verlängert werden, sofern die Krankenversorgung dies erfordert. Diese Regelung ist besonders für den ehemaligen Bereitschaftsdienst an Wochenenden zu nutzen.

§ 4 Nachtarbeit

1. Die Arbeitszeit in der Zeit von 20.00 Uhr bis 6.00 Uhr ist Nachtarbeit.
2. Die Nachtarbeit ist nach den gesicherten arbeitswissenschaftlichen Erkenntnissen und den patientenorientierten Arbeitsabläufen festzulegen.

§ 5 Arbeitsform

1. Als Arbeitsform wird der Schichtdienst bzw. Wechselschichtdienst festgelegt.
2. Schichtdienst ist die Arbeitsform nach einen Dienstplan, der einen regelmäßigen Wechsel der täglichen Arbeitszeit in Zeitabschnitten von längstens einem Monat vorsieht.

§ 6 Inkrafttreten/Kündigung

Diese Vereinbarung tritt mit Wirkung vom TT.MM.JJJJ in Kraft.
Sie kann mit einer Frist von drei Monaten gekündigt werden.

Vorstand   Für den Personalrat

Literaturverzeichnis

Bücher

Mobile Zeit. Ein Leitfaden für Arbeitnehmer und Arbeitgeber. Bundesministerium für Arbeit und Sozialordnung, 1997

Altvater/Bacher/Hörter/Peiseler/Sabottig/Vohs: Bundespersonalvertretungsgesetz, Basiskommentar. 4. Aufl. Frankfurt am Main 2004

Birkenfeld, Ralf: ABC der Dienstplangestaltung. 4. Aufl. Köln 2004

Borsi, Gabriele M.: Das Krankenhaus als lernende Organisation. Berlin 1995

Büssing, Andre: Von der funktionalen zur ganzheitlichen Pflege. Göttingen 1997

Dahlem, Hilma: Total Normal. Neue Arbeitszeiten im Pflegedienst. Mabuse Verlag, 1993

Dersch, Hermann/Neumann, Dirk: Bundesurlaubsgesetz. 9. Aufl. München 2003

Elkeles, Thomas: Arbeitsorganisation in der Krankenpflege. Frankfurt am Main 1994

Francis, Dave/Young, Don: Mehr Erfolg im Team. Hamburg 1996

Gnade, Albert/Kehrmann, Karl/Schneider, Wolfgang/Blanke, Hermann/Klebe, Thomas: Betriebsverfassungsgesetz. Köln 2006

Hamer, Wolfgang: Tarifvertrag für den öffentlichen Dienst der Länder. Basiskommentar zum TVöD. Bund Verlag, 2007

Hamm, Ingo: Flexible Arbeitszeiten in der Praxis. Handbuch für die Unternehmenspraxis. Bund Verlag 2. Aufl. 2001

Höfflin, Peter: Arbeitszeitgestaltung in der Krankenpflege. Freiburg 1997

Hueck, Götz/Neumann, Dirk: Bundesurlaubsgesetz. 8. Aufl. München 2003

Karazman/Staudinger: Gesunde Arbeitszeiten für Pflegemitarbeiterinnen im Krankenhaus. Verlag für Gesundheitsförderung G. Conrad, Gamberg 1999

Knauth/Rutenfranz: Schichtarbeit und Nachtarbeit: Problem – Formen – Empfehlungen. Bayerisches Staatsministerium für Arbeit und Sozialordnung, 1989

Kutscher/Weidinger/Hoff: Flexible Arbeitszeitgestaltung. Wiesbaden 1996

Linnenkohl/Rauschenberg/Gressierer/Schütz: Arbeitszeitflexibilisierung. 140 Unternehmen und ihre Modelle. 4. Aufl. Verlag Recht und Wirtschaft 2001

Marr, R.: Arbeitszeitmanagement: Grundlagen und Perspektiven der Gestaltung flexibler Arbeitszeitsysteme. Erich Schmidt Verlag, 1993

Schelter, Wolfgang: Das Tarifrecht der Angestellten in Krankenhäusern und Heimen (BAT/BAT-O). 7. Aufl. Bund Verlag 2002

Schlettig, Hans Joachim/von der Heide, Ursula: Bezugspflege. Berlin 1995

SIHK: Moderne Arbeitszeiten. Arbeits- und Betriebszeiten flexibel gestalten. Winterdruck GmbH, 1997

Stärker, Lukas: Kommentar zur EU-Arbeitszeit-Richtlinie. Linde, Wien 2006

Stösser, Adelheid von: Pflegestandards. 3. Aufl. Berlin 1994

Tarifrecht öffentlicher Dienst (TVöD-TV-L). Textausgabe. Einf. v. Gabriele Cerff. 2. Aufl. dtv 2007

Weh, Bernhard/Siebert, Hannes: Pflegequalität. München 1995

Zeitschriften/Zeitschriftenaufsätze

Hege, Inge: Einführung der Bereichspflege, in: Die Schwester/Der Pfleger 7/93

Mühlbauer, Bernd H./Reinhardt, Jürgen/Süllword, Gundula: Bereichs- und Bezugspflege im Spannungsfeld zwischen Theorie und Praxis, in: Die Schwester/Der Pfleger 6/94

ÖTV Frau: Teilzeitarbeit im öffentlichen Dienst. Tipps von A–Z

Stichwortverzeichnis

A

Abwehrreaktion 241
Altersteilzeit 214
Ampelkonto 218
Anordnungsverantwortung 42
Ansprüche, deliktische 38
Anweisung, rechtswidrige 135
Arbeit, Sonderform der 106
Arbeitnehmer, Zustimmung des 92
Arbeitsablaufanalyse 185
Arbeitsanfall 109
Arbeitsaufnahme bei Rufbereitschaft 98
Arbeitsform 251
arbeitsfreie Tage 80
Arbeitsleistung
– geschuldete 49
– Zeiten ohne 92
Arbeitsorganisation 183
Arbeitspflicht 52
Arbeitsplatzanalyse 183
Arbeitsplatzmethode 140
Arbeitsrecht, europäisches 61
Arbeitstätigkeit, Dimension der 184
Arbeitsstelle 75
Arbeitsunfähigkeit 100, 105
– infolge Krankheit 105
Arbeitsunfähigkeitsbescheinigung 106
Arbeitsunterbrechung 73
Arbeitsverhältnis, ruhendes 162
Arbeitsvertrag 52
Arbeitszeit 63, 254
– Beginn und Ende 75
– durchschnittliche wöchentliche 67
– flexible 212
– gleitende 220
– kapazitätsorientierte variable 221
– regelmäßige 69 f.
– selbstbestimmte 221

Arbeitszeitflexibilisierung 207, 210
Arbeitszeitforderungen der ver.di 208
Arbeitszeitgesetz 80
Arbeitszeitgestaltung 207
Arbeitszeitkonto 99, 101, 218, 251
Arbeitszeitkorridor 100
Arbeitszeitmodelle 207
– Effizienzsteigerung durch neue 153
– individuelle 214
– kollektive 216
Arbeitszeitrichtlinie 67
Arbeitszeitversäumnis 102 f.
Aspekte, arbeitsmedizinische 136
Aufenthaltsbeschränkung 95
Aufenthaltsort 97
Ausfall 138
Ausfallfaktor 139
– korrigierter 139
Ausfallquote 139
Ausfallstatistik 138
Ausfallstunden 125
Ausgleichszeitraum 71

B

§ 48 a BAT 112
§ 52 BAT 112
Beschäftigungsende 177
Besetzungsstärke 217
Betriebsvereinbarung 248
Behandlungspflege 185
Belange, betriebliche 168
Berechnung des Urlaubsanspruchs 161
Bereichspflege 197
Bereitschaftsdienst 64, 74, 153
– ist Arbeitszeit 66
– Zeitzuschlag für 95
Bereitschaftszeiten 92
Beschäftigungsanspruch 50
Besetzungsprofil 189

Besetzungszahl 233
Besonderer Teil Krankenhäuser 176
Betreuung 181
Betriebsablauf 135
Betriebsvereinbarung 56
Beweislastumkehr 36
Beweissituation 36
Bruttoarbeitszeit 187
Bundesverfassungsgericht 30

C

Changemanagement 239

D

Delegation ärztlicher Tätigkeiten 39
Dienstanweisung 147, 177
Dienstplan 112, 253
– Änderung des laufenden 135
– Arbeitsschritte zum 120
– Verantwortung für 129
Dienstplananalyse 135
Dienstplanformular 110
Dienstplangestaltung 250
Dienstübergabe 201
Dienstvereinbarung 54
Dienstverpflichtung 52
Dienstvertrag 52
Direktionsrecht 49
Dokumentationspflicht 45
Durchführungsverantwortung 42
Durchliegegeschwür 44

E

EG/EU-Rechtsnorm 62
Einarbeitung 187
Eingruppierung 50
Eingruppierungsnormen, tarifliche 50
Einigungsvertrag 30
Empfehlungen, arbeitswissenschaftliche 158
Entgeltfortzahlung 103
Ergebnisorientierung 210
Erholungsurlaub 160, 172

Erkenntnisse, gesicherte arbeitswissenschaftliche 85
Europäische Gemeinschaft 31

F

Fahrlässigkeit 35
Feiertagsarbeit 79
Flexibilisierungspotenzial 211
Freiheitsrecht, allgemeines 60
Freizeitausgleich 78 f., 88, 101
Führungsstil 188
Funktionspflege 183
Fürsorgepflicht 53

G

Genehmigung 164
Gesetze 59
Gesichtspunkte, soziale 165
Grundgesetz 60
Grundpflege 185
Gründe, betriebliche 165
Gruppenpflege 197
Günstigkeitsprinzip 58, 71, 162

H

Haftung, vertragliche 37
Haftungsrecht 34
Haftungsrisiko 47
Handeln
– fahrlässiges 35
– vorsätzliches 35
Handlung, unerlaubte 38
Höchstarbeitszeit
– durchschnittliche 72
– gesetzliche 72
– wöchentliche 64, 72

I

Ist-Besetzung 110

J

Job-Enlargement 215
Job-Enrichment 215
Job-Rotation 215
Job-Sharing 214

Jugendarbeitsschutzgesetz 74

K

Kennzahlen 118
Kernarbeitszeit 212, 220
Konfliktstrategien 244
Konflikt 244
Konsequenzen, arbeitsrechtliche 47
Körperverletzung 34
– des Patienten 41
– widerrechtliche 38
Krankheit 123
– im Urlaub 170
Krankmeldung 105
Krankenhausträger 37
Kündigung 57
Kur 123

L

Langzeitarbeitskonto 101
Leistung, Bestimmung der 51
Leistungserbringung 49
Lohnzahlungspflicht 52
Lohnfortzahlung 106

M

MDK-Anleitung zur Prüfung 144
Mehrarbeit 89, 96, 216
Mehrarbeitszuschläge 90
Medizingeräteverordnung 45
Medizinproduktegesetz 45
Mindestbesetzung 233
Mitarbeiterbeurteilung 205
Mitarbeiterin, teilzeitbeschäftigte 114
Mitarbeiterwunsch 109, 166
Mitbestimmung 238
Mobiltelefon 98
Mutter
– stillende 87
– werdende 87
Mutterschutz 123
Mutterschutzgesetz 74

N

Nachtarbeit 84 f., 254
Nachtarbeitsverbot 30, 86
Nachtarbeitnehmer 86
Nachtdienst, 6-Stunden 225
Nachtschicht 107
Nettoarbeitszeit 140
Nebentätigkeit 67
Notfall, medizinischer 42

O

Organisationsmangel 46

P

Pausenkorridor 73
Pausenspringer 224
Personalausfall 135, 148, 227
– Verfahren bei 129
Personalausfallmanagement 130
Personalberechnung 141
Personalbesetzung 228
Personaleinsatz 205
Personaleinsatzplanung 136, 231, 251
Personalressourcen 225
Pflege 181
Pflegebedürftigkeit 182
Pflegedokumentation 202
Pflegedokumentationssystem 199
Pflegeorganisation 184
Pflegequalität 202
Pflegestandard 203
6-Phasen-Methode 237
Planung, längerfristige 128
Präambel 248, 253
Privatgeheimnisse, Verletzung von 34
Projektgruppe 205

R

Rangprinzip 59
Rechtsverordnung 58 f.
Resturlaub 169
Regress 37
Rehabilitation 171
Richtlinie 93/104/EG 31
Rückruf, kein 169

Rufbereitschaft 64, 76, 97
Ruhepausen 73 f.
Ruhezeit 75 f.

S

Schadenersatz 46
Schichtarbeit 106 f.
Schichtmodelle 216
Schichtzulage 108
Schmerzensgeld 46 f.
schwerbehinderte Menschen 161
Sollarbeitszeit 111, 121
Sonderurlaub 162, 181
Sonntagsarbeit 77
Sonn- und Feiertage, Arbeit an 81
Spielregeln 212
Stand-by-Dienst 231
Stand-by-Modell 227
Standard 47
Standard-Arbeitszeit, flexible 217
Stationssekretärin 204
Stellenbeschreibung 47
Störfaktor 201

T

Tätigkeit
– zeitgebundene 184
– zeitlich ungebundene 184
Tarifgebundenheit 58
Tarifvertrag für den öffentlichen Dienst (TVöD) 69
Tätigkeit, höherwertige 50 f.
Teilzeitangestellte 90
Teilzeitarbeit 214
Teilzeitbeschäftigte 211
Treuepflicht 43, 54

U

Überlastungsanzeige 40, 42
Überstunden 71, 87, 216
– Anordnung von 91

Umrechnungsformel 179
Urlaub 123
– Ablehnung von 165
– Übertragbarkeit des 170
– Verbot der Erwerbstätigkeit im 169
Urlaubsanschrift 170
Urlaubsanspruch 160
Urlaubsbesprechung 163
Urlaubsliste 163
Urlaubsplan 163
Urlaubsplanung 166
Urlaubsrecht 172

V

Vergütung 67
Verhalten, konkludentes 91
Verschuldensprinzip 35
Vertrag, öffentlich-rechtlicher 55
Vollarbeit 93
Vorfeiertage 80
Vorsatz 35
Vorsorge, medizinische 171

W

Wechselschicht 107
Wechselschichtarbeit 106, 175
Wechselschichtzulage 108
Widerstand 243
– Umgang mit 240
Wochenfeiertage 81

Z

Zeitbedürfnis 149
Zeitschuld 101
Zeitorientierung 210
Zimmerpflege 197
Zusatzurlaub 175
– für Teilzeitbeschäftigte 178
– Höchstgrenzen für 181
– Umfang des 178

Stichwortverzeichnis